21世纪高等院校旅游管理类创新型应用人才培养规划教材

现代酒店管理实用教程

林 巧 张雪晶

内 容 简 介

本书是针对应用型本科院校酒店管理和旅游管理专业的专业基础课教材。本书在内容上设计为"行业概览篇""服务技能篇"和"优秀管理篇"3个篇章,全面阐述了中国酒店行业的发展及酒店管理应该具备的基本理念,酒店服务的组织和整体运作流程,以及人力资源、收益、营销等关键管理职能的实施。全书在内容上特别重视"意识""知识""技能"并重,并重视案例的本土化和思考讨论环节的设计。

本书可用作酒店管理和旅游管理专业的教材,也适合酒店从业人员选读或作为酒店管理者培训教材使用,同时也可作为各类成人教育相关专业的教学用书。

图书在版编目(CIP)数据

现代酒店管理实用教程/林巧,张雪晶主编.—北京:北京大学出版社,2015.1
(21世纪高等院校旅游管理类创新型应用人才培养规划教材)
ISBN 978-7-301-24938-3

Ⅰ.①现… Ⅱ.①林…②张… Ⅲ.①饭店—企业管理—高等学校—教材 Ⅳ.①F719.2

中国版本图书馆 CIP 数据核字(2014)第 231104 号

书　　　名:	现代酒店管理实用教程
著作责任者:	林　巧　张雪晶　主编
策 划 编 辑:	万　里
责 任 编 辑:	莫　愚
标 准 书 号:	ISBN 978-7-301-24938-3/C · 1057
出 版 发 行:	北京大学出版社
地　　　址:	北京市海淀区成府路 205 号　100871
网　　　址:	http://www.pup.cn　新浪官方微博:@北京大学出版社
电 子 信 箱:	pup_6@163.com
电　　　话:	邮购部 010-62752015　发行部 010-62750672　编辑部 010-62750667
印 刷 者:	北京虎彩文化传播有限公司
经 销 者:	新华书店
	787 毫米×1092 毫米　16 开本　19 印张　450 千字
	2015 年 1 月第 1 版　2022 年 8 月第 4 次印刷
定　　　价:	38.00 元

未经许可,不得以任何方式复制或抄袭本书之部分或全部内容。

版权所有,侵权必究

举报电话:010-62752024　电子信箱:fd@pup.pku.edu.cn

编写人员

主　编

　　林　巧（浙江大学宁波理工学院，旅游与酒店管理研究所副所长、
　　　　　副教授）
　　张雪晶（浙江大学宁波理工学院，旅游与酒店管理研究所讲师）

参　编

　　安　娜（浙江大学宁波理工学院，旅游与酒店管理研究所讲师）

前　言

　　酒店业是一个古老又极具活力的行业。近几年来，中国酒店业正在经历着又一个投资、建设和发展的高峰时期，星级酒店和经济型酒店的规模都迅速增加，全国的星级酒店数达到了13000多家，连锁经济型酒店也逾万家。行业的蓬勃发展带来了对于酒店"应用型管理人才"的旺盛需求。应用型管理人才的培养有别于重点强调知识积累的传统的"学院派"人才培养，也有别于重点强调技能获取的职业技术人才培养，更多地以专业意识、专业知识、专业能力共同形成的"职业胜任力"的塑造作为最终的目标。这种人才培养目标要求在教学过程更多地融入"体验式"和"参与式"的教学方法，实现"想中学"、"议中学"、"干中学"多渠道学习并提升职业胜任力的目的。

　　对于旅游管理或者酒店管理专业来说，酒店管理基础（概论）往往是学生接触和了解酒店的第一门课程，直接影响学生作为"酒店人"的基础理念、基本素质和基本知识，这也在很大程度上影响了学生的职业倾向和未来的职业发展。因而，本书根据酒店从业者在酒店中发展和提升的不同阶段需要的知识和能力的内在关系，将酒店管理的内容分为3个不同的篇章：行业概览篇、服务技能篇和优秀管理篇。行业概览篇定位于帮助学生熟悉酒店业的发展、现状和趋势特征，从而对所处的行业有一个综观上的认识，并由此引发对行业的兴趣和对职业生涯前景的预期。服务技能篇定位于让学生了解酒店对客服务的运转过程，掌握如何为客人提供更好的服务。本篇通过4章内容，充分展示酒店不同的服务提供部门的主要业务。优秀管理篇为那些有意在或将在酒店生涯上进阶的读者准备，立足于y提高管理意识和能力。通过5章内容，分别介绍了酒店如何通过对人、财、物、环境和市场的有效管理，造就一家优秀的酒店。

　　富于变化的市场环境和酒店行业实践的持续发展，对酒店管理的教材提出了诸多的挑战；而技术发展对学生学习方式的改变，也对教材的形态提出了新的要求。本书在编写过程中突出了"创新性"、"互动性"和"延伸性"。"创新性"主要体现在课本的内容上，不仅注重国外先进酒店管理的原理和方法，也将近年来国内酒店集团和特色酒店的最佳实践方法和理论的创新纳入其中。大量最新的案例拉近了理论与实践之间的距离。"互动性"主要表现在内容的组织上，改变了过去将习题和思考讨论置于章节末尾的做法，以适当的节奏在正文中插入许多资料链接、案例分析，可以直接用于教学过程中的课堂互动环节设计。"延伸性"在于给学有余力或者勇于探索的学生提供"实践训练"，引导学生自主接触最新的酒店管理动态和理念，形成自我学习能力。正因如此，建议使用本教材授课时，要至少保证课堂内外1：3的学习时间比，以利于知识、学习能力的延展。

　　本书由林巧和张雪晶主编，安娜参编。林巧编写了第5、7、10、11、13章以及附录的内容，张雪晶编写了第2、3、4、6、8、9、12章的内容，安娜编写了第1章的内容。全书的统稿和审稿工作由林巧完成。特别感谢宁波柏悦酒店、宁波威斯汀酒店为本书提供了部分案例素材，使本书内容更贴近酒店管理的实践。

由于作者水平有限，加之编写时间仓促，书中不足之处在所难免，恳请广大读者批评指正。

编　者
2014 年 6 月

目 录

行业概览篇

第1章 酒店业概况 ………………… 3
1.1 酒店业发展历程 ………………… 3
1.1.1 酒店的定义 ………………… 3
1.1.2 国际酒店业发展 ……………… 4
1.1.3 我国酒店业发展 ……………… 7
1.2 酒店类型与等级 ………………… 10
1.2.1 酒店的类型 ………………… 10
1.2.2 酒店的等级 ………………… 15

第2章 中外酒店集团 ……………… 20
2.1 酒店集团的发展 ………………… 20
2.1.1 酒店集团的定义 ……………… 21
2.1.2 酒店集团的形式 ……………… 21
2.1.3 酒店集团经营的优势 ………… 23
2.2 世界酒店集团 …………………… 25
2.2.1 世界酒店集团排名的主要指标 ……………………………… 25
2.2.2 世界著名酒店集团介绍 ……… 28
2.3 中国酒店集团 …………………… 40
2.3.1 我国酒店集团发展的现状 …………………………… 40
2.3.2 我国著名酒店集团 …………… 41
2.3.3 我国酒店集团经营的发展条件 …………………………… 44

第3章 管理理念和方法 …………… 49
3.1 酒店管理概述 …………………… 49
3.1.1 酒店管理的概念 ……………… 49
3.1.2 酒店管理的主要内容 ………… 50
3.2 酒店管理基础理论 ……………… 53
3.2.1 古典管理思想 ………………… 53
3.2.2 行为管理思想 ………………… 55
3.2.3 系统和权变的管理思想 ……… 59
3.3 酒店管理基本理念 ……………… 60
3.3.1 人本理念 ……………………… 60
3.3.2 服务理念 ……………………… 62
3.3.3 创新理念 ……………………… 63
3.3.4 顾客满意理念 ………………… 65
3.4 酒店管理的基本方法 …………… 65
3.4.1 酒店管理的方法体系 ………… 66
3.4.2 酒店现代管理方法 …………… 67

第4章 酒店组织设计 ……………… 73
4.1 组织概述 ………………………… 73
4.1.1 组织的定义 …………………… 73
4.1.2 酒店组织的功能 ……………… 74
4.1.3 组织管理的任务 ……………… 74
4.1.4 组织管理的职能 ……………… 75
4.2 酒店组织设计原则 ……………… 76
4.2.1 酒店组织结构设计的影响因素 …………………………… 76
4.2.2 酒店组织设计的原则 ………… 78
4.2.3 酒店组织设计的一般程序 … 79
4.3 酒店组织结构 …………………… 80
4.3.1 组织结构基本形式 …………… 80
4.3.2 酒店的组织结构 ……………… 84
4.3.3 现代酒店组织结构创新 ……… 84
4.4 酒店组织管理体系 ……………… 85
4.4.1 酒店组织管理机构 …………… 85
4.4.2 酒店组织管理制度 …………… 86

服务技能篇

第5章 前厅部的运转 ……………… 93
5.1 前厅部概况 ……………………… 93
5.1.1 前厅部的地位和作用 ………… 93
5.1.2 前厅部的组织结构 …………… 95
5.2 前厅的服务运作 ………………… 97
5.2.1 客户预订 ……………………… 97
5.2.2 礼宾服务 ……………………… 100
5.2.3 入住登记 ……………………… 102

		5.2.4 收银业务 …………………… 108
	5.3	前厅客户关系管理 ………………… 110
		5.3.1 投诉处理和服务补救 ……… 110
		5.3.2 客史档案管理 …………… 113

第6章 酒店餐饮管理 ………………… 117

6.1 餐饮部概述 …………………………… 117
    6.1.1 餐饮、餐饮部和餐饮管理的概念 …………………………… 118
    6.1.2 餐饮部在酒店的地位 ……… 118
    6.1.3 餐饮部业务的特点 ………… 119
    6.1.4 餐饮部的管理任务 ………… 120
    6.1.5 餐饮部组织结构 …………… 121
6.2 餐饮部业务 …………………………… 123
    6.2.1 餐饮生产流程 ……………… 123
    6.2.2 餐饮部的服务流程 ………… 131

第7章 客房部的运转 ………………… 139

7.1 客房部概况 …………………………… 139
    7.1.1 客房部的角色 ……………… 139
    7.1.2 客房部岗位设置 …………… 141
    7.1.3 客房的类型设置 …………… 142
7.2 客房部基本业务 ……………………… 144
    7.2.1 客房清洁 …………………… 144
    7.2.2 客房部对客服务 …………… 148
    7.2.3 PA组业务 ………………… 152
7.3 顾客体验和服务质量管理 …………… 153
    7.3.1 顾客体验和服务质量 ……… 153
    7.3.2 服务质量和顾客体验的构成 …………………………… 153
    7.3.3 客房服务质量的控制方法 …………………………… 155

第8章 康乐部的运转 ………………… 159

8.1 康乐部概述 …………………………… 159
    8.1.1 康乐的定义 ………………… 159
    8.1.2 酒店康乐部的功能和地位 …………………………… 160
    8.1.3 康乐部的任务 ……………… 160
    8.1.4 康乐部的组织机构 ………… 161
8.2 康乐部业务 …………………………… 162

    8.2.1 康乐部项目种类 …………… 162
    8.2.2 康乐项目设计影响因素 …… 164
    8.2.3 康乐项目设置依据 ………… 165
8.3 康乐部服务规范 ……………………… 166
    8.3.1 康乐部员工素质要求 ……… 166
    8.3.2 康乐部员工岗位职责 ……… 167
    8.3.3 康乐部安全管理 …………… 171

优秀管理篇

第9章 酒店安全管理 ………………… 177

9.1 酒店安全管理概述 …………………… 178
    9.1.1 酒店安全管理的概念内涵 …………………………… 178
    9.1.2 安全管理的重要性 ………… 179
    9.1.3 安全管理的特点 …………… 180
    9.1.4 酒店安全管理的基本原则 …………………………… 181
9.2 酒店安全管理控制与管理系统 ……… 182
    9.2.1 酒店安全管理机构 ………… 182
    9.2.2 酒店安全管理制度建设 …… 183
9.3 常见事故防范和处理 ………………… 187
    9.3.1 酒店餐饮部安全管理 ……… 187
    9.3.2 酒店房务部安全管理 ……… 188
    9.3.3 酒店财务部安全管理 ……… 189
    9.3.4 其他紧急情况的应对与管理 …………………………… 189
9.4 酒店危机公关 ………………………… 192
    9.4.1 危机公关的定义 …………… 192
    9.4.2 酒店危机公关的必要性 …… 193
    9.4.3 酒店危机公关的原则 ……… 193
    9.4.4 酒店危机公关的步骤 ……… 193

第10章 人力资源管理 ………………… 197

10.1 人力资源计划与招募 ………………… 198
    10.1.1 酒店人力资源计划 ………… 198
    10.1.2 岗位职责和任职条件 ……… 199
    10.1.3 员工招聘 …………………… 200
10.2 员工培训和职业发展规划 …………… 203
    10.2.1 培训体系的构建 …………… 203
    10.2.2 员工培训的开展 …………… 205

10.2.3 员工职业生涯发展
指导 ………………… 205
10.3 员工绩效考核 ………………… 207
10.3.1 绩效考核原则 ………… 207
10.3.2 绩效评估的步骤 ……… 208
10.3.3 绩效评估方法 ………… 210
10.4 薪酬与激励 …………………… 212
10.4.1 薪酬体系设计 ………… 212
10.4.2 员工激励 ……………… 215

第 11 章 收益管理与成本控制 ……… 219

11.1 收益管理的思想与方法 ……… 220
11.1.1 收益管理概述 ………… 220
11.1.2 收益分析预测 ………… 222
11.1.3 酒店收益管理的实践
技巧 ………………… 225
11.2 内部控制系统 ………………… 226
11.2.1 预算体系 ……………… 226
11.2.2 财务体系 ……………… 227
11.2.3 日常经营统计分析 …… 231
11.3 物资管理和控制 ……………… 232
11.3.1 酒店物资管理概述 …… 232
11.3.2 物资的定额管理 ……… 233
11.3.3 物资的采购和验收 …… 234
11.3.4 物资的仓储和发放 …… 236

第 12 章 酒店设备管理 ……………… 240

12.1 酒店设备管理概述 …………… 241
12.1.1 酒店设备的内涵及发展
趋势 ………………… 241
12.1.2 酒店设备管理的经营
贡献 ………………… 245
12.1.3 酒店设备的类型 ……… 247
12.2 酒店设备前期管理 …………… 248
12.3 酒店设备的运行期管理 ……… 250
12.3.1 酒店设备的寿命 ……… 250
12.3.2 酒店设备的使用 ……… 251
12.3.3 酒店设备维护保养 …… 251

12.3.4 设备维修 ……………… 256
12.4 酒店设备后期管理 …………… 259
12.4.1 报废的条件 …………… 259
12.4.2 报废手续的办理程序 … 259
12.4.3 设备的改造和更新 …… 259
12.5 酒店设备能源管理 …………… 260
12.5.1 酒店能源管理的
重要性 ……………… 260
12.5.2 酒店能源的主要类型 … 261
12.5.3 酒店能源管理的方法 … 261

第 13 章 酒店营销与品牌管理 ……… 264

13.1 酒店营销概述 ………………… 265
13.1.1 什么是酒店营销 ……… 265
13.1.2 酒店营销理念 ………… 265
13.1.3 酒店营销管理循环 …… 267
13.2 酒店目标市场选择和定位 …… 268
13.2.1 酒店顾客群体的细分 … 268
13.2.2 合理选择目标市场 …… 271
13.2.3 确定酒店定位 ………… 272
13.3 酒店营销组合设计 …………… 274
13.3.1 酒店产品和服务组合 … 274
13.3.2 价格和价格体系 ……… 276
13.3.3 营销沟通 ……………… 278
13.3.4 酒店销售渠道 ………… 281
13.4 酒店品牌营销 ………………… 283
13.4.1 酒店品牌的内涵 ……… 283
13.4.2 酒店品牌的培育和
塑造 ………………… 284
13.4.3 酒店品牌发展 ………… 284

附录 酒店专业词汇表:中英文对照 …… 288

PART 1 部门及岗位名称 ………… 288
PART 2 房间类型及房态 ………… 290

参考文献 …………………………… 292

行业概览篇

第1章 酒店业概况

导 言

酒店，凝聚了人类对自身生活形态的理想；酒店业，则如万花筒般折射出这些理想的五光十色与千姿百态。本章以酒店的基本功能诠释酒店的定义讲起，阐述了国际酒店业与我国酒店业的发展历程，着重介绍了酒店的3种主要类型划分方法与计价方式，以及酒店等级制度与我国酒店业星级制度划分及其依据。读者应通过对本书内容的理解及知识拓展就我国酒店业的发展环境与趋势形成进一步的思考与认识。

关键术语

酒店、酒店集团、全套房酒店、度假酒店、有限服务酒店、精品酒店、欧式计价、美式计价、星级制度

引导案例

是不是酒店

也许在人们的脑海中有酒店的一些固有的形态，但是现实中有一些酒店挑战你的想象，让你发出"这是不是酒店呀"的感叹。非洲肯尼亚西南尼安达鲁瓦山的野生动物园里，有一座闻名于世的"树上旅馆"。这是个约有四层楼房高的二层楼建筑，全部木质结构，落在许多株大树的树干上，底层离地约十余米，野生动物在底下可以自由穿行。不少做房柱的大树枝叶依然茂密。位于胡志明市的疯狂的房子就像一棵大树，每个树洞就是一个房间，每个房间有自己的动物主题，鹰主题的房间有一只站在蛋上的有巨大嘴巴的大鸟；而长颈鹿茶餐厅的房间里则有一只和胳膊一样长的蚂蚁在墙上爬行。

思考：这些形态各异的建筑为什么可以被判定为"酒店"？酒店可以归纳出哪些类型？

1.1 酒店业发展历程

1.1.1 酒店的定义

"酒店（Hotel）"一词原为法语，是指法国贵族在乡下招待贵宾的别墅。在东南亚地区及我国港澳地区称为"酒店"，在我国内地称为"酒店"、"宾馆"、"旅馆"等，名目繁多，不一而足；但在西方则统一称为"Hotel"。为了方便读者，本书中统一称为"酒店"。

多数汉语词典之类的语文工具书解释为规模较大、内部设施优良、能提供食宿的场所，类似的名称有宾馆、酒店等；也有仅仅提供饮食的场所，类似名称有酒楼、餐馆等。

当前，各定义主要强调酒店是以房屋建筑和设备设施为依托，向顾客提供住宿、饮

食、商务、娱乐、购物等综合性服务的机构，并指出了酒店在向社会提供服务的同时也要获取合理利润。综上所述，现代化的酒店应具备以下基本条件。

（1）是一座设备完善并经政府有关部门核准的建筑。

（2）必须为顾客提供住宿、餐饮、娱乐及其他服务。

（3）它是商业性的服务企业，以营利为目的，取得法人资格。

（4）具有"公用性"，它必须接待所有要求住宿的正常人，既包括外来旅游者，同时也包括本地居民。

现代化的酒店有很多，如迪拜泊瓷酒店，如图1.1所示。

图 1.1　迪拜泊瓷酒店

（图片来源：http://www.wallsforpc.com）

1.1.2　国际酒店业发展

自人类的旅游活动出现起，为旅游者提供食宿的设施便应运而生。相传欧洲最初的食宿设施始于古罗马时期，此后经历了所谓的古代客栈时期、大酒店时期、商业酒店时期等阶段，其间几经起落。第二次世界大战以后，随着欧美国家经济的恢复，各地旅游业迅速发展，酒店业进入了现代新型酒店时期，至20世纪60年代，已出现了不少在世界各地拥有数十家甚至上百家企业的大酒店公司，形成了庞大独立的酒店行业。

1. 古代客栈时期

客栈，一般是指位于乡间或路边的，主要供过往路人寄宿的小店，它是随着商品生产和商品交换的发展而逐步发展起来的。最早期的客栈，可以追溯到人类原始社会末期和奴隶社会初期，是为适应古代国家的对外交往、宗教和商业旅行、帝王和贵族巡游等活动的要求而产生的。客栈一般规模都很小，设备简易，价格低廉；仅提供简单的食宿、休息的场所或车马等交通工具；以官办为主，也有部分民间经营的小店。

11世纪到18世纪是古代客栈时期，其中15世纪至18世纪为客栈盛行时期。这一时期英国和法国的客栈业最为发达，许多客栈集中地成为当地社会、政治与商业活动的中心，有些则演变为后来的大城市。

15世纪以后，随着贸易活动的兴旺和发展，人们对客栈的需求增加，对客栈的服务要求也有所提高，于是客栈的规模开始扩大，有的客栈拥有30～40间客房，设施也有所改善，备有专门的厨房、餐厅和酒窖，建有带壁炉的宴会厅和舞厅。客栈的环境条件也有很大改善，有供客人休憩的花园、草坪等，并且开始雇用专门的服务人员和管理人员。这样就形成了现代酒店的雏形。到了16世纪晚期，英国已有36000多家客栈。

2. 大酒店时期

18世纪末至19世纪末是酒店业发展史上的大酒店时期。18世纪后半期，随着欧洲殖民主义的扩张和工业革命的到来，西欧、北美等一些国家相继进入工业化。出于经济贸易发展的需要，酒店业发展从客栈时期过渡到了大酒店时期。18世纪末，美国的酒店业有了较快的发展。以1794年在美国纽约建成的第一座经过专门设计、由股份公司建设经营的酒店——都市酒店为标志，美国酒店业进入了大饭店时期。都市饭店拥有73个房间，在当时不啻为一座大宫殿，因此很快成为仅有30万人口的纽约市的社交中心。1829年，伴随着大量的殖民地商业活动的开展，在波士顿落成了一座现代化的大酒店——特莱门饭店，该酒店拥有170套客房，是当时美国有史以来规模最大、造价最高的大楼。特莱门饭店开创了现代酒店业的先河，推动了美国乃至欧洲酒店业的蓬勃发展。

这一时期的大酒店与客栈具有根本的区别：规模宏大，建筑与设施豪华，装饰讲究，布置最高档的家具摆设，这时期许多豪华酒店成为世界建筑艺术史上的珍品；供应最精美的食物，消费昂贵；酒店内部分工协作明确，对服务工作和服务人员要求十分严格，讲究服务质量；酒店内部出现了专门的管理机构，促进了酒店管理及其理论的发展。

3. 商业饭店时期

商业饭店时期，是指从20世纪初到20世纪40年代末约50年的发展时期，这是酒店业发展的重要阶段，从各方面奠定了现代酒店业的基础。

随着商品经济的发展，资本主义制度的建立和扩张，国际市场的开辟，现代交通工具的运用，商务旅游者的数量急剧增长。豪华大酒店对大多数旅游者来说过于奢华，而传统的客栈又过于简陋，因而产生了主要为商务旅游者和一般中产阶级旅游者服务的商业酒店。

20世纪初，美国出现了当时世界上最大的酒店业主——埃尔斯沃思·弥尔顿·斯塔特勒(Ellsworth M. Statler，1863—1928年)(图1.2)。1908年，他在美国纽约水牛城建造了第一家由他亲自设计并用自己名字命名的斯塔特勒饭店，如图1.3所示。斯塔特勒饭店是专为旅行者设计的，其特点是每套客房都有浴室，而且房价仅1美元50美分。斯塔特勒讲究经营艺术，注重提高服务水平，亲自制定了《斯塔特勒服务手册》，开创了现代酒店管理的先河。斯塔特勒酒店的经营思想和方法，至今对酒店业管理仍大有启迪。如"酒店经营第一是地点，第二是地点，第三还是地点"、"宾客永远正确"、"酒店从根本上说，只销售一样东西，那就是服务"等。

商业饭店的基本特点是酒店的规模较大，设施设备舒适完善，服务项目齐全，而且价格比较合理；以接待商务客人为主，具备较为完善的商务活动设施，如谈判间、会议室、办公自动化设备等；酒店经营活动完全商品化，追求经济效益，以赢利为目的；酒店管理逐步科学化和效率化，注重市场调研和市场目标选择，注意训练员工和提高工作效率。

图 1.2 斯塔特勒

图 1.3 斯塔特勒酒店

4. 现代新型酒店时期

从20世纪50年代开始，酒店业发展进入了现代新型酒店时期。第二次世界大战结束后，随着世界范围内的经济恢复和繁荣，人口迅速增长，现代科学技术的进步使交通条件大为改善，为外出旅游创造了条件。现代科学技术的进步也使劳动生产率显著提高，增加了人们的可支配收入，于是外出旅游和享受酒店服务的需求迅速扩大，从而推动了酒店业的大发展。

第二次世界大战以后，首先出现在北美洲的酒店集团得到了极大的发展，并逐步扩展到了世界其他地方，国际性酒店集团开始崛起。20世纪40年代末，隶属于美国泛美航空公司的洲际酒店公司成立，随即在拉美国家建立几家酒店。1948年，康拉德·希尔顿（Conrad Hilton）(图1.4)获得了位于波多黎各首府圣胡安的加勒比希尔顿酒店的经营许可，为其发展希尔顿国际酒店集团奠定了基础，如图1.5所示。看到洲际酒店集团及希尔顿国际酒店集团在国外经营酒店的成功，喜达屋集团、凯悦集团等也纷纷向海外发展。

图 1.4 康拉德·希尔顿
（图片来源：http://www.dailymail.co.uk）

图 1.5 希尔顿酒店
（图片来源：http://www.hcareers.com）

这一时期的主要特点是旅游市场结构的多元化促使酒店类型多样化，出现了度假型酒店、观光型酒店、商务型酒店、会员制俱乐部酒店、公寓酒店等；市场需求的多样化促使酒店设施不断更新，经营方式也变得灵活；酒店产业的高利润加剧了市场竞争，促使酒店与其他行业的企业联合或走向连锁经营、集团化经营的道路；现代科学技术革命和科学管理理论的发展，使现代酒店管理日益科学化和现代化。

1.1.3 我国酒店业发展

在中国，酒店设施的最早出现可追溯到春秋战国甚至更久远的时期，而唐、宋、明、清时期则被认为是酒店业得到较大发展的时期。19世纪末，中国酒店业进入近代酒店业阶段，但此后一直发展缓慢。改革开放后，中国酒店业有了长足发展，但与世界水平相比仍有不小的差距。

1. 中国古代酒店设施

中国古代酒店设施主要以官办驿站、迎宾馆和民间客栈(旅店)为主，它们在中国酒店业的发展史上有着重要的地位。

驿站是中国历史上最古老的一种官办住宿设施。在古代交通条件不发达的情况下，政府命令的下达、公文的传递、各地之间书信的往来均靠专人骑马、乘车、乘船来传送。由于官办驿站在初始时只接待公务人员，这就为沿驿道及在驿站附近大量开设民间旅店提供了机会，在一定程度上促进了民间旅店业的产生和发展。

迎宾馆是我国古代另一类官办的住宿设施，主要是为外国使节提供食宿接待服务。虽然迎宾馆的称谓在不同朝代有所不同，但都是中国古代酒店的重要形式，是官方接待外国使节及随从人员的重要设施。

民间旅店早在春秋战国时期就已产生，据记载，在商周时期就有专门为人们提供休息和食宿的名为"逆旅"的场所。秦汉时期，商业贸易活动的兴旺发达，使民间旅店业有了较快的发展，城镇郊区、集市和主要道路口都有各种各样的旅店存在。汉代以后，随着城市的形成和发展，民间旅店广泛分布于城内繁华地带。除了一般的旅店之外，为适应中国封建社会科举制度的要求，在各省城和京城还出现了专门接待各地赶考赴试学子的会馆，并成为当时旅店业的重要组成部分。

2. 中国近代的酒店业

中国近代酒店业是随着19世纪初外国资本的侵入而逐渐发展起来的。这一时期，中国的酒店设施大致可以分为西式酒店、中西结合式酒店、客栈式旅店3个种类。

(1) 1840年第一次鸦片战争以后，这些西式酒店把西方国家的酒店模式带入中国，不论在建筑式样、设备、装潢还是在经营方法、服务标准等方面，都与中国传统酒店有很大的区别。因受20世纪初西方国家商业酒店发展的影响，这些西式酒店一般都规模宏大、装饰华丽，拥有客房、餐厅、舞厅、酒吧、会客室等，备有电话、暖气及卫生间，采用标准化服务和规范化管理，以满足接待来华的外国人员及当时的上流社会人物、达官贵人集会的需要。

(2) 中西结合式酒店，是指受西式酒店影响，由中国民族资本家开办经营的酒店。20世纪初期，西式酒店的大量出现，刺激了中国民族资本家向酒店业投资，各地相继建立了一大批中西结合式风格的酒店。中西结合式酒店背弃中国传统酒店的庭院或园林式建筑风格，在建筑设施上趋于西化，多为高大的楼房建筑，店内设备和装潢则中西结合，在经营项目和经营方法上受西式酒店的影响，不仅实行与交通、银行等行业联营的政策，而且在服务和管理方面也学习国外商业酒店，从而使中国近代酒店业的发展接近西方国家的水平。

（3）在西式酒店和中西结合式酒店迅速发展的同时，中国民间客栈旅店业也进一步发展壮大。特别是近代交通工具的改善和发展，为中国传统的民间客栈旅店的发展提供了新的机遇。有关记载表明，到20世纪30年代末期，全国各地铁路沿线及车站附近的民间旅店或客栈已发展到1000多家。这些旅店在规模上也有所扩大，客房也分不同等级，并提供餐饮、住宿及其他杂项服务；在设施和装潢方面也较过去的旅店有较大的改善。

3. 当代中国酒店业的发展

1949~1978年，中国的酒店设施以事业接待型为主，大多数酒店提供的是招待所式服务，部分较高档的酒店也只是作为政府外事接待部门的附属单位，没有独立的经济地位。这一阶段中国酒店业的总体状况可以概括为数量稀少，设施陈旧，功能单一，条件简陋。

十一届三中全会以后，经济建设的蓬勃发展和旅游业的兴起，为酒店业的发展带来了前所未有的机遇。从当时酒店业的市场情况来看，旅游酒店成为当时中国旅游业发展的瓶颈。中国向世界敞开国门初期，海外游客怀着对中国的好奇而大量涌入，导致主要城市及旅游城市的酒店严重供不应求。在这种情况下，1979年国务院在北戴河召开会议，决定在各省尽快建设一家主体酒店。1982年，北京建国酒店的建成开业，标志着拉开了我国大规模引进外资建造酒店的帷幕，大量的社会资金和各部门的资金也开始投入到酒店业中，酒店业出现了强劲的发展势头。在这一过程中，旅游酒店的经济效益一直非常好。随着旅游业的高速增长，酒店业的体制也发生了重大的变革。一些接待型的酒店纷纷摘掉了招待所的"帽子"，从事业单位转为企业，成为经营实体。这些酒店与新建酒店一起成为中国酒店业的主体。酒店业企业化的过程为提高酒店经营管理水平提供了条件。

1989年蓬勃发展中的中国酒店业突然跌入低谷，酒店客房出租率大幅下降，酒店经营者面临前所未有的市场压力，激烈的市场竞争迫使酒店将管理的重心转向强化内部管理、提高酒店档次和服务水平，以此来增强市场竞争力。与此同时，国家旅游局根据形势发展的需要，在全行业推行了星级评定工作，这一工作的实施使中国的酒店在软硬件的建设上都有了参照标准。

1992年，邓小平同志发表"南方讲话"以后，全国掀起了新一轮改革浪潮，经济发展异常迅速，酒店业也进入了全面快速发展时期。在这一时期，酒店业市场增幅在15%以上，经济效益在1996年前稳步上升。1997年以后，随着酒店供给的大量增长，酒店业在快速发展中逐渐步入成熟阶段。

4. 中国酒店业发展的现状

中国酒店业经过改革开放30多年来的发展，取得了举世瞩目的成就。截至2014年6月全国星级酒店已经超过13600家，四、五星级酒店占近四分之一。与国际酒店相比，许多中国酒店的硬件设施已达到了世界先进水平，其中不乏一批软硬件均属世界上乘的高档酒店。更重要的是，本土的酒店集团和品牌已经进入了国际百强的行列。21 世纪以来，中国酒店行业的主要发展特征如下。

1）酒店行业规模快速增加，行业供给更具多元化特征明显

21 世纪，我国酒店业的供给规模保持了持续的增长。一方面，作为我国酒店业主体的星级饭店，从 2000 年的 6029 座，到 2013 年的 13600 多家，增长了一倍有余，体现了投资、建设酒店的热度持续不变。星级酒店的档次结构(如图 1.6 所示)基本呈纺锤形，四星五星级酒店的比例增长至约 25%，中档的三星级酒店仍为主流，占 47%。

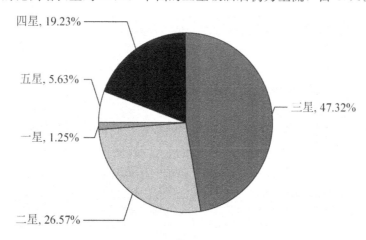

图 1.6　2012 年年底我国各等级星级酒店数量的比重

资料来源：国家旅游局《2012 年度全国星级酒店统计公报》

另一方面，在 20 世纪 90 年代引入中国市场的经济型酒店保持强劲增长势头，成为酒店业供给的重要组成部分。根据《2012 年中国经济型酒店行业分析报告》，2012 年我国经济型酒店总数已达到 9924 家，客房总数达到 981712 间。名列前茅的经济型连锁酒店品牌如家、7 天等都已经进入千店时代。与此同时，以非标准化和创造独特体验为特征的主题酒店、特色酒店在近几年来得到了关注和快速发展，在山东、四川、陕西、北京、深圳等区域得到了快速发展，使得酒店业的供给形态得到了极大的丰富。

2）行业成熟度提高，行业竞争激烈

酒店业的规模不断扩张，结构不断调整，市场需求也愈加成熟和分化，中国酒店业的发展日益走向管理的现代化、精细化。在经历了经济危机、自然灾害和流行疾病等引起的巨大市场波动之后，积累了更多地应对环境变化的经验，但行业整体的成熟度日益提升。竞争的加剧无疑是行业发展的必然趋势，饭店整体进入微利的状态。从 2008—2012 年的经营数据看，酒店的出租率基本保持稳定在 60% 左右，酒店业人均利润仅为 3 千元/人。

3）集团化发展趋势明显，品牌竞争国际化特征显著

21 世纪以来，中国本土酒店品牌意识的觉醒和做大做强的决心，促使一批本土酒店借鉴国外经验，走向集团化发展，酒店行业的集中度明显提升。根据《2013 年度中国饭店管理公司(集团)发展报告》显示：2013 年度参与统计的 44 家饭店集团，共管理饭店 6377 家，平均每家饭店集团管理饭店 148 家。自 2011 至 2013 年，参与统计的饭店集团平

表 1-1　2008—2012 年全国星级饭店平均出租率和人均利润

年份	平均出租率%	人均利润(千元/人)
2008	58.3	—
2009	57.88	—
2010	60.27	3.01
2011	61	3.99
2012	59.46	3.17

均拥有客房数的年增长率分别为 16.2%、17.1%和 22.1%，连续三年超过 15%，表明中国市场饭店集团呈现高速扩张态势。客房数量达到 2 万间以上的饭店集团数量达到了 13 个。

中国本土酒店品牌及集团高速发展期间，国际酒店集团也在中国加快了圈地和布点，全球十强酒店集团洲际、万豪、希尔顿等不仅进入一线城市，也开始在中国二线甚至三线城市布点，使得中国酒店业的品牌竞争呈现了高度的国际化特征。中国酒店业呈现了旅游饭店管理集团、国际品牌饭店管理集团、经济型饭店集团"三分天下"态势。

1.2　酒店类型与等级

1.2.1　酒店的类型

酒店类型指根据不同标准将酒店划分为不同的类别。划分酒店类型有以下三大目的：一是有利于推销，能使酒店明确推销对象和所处市场；二是便于比较，一家酒店经营效益的好坏，要与同一类型的酒店相比较才有意义，三是便于顾客识别，顾客在选择酒店时可以通过识别酒店类型，来知晓酒店提供服务的特色和级别。酒店的类型划分方法有多种，本书介绍其中最主要的 3 种。

1. 根据酒店的经营特色分类

1）全套房酒店（All-suit Hotel）

所有的客房由一张或更多的床位组成，通常还带有独立的起居室。许多套房带有小厨房或迷你冰箱。全套房酒店通常不提供完整的用餐设施，但许多酒店提供免费早餐。

2）商务型酒店（Commercial Hotel）

商务型酒店一般位于城区，靠近商业中心，以接待商务旅游者为主。这类酒店适应性广，在酒店业中占的比例较大。商务型酒店除了讲求外观的时尚，对内部的设施也要求堂皇舒适。为了满足客人的需要，必须要有完整的通信系统，如总机服务、电脑及互联网等；客房、餐厅、公共场所、会议室要有音响设备装置；整个酒店要有空调设备，有宽敞的大厅、走廊、洗手间等公共场所；餐厅要分宴会厅、小餐厅、音乐厅或夜总会厅；会议室要有各种类型，并配备全套会议设备；有训练有素、服务周到的员工，以及精通专业的各级管理人员。

3) 精品酒店(Boutique Hotel)

精品酒店以提供独特、个性化的居住和服务水平作为自己与大型连锁酒店的区分。在酒店的设置和环境上,其强调"小而精致";在服务方面,其采用的是管家式服务;在顾客群方面,其针对的是"有钱又有闲"的极少部分人群。这类酒店具有很好的舒适性,客房设施齐全,深受宾客喜爱。这类酒店通常有独立的客房,并且不超过 200 间,价格较高。以下 3 个酒店品牌被自动列为精品酒店:W Hotels(喜达屋旗下酒店)、Kimpton Hotels 和 Joie de Vivre Hotels。

4) 度假型酒店(Resort Hotel)

度假型酒店深受休闲游客的喜爱,一般位于海滨、山区、温泉、海岛等自然环境优美、气候宜人并且交通便利的度假目的地。由于度假型酒店的主题是为客人提供休闲娱乐、放松心情的地方,因此度假型酒店除了尽量营造悠闲的环境之外,还应因地制宜地开设各种娱乐体育项目,并配备完善的康乐设施,拥有各式游泳池、餐厅并且装潢精美。如果酒店命名中含有旅游景点名称,并且酒店级别为豪华(Luxury)或超高档(Upper-upscale),则该酒店通常自动归为度假型酒店。度假型酒店的经营受季节的影响较大,营业方式随季节变化而有不同,如房价分为旺季房价和淡季房价。这是因为度假分季节性,夏季客源充足,房价适当上涨;到了冬季,客源减少,房价相应下调,以此吸引游客入住。这种灵活经营的方式有利于调整酒店的营收平衡。房价的浮动通常由酒店自行决定。

图 1.7 雷迪森酒店

(图片来源:http://www.radissonblu.com)

5) 会议型酒店(Convention Hotel)

会议型酒店至少拥有 300 间客房以及独立的大型会议室。通常设在大都市或交通方便的游览胜地。经营重点主要在会展方面。酒店规模必须符合国际会议中心协会(International Association of Conference Centers)准则。由于其主要接待对象是各种会议团体,所以要求酒店设置不同类型和规格的会议厅、展览厅、贸易洽谈室等设施和配备相应的会议设备,如投影仪、录放像设备、扩音设备和先进的通信、视听设备,接待国际会议的酒店还需要配备同声传译装备。为了有效地帮助会议组织者协调和组织会议各项事务，酒店还应提供专业的维修服务和高效的接待服务。从20世纪60年代中期开始，会议型酒店受到重视，并有了较快的发展。近年来，商业型酒店和度假型酒店打入会议型酒店的市场，也开始接待会议客人，这三类酒店已难以严格划分。

6）汽车旅馆（Motor Hotel/Motel）

汽车旅馆是为自驾旅行的游客提供食宿等服务的酒店，常见于欧美国家公路干线上，以美国最多。汽车酒店在20世纪50年代后期有了较大的发展，在20世纪60年代继续发展，20世纪70年代便达到了顶峰，现在已走下坡路。现在，汽车酒店不仅设施方面大有改善，而且提供现代化的综合服务。汽车酒店的特色在于建有大规模的停车场，提供免费或低价的停车服务。

7）赌场酒店（Casino Hotel）

赌场酒店是以赌场为特色的酒店，经营重点放在娱乐设施方面，如蒙地卡罗酒店、澳门新葡京酒店。

8）高尔夫度假酒店（Golf Resort Hotel）

高尔夫度假酒店必须拥有一个高尔夫球场是被纳入考虑范围的前提条件。酒店客人仅仅只拥有能够自由出入高尔夫场地的特权是不足以定义为高尔夫度假酒店的。

9）滑雪度假酒店（Ski and Outdoor Resorts Hotel）

滑雪度假酒店的宾客可轻松进入滑雪场地，如图1.8所示。

图1.8　滑雪度假酒店

（图片来源：http://www.dailymail.uk.com）

10）温泉度假酒店（Spa Resorts Hotel）

温泉度假酒店必须拥有指定的水疗设施，并提供水疗服务。仅提供桑拿浴或浴缸或涡流式浴缸是不能称为温泉度假酒店的。

11）水上乐园酒店（Water Park Hotel）

水上乐园酒店建有室内或户外水上乐园，水上乐园面积至少为930平方米，并且拥有滑道、管道及各种水上娱乐设施，如图1.9所示。

图 1.9　Sidari 水上乐园酒店

（图片来源：http://www.tripadvisor.com）

12）公寓酒店（Apart Hotel）

公寓酒店主要向顾客提供长期或经常性居住服务，所以酒店有整套的生活设施及一些公用的健身娱乐设施，适宜家庭居住。公寓酒店的主要市场是那些因学习、工作以及其他原因需长期住在异地的人员。公寓酒店的单元或套房既可以出租，也可以出售，客人付租金也可以，购买也可以，比较灵活。

13）产权酒店（Ownership Hotel）

产权酒店即投资者购买酒店的某一间客房后并不居住，而是将客房委托酒店管理公司出租，获取客房利润分红，同时获得酒店管理公司赠送的一定期限的免费入住权。产权酒店有三大类型，即分时酒店、退休住宅型酒店、有限自用投资型酒店。

资料链接

奢侈品"混搭"酒店业

奢侈品牌跨界酒店业已成为当下潮流。新兴消费阶层不断扩大，他们对于奢侈品的需求也不断增长，尤其是2008年金融危机之后有极大的反弹。消费者更新了奢侈品的定义，旺盛的需求使得艺术界、时尚界和设计界之间的界限也由模糊转为合作，并更懂得迎合市场。而酒店业正是将这三界完美融合的绝佳平台。

与此同时，高端旅游业也在经历巨变。随着财富的增长，人们对于奢侈的定义更偏重于深层次的互动体验：热衷于与人、与环境、与文化乃至与有特点有故事的场合"打交道"。因此，对奢华的追求远非肤浅华美的物质可以满足，酒店服务业也在寻求更新的生存之道。

目前越来越多的奢侈品牌开始跨界酒店业，只是它们的发展方式不尽相同。比如Leonardo Ferragamo家族旗下的Lungarno Collection，是一个拥有16年优秀经营史的酒店品牌，Lungarno从不标榜自己的"Ferragamo"血统，在佛罗伦萨和罗马以独特销售主张树立典雅高贵的品牌形象。它在罗马的14间精品套房就像是对Salvatore Ferragamo低调而完美的诠释，身处其中，你看不到Ferragamo的LOGO，却可以感受到宾至如归的服务和温馨气氛。因为目前小有成绩，Lungarno继续连锁精品酒店的扩张。

> 另一位跨界酒店业的品牌是 Versace，不像 Ferragamo 旗下的 Lungarno 的低调作风，Versace 在 2000 年于澳大利亚黄金海岸落成的 Palazzo Versace 酒店就不遗余力地宣扬 Versace 的品牌概念，从地板到天花板极尽华丽之风。Palazzo Versace 不久也将在迪拜开幕。
>
> 2010 年，意大利设计师 Giorgio Armani 在迪拜的"迪拜塔"内建起第一家 Armani 酒店。此酒店将成为 Armani 酒店全球连锁的旗舰店，内部所有的装潢、家具设计全部遵循阿玛尼品牌的风格。同年 3 月，Maison Moschino 酒店在米兰开张，这是另一知名品牌 Moschino 旗下的作品。
>
> LVMH 集团正不断扩大以圣艾米莉产区顶级酒庄"白马庄园"（Cheval Blanc）命名的连锁酒店、餐馆业务。2006 年，LVMH 曾在法国著名的 Courchevel 滑雪旅游区开设了第一家五星级白马庄园酒店。近期，这座五星级白马庄园酒店已被评为法国宾馆八大"宫殿"之一。2011 年 5 月，LVMH 表示将在巴黎兴建一座新的豪华白马庄园酒店。新酒店定于 2014 年开业，属于集团投资 4.5 亿欧元对卢浮宫附近 La Samaritaine 百货商店大整修的项目之列。LVMH 还有计划在阿曼、埃及、马尔代夫开设"白马庄园"。
>
> 此外，为了满足顾客对酒店越来越高的品位需求，一些传统酒店品牌也开始向时尚奢侈品牌巨头们示好，希望展开合作。瑞吉酒店（St Regis）已经同宝缇嘉（Bottega Veneta）确立了合作关系；之后，迪奥（Dior）也成为它的合作伙伴。在纽约的瑞吉酒店拥有 1700 平方英尺的迪奥套间，设计部分全由迪奥设计师负责。2010 年，伦敦 Claridge's 酒店由黛安·冯·芙丝汀宝（Diane von Furstenberg）设计的首批套间问世。同年，喜达屋（Starwood）的城市酒店品牌 W 酒店确定了其时尚酒店的定位，也意欲和奢侈品牌合作经营酒店。
>
> （资料来源：FT 中文网 http://www.ftchinese.com）

2. 根据酒店的计价方式分类

（1）欧式计价酒店：其客房价格仅包括房租，不含食品、饮料等其他费用；世界各地绝大多数酒店均属此类。

（2）美式计价酒店：其客房价格包括房租以及一日三餐的费用。

（3）修正美式计价酒店：其客房价格包括房租及早餐和一顿正餐（午餐、晚餐任选一）的费用。

（4）欧陆式计价酒店：其房价包括房租及一份简单的欧陆式早餐（含咖啡、面包、果汁）；此类酒店一般不设餐厅。

（5）百慕大计价酒店：其房价包括房租及美式早餐的费用；美式早餐除包括欧陆式早餐的内容外，通常还提供煎（煮）鸡蛋、火腿、香肠、咸肉、牛奶、水果等。

3. 根据酒店的规模分类

按照酒店规模大小，国际上通常将酒店划分为大型酒店、中型酒店和小型酒店三类。

1）大型酒店

大型酒店一般指拥有 500 间以上标准客房，服务项目较齐全，设施比较豪华的酒店。通常大型酒店都是豪华酒店。随着世界旅游业的快速发展，许多中小型酒店也不断扩大规模而成为大型酒店。

2）中型酒店

中型酒店一般指拥有 300～500 间标准客房的酒店。这类酒店设施齐备、精良，服务项目齐全，价格适中、合理，是一般旅游者较喜欢选择的酒店。

3）小型酒店

小型酒店通常指拥有标准客房数在300间以下的酒店。但不同地区、不同国家也常有不同标准，如在美国，通常认为客房数不足100间的才算是小型酒店，也有地区认为客房数在50间以下的才是小型酒店。

1.2.2 酒店的等级

1. 现有的酒店等级制度

酒店有着严格的等级划分。划分的标准包含硬件设施、软件服务、节能减排等一系列评级分类与质量评估的内容。酒店等级制除规定了详细的等级标准外，还规定了包括申请、调查、批准、复查、暗查、抽查、降级、除名等程序。有些国家强制性规定酒店必须参加等级评定，有的则由酒店企业自愿申请参加评定。主要评定范围基本涵盖酒店、公寓式酒店、汽车旅馆、客栈4个大类。酒店等级划分的方法既有多国通用的等级评定系统，也有各国甚至地方制定的等级评定系统。分级的主要目的是由公共或私人部门提供有一定公信力的信息作为消费者认知酒店软硬件水平的辅助手段，减少酒店企业营销成本，提升产品质量，便于行业规划和管理。目前，为适应本国经济、社会情况形成的分级体系，全世界的酒店等级评定体系有将近100种。

根据《世界旅游组织与国际酒店餐馆协会关于酒店分级体系的联合调研报告》，有46个国家实施强制性分级，即酒店要先进行分级，而后营业，代表性国家是希腊、荷兰、意大利等国。32个国家的酒店未经分级，即可营业，其分级标准为推荐性标准，代表性国家有美国、法国、德国、奥地利等。我国实施推荐性的酒店分级制度，国家标准《旅游饭店星级的划分与评定》（GB/T 14308—2010）是推荐性标准。

明察和暗访是最普遍的两种评价方式。采用明察方式的国家有德国、荷兰、意大利、南非等国，采用暗访方式的国家有法国、约旦、捷克、西班牙等国。目前，我国在评定星级时大多采用明察形式，在复核检查时有选择地采用暗访形式。

普遍来说，酒店分级的评价周期一般为1～5年。以前我国星级酒店的评价周期是5年，即每5年要对已评星级的酒店进行全面的复核检查。自新版星级标准实施后，星级酒店的评价周期缩短为3年。

星级是最常见的酒店分级符号。大部分国家用"星"的多少表示酒店档次的高低，"星"的数量越多，酒店档次越高。常见的是一至五星级的分级体系。至于六星级、七星级的提法多数是商业噱头，并没有具体的标准与之对应。其他的分级符号有"钻石""梅花"等。例如，在法国，官方制定的酒店等级为"五星"等级；在意大利，由行业协会制定等级标准，采用"豪华、第一级、第二级、第三级、第四级"的五级制；在瑞士，由行业协会制定等级标准，按价格分为一至五级；在西班牙和爱尔兰，均由政府制定酒店等级标准，西班牙采用"五星"级，爱尔兰采用"A＋星、A、B＋星、B、C＋星"五级；还有的国家和地区则采用"豪华、舒适、现代"或"乡村、城市、山区、观光"的等级标准，可谓形形色色。

由政府实施酒店分级的国家主要有埃及、土耳其、阿联酋、意大利、罗马尼亚、英国、加拿大、中国等。政府实施酒店分级主要是出于行业管理的需要，通过制定分级体系建立公平、诚信、便利的市场秩序。

由行业协会实施酒店分级的国家主要有奥地利、瑞士、丹麦、法国、德国等。行业协会实施酒店分级主要是出于行业自律的需要，通过制定分级体系规划行业发展，为行业整体素质提升做贡献。

第三方组织广义上是指除去政府、酒店行业协会之外的各种组织，包括旅行批发商、旅行杂志、旅行网站、学术机构等。第三方组织实施分级往往带有其自身的商业目的，有的是为获得广告收入，有的是为其会员提供信息，等等。

美国是由第三方组织实施酒店分级的代表国家。美国主要的第三方组织有两个：一个是美国汽车协会(American Automobile Association)对酒店实施"钻石"分级；一个是福布斯杂志对酒店实施"星级"分级(其前身是美孚石油公司的酒店"星级"分级)。

有些国家的酒店协会要求其会员酒店必须参加分级，欧洲国家通常由本国的酒店协会实施分级。近年来，代表欧洲 24 个国家 39 个酒店、餐馆、咖啡店等行业组织的联合体(缩写为 HOTREC)提出要统一欧洲酒店分级标准，2007 年设立了欧洲酒店业质量评价体系，对各国的酒店评级机构进行合格认证。在 HOTREC 的支持下，奥地利、捷克、德国、匈牙利、荷兰、瑞典和瑞士的酒店协会创建了"酒店星级联盟"。2009 年 9 月 14 日，该联盟发布了以德国标准为蓝本的酒店分级标准，自 2010 年 1 月开始在大部分欧洲国家实施。

虽然酒店行业等级评定具有争议性，但其实施通过提供权威和可靠的统计数据，协助政府对不同类型的住宿单位进行规划和划分；鼓励酒店经营者进一步改善设施和服务标准；让旅游代理商和旅游者更加准确便捷地辨识所需要的酒店类型，发挥了引导和规范酒店行业发展的作用。

2. 我国的酒店业星级制度

1988 年，我国国家旅游局开始实施酒店星级评定制度。1993 年，星级标准经国家技术监督局批准为国家标准《旅游涉外饭店星级的划分与评定》，经过 1997 年、2003 年、2010 年 3 次修订，星级标准内容更加完善，更加适应行业发展，专业性、引领性更加突出。目前实施的标准是《旅游饭店星级的划分与评定》(GB/T 14308—2010)，该标准是推荐性国家标准，分为一到五星 5 个等级，目前全国有星级酒店 1.3 万余家，新版星级标准自 2011 年 1 月 1 日起正式实施。20 多年来，星级标准在引导和规范我国旅游酒店行业发展、加快与国际接轨步伐、推动我国旅游业发展等方面发挥了重大作用。

1）星级的划分

《旅游饭店星级的划分与评定》规定了旅游酒店星级的划分条件、评定规则及服务质量和管理制度要求，适用于正式营业的各种经济性质的旅游酒店。该标准以星的数量和设色表示旅游酒店的等级。星级分为 5 个等级，即一星级、二星级、三星级、四星级、五星级(含白金五星级)。星级以镀金五角星形符号表示，最低为一星级，最高为白金五星级。酒店开业一年后可申请星级，经星级评定机构评定批复后，享有三年有效的星级及其标志使用权。三年期满，酒店须重新申请相应星级。正式开业不足一年的酒店可以申请预备星级，达到相应星级标准者，可享受该预备星级及其标志的一年使用权。

图 1.10 中国星级酒店标牌(五星)

图 1.11 中国星级酒店标牌(白金五星)

2) 星级的评定

（1）星级评定机构。旅游饭店星级评定工作由全国旅游饭店星级评定机构统筹负责。该评定机构的责任是制定星级评定工作的实施办法和检查细则，授权并督导省级以下旅游酒店星级评定机构开展星级评定工作，组织实施五星级酒店的评定与复核。省、自治区、直辖市旅游酒店星级评定机构在全国旅游酒店星级评定机构的授权和督导下，组织本地区四星级以下旅游酒店星级评定与复核工作，并承担推荐五星级酒店的责任。其他城市或行政区域旅游酒店星级评定机构按照全国旅游酒店星级评定机构的授权，在所在地区省级旅游酒店星级评定机构的督导下，实施本地区三星级以下旅游酒店星级评定与复核，并承担推荐较高星级酒店的责任。

（2）星级评定原则。《旅游饭店星级的划分与评定》规定了酒店星级评定的如下原则。

① 酒店所取得的星级表明该酒店所有建筑物、设施设备及服务项目均处于同一水准。如果酒店由若干座不同建筑水平或设施设备标准的建筑物组成，旅游酒店星级评定机构应按每座建筑物的实际标准评定星级，评定星级后，不同星级的建筑物不能继续使用相同的酒店名称。否则，旅游酒店星级评定机构应不予批复或收回星级证书和标志。

② 酒店取得星级后，因改造发生建筑规格、设施设备和服务项目的变化，关闭或取消原有设施设备、服务功能或项目，导致达不到原星级标准的，应向原旅游酒店星级评定机构申报，接受复核或重新评定。否则，原旅游酒店星级评定机构应收回该酒店的星级证书和标志。

③ 某些特色突出或极其个性化的酒店，若其自身条件与本标准规定的条件有所区别，可以直接向全国旅游酒店星级评定机构申请星级。全国旅游酒店星级评定机构应在接到申请后一个月内安排评定检查，根据检查和评审结果给予评定星级的批复，并授予相应星级的证书和标志。

（3）星级评定程序。《旅游饭店星级的划分与评定》明确了酒店星级评定的具体工作由星级标准检查员承担。各酒店按以下程序进行申请和评定。

① 申请。申请星级的酒店应在充分准备的基础上，对照标准，向相应的星级评定机构递交酒店星级申请材料。申请材料至少应包括酒店申报星级报告、自查自评情况说明以及其他必要的文字和图片材料。

② 评定。接到酒店星级评定的申请材料后，星级评定机构应在一个月内委派星级标准检查员前往评定。对评定未予通过的酒店，星级评定机构应加强指导，待到酒店整改完成并要求重新评定的报告后，应于一个月内委派检查员再次进行评定。对于经评定达到标准的酒店，星级评定机构要及时给予批复并授予相应的星级证书和标志。

3) 星级复核及处理制度

对于已经评定星级的酒店，星级评定机构应按照《旅游饭店星级的划分与评定》及其附录 A、B、C 的规定等进行复核，每年复核一次。

全国旅游饭店星级评定机构统一领导全国星级酒店复核工作。复核工作应在酒店自查的基础上，由星级评定机构委派国家级或地方级星级标准检查员进行定期的明察和不定期的暗访。各级星级评定机构应对本地区复核工作进行认真总结，并逐级上报本地区的复核结果。对经复核达不到相应星级标准的酒店，应按如下方法处理。

（1）星级评定机构根据检查结果视具体情况给予签发警告通知书、通报批评、降低或取消星级的处理，并在相应范围内公布处理结果。

（2）凡在一年内接到警告通知书三次以上或通报批评两次以上的酒店，星级评定机构应降低或取消其星级，并向社会公布。

（3）凡是被降低或取消星级的酒店，自降低或取消星级之日起一年内，不予恢复或重新评定星级，一年后方可重新申请星级。

选择题

1. 一般的小型酒店是指客房数量在（　　）。
   A. 500 间以下　　B. 300～500 间　　C. 300 间以下　　D. 100 间以下
2. 我国目前许多高星级酒店的房费中包含自助早餐费用，这种计价方式属于（　　）。
   A. 欧式计价　　B. 美式计价　　C. 修正美式计价　　D. 百慕大计价
3. 每套客房都带有浴室的酒店设计，出现并普及在（　　）时代。
   A. 古代酒店　　B. 豪华酒店　　C. 商业酒店　　D. 现代酒店
4. 标志着我国酒店业引进外资和国际化管理，并走向快速的事件是（　　）。
   A. 建国酒店的建成开业　　　　　　B. 金陵酒店的建成
   C. 国旅集团的成立　　　　　　　　D. 北京酒店的建成

判断题

1. 我国目前执行的《旅游饭店星级的划分与评定》是在 1996 年完成修订的。（　　）
2. 根据《旅游饭店星级的划分与评定》的规定，酒店一旦获得星级，便可以终身使用。（　　）
3. 提出"第一是地点，第二是地点，第三是地点"的酒店经营思想的是凯撒里兹。（　　）
4. 产权酒店是投资者购买酒店的某一间客房后，将客房委托酒店管理公司出租，获

取客房利润分红的一种酒店经营方式。   (   )

问答题

1. 我国酒店业相对于国际酒店业有哪些有利与不利条件？你认为应如何发展适应我国自身情况又具有本国特色的酒店业？

2. 你认为奢侈品牌酒店的出现在酒店业发展历程中将是昙花一现还是可能成为一种趋势？为什么？

3. 在生态环境日趋恶化的现代，酒店业的存在是在帮助人类实现更加美好的生存环境还是在加速其毁灭？

案例分析

老上海的摩登生活：上海和平酒店

1929年开业的和平酒店（当时名为华懋酒店）位于上海的南京东路和外滩的交叉口，属芝加哥学派哥特式建筑，楼高77米，共十二层，外墙采用花岗岩石块砌成，由旋转门而入，大堂地面用乳白色意大利大理石铺成，顶端古铜镂花吊灯，豪华典雅，有"远东第一楼"的美誉。20世纪30年代的和平酒店以各种各样的Party闻名，其顶楼的和平厅更是被誉为全世界最漂亮的宴会厅，经常举办各种主题的派对，茉•莉酒廊是当年上海滩赫赫有名的社交舞会举办地。高级社交茶舞是上层人士交往的正式场合，深受名媛贵族的追捧，以至于当年和平酒店的茶舞门票十分抢手，总是提前售罄。后来，和平酒店几经沉浮，沙逊舞会也渐渐淡出了人们的生活。

2010年7月28日，历经三年修缮，耗资5亿港元，已有百年历史的上海滩标志性建筑、曾有"远东第一楼"之称的和平酒店正式恢复营业。翻新后的酒店由费尔蒙酒店集团负责管理。转瞬至今，和平酒店著名的周末茶舞又重新登场。在每周六下午2时半至6时举行，再现20世纪30年代风靡全上海社交圈的下午茶。如果在外滩走走拍拍照只能说是一次完美的观光游；那么听着管弦乐队现场演奏的美妙乐声在和平酒店跳一支老上海的社交茶舞，则绝对称得上一回有腔有调的"深度体验"。

思考与讨论：和平酒店的历史说明了酒店具备哪些功能？和平酒店的新开业给老酒店的发展怎样的启迪？

实践训练

通过网络及实地调研，在学校周边地区进行搜索，列举周边所有的酒店，确定它们分别属于哪些不同的酒店类型，它们各自具有哪些特征。

第2章　中外酒店集团

导　言

全球酒店业经过百年发展，形成了一些具有影响力的酒店业巨头。这些酒店集团成功的背后，都有各自独特的管理理念和管理方法。了解和分析这些集团的发展，可以让我们站在巨人的肩膀上，看得更远。本章将首先介绍酒店集团的形成和不同的发展形势，而后着重介绍国际酒店集团发展的历史和现状，掌握世界上酒店集团排名的指标和现状，对比我国酒店集团发展的现状和问题，分析我国酒店集团未来发展的趋势。

关键术语

酒店集团、委托管理、特许经营、酒店联合体、世界酒店集团

引导案例

加盟的集团的选择

某五星级酒店是由一家实力雄厚的化工集团投资建立的，是位于CBD的一家商务和会议型酒店。在建成营业了1年之后，感觉到与预期的经营目标相去甚远：客源不足（目前以本集团的往来客户接待为主）、出租率不够（仅能维持50%左右）、营业收入低，而且没能形成良好的口碑（网络评分3.7分）。集团公司分析了该酒店经营现状的主要原因，认为"缺乏专业化的酒店管理人才和酒店管理经验是目前经营不畅的重要原因"，同时，"新品牌在酒店行业和酒店市场的影响力有限，在面对激烈竞争的时候处于劣势"。鉴于上述认识，集团接受了顾问的建议，"引进国际品牌，加盟酒店集团，加速品牌化和管理的专业化，对酒店进行全面的管理升级"。然而，面对众多的国际酒店集团和大量高档的国际品牌，要怎么做出选择又成为了一个难题。

思考：在决定加盟哪个集团时，应该考虑哪些因素？你认为哪个集团的哪个品牌比较适合于这家酒店？

2.1　酒店集团的发展

随着21世纪世界经济的全球化、商业活动的信息化、产业竞争的国际化以及随之而来的大规模兼并、重组等发展趋势，集团化管理成为酒店在激烈的市场中扩大自身的优势实现规模经济提高其竞争能力的一种重要方式。就现在我国酒店业发展来看，要想在竞争激烈的世界酒店业有所作为成为一个名副其实的酒店大国，实行酒店集团化管理是非常有必要的。

2.1.1 酒店集团的定义

1. 酒店集团的含义

企业集团是指以一个实力雄厚的企业为核心,以资本联结为主要纽带,通过产品、技术、经济契约等多种方式,把多个企业单位联结在一起,具有多层次组织结构的法人联合体。或者说,企业集团是在经济上实行统一控制,而在法律上成员企业又各自保持独立的多法人联合体。酒店集团是指在本国或世界各地拥有或控制两家或两家以上的酒店,采用统一的店名、店标,统一的经营管理方式,统一的管理规范和服务标准、联合经营形成的系统,又称连锁酒店。广义的酒店集团包括综合酒店集团、实体酒店集团、酒店管理公司、酒店联号、连锁酒店联合体等。

2. 酒店集团的特征

首先,酒店集团一般拥有至少一家属于自己产权的酒店,有其经营管理权,同时也向外输出管理、品牌等。而酒店管理公司一般不拥有产权酒店,只是向外输出管理等。

其次,酒店集团采取统一的经营管理。包括统一的店名、店标,统一的经营管理方式,统一的管理规范和服务标准,统一的操作程序以及统一的营销等,形成品牌和进入市场推广。

再次,酒店集团是酒店的联合经营体,各酒店之间实行联合促销、联合培训、管理输出,以及互荐客源、互为预订等。

2.1.2 酒店集团的形式

1. 自有直营

酒店集团同时拥有并经营数家酒店,其所有权同属一个酒店集团和企业法人。这种形式的优点是节约成本,管理上容易到位并形成独立的风格。这种经营模式对资本的依赖程度比较高,投资回报率一般比较低,缺点是投资风险大,上缴税率也较高。

欧洲排名第一的法国雅高(Accor)酒店集团,其倾向直接购买房产,坚持投资新建,采取全资形式,虽然动用资金量比较大,扩张速度慢,但集团的控制力很强,容易形成统一的市场营销网络、坚持标准化经营。

2. 租赁

被租赁的酒店的所有权不属于酒店集团,但其经营权属于酒店集团,其中分为完全租赁和不完全租赁,不完全租赁形式所不同的是可以保留被租赁酒店原有的名称、经营方向和规格。承租的经营公司在立法上完全独立于业主企业,酒店职工属于经营公司,经营公司必须承担一定的经营酒店的风险。租赁的形式有直接租赁、盈利分享租赁和出售返租赁3种类型。这种形式的优点是在经营过程中产生的支出都由租赁者承担,而不是由酒店所有者承担。

3. 管理合同

由于酒店所有者缺乏管理经验或不打算自己经营，而与聘用酒店集团或管理公司签订管理合同，来管理或代为经营酒店。管理公司是酒店业主的代理人，酒店职工属于酒店业主，管理公司代表业主管理企业和职工。管理公司只要达到合同目标要求，不承担酒店经营的风险。管理公司对酒店的经营权有一定的自主权，收取管理费和租金。这种形式的优点是能够以较小的投资扩展酒店集团连锁经营规模，可以不直接投资建设酒店或购买股份就能在世界各地发展酒店数量。该经营模式对资本的依赖程度比较低，经营过程中的支出都是由酒店所有者承担，其收入按酒店销售额的某个百分比计算，投资回报率比较高。

思考：业主与管理公司之间是什么关系？

4. 特许经营

特许经营是指某一酒店集团向另一个酒店或酒店公司、投资集团、房地产公司、企业家等出售、转让本集团的特许经营权，与之签订合同，同意使用其酒店或公司的名称和管理标准、方法等经营业务，酒店集团或公司向获得特许经营权的酒店企业或公司在其酒店选址、开业、人员培训、营销预订与经营管理等方面提供咨询。酒店集团收取特许经营转让费和专利使用费，专利使用费一般按照经营收入或利润等按一定比例按期收取。

特许经营的内容包括以下几点：第一，使用酒店集团或公司的名称、标记、经营程序、操作规范、服务标准；第二，加入预订系统和市场营销网；第三，酒店建设或改造的选址、设计、可行性方案、资金筹措和经营管理技术的咨询、指导和监督；第四，酒店的各项设施和服务要达到酒店集团要求的经营标准。

这种经营模式对资本的依赖程度比较低，其收入来自特许权使用费，投资回报率比较高。酒店集团可以节省大笔资金，而实现迅速发展；在向国外发展时，不会因为东道主国家政策的突然变化蒙受特别严重的损失；减少在国外发展所受的阻力，往往以传播先进管理技术、资本以及分给少许利润等而受到所在国的欢迎和重视，通过合作者很好地与所在国政府、社会、民众等处理好关系，树立比较友好的形象；对市场与经济发展状况拥有更加灵活的处理方式；也可以为酒店集团的经营活动带来更多的方便，不需要负责员工等一系列问题。

假日酒店集团就是以出售特许经营权而发展起来的，才成为世界首屈一指的大酒店集团。第二次世界大战后的十年内，假日集团的两位创始人就是靠两张不烂之舌，于1952年迈出集团化经营的路子，并且这成为其除了电脑预订系统之外的法宝。

5. 联合体式

酒店联合体是指一些独立经营的酒店自愿地联合起来，采取使用统一的标记、预订系统、广告宣传和服务标准的集团形式。各企业在经营管理上、财务上不相关，只是创造总体的形象，增加推销的效果和互荐客源。联合行动所需的费用按一定比例由各成员酒店承担。酒店联合体的主要形式有合作经营和战略联盟两种。

6. 连锁经营

连锁经营是指有两个或两个以上的子公司隶属于同一母公司的经营形式。该母公司对于子公司的控制可通过完全拥有、租赁、租借建筑物或土地等形式来实现。母公司在享有子公司利润的同时，对其经营损失承担风险。连锁经营对于酒店业的最大影响在于其"标准化运作程序"，不利之处在于酒店集团推出的经营理念成为其他酒店仿效的目标。连锁经营的形成方式主要有以下3种：并购、杠杆收购、合并/联合。

全球连锁酒店中有特许权经营方式的最多，采取租赁和委托的其次，最后是自营的方式。一般来说，经济适用型酒店的要求和标准比较低，设施和服务比较容易统一，这类酒店进行特许经营较容易。此外，当经济形势看好时，独自经营的比较多，而当经济形势看淡时，租赁经营的就多起来了。

目前，国内经济型酒店行业的发展渐渐以两种模式为主：以如家为代表的总量优先模式和以7天为代表的逐区推进模式。

讨论：酒店集团与单体酒店、酒店联号、酒店管理公司的区别是什么？

2.1.3 酒店集团经营的优势

1. 管理优势

实行集团联号酒店管理，将各个相对独立的酒店通过一定方式联合起来，进行优势互补，形成规模经营，达到良好的规模经济效益。

酒店集团一般具有较为先进完善的管理体制，以及行之有效的管理方法和高标准的规范。能为所属的酒店制定统一的经营管理方法和程序，为酒店的建筑设计、内部装饰布局提供服务。为酒店的服务和管理制定统一的操作规程，使得各连锁酒店的经营管理达到所要求的水平，同时根据经营环境的变化，确保酒店集团经营管理的先进性。酒店集团定期派遣巡视人员到所属的酒店中检查，不断提出建议和指导，从而提高酒店的经营管理水平。

2. 规模优势

酒店集团在大规模发展中拥有了多方面的规模优势。

1）技术优势

酒店集团有能力向所属的酒店提供各种技术上的服务和帮助，这些服务和帮助通常根据所属酒店的需要有偿提供。酒店集团化经营也为生产和技术的专业化及部门化提供各种技术上的服务、帮助和培训；为生产和技术的专业化及部门化提供条件；为酒店开发阶段或更新改造所需的可行性研究提供帮助；为成员酒店提供中央预订系统(CRS)、物业管理系统(PMS)、客户关系管理系统(CRM)、供应链管理系统(SCM)、企业资源计划系统(ERP)等。

2）财务优势

财务优势即较强融资调控能力。对内，它可以及时调控各间酒店的资金余缺，对新上酒店或经济较困难的酒店，可予重点扶持；对外，它具有较强的信誉度，对吸纳社会资金、发展酒店业务、加快设备设施及技术的更新，具有突出的作用。

参加酒店集团可使金融机构对酒店经营成功的信任度增加，有强大的集团作为后盾、声誉好、风险小，容易贷款；往往作为发展中国家或地区重要引资项目，可以获得很多优惠政策。酒店还可以内部获得集团资金，有利于酒店经营；成熟的财务管理系统、方法与制度，便于管理。因为理财有方往往是酒店或酒店公司经营成功的决定性因素。如"速8"在特许经营过程中受到客户抛弃的原因之一是它在2006年到2007年内四换其管理与财务系统，因而受到一些加盟酒店的挤兑或退出，最后酒店集团上市增强融资能力，获得更多的发展资金。

3）采购优势

酒店集团内标准化程度高与其规模大的特点，使之便于发挥集中采购的优势。酒店设备标准化，便于维修，酒店消费品如床单、毛巾、香皂与其他卫生用品、文具、餐具、家具标准化，便于更换与补给，这两方面的标准化，使酒店集团可以集中大批量地向生产商订购或采购，从而有可能得到优惠价格或其他条件，这比中小批量的交易要经济得多。酒店集团甚至可以进行自主设计、规划和制造生产各种所需的设施、设备和原材料；酒店集团采购量大，可以控制某些原材料的市场供应，垄断市场，增强酒店集团竞争力。

4）预订优势

酒店集团在世界各地建立起自己独立的全国乃至全球性的客房预订中央控制系统，或与其他集团联合，使用共同的预订系统。通过这一系统，可以在世界各地本集团的旅馆里办理对其他姊妹酒店的客房预订。一般都开设免费预订电话，公众可以通过它随时了解该酒店集团内某酒店的客房占有情况。如果你要预订，无需放下电话，便知道你将住在哪个房间，里边有什么设施，房价是多少等情况。

5）抗风险优势

酒店集团，特别是大型的国际酒店集团，由于它的酒店分布地域广，产品品种多，使集团有较强的市场应变能力。其次，经济实力强大，融资能力比较强，使酒店集团具有很强的抗经济风险能力。第三，酒店集团能够获得政府和相应财团、组织的支持，能够获得政策和相关制度的支持，增加其环境适应的能力。第四，酒店集团有足够的手段和资源，成熟的机制来提高危机公关能力。

3. 市场营销优势

品牌优势，统一的品牌形象系统。获得较高的声誉和品牌信赖感，使用集团的名称和店标，并且在经营、管理、技术、服务等方面都必须达到相应的要求。因此，品牌就意味着高质量的产品、物有所值的服务、满意的消费享受，以及消费者自身利益的保障等。酒店集团最为关键的黏合剂就是品牌，不能仅靠资产来作为纽带整合的手段。

统一的市场营销系统。扩大广告宣传，提高酒店的知名度，这是绝大多数单体酒店所无法做到和实现的，因为这需要很大的资金投入、人员的支持等。

获得先进的客房预订系统。例如，锦江拥有中、英、日、法四种语言的网站；又如7天连锁提供已建成国内独家集互联网络、呼叫中心、短信、手机WAP及店务管理系统为一体的系统，24小时为客户提供4种便利预订方式，消费者可随时自主选择自己喜欢的方式进行查询、预订。

4. 人才优势

酒店集团能够吸引各方面的优秀人才。如工程技术、装潢、会计、促销、经济分析、人事管理、电脑技术、食品技术等方面的专家，为酒店集团内的各酒店服务，他们有专门技术，了解集团整体的战略与经营状况，处理事故快，解决问题合理。

酒店集团可以从整个酒店集团的实际需要出发，能够聘请到所需要的专门人才，特别是提供精英的管理团队和职业经理人。

酒店集团的广泛平台可为员工提供学习的条件、晋升的机会和发展的空间，真正可以实现企业的组织生涯规划与个人的职业生涯规划结合起来。

酒店集团有统一的标准培训系统。人才的培训与教育，既有资源、条件，又有方法和成熟的经验，对员工的成长非常有帮助。

2.2 世界酒店集团

2.2.1 世界酒店集团排名的主要指标

目前世界上有很多机构对酒店进行各种排名，其中对酒店集团比较权威的排名来自美国 *HOTEL* 杂志，其网址为 http：//www.hotelsmag.com。图 2.1 所示为美国 *HOTEL* 杂志主页。

图 2.1 美国 *HOTEL* 杂志主页

该杂志每年都会对全世界范围内的酒店进行排名，如图 2.2 所示。根据酒店拥有客房数量(图 2.3)、管理酒店数量(图 2.4)、所属酒店数量、特许经营酒店数量(图 2.5)、联合体拥有酒店数量(图 2.6)、品牌知名度、分布国家数量(图 2.7)等标准对酒店进行排名。目前应用最广的是根据酒店拥有的客房数量进行的排名。

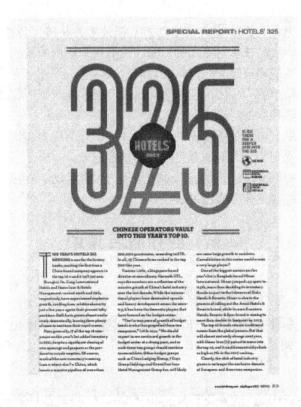

图 2.2　美国 *HOTEL* 杂志酒店排名扉页

SPECIAL REPORT: HOTELS' 325

1-50

2011 RANK	2010 RANK	COMPANY	HEADQUARTERS	2011 ROOMS	2011 HOTELS	2010 ROOMS	2010 HOTELS
1	1	InterContinental Hotels Group	Denham, England	658,348	4,480	647,161	4,437
2	2	Marriott International Inc.	Bethesda, Maryland	643,196	3,718	618,104	3,545
3	4	Hilton Worldwide	McLean, Virginia	633,238	3,843	604,782	3,671
4	3	Wyndham Hotel Group	Parsippany, New Jersey	613,126	7,205	612,735	7,207
5	5	Accor	Paris, France	531,714	4,426	507,306	4,229
6	6	Choice Hotels International Inc.	Silver Spring, Maryland	497,205	6,178	495,145	6,142
7	7	Starwood Hotels & Resorts Worldwide Inc.	Stamford, Connecticut	321,552	1,090	308,736	1,041
8	8	Best Western International	Phoenix, Arizona	311,894	4,086	308,692	4,038
9	12	Shanghai Jin Jiang International Hotels	Shanghai, China	193,334	1,243	107,019	707
10	13	Home Inns & Hotels Management	Shanghai, China	176,824	1,426	93,898	818

图 2.3　美国 *HOTEL* 杂志根据酒店拥有客房数进行的排名

第2章 中外酒店集团

SPECIAL REPORT: HOTELS' 325

TOP 10 MANAGED HOTELS

RANK	COMPANY	MANAGE
1	Marriott International Inc.	1,021
2	Home Inns & Hotels Management Inc.	698
3	Extended Stay Hotels	685
4	Accor SA	671
5	Westmont Hospitality Group	655

TOP 50 HOTELS

RANK	COMPANY	HOTELS
1	Wyndham Hotel Group	7,205
2	Choice Hotels International Inc.	6,178
3	InterContinental Hotels Group PLC	4,480
4	Accor SA	4,426
5	Best Western International	4,086
6	Hilton Worldwide	3,843
7	Marriott International Inc.	3,718
8	Magnuson Hotels	1,804
9	Home Inns & Hotels Management Inc.	1,426
10	Shanghai Jin Jiang International Hotel Group Co. Ltd.	1,243
11	Starwood Hotels & Resorts Worldwide Inc.	1,090
12	Carlson Rezidor Hotel Group	1,076
13	Louvre Hotels Group	1,075
14	Vantage Hospitality Group Inc.	1,045

图2.4　美国 *HOTEL* 杂志根据管理酒店数量以及旗下酒店数量进行的排名

TOP 10 FRANCHISED HOTELS

RANK	COMPANY	FRANCHISE
1	Wyndham Hotel Group	7,192
2	Choice Hotels International Inc.	6,178
3	InterContinental Hotels Group PLC	3,832
4	Hilton Worldwide	3,205
5	Marriott International Inc.	2,467
6	Accor SA	1,678
7	Vantage Hospitality Group Inc.	1,045
8	Carlson Rezidor Hotel Group	1,030
9	Home Inns & Hotels Management Inc.	728
10	Shanghai Jin Jiang International Hotel Group Co. Ltd.	536

图2.5　美国 *HOTEL* 杂志根据特许经营加盟酒店数量进行的排名

图 2.6　美国 HOTEL 杂志根据联合体所属的酒店数量的排名

图 2.7　美国 HOTEL 杂志根据酒店分布国家数量以及品牌评价进行的排名

思考与讨论：为什么在众多排名中，应用最广的是根据酒店拥有的客房数量这个标准进行的排名？

2.2.2　世界著名酒店集团介绍

根据酒店业权威机构美国 *HOTEL* 杂志 2012 年的最新排名，世界酒店业中排名前十的分别如下。

（1）Inter Continental Hotels Group　　　　　　（洲际）

（2）Marriott International Inc.　　　　　　　　（万豪）

（3）Hilton Worldwide　　　　　　　　　　　　（希尔顿国际）

（4）Wyndham Hotel Group　　　　　　　　　　（温德姆酒店集团）

(5) Accor (雅高)
(6) Choice Hotels International Inc. (精选国际)
(7) Starwood Hotels & Resorts Worldwide Inc. (喜达屋酒店与度假村国际集团)
(8) Best Western International (最佳西方国际集团)
(9) Shanghai Jin Jiang International Hotels (上海锦江国际)
(10) Home Inn & Hotels Management (如家酒店集团)

1. Inter Continental Hotels Group

1) 规模

洲际酒店集团(IHG)是世界上最具全球化并拥有客房数最多的酒店集团，总部位于英国，该集团拥有全世界最多的客房数量，4480家酒店，658343间客房，分布在100个国家和地区，总市值66亿美元。

2) 品牌家族

拥有9个酒店品牌Inter Continental(洲际酒店)，Crowne Plaza(皇冠酒店)，Hotel Indigo(英迪格酒店)，Holiday Inn(假日酒店)，Holiday Inn Express(快捷假日酒店)，Staybridge Suites，Candlewood Suites，EVEN Hotels and HUALUXE Hotelsand Resorts(华邑酒店及度假村)。品牌、特色及标志见表2-1。

表2-1 洲际酒店集团品牌特色及标示一览表

品　　牌	特　　色	LOGO
Inter Continental Hotels & Resorts	服务商务和旅游客户	
Crowne Plaza Hotels & Resorts	服务商务客户和旅游客户	
Hotel Indigo	酒店装修风格独特、精致	
Holiday Inn	环境舒适，现代感较强	
Holiday Inn Express	服务高效、快捷，环境舒适	

续表

品　　牌	特　　色	LOGO
Staybridge Suites	装饰和服务家庭感较强	STAYBRIDGE SUITES
Candlewood Suites	客户可以自由选择居住的环境布置	CANDLEWOOD SUITES
EVEN™ Hotels	为旅游者提供良好的食宿服务	EVEN HOTELS
HUALUXE	为中国消费者量身定做的高端奢华酒店	HUALUXE HOTELS AND RESORTS 华邑酒店及度假村

上述品牌中已经有许多对中国消费者来说都是耳熟能详的，也有不少品牌已经被认为是酒店行业的代表品牌。如 Holiday Inn 在 2011 年被首次评选为"客户最满意的中端酒店"(By J. D. Power and Associates)，该品牌还成为 2012 年伦敦夏季奥运会和残奥会的官方指定服务提供商。再如 Crowne Plaza 已经成为全世界第四大高端酒店品牌。此外 IHG 也看到了通过商业伙伴来增值自己品牌的机会，2011 年，IHG 的第一家洲际联盟度假村开张。与此同时，IHG 还在不断地扩大其 Holiday Inn 度假俱乐部的规模，以及通过合营的方式在新兴市场——印度推广其 HolidayInn Express 品牌。

不难发现，IHG 不仅已经拥有十足竞争力的众多品牌，并且不断保持敏锐的市场目光抓住可能的增长机会。除此之外，IHG 还十分重视旗下品牌的互补，这些品牌都具体针对具有不同需求的人群。他们根据价格和客户期望进而将酒店行业细分为不同的层次，IHG 集中精力在其中的 3 个细化的市场：中端酒店(三星级酒店)、高端酒店(大部分都是四星级酒店)、奢侈酒店(五星级)，这 3 个细化市场占据了 IHG 总收入的 90%。

3）管理和发展方式

洲际酒店集团的超大规模主要得益于它较为灵活的扩展方式。集团主要通过 3 种方式运营：特许经营、管理输出和自有。3 种类型的占比数量如图 2.8 所示。图表显示，占用资金较大的自有模式酒店数量最少，仅为 10 家。经营灵活的特许经营模式占比最大，数量达到 3852 家。

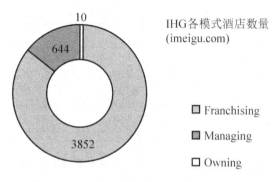

图 2.8　洲际酒店集团的不同模式酒店数量

2. Marriott International Inc.

1) 发展历史

万豪国际集团(MAR)是全球首屈一指的国际酒店管理公司，万豪在美国和其他 69 个国家及地区拥有 2800 多个业务单位。万豪国际集团的总部设于美国首都华盛顿。

万豪国际集团的发展起源于 1927 年，由已故的威拉德•玛里奥特先生创办。首家万豪(Marriott)酒店于 1957 年在美国华盛顿市开业，在公司的核心经营思想指导下，加之早期成功经营的经验为基础，万豪酒店得以迅速成长，并取得了长足的发展。20 世纪 80 年代，万豪根据市场的发展和特定需求，精心设计并创立了万怡(Courtyard)酒店。1984 年，以公司创办者的名字命名的超豪华酒店品牌 J. W. 万豪(J. W. Marriott)酒店在美国华盛顿市开业。此后，在 1987 年万豪公司收购了"旅居"连锁酒店(Residence Inn)，其特点是酒店房间全部为套房设施，主要为长住客人提供方便实用的套房及相应服务。同年万豪又推出了经济型的(Fairfield Inn)和万豪套房酒店(Marriott Suites)两个新品牌酒店。1995 年，收购了全球首屈一指的顶级豪华连锁酒店公司——丽嘉酒店(Ritz-Carlton)。这一举措使万豪成为首家拥有各类不同档次优质品牌的酒店集团。此后又在 1997 年，相继完成了对万丽连锁酒店公司(Renaissance)及其下属的新世界连锁酒店(New World)，以及华美达国际连锁酒店(Ramada International)的收购。此举使万豪国际集团在全球的酒店数量实现了大幅增长，特别在亚太地区，一跃成为规模领先的酒店集团。

2) 发展特点

万豪集团的快速发展，首先得益于创始人正确的经营思想。威拉德•玛里奥特先生创立的经营思想是：你如能使员工树立工作的自豪感，他们就会为顾客提供出色的服务。在此基础上，连锁"热卖店"的成功经营为玛里奥特涉足于后来酒店业的发展提供了先天的条件。

万豪的另一个重要经验是根据需求的发展变化，不断地细分市场，并针对性地提供服务和品牌的组合。正如发展历史中所介绍的，万豪旗下的每个品牌都有明确的目标市场和定位，也有鲜明的品牌特征。

3) 万豪的品牌家族

万豪的品牌家族也许是所有酒店集团中最为庞大的，他们从经济直至奢华，涵盖了所有的档次，也几乎包括了所有酒店的类型。万豪旗下品牌见表 2-2。

表 2-2　万豪旗下品牌介绍

品牌名称	定位	特　色	LOGO
（里兹卡尔顿酒店及度假酒店）丽嘉 The Ritz-Carlton Hotels & Resorts	奢华五星	单词 Ritz 的中文意思是"豪华"，其形容词是"顶级"的意思	
J.W 万豪酒店及度假酒店 J.W Marriott Hotels & Resorts	超豪华五星	在万豪酒店的基础上高一个水准	
Autograph Collection Hotels	豪华	独树一帜的独立酒店品牌。其风格张扬凌厉、丰富多元，处处细节均精雕细琢	
万豪酒店及度假酒店 Marriott Hotels & Resorts	豪华五星	偏向已成家立业的商业人士入住	
万丽酒店 Renaissance Hotels	豪华五星	房间风格独一无二，偏向有成就的年轻职业人入住	
万怡酒店 Courtyard by Marriott Hotels	四星	住宿便捷、宽敞客房、床上用品豪华、高科技设施、全新打造的大堂	
万豪行政公寓 Marriott Executive Apartment	精品型	设有独立厨房和客厅，有些更带有免费或打折的复印传真等办公服务，适合外出公干长达 1 个月的人士入住	
旅居 Residence Inn by Marriott	中档	套房宽敞大方，内设餐饮区、办公区和休闲区，布局合理、动静相宜，轻松满足长住旅客的各种所需	
Fairfield Inn & Suites by Marriott	经济型	以简洁干净，阳光充足为主要环境	

续表

品牌名称	定位	特　色	LOGO
Towne Place Suites	中档	目标客户群为喜欢休闲高效住宿环境的长住旅客，客房配有现代化的宽敞套房配备全尺寸厨房	
Gatlord Hotels	奢华	度假酒店	
万豪 AC 酒店	豪华	一家中高端时尚生活品牌酒店，专为年轻旅客提供设计时尚的大都会酒店住宿	
Grand Residences	奢华	部分私有制品牌酒店集豪华度假酒店的各类设施与私人服务于一身，酒店环境极尽奢华，有季节性租赁服务、灵活机动的使用方案	
Bvlgari Hotels & Resorts	顶级奢华	每家酒店在设计时均融合了当地的特色文化，稀有而奢华的材质，酒店多为意式豪华风情	
Edition Hotels	豪华精品	每家酒店均由屡获殊荣的酒店经营者 Ian Schrager 担纲设计，风格独具匠心，各领风骚。每家 EDITION 酒店都位于全球最具吸引力的目的地	

3. Hilton Worldwide

1) 发展概况

希尔顿国际酒店集团（HI），为总部设于英国的希尔顿集团公司旗下分支，拥有除美国外全球范围内"希尔顿"商标的使用权。美国境内的希尔顿酒店则由希尔顿酒店管理公司（HHC）拥有并管理。

1907年，正当美国发生经济大恐慌，一个名叫康拉德·希尔顿，年龄20岁的孩子在美国新墨西哥州圣·安东尼奥镇堆满杂货的土坯房里开办了家庭式旅馆以应付生计并庆祝自己的生日。1928年，在达拉斯阿比林、韦科、马林、普莱恩维尤、圣安吉诺和拉伯克都相继建起了以他的名字命名酒店——希尔顿酒店。1949年，希尔顿国际公司从希尔顿酒店公司中拆分出来，成为一家独立的子公司。1964年，希尔顿国际公司在纽约上市。1967年和1987年的20年中，希尔顿国际三次被收购，最后由前身为莱德布鲁克（Ladbrok）集团的希尔顿集团买下。

2) 希尔顿品牌家族

与众多酒店集团一样，希尔顿也属于多品牌战略的实施者。旗下的品牌涉及奢华品牌、完全服务型、有限服务型三大门类。主要的品牌见表2-3。

表2-3 希尔顿旗下品牌介绍

类别	品牌	标志
奢华品牌 LUXURY	华道夫酒店	WALDORF ASTORIA HOTELS & RESORTS
	康拉德酒店	CONRAD HOTELS & RESORTS
度假酒店品牌 Vacation Ownership	希尔顿度假大酒店	Hilton Grand Vacations
完全服务酒店 Full service	大使套房	EMBASSY SUITES HOTELS
	逸林酒店	DOUBLETREE BY HILTON
	希尔顿酒店度假村	Hilton HOTELS & RESORTS
有限服务酒店 Focused service	汉普顿花园旅馆	Hilton Garden Inn
	汉普顿酒店	Hampton
	家木套房酒店	HOMEWOOD SUITES BY HILTON
	家2	HOME2 SUITES BY HILTON

4. Wyndham Hotel Group

1)发展概况

温德姆酒店品牌由 Trammell Crow 于 1981 年在得克萨斯州达拉斯创建。1996 年，公司首次公开募股并于纽约证券交易所挂牌上市。1998 年，集团与物业投资信托基金公司 Patriot American Hospitality 合并；在 1999 年 6 月的企业重组之后，温德姆国际公司再次成为酒店经营企业。2005 年 10 月，温德姆环球的前身胜腾有限公司收购了温德姆商标以及公司的特许经营和管理业务。

2)旗下品牌

温德姆酒店集团是全球最大的多元化酒店集团之一，旗下有超过 10 个品牌，其中既包括五星级高端度假酒店，也包括面向普通消费者的速 8、豪生等酒店，主要酒店品牌见表 2-4。在中国，温德姆定位为高档品牌酒店、华美达、豪生及戴斯属于中档品牌酒店，速 8 则属于经济型品牌酒店。温德姆旗下品牌汇总如图 2.9 所示。

表 2-4 温德姆旗下主要酒店品牌

品牌	特色	LOGO
温德姆酒店及度假酒店 (Wyndham Hotels and Resorts)	酒店提供一切身处世界级高档酒店可享受到的舒适及设施；华丽的公共空间，设计精巧的典雅客房，享负盛名的餐饮体验，加上配套完善的会议场地。所有温德姆酒店均配备驰名的蓝睦水疗中心(True Blue Spa)	WYNDHAM Hotels and Resorts
温德姆至尊酒店系列 (The Wyndham Grand Collection)	温德姆至尊酒店系列为温德姆酒店品牌当中最尊贵的代表。此系列以在世界各地的独特选址为尊贵的宾客充分展现高级酒店所带来的独一无二住宿体验	WYNDHAM GRAND COLLECTION
温德姆花园酒店 (Wyndham Garden Hotels)	体贴周到的服务，加上配套完善的会议场地，适合举办不同规模的活动。客房配备照明充足的特大办公桌和人体工学座椅、富丽堂皇的酒店大堂和舒适惬意的酒廊。所有温德姆花园酒店均配备高速互联网服务及驰名的蓝睦水疗中心(True Blue Spa)	WYNDHAM GARDEN

图 2.9 温德姆旗下品牌汇总图

5. Accor

1) 发展概况

雅高是欧洲第一大酒店集团,雅高集团总部设在巴黎,成立于1967年。雅高酒店集团在全世界拥有4000家酒店和17万员工,遍布五大洲的90个国家,约500000个房间。该企业品牌在世界品牌实验室(World Brand Lab)编制的2006年度《世界品牌500强》排行榜中名列第二百五十九。

雅高提供了全系列不同档次的酒店服务,满足了不同需求层次顾客的需要。雅高在其他行业也独树一帜,其旅行社、餐饮和赌场业务亦发展迅速。集团利用旅行社和餐饮补充了酒店业务,极大提高了竞争实力。雅高酒店集团拥有世界第二大商务旅行社Calson Wagonlit 50%的股份和航空旅行社、法国航空专家旅行社60%的股权。雅高还积极参与餐饮市场的经营,在意大利和巴西有Gemeaz Cusin和GR Brasil机构餐饮业务。

2) 旗下品牌

雅高酒店集团涵盖了从豪华型到经济型各种档次的酒店,其中,高档占7%,中档占35%,低档占58%。高档酒店品牌包括索菲特、铂尔曼、美爵、美憬阁,而诺富特、美居为中档酒店品牌,宜必思、套房酒店、伊塔普酒店、一级方程式、六号汽车旅馆为集团经济型酒店品牌,如图2.10所示。

图2.10 雅高酒店集团旗下品牌图谱

(1) 索菲特(Sofitel Luxury Hotels)。索菲特是雅高酒店集团旗下五星级酒店品牌,多分布在世界最受欢迎的经济文化发达的休闲城市或度假村,为豪华型或度假型酒店,目标客户定位于国际豪华客人。

(2) 铂尔曼(Pullman)。铂尔曼酒店是雅高酒店集团在全球新推出的高档酒店品牌,酒店均坐落于全球各大地区及国际都市的中心地段。

(3) 美爵(Grand Mercure)。美爵酒店是雅高酒店集团新推出的高档酒店品牌,亚太地区的美爵酒店遍布主要城市和度假胜地。每家美爵酒店用个性特色的设计、风格诠释展现着当地的独特色彩和风土人情。

(4) 美憬阁(Mgallery)。美憬阁是雅高集团的一个最新的高端酒店系列标识,2009年9月正式登场,目前除了在巴黎、布拉格、苏黎世、马赛、里昂、维也纳等欧洲名城名镇及墨尔本、新西兰皇后镇等地也有加盟酒店外,美憬阁还迅速在亚洲扩张,该品牌酒店的特色是强调个性,特别注重酒店地址的选择,一般会选择在风景优美、视野宽广的地方,也很强调所在地点的历史,希望入住的客户在酒店里也能感受到一种独特的旅行体验。

(5) 诺富特(Novotel Hotels)。诺富特是雅高酒店集团四星级酒店品牌,也是最古老的酒店品牌。酒店秉承"创新,和谐,自由,统一"的文化理念,创立至今得到了飞速发展。酒店多分布在首都或重点城市贴近商务文化中心的地方或繁华的中心地带,成为欧洲酒店业市场的主力军。针对家庭旅游者，除了提供专门针对家庭的亲自服务，诺富特酒店更为孩子们提供了一系列个性化服务。

（6）美居(Mercure)。雅高酒店集团的美居品牌是一个多层次的酒店品牌，涵盖了经济型到豪华型的各个消费档次，拥有酒店、服务式公寓和休闲度假酒店这几个不同的类型，美居品牌的特色是让酒店能够体现当地的特色。

（7）宜必思(Ibis Hotel)。宜必思酒店1973年创立，是雅高酒店集团经济型酒店的代表，酒店的目标客户为商务客人，因此多位于主要城市的商务区域和枢纽地带。

（8）套房酒店(Suite)。套房酒店是雅高酒店集团旗下三星级的连锁酒店，创建于1999年。套房酒店为客人提供宽敞的、个性化的客房。套房酒店专门提供30平方米的客房让客人享受真正的个人空间，客人可以根据自己的需要，如睡觉、工作、休息……对空间进行调整。

（9）伊塔普酒店(Etap Hotel)。伊塔普作为雅高酒店集团经济型酒店的品牌，主要为法国和欧洲客人提供最基本的住宿服务，主要位于法国、德国、澳大利亚、比利时、英国、西班牙、瑞士和以色列，该品牌的酒店风格各异。

（10）一级方程式(Formule 1)。一级方程式是雅高酒店集团经济型酒店之一，1985年创立，主要位于欧洲，此外在南美，澳大利亚，巴西和日本均有分布。

（11）六号汽车旅馆(Motel 6)。六号汽车旅馆创建于1962年，是北美洲经济型酒店的连锁品牌，主要分布在美国和加拿大。

6. Choice Hotels International Inc.

1）发展概况

精选国际酒店集团(Choice Hotels International)总部位于美国的马里兰州(Silver Spring)，是纽约证券交易所的上市公司。集团成立于1939年，起源于品质客栈(Quality Inn)连锁集团，是一家以中等价格和一贯的高质量服务为主要特征的酒店业先驱。1981年，随着舒适客栈(Comfort Inns)的开设和发展，精品开始快速发展。在相继收购了Clarion、Rodeway Inn 和 Econo Lodge 之后，精品又对 Sleep Inn 和 Main Stay Suites 进行了革命性的改造，使自身的业务范围得到全面拓展，从经济型消费到高消费，从基本服务到高档次的娱乐享受。

2）旗下品牌

目前，在全世界近100多个国家连锁经营6000多家酒店，房间总数超过50万间套。精选国际酒店集团旗下拥有 Choice Clarion 凯瑞华晟酒店、Clarion Hotel 凯瑞华晟国际酒店、Choice Lucky 希瑞华晟酒店或国际俱乐部、Clarion Resort 凯瑞华晟国际度假村、Clarion Suites 凯瑞华晟度假别墅酒店、Clarion Collection 凯瑞华晟行政公寓、Clarion Inn 凯美酒店等十一大品牌，如图2.11所示。

7. Starwood Hotels & Resorts Worldwide Inc.

1）发展概况

喜达屋酒店与度假村国际集团原名为喜达屋住宿设施投资公司/喜达屋膳宿公司(Starwood Loding Trust/Starwood Loding Corp)。1998年，喜达屋收购了威斯汀酒店度假村国

图 2.11 精选国际酒店集团旗下品牌

际集团(Westin Hotels & Resorts Worldwide, Inc)和它的几个分公司(包括威斯汀和威斯汀联合公司),还收购了美国国际电话电报公司,并取名为 Sheraton Holding Corporation,成为世界酒店与休闲服务业中的领袖企业之一;1999 年 10 月,收购了维斯塔那(Vistana)股份有限公司(更名为喜达屋度假所有权股份有限公司)。喜达屋集团运用直接或间接由其子公司管理的方法来经营酒店和娱乐休闲业务。

2) 旗下品牌

喜达屋是一个集酒店业主、经营与销售等功能于一身的综合集团,旗下拥有瑞吉、豪华精选、W 酒店、威斯汀、艾美、喜来登、福朋酒店(喜来登集团管理),以及近期登场的雅乐轩和源宿,如图 2.12 所示。

图 2.12 喜达屋酒店集团旗下品牌图谱

(1) 喜来登酒店及度假村。喜来登酒店(Sheraton)是喜达屋集团最早进入中国市场的品牌,也是喜达屋旗下历史最悠久的、最大的、分布最多的酒店品牌。品牌带给人的感觉是温暖的,像家一样的酒店,特别注重人与人之间的联系,所以酒店内的布置,酒店服务员的态度都会给人以家的温暖。

(2) 瑞吉酒店及度假村。瑞吉(St. Regis)融合古典精致与现代风尚,并始终致力于在全球顶级胜地的 30 逾家豪华酒店和度假酒店实现追求卓越的品牌承诺。自从约翰·雅各布·阿斯特四世(John Jacob Astor IV)在一个世纪前于纽约创立第一家瑞吉酒店以来,瑞吉一贯秉承管家服务这一传统,向所有宾客奉上无与伦比且超乎期望的定制服务。

(3) 福朋酒店,房价优惠、装修风格时尚、舒适,向宾客推出 SPG 俱乐部计划,这项计划包括无限住日期免费住宿奖赏的突破性政策。

(4) 威斯汀酒店及度假村,强调产品创新,活力的住宿体验。威斯汀的所有特色服务有天梦之床、美味的活力食品以及威斯汀健身馆,均精心设计而成,带给宾客有益身心的健康之旅。

(5) 豪华精选(The Luxury Collection)。豪华精选每家酒店及度假酒店均独具特色、风情各异;完美地呈现原汁原味的当地文化和无限魅力。创立于 1906 年的豪华精选品牌是欧洲最负盛名的经典酒店。豪华精选旗下拥有众多屡获荣耀与褒奖的顶级酒店,凭借出类拔萃的服务、风格和品位不断超越宾客的期望，同时彰显出每家酒店独一无二的历史传承与特色。

（6）W 全球酒店。W 酒店在全世界最具活力的城市与最富情调的旅游胜地设立酒店与度假酒店。每一间酒店都提供独特的创意设计和一切围绕时尚、音乐和娱乐而进行的热门活动。W 酒店提供一系列感官潮流体验，包括现代概念餐厅、魅力娱乐生活、时尚的零售店、特色水疗和耳目一新的入住享受，为宾客带来全方位的生活方式体验。

（7）雅乐轩酒店。雅乐轩颠覆传统酒店的定义，崇尚偷享时尚生活的创新理念。

（8）艾美。艾美是一个起源于法国的酒店品牌，自 2005 年 11 月被喜达屋酒店与度假村国际集团(NYSE：HOT)收购。

8. Best Western International

美国最佳西方国际集团成立于 1946 年，是全球单一品牌下最大的酒店连锁集团，在美国、加拿大及欧洲具有广泛的影响。1946 年，拥有 23 年管理经验的旅游业主古尔汀（GUERTIN）建立了最佳西方汽车旅馆。最初的"最佳西方"只是一个有七家单体酒店组成的非正式组织，功能也仅限于酒店前台接待人员之间相互介绍住客。经过 60 年的发展，最佳西方采取建立战略联盟的方式，在全球建立经营网点，通过其全球预订系统和灵活多样的服务项目，把各个成员酒店联合起来，迅速成为世界第一大单一品牌的酒店连锁品牌。除在美国和加拿大外，"最佳西方"在法国、意大利和德国也已成为了当地规模最大的酒店集团。

9. Shanghai Jin Jiang International Hotels

上海锦江国际酒店(集团)股份有限公司(锦江酒店)是中国主要酒店服务供应商之一，主要从事星级酒店营运与管理、经济型酒店营运与特许经营以及餐厅营运等业务。集团的酒店遍布全国 24 个省及自治区下辖 73 个城镇及 4 个直辖市，其中大部分位于中国两大金融和旅游中心——上海和北京，并处于市内的黄金地段，临近市内旅游区及商业区，与火车站及公交车总站等交通枢纽毗邻，深受顾客欢迎。

集团旗下的酒店品牌有"锦江"及"锦江之星"，酒店档次从高雅经典的锦江酒店及和平酒店到简约经济的锦江之星旅馆，致力迎合各阶层顾客的需要。"锦江酒店"在 2006 年获 TTG 系列杂志选举为"最佳本土酒店集团"。锦江酒店是中国经济型酒店行业的先驱，凭着家喻户晓的品牌，于上海市场的领导地位，集酒店投资者及管理公司于一身的地位，以及作为中国首批进入经济型酒店行业的营运商的优势，锦江酒店近几年发展迅速，2012 年跃身成为国际知名的酒店集团。

10. Home Inn & Hotels Management

2001 年 8 月，携程旅行网成立唐人酒店管理(香港)有限公司，计划在国内发展经济型连锁酒店项目；2001 年 12 月，"如家"（Home Inn）正式定为品牌名；2002 年 5 月，华东地区第一家如家快捷酒店——上海世纪公园店，改建工程开工，同时标志着如家酒店连锁把"直营店"作为品牌发展的重点；2002 年 6 月，携程旅行网与首都旅游集团，正式成立合资公司，定名为"如家酒店连锁"，"如家快捷酒店"是核心品牌。如家酒店集团创立于 2002 年，2006 年 10 月在美国纳斯达克上市，成为中国酒店业海外上市第一股。

如家酒店集团旗下拥有如家快捷酒店、和颐酒店两大品牌，截至 2012 年年末已在全国 279 座城市，拥有连锁酒店 2013 家，形成了遥遥领先业内的国内最大的连锁酒店网络体系。如家快捷酒店是经济型连锁酒店品牌，提供标准化、干净、温馨、舒适、贴心的酒店住宿产品。和颐酒店(Yitel)是中高端商务酒店品牌，以精致时尚的环境设计、舒适人性的客房设施、便捷高效的商务配套，服务商务客人。

2.3 中国酒店集团

2.3.1 我国酒店集团发展的现状

1982 年，中国第一家中外合资酒店——建国酒店开业并首家引进了境外酒店管理公司(香港半岛管理集团)，标志着中国酒店集团化管理的开始。半岛酒店集团进入内地，从思想观念、管理方式、用工制度、促销手段等方面给中国的酒店业带来了全新的变化，并且在经营上获得巨大成功，开业当年前 7 个月就赢利 110 万元。随后，假日、喜来登等其他国际知名酒店管理公司纷纷在中国抢滩登陆。境外酒店管理公司在为中国酒店业带来规范的管理方式的同时，也为我们培养造就了一大批酒店管理人才，一些开业较早的酒店也由此积累了完整的管理经验和制度，这为创造中国自己的酒店管理公司打下了良好基础。

进入 21 世纪以来，中国酒店业市场上正在上演着国际品牌竞争大战，且趋势越演越烈。国际酒店集团纷纷看好中国经济发展的大好环境，不断加大在中国市场的扩张力度，抢夺市场份额，洲际、温德姆、万豪、希尔顿、雅高等位于全球酒店集团 300 强前列的酒店集团品牌纷纷落户中国，给本土酒店集团带来了前所未有的挑战。当然，本土的酒店集团在这样的背景下，也获得了巨大的成长。

根据 2011 年中国旅游酒店业协会对本土酒店管理公司(集团)的经营规模进行了统计调查(主要涵盖管理公司(集团)基本情况、成员酒店、品牌、外派管理团队、管理公司情况及经营数据等 6 个方面)，分析集团规模、成长性、结构、品牌影响力、集团管控力、集团经营业绩等指标，产生了最具规模的 30 家中国酒店管理公司(集团)。

根据 2011 年的调查统计结果，发现中国酒店集团的发展总体来说呈现出显著的成长性、转型期和市场分化特征，在高端市场上影响力逐步扩大，集团收益不断提升，标准化、品牌化、信息化及发展质量等方面的贡献效果在企业发展中不断增强。具体来说，有如下表现。

(1) 总体规模处于成长期，但与国际酒店集团仍有巨大差距；平均规模较小；各集团之间的规模差距较大；大多数集团仍然侧重于高星级酒店的发展；成员酒店国有资本比例保持下降趋势，民营资本酒店已占据主导地位；地产型新酒店集团加速进入规模集团市场行列。

(2) 在规模上保持了持续扩张的势头，规模成长性进一步加强；高星级酒店规模扩张强劲，中档酒店尚未得到本土集团的足够重视；全国性市场基本形成，且进一步向中西部地区和经济发达地区的三、四线城市迈进，但区域发展水平不均衡依然明显；集团发展稳定性保持提升态势。

(3) 不同酒店集团选择不同市场档次定位战略，全面覆盖型、高档集中型和低端集中型品牌格局正在形成；部分集团品牌化能力正在提升，集团间品牌化能力差异明显。

(4) 集团人力资源结构总体合理，外派团队具有比较丰富的业内实践经验，但集团间差异明显；部分集团培训力度有待加强；整体薪酬水平仍然偏低。

(5) 集团成员酒店经营数据指标总体健康，但与国际集团尚存在距离。同时，人力成本比例提升较快，接近国际平均值；能源成本、行政成本比例相对过高；集团财务指标呈现出明显地域差异性特征。

2.3.2 我国著名酒店集团

1. 港中旅酒店有限公司

港中旅酒店有限公司（原名"香港中旅维景国际酒店管理有限公司"）于1985年4月10日在香港注册成立，是中国港中旅集团的全资子公司，是香港四大驻港中资企业之一。2006年5月，公司正式推出了"维景"系列酒店品牌，将所属五星级和四星级酒店分别更名为"维景国际"（Grand Metropark）和"维景"（Metropark），并于同年将公司更名为"香港中旅维景国际酒店管理有限公司"（下称"维景国际"），公司还拥有特色商务酒店品牌"旅居"（Traveler Inn）和经济型连锁酒店品牌"旅居快捷"（Traveler Inn Express）。

"维景"的原意是"维多利亚港湾风景"，延伸为"维系真情、景致倾心"的含义。英文Metropark融合了Metropolitan和Park两个词而得，寓意"都市中的花园"，象征了维景品牌酒店所追求的繁华中的宁静和工作之外的悠闲的意境。

"旅居（Traveler Inn）"寓意"旅行中的好居所"，是提供有限服务的特色都市商务及度假连锁酒店，围绕4B（床、早餐、卫浴、健身）服务，提供轻松、健康的新商旅生活。标志犹如一片舞动的绿叶，散发出旅行的浪漫，代表着绿色与健康，当绿叶飘落到旅居的屋顶时，寓意着旅行者寻找到了惬意的憩息之所。

2. 首旅建国酒店管理有限公司

纵观不少国际酒店品牌的发展轨迹，很多都是从单体酒店发展来的，首旅建国也不例外。做为首旅建国的旗舰店，北京建国酒店的诞生要远远早于首旅建国。1982年春天，北京的东长安街延长线上悄然出现了一座雅致的淡黄色建筑，这座现在看来毫不起眼的建筑，在当时吸引了无数关注的目光，更成为中国酒店业发展过程中的里程碑。她，就是中国的第一家中外合资酒店——北京建国酒店。从1982年正式对外营业的国内第一家引进外资和国际品牌管理的酒店，到2004年首旅建国实现重组，到2006年的中外合资，首旅建国一直是中国酒店业改革发展的先行者，引领着中国酒店民族品牌走向发展、走向成熟、走向国际。

建国酒店对于中国酒店业发展的意义，更在于酒店的管理人员在虚心学习外方管理方法和管理经验的基础上，将其与中国的国情及建国的具体实践相结合，创造了以"垂直管理、层层负责、分工合作"为主要标志的新型管理体制，不仅在开业五年后顺利实现了建国酒店的中方管理，并且开始对外输出管理，逐渐形成了酒店管理公司的雏形和代表"建国品牌"的内涵。

3. 南京金陵酒店管理有限公司

金陵酒店是伴随着中国的改革开放、踏踏实实、一步一个脚印而成长起来的大型酒店企业。1980年3月17日，经国务院批准的第一批引进外资建设的旅游涉外酒店——金陵酒店在南京城市中心破土动工；1983年10月4日，金陵酒店作为"华夏第一高楼"建成开业；2002年10月，金陵酒店成功改建为南京金陵酒店集团有限公司；同年12月，金陵酒店集团作为主要发起人，通过吸收外资和民营资本，控股成立了金陵酒店股份有限公司，并于2007年4月6日成功在上交所挂牌上市。"金陵"旗下的连锁酒店发展到了80多家，金陵酒店品牌不仅享誉海内外，更已跻身世界名酒店行列。

4. 浙江开元酒店集团

开元旅业集团是一家以酒店业为主导产业，房地产业为支柱产业，建材业和其他相关产业为新兴产业，声誉卓著、实力雄厚的大型企业集团，总资产150多亿元。集团在浙江、上海、北京、江苏、安徽、河南、山东、吉林、江西、四川、青海、海南等地拥有下属企业60余家，为中国民营企业500强、中国酒店集团5强、世界酒店集团100强、中国房地产企业100强之一。

浙江开元萧山宾馆为开元的第一家酒店，开业于1988年，其前身是县政府的招待所。1992年，开元接管了位于钱塘江边一家60余间客房的小型酒店，将其打造成了浙江首家度假酒店——杭州开元之江度假村。在此后的几年里，开元先后接管了宁波开元大酒店、台州开元大酒店、宁海开元新世纪大酒店等数家酒店，每一家酒店都保持了当地最佳酒店的声望和一流的经营业绩，开元酒店作为"最佳四星酒店"的品牌地位得到了完全的确立。

2004年，开元开始进入豪华酒店市场，推出"开元名都"品牌，杭州千岛湖开元度假村、杭州开元名都大酒店、徐州开元名都大酒店三家五星级酒店陆续开张，每家酒店的开业都引发了业内外极大的关注，捧得多项行业大奖，成为当地标志性酒店。

2007年，集团成立20周年，开元酒店的发展进入了一个全新时期。集团签订了杭州千岛龙庭开元大酒店、衢州元生开元大酒店、绍兴金昌开元大酒店、诸暨耀江开元名都大酒店等多家酒店的委托管理协议，标志着开元酒店开始由"投资酒店"的资本扩张阶段向"管理输出"的品牌扩张阶段成功转型。

5. 广州岭南国际企业集团有限公司

广州岭南国际企业集团有限公司成立于2005年3月，是广州市政府为构建"住、食、行、游、购、娱"良性发展的商贸旅游产业链而组建的大型国有企业集团，岭南集团的业务涵盖了酒店、旅行社、食品加工、食品贸易与物流、零售连锁、餐饮、汽车服务等多个领域。

集团旗下拥有包括华南首家"中国白金五星级酒店"、2010年亚运会总部酒店广州花园酒店、国际顶级品牌管理的中国大酒店等五星级酒店在内的60多家全系列品牌酒店，拥有岭南豪华酒店系列、岭南度假酒店系列、岭南城市酒店系列、岭南精品酒店系列、岭南佳园连锁酒店系列、岭南国际公寓系列等6大系列品牌酒店60多家，客房数量12000多间。

6. 山东蓝海酒店集团

山东蓝海酒店集团创业于山东东营，1994年，它还是一家区招待所；今天，它已经发展成为一家高档酒店经营为主，以酒店工程和职业教育为配套产业的大型酒店集团。一所可容纳万人的蓝海职业学校，一家国际旅行社及一家工程施工总公司，打造出了"蓝海"、"钟鼎楼"等一系列知名品牌，资产总值超过18亿元，员工总数及在校学生超过万人。

在发展过程中，蓝海集团立足餐饮优势，经过多年探索，实现"餐饮标准化"，建成庞大且独一无二的"菜品数据库"，整体嵌入酒店，蓝海提出独创的美食酒店差异化经营模式，突破高星级酒店以住宿为核心的经营模式，释放出超强的市场生命力。依托集团总部统一的综合管理平台和投融资能力，优化集团的产业联动发展体系，强化产业组合优势，逐步形成具有国际竞争力的酒店产业，打造国际化的民族美食酒店品牌。

7. 粤海国际酒店管理（中国）有限公司

粤海（国际）酒店管理集团有限公司成立于1999年，是一家私营企业，是广东省政府在港窗口公司粤海控股集团有限公司。粤海控股集团有限公司是目前广东省在境外规模最大的综合性企业集团，全资拥有的一家跨地域、国际化的酒店管理集团公司，拥有粤海国际酒店、粤海酒店和粤海商务快捷酒店3个品牌系列，公司所持有的酒店资产及受委托管理的酒店遍布于香港、澳门、珠江三角洲、长江三角洲及国内其他地区，是中国唯一于香港、澳门拥有酒店的管理集团。

8. 湖南华天国际酒店管理有限公司

华天酒店集团股份有限公司是一家以酒店业为核心，以商业与旅游为两翼的现代旅游服务企业。华天集团从1988年创业至今，公司连锁酒店遍布湖南14个市州，省外已扩展到北京、长春、武汉等全国中心城市，"华天"是我国中西部地区最大的民族酒店品牌、海内外宾客和广大消费者一致公认的中国著名酒店旅游品牌。华天实业控股集团有限公司（简称华天集团）是一家以酒店业为主，覆盖旅行社、旅游景区、装饰物业等领域的省属综合性大型旅游集团，湖南省旅游龙头企业。公司旗舰店——华天大酒店总店是湖南省首家超豪华五星级酒店，位于长沙。

9. 海航国际酒店管理有限公司

海航集团总部在海南的省会海口市。于2000年1月经国家工商行政管理局批准组建，以航空运输业为主体，产业覆盖航空运输、旅游服务、机场管理、物流、酒店管理、商贸零售、金融服务和其他相关产业。

海航国际酒店管理有限公司，于2005年4月在上海注册成立，是海航酒店集团旗下的子公司。酒店管理公司同业主公司实行所有权与经营权分离的管理方式，主要根据委托管理协议受托管理海航集团各业主所属酒店，向受托酒店输出品牌、负责品牌建设及日常经营。

海航酒店集团已形成包罗商务酒店、度假酒店、经济型酒店、产权酒店、高尔夫球场等多元化资产组合，在全国20多个城市的自有产权及输出管理酒店53家、高尔夫球场3家，客房总数逾万间，员工近万人，资产总额近91亿。

2.3.3 我国酒店集团经营的发展条件

1. 明晰的产权关系

酒店集团的组建和发展，除了自身形成的客观需要外，还必须有一定的体制条件。明晰的产权关系是每一个酒店存在的先决条件，也是酒店集团产生、运行和发展的首要条件。酒店集团是一个由多个酒店组成的经济联合体，在这个联合体内，涉及作为集团成员间的各种经济关系，包括股权份额、经营方面的协作、利益的分配等，因此，就有必要强调酒店集团的上述特征。这里，需要指出的是，"产权明晰"的意义不仅在于企业账面上所反映的明晰的产权关系，更重要的是要解决人负资产责任的问题。我国酒店业中的国有企业、大多数合资酒店中的中方投资部分，已经明显地反映了国有资产管理体制的特点，即国有企业中国有资产终极所有者是国家。目前，虽然明确了各级国有资产管理局可以代表国家行使管理国有资产的权力，但却不承担资产经营的盈亏责任，对国有资产经营所得也不行使收回的权力，致使国有资产以各种方式大量流失。可以设想，在单个酒店产权关系不清的情况下，又将其资产加入酒店集团，成为这个酒店集团的母公司或子公司，岂不使产权关系更混乱吗？因此，笔者认为，发展酒店集团的首要体制条件是，首先解决成为集团成员的酒店（无论是母公司或子公司）自身的人负资产责任问题，以保证集团内明晰的产权关系。

2. 有效的资本运营

市场经济的实质是将各种生产资源都商品化，并通过市场进行合理的配置和流动，达到资源最大效益和最高效率使用的一种经济体制。从计划经济到市场经济体制的转换，其核心内容就是资本配置方式的转换。企业集团具有产权关系明晰、资产规模大、经营范围广、组织层次多元化等特点，这就决定了有效的资本运营在企业集团有了更加重要的意义。现代经济下，企业集团规模的快速壮大实质上就是以市场为导向的资本集聚、资本扩张的过程。那么，通过什么方式来实现资本集聚和资本扩张呢？当然可以靠重新投资来扩张规模，但是，最有效的实现途径应该是资本运营。通过资本运营，实现企业间的重新组合，迅速膨胀企业规模，扩大市场份额，提高规模经济效益。

我国酒店业在经历了 20 年的发展历程后，数量已具相当规模，在全国各地均呈现供大于求的趋势。这就决定了酒店集团的发展不能走铺新摊子、重复建设之路，必须通过资本运营方式实现。目前，我国酒店业进入了质量的提高期和结构的调整期，这给酒店集团的发展带来了良好的契机。

酒店业资本运营是酒店集团发展的必由之路，它可以通过多种方式运作。一是兼并联合。即将拥有"名牌"的酒店建立为核心企业，然后收购、兼并其他酒店，使之成为酒店集团成员，从而达到壮大优势酒店、带动其他集团成员的目的。酒店集团的发展，一定要突破地域的限制，只有这样，才能够逐步建立一批能冲出国门，走向世界，在国际上有声誉的酒店集团。二是发展股份制酒店集团。股份制是现代企业最为典型的组织形式。酒店集团是以资本联合为特征，产权主体多元化的复杂经济联合体。酒店集团建立和发展的重要条件是要科学地处理产权关系及相适应的权益与义务的方式方法。而股份制的本质内容和基本特征正好科学地处理了这些关系。因而，我国酒店集团可通过控股和相互持股的方式组建，从而达到集团内酒店之间的深层次联合。同时，股份制酒店集团还有利于促进不同所有制、不同地域、不同国度间全方位的酒店经济联合。三是委托经营。这类集团由经营合同的方式联合而成。严格地讲，委托经营是一种非资本运营的联合方式，但这类以酒店经营为主，以品牌及管理输出为纽带的酒店集团也是中国酒店集团发展的一条途径。它的基本特征是利用品牌与管理优势，通过特许联合经营、独立联盟与委托管理的方式扩张规模。但这种集团发展的最大的障碍来自于内部无股权关系，成员之间的联合紧密度低，以及缺乏稳固的联合基础。

综上所述，我国酒店集团在规模上要急剧膨胀，在数量上要迅速发展，在组建模式上要规范运作，必须通过资本运营的方式实现。

3. 规范的经营操作

企业集团的组织机构是指集团中各企业、各部门和人员的构成以及这些企业、部门和人员之间的关系。这种关系又表现为一种经济关系。一般而言，企业集团是由两个以上具有所有权投资关系的法人资格所组成，表现为以资金为纽带的相互间投资关系，并以此来带动其他业务关系。企业集团的另一种组织机构形式是由两个以上具有业务关系法人资格的企业组成的联合体。在这种企业集团中，企业间不存在相互投资的经济关系，仅仅存在一种业务关系。如在生产联系方面，由供、产、销几方面形成的业务联系；在科研联系方面，由产、学、研几方面形成的协作关系；在酒店业，还有为带动其他酒店发展，以向集团交纳一定管理费而形成的酒店集团，等等。从以上两种企业集团的组建模式可以看到，以资金为纽带而组建的企业集团，由于存在共同的经济利益，集团内各企业的合作才有可能建立在牢固的经济基础之上。事实上，也只有以资金为联系纽带组建的企业集团，才是规范的、典型意义上的企业集团。而以某种业务联系或协作关系组建的企业集团，由于各企业之间仅仅存在一种业务上的关系或协作，没有共同的利益机制，因而这种企业集团只能是一种松散的联合，或称"空集团"，一旦遇到市场的变化和利益的冲突，随时可能造成集团的解体。

企业集团是一种具有多层次组织结构的经济联合组织，集团的组建应有一定的规范性，不是几个企业任意组合就可以成为企业集团。一般而言，组建酒店企业集团，都应以一个市场商誉高、经营状况好、经济规模大、管理水平高的酒店为核心企业，由若干个酒店进行自愿联合，形成优势互补、发挥整体功能的一体化经济实体。从我国近年已经组建的企业集团(主要为工商业)的现实情况看，大多数企业集团都是以某种业务联系或协作关系为纽带组建的，以资金为纽带的规范化操作组建的企业集团只有少部分。但事实也同样证明，只有以资金为纽带组建的企业集团才有生命力。酒店集团才步入发展阶段，在组建模式上，一定要吸取其他行业企业集团成功的经验，少走弯路，使酒店集团的发展按规范化程序操作。

4. 强大的品牌效应

一般而言，企业集团的组织结构是多层次的，它由核心企业、控股成员企业层、参股成员企业层、协作成员企业层所构成。事实上，无论其他层面的企业对集团发展起多么大的作用，核心企业在企业集团中的主导作用是至关重要的。那么，核心企业是怎样成为"核心"的，除了它必须具有相当的经济实力，通过参股、控股而拥有了对子公司的控制权，进而掌握了成员企业的市场营销、投资决策、人事安排以及发展规划等活动外，它成为"核心"企业的另一必备条件是，一定要拥有"品牌"，而使众多企业向它"靠拢"，借助其"品牌效应"促进子公司的发展。

酒店品牌有许多功能，但它的基本功能就是识别。然而，到了现代社会，酒店品牌已从简单的识别功能发展成为一个整体的概念，它体现着酒店服务的个性和消费者的认同感，象征着酒店经营者的信誉，从而被用来与其他酒店进行区别。从酒店品牌的基本功能分析，一个好的品牌，能促进酒店销售，争取更多的客源。由于消费者，特别是来自于异国他乡的旅游者，在对国内酒店业不了解的情况下，常常是根据酒店品牌来选择住宿和餐饮服务的，因而品牌就有一种促销功能，它可以通过各种宣传媒介，建立相对稳定的客源国和客源群体，并且不断发展新的客源市场。建立有名的酒店品牌，要经过不懈的努力才能实现，有时甚至需要几代人的艰苦工作才能取得一个"品牌"美誉。而消费者对名牌酒店的期望值不断提高，市场的激烈竞争也令名牌酒店不断面对新的挑战，因此，品牌就又有了一种刺激功能。它不断刺激酒店经营者关心品牌和声誉，提高服务质量，强化创新的服务意识，从而保证自己的品牌效应。

发展酒店集团，必须以一个拥有"名牌"的酒店为核心企业，只有这样，酒店集团才有可能被社会公众所认同，为众多成员酒店带来客源，从而得到他们的认可，愿意成为集团成员。同时，也使酒店集团自身规模不断发展，知名度不断提高，而与国外酒店集团相抗衡。我国酒店业是自20世纪80年代中期才步入发展阶段，至今也只有三十年的历史。现阶段，我国酒店业发展的基本特征是规模的急速扩大，现已呈现供大于求的态势。据有关部门估计，1998年全国三星级以上酒店客房出租率为50%～60%。笔者认为，酒店发展下一步的重心应转移到如何提高服务质量方面。而作为酒店集团的发展，才步入初始阶段，全国已形成的酒店集团屈指可数，并且具有很强的地域性特征。客观地讲，我国酒店业培育出的可以让国内市场、国际市场认同的名牌还很少。已经有不少酒店集团因没有"品牌效应"而夭折，也有不少酒店集团因没有"品牌效应"得不到发展，而面临"解散"的境地。因此，笔者认为，当务之急是要尽快培育出能够带动酒店业发展的"名牌"，以发挥"品牌效应"，保证酒店集团的发展既蓬蓬勃勃，又稳妥扎实。

5. 积极的人才储备

当有利于生产力发展的生产关系建立之后，生产力要素的配置对经济的发展就起决定性作用。在酒店集团的发展中，企业家作为生产力要素的新组合，是这一新的经济组织形式发展的主要组织者和推动者。

现代经济发展已经无数次证明了，一个经营成功的企业，必然有一个成功的企业家及其群体。酒店集团要走向全国、走向世界，必须拥有一支高素质的企业家阶层和企业家群体。企业家对于酒店集团的发展，具有十分重要的作用。企业家作为企业的法人代表，集企业应享有的权利和应承担的义务于一身，是企业的"核心"人物。作为法人代表，企业家代表企业行使法律所规定的权利和义务——代表本企业对外签订合同；代表本企业出面解决与其他单位之间的经济纠纷；代表本企业到人民法院起诉、应诉等。

选择题

1. 连锁酒店集团最为常见的经营方式是(　　)。
   A. 独自经营　　　B. 特许经营　　　C. 租赁经营　　　D. 托管经营
2. 酒店集团在实施特许经营时,向受许方收取(　　)费用。
   A. 转让费　　　B. 专利使用费　　　C. 租金　　　D. 管理费
3. 假日酒店目前是(　　)酒店集团旗下的著名品牌。
   A. 万豪　　　B. 洲际　　　C. 香格里拉　　　D. 温德姆
4. 万豪国际酒店集团旗下最奢华的品牌是(　　)。
   A. Marriot　　　B. JW marriot　　　C. Ritz-carlton　　　D. Renaissance

判断题

1. 酒店联合体是单体酒店志愿地联合起来而形成的集团形式,这些单体酒店不仅在采购、预订系统中融合,在财务上也相互融合。(　　)
2. 酒店集团相比单体酒店的主要优势体现在规模优势和营销优势上。(　　)
3. 经济型连锁酒店比较适合的发展方式是委托管理,如家就是其典型代表。(　　)

问答题

1. 什么是酒店集团?酒店集团有哪几种模式?
2. 全球十大酒店集团有哪些共同的特征?
3. 中国酒店集团发展滞后世界酒店集团的原因是什么?
4. 目前酒店集团的形式以哪一种居多,为什么?

案例分析

国际酒店再现撤牌事件

2012年,洲际酒店集团单方面发布声明,自2012年9月1日零时起停止对上海浦西洲际酒店的管理,该酒店将不再使用洲际酒店及度假村品牌。浦西洲际酒店于2009年年底开业,由业主方上海耀达房地产开发有限公司投资建设,洲际酒店集团负责管理,业主方向管理方支付管理费。然而,平均入住率不足50%,两年多流失了1400多员工,使浦西洲际无奈选择自行撤牌。这已经不是洲际的第一次撤牌了。

据业主方耀达房地产相关负责人称:两年多内,换了4任总经理、5任市场总监、4任餐饮总监、4任财务总监,最离谱的是整个酒店共700多名员工,每年的员工流失率高达50%,两年多内离职了1400多名员工,等于整个酒店"换血"了两次。频繁的人事变动导致酒店管理极为混乱,业绩欠佳,业主方曾两度中途停付管理费。据本报记者了解,自开业以来,浦西洲际酒店一直处于亏损状态。2010年世博年该酒店仅完成业绩指标的70%,而去年仅完成业绩指标的30%。另外,按双方的合同规定,从开业算起,如果满19个月之后洲际业绩不达标,则需支付业主方差额。业界人士推测,这将是一笔不菲的费用,可能也是导致洲际酒店集团提前解约的原因之一。有业内人士认为,国际品牌酒店应该突破"业主+外资管理品牌"这种固有模式。

思考与讨论:1. 案例中的洲际酒店对于上海浦西酒店采用了哪种连锁模式?

2. 这种模式主要的问题是什么？可以通过什么措施来改变？

实践训练

1. 调查你所在的城市已经拥有哪些国际集团品牌，分析它们的档次和目标市场是哪些？

2. 利用网络地图，查看经济型酒店连锁品牌在你们城市的分布情况，思考这种分布特征是由哪些因素影响的。

第3章 管理理念和方法

导　言

　　酒店管理是管理学的一个分支，是以管理学的一般原理和理论为基础，综合运用多学科知识，与酒店具体实践相结合，从酒店本身的业务特点和管理特点出发而形成的一门独立的管理学科。酒店管理是以酒店经营活动为研究对象，经营活动不仅包括业务的运营，也包括"人"这个因素的运作。随着世界科技、经济等的不断变化，酒店经营活动的内容也在不断改变，而管理学理论的不断丰富和变化也带动酒店管理理论的不断进步。本章首先对什么是酒店管理、酒店管理的内容进行了明确的定义，并介绍了酒店管理的管理体系；其次，介绍了管理学思想的发展历程和派别，酒店管理的理论基础；再次，论述了酒店管理新方法。

关键术语

　　酒店；酒店管理；科学管理理论；古典管理思想；等级链；需求层次论；霍桑试验；X理论、Y理论；双因素理论；系统权变思想；目标管理、表单管理、情感管理、现场管理

引导案例

过失单引起的不满

　　某酒店总经理非常重视服务质量，经常亲自对服务员的服务质量进行监管。他在酒店里推行"过失单"制度，即当总经理、副总或者质检部人员在现场巡视时发现员工服务中的缺失，就给她发放一张过失单，过失单的多少直接在月底纳入考核，影响奖金的发放。一天，酒店接待一个大型会议，总台服务员正忙着接待客人，连嗓子都哑了，当终于有机会舒舒气时，总经理出现了，他要这位服务员在过失单上签字。因为他在旁观察了半小时，发现这个服务员在连接待了几位客人以后，文明用语少了，一直挂在脸上的微笑也不见了。虽然今天客人多，来得集中，也不能原谅。服务员虽觉委屈，但也不得不在过失单上签名。

　　思考：总经理的做法体现了什么管理思想？他的管理理念中有什么"误"？

3.1　酒店管理概述

3.1.1　酒店管理的概念

　　酒店管理是以管理学的一般原理为基础，并与酒店具体实践相结合而形成的管理科学的一个分支。同其他企业一样，酒店是通过利用各种技术和管理手段，从事生产、销售活

动,以求得经济与社会效益的基本经济组织。酒店管理,具体地说就是酒店管理机构和管理者根据市场需求,对酒店的全部经济活动执行决策、组织、指挥、控制、协调等管理职能,以充分利用酒店的资源和设施,进行优化配置,实现酒店经济效益和社会效益的最大化。本书所指的酒店管理包括经营和管理两个方面。

所谓经营,是酒店要以市场为中心,对市场进行调查、预测与分析,充分认识市场的客观规律,确定酒店的经营方向、经营目标和经营策略的全部活动。经营的主要内容是酒店如何开拓市场,开发产品以与市场变化保持一致。所谓管理,是从酒店内部条件出发,对酒店的各种要素资源进行合理而有效的配置,以实现最佳的经济效益。经营和管理既有不同,又相互交叉、渗透在一起。只有把两者有机地结合起来,贯穿于酒店各项工作的始末,才能真正提高酒店的经营管理水平和效率,取得双重效益。酒店管理的具体要求包括以下几个方面。

1. 确立明确的经营目标

追求经济效益目标是酒店生存和发展的客观要求。在此基础上,酒店管理的目标是达到经济效益和社会效益高度统一的最优化。这里,酒店的社会效益是指酒店的经营活动带给社会的功用和影响,社会对该酒店产品的认可程度。社会效益表现为酒店的声誉、荣誉称号、宾客的评价、酒店利用率、酒店和社会的关系等。经济效益是指酒店通过经营所带来的投资增值额。

2. 协调酒店内、外部的各种关系

酒店管理是一个协调酒店内部与外部各要素的动态协调过程。酒店组织内部有人力资源、财力资源、物力资源、时间资源、信息资源等几大要素。这些要素又分别构成生产经营活动及各个环节、各个方面的比例与协调;生产经营过程中人与人、人与组织的关系与协调;企业内部各因素与企业生存相关的外部环境因素动态平衡等。管理的过程就是通过不断协调取得相对平衡的动态过程。

3. 充分了解和适应市场需求

酒店是社会系统中的一个子系统,酒店管理是为了使酒店适应环境变化、不断发展的需要。酒店管理研究市场,要研究市场发展的趋势和产品的更新情况。酒店在发展,市场在变化,怎样使二者较好地结合起来,在于酒店对市场趋势的正确把握,根据市场发展趋势及时更新酒店产品。在买方市场的条件下,离开对市场的了解,内部要素组合再好,酒店经营也将毫无成效。相反,还会造成资源的极大浪费,甚至危及组织的存在。这就促使酒店不断采取各项措施与手段来实现内部与外部环境的动态平衡。

3.1.2 酒店管理的主要内容

酒店作为一个具有多业务部门的整体组织,它的一个重要特征是由总体管理和各部门子系统的管理之分。因此,酒店管理从管理对象上来看可以包括对市场、人、财、物、安全、生产过程、质量等的管理。

1. 市场营销管理

酒店的营销活动是酒店管理者为使宾客满足,并在宾客满足的基础上实现酒店经营目标而开展的一系列有计划、有组织的活动。酒店管理的宗旨是满足市场的需求，市场营销的作用就在于沟通酒店和市场的供求关系。酒店的营销工作主要包括如何促进产品销售和如何树立酒店形象两个方面。

酒店营销管理，就是酒店对营销活动进行分析、计划、执行和控制，以谋求创造、建立及保持与目标市场之间相互有益的交换关系，从而达到酒店的经营目标。因此，可以认为营销管理是酒店管理的核心内容。

2. 接待业务管理

业务管理是指借助特定的空间和环境直接对客人服务并产生营业收入的酒店业务部门的管理，如前厅、房务、餐饮、娱乐、商务、购物等业务部门的管理，如图3.1所示。业务管理是酒店营业活动的日常管理，目的是按时、按期、保质、保量地完成生产任务，增加营业收入，实现经营利润。

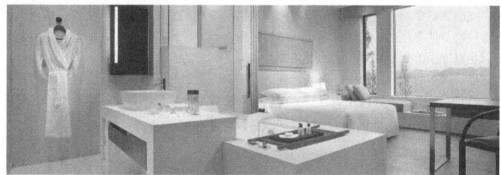

图3.1 宁波柏悦前厅、客房、餐厅图片

3. 服务质量管理

服务是酒店的主要产品,因此酒店服务质量的好坏决定了酒店的生存和发展。酒店服务质量主要体现在设施设备质量水平、餐饮产品质量水平、劳务服务质量水平、环境氛围质量水平和后台保障质量水平方面。

酒店服务质量管理应以质量管理体系为基础,其目的是在市场营销创造顾客的基础上留住顾客。它要求酒店树立顾客导向的质量观念,以质量管理体系为基础,以科学管理理论为指导,开展全员参与的全面质量管理。主要工作内容包括依据顾客需求和质量管理与质量保证体系的要求,建立酒店各部门的服务质量标准,并确定具体的操作规程、质量管理责任制度以及对服务标准的实施进行控制。

4. 人力资源管理

战略管理理论认为,人力资源是企业无法被他人模仿的独特资源,因此人力资源是各种生产要素中最重要的要素。酒店属于劳动密集型行业,人力资源在酒店的经营管理中有着特殊的意义和重要的作用,酒店管理从这个意义上可以说就是对人的管理。同时,酒店人力资源管理的水平不仅影响其本身的利用效果,还会影响其他资源的利用程度。

酒店的人力资源管理包括通过考核和选择,对酒店人员进行科学的配备;根据酒店管理的要求,进行严格的劳动成本控制;对员工工作绩效考评和劳动成果分配;运用激励和各种科学的奖励手段合理使用人才,并不断对员工进行科学培训与教育工作。

5. 财务收益管理

酒店业务活动的连续进行,酒店资金也处在循环的运动中。酒店要取得经营效益,就必须研究酒店资金的具体形态和运动规律,遵循规律对资金进行管理,使资金增值。酒店财务管理就是从资金运动的角度来计划和控制酒店的生产经营活动,并评估和分析其合理性,以尽可能少的资金取得较大的经济效益,提高酒店的经营管理水平。

在现代酒店的管理系统中,财务管理立足于酒店管理的信息系统和会计系统,服务于酒店管理者的经营决策,优化酒店资金配置。财务管理的主要内容包括资金管理、资产管理、成本费用管理、营业收入、利税管理以及财务分析等。

6. 设备管理

现代酒店,尤其是大型综合性酒店,各项功能齐全,可以为客人提供各种内容的服务项目,满足客人的多样性需求。设备是酒店经营的物质基础,是酒店档次与服务综合能力的体现,现代酒店须具备种类繁多的现代化生活设施与设备。酒店设备管理不仅直接影响着酒店的服务质量,而且还直接关系酒店的经济效益。酒店设备管理工作的主要内容包括设备的资产管理和设备的使用和维护。

酒店管理还要求酒店建立一套完整的设备管理制度和规范。使设备的使用与维护责任落实到每一个部门、每一个岗位、每一个人,做到正确使用,精心维护,保证设备的完好运行,尽量延长设备的使用寿命,提高服务质量与经济效益。

7. 安全管理

安全是人的基本需求,也是宾客外出迫切要求得到的保障。酒店安全是酒店开展经营活动的基础,只有在安全的环境中酒店的各项接待服务工作才可能开展。清洁与卫生是酒店环境优雅的基本条件,也是客人得到放松与享受的前提。酒店所提供的卫生与安全条件不仅会影响到宾客的愉悦和舒适感,还会影响酒店的声誉。如果酒店的安全卫生工作做不好,其损失难以数计。所以安全、卫生水平十分重要。酒店安全、卫生管理主要包括消防管理、食品卫生管理、卫生防疫、治安管理和劳动保护等。

3.2 酒店管理基础理论

3.2.1 古典管理思想

20世纪的前半期是一个管理思想多样化发展的时期,19世纪末20世纪初产生的科学管理思想,在管理学史上可以被称为是一个里程碑,标志着人类走向科学化管理的新阶段。在这个时期的代表人物主要有泰勒、法约尔、韦伯,他们分别对生产作业活动的管理、组织的一般管理、行政性组织的设计提出了体系相对完整的管理理论。这些理论为当代管理和组织思想建立了框架。

1. 科学管理理论

有"科学管理之父"之称的美国弗雷德里克·泰勒是最先突破传统经验管理格局的先锋人物。通过长期对钢铁公司生产现场活动的亲身观察,泰勒认识到落后的管理是造成生产率低下和劳资冲突的主要原因,对工厂进行科学管理的目的就是要提高生产效率。他在1911年出版《科学管理原理》一书,提出了通过对工作方法的科学研究来改善生产效率的基本理论和方法。科学管理原理的五条基本点如下所述。

(1) 效率是基础,科学管理的目的是谋求高效率的工作。通过动作和时间研究法对工人工作过程的每一个环节进行科学的观察分析,制订出标准的操作方法,用以规范工人的工作活动和工作定额,减少无效动作,减少时间浪费,提高工作效率。

(2) 人尽其才,把工人放在合适的岗位,发挥最大的效能。科学地挑选工人,按照标准作业方法对工人进行科学的培训、教育,使其才能和天赋得到最大的发挥,使之成为第一流的工人。

(3) 以"经济人"的假设为基础,实行激励性工资。首先通过工时研究进行观察和分析,以确定"工资率"即工资材料;其次是实行差别计件工资制;三是提出工资是根据工人的实际工作表现,而不是根据工人的工作类别支付,多劳多得。通过金钱激励,促使工人最大限度地提高生产效率。

(4) 将计划职能与执行职能分开,明确管理者和工人的职责,实行职能制组织设计,企业高级管理人员将一般的日常事务授权给下级管理人员处理,自己仅保留例外事件的决策权和控制权。

(5) 心理革命。泰勒认为真正的科学管理和片面追求效率的一阵风式的做法完全不同。科学管理是一场心理革命,让双方把注意力从分配剩余的问题上转移到增加剩余上,以友好合作和互相帮助来代替对抗和斗争,共同使剩余额猛增,以达到工人工资和制造商的利润都大大增加。

泰勒的科学管理理论是管理思想发展史上的一个里程碑,它旨在改变传统的经验管理方法,使经验的管理转变成为一种为现代社会化大工业生产"科学的"思想。科学管理理论提出的有科学依据的作业管理、管理者同工人之间的职能分工、劳资双方的心理革命等,为作业方法和作业定额提供了客观依据,使得劳资双方的关系从敌对的状态中解脱出来,转而共同提高效率以实现各自利益的最大化,从而推动了生产力的发展。科学管理运动加强了社会公众对消除浪费和提高效率的关心程度,促进了经营管理的科学研究,为后来的运筹学、成本核算等科学奠定了基础。

2. 一般管理理论

与泰勒的科学管理理论同时代的欧洲诞生了有关整个组织的科学管理理论。杰出代表亨利·法约尔和马克斯·韦伯是过程学派的创始人,他们在发展一般的管理理论方面,如解释管理者的工作是什么以及有效的管理由哪些要素构成方面,做出了重要的贡献。

法约尔(图3.2)有长期管理大企业的经验,对企业组织方面的问题非常有热情,法约尔以自己在工业领域的管理经验为基础,在1916年出版了《工业管理与一般管理》,提出了适用于各类组织的管理五大职能和有效管理的十四条原则,在组织管理方面颇有建树。

资料链接

法约尔

亨利·法约尔(Henri Fayol,1841—1925年),古典管理理论的主要代表人之一,亦为管理过程学派的创始人。他出生于法国一个中产阶级家庭,15岁时就读于里昂一所公立中等学校,两年后经考试及格转入圣艾蒂安国立矿业学院,是同一学年里最年轻的学生;19岁毕业时他取得了矿业工程师资格。1860年,他被任命为科芒特里——富香博公司的科芒特里矿井组工程师。在他漫长而成绩卓著的经营生涯中,他一直珍视这项事业。1918年,他退休时的职务是公司总经理,他继续在公司里担任一名董事,直到1925年12月,以84岁高龄去世为止。

图3.2 法约尔

(资料来源: http://www.banzuzhang.com.cn/readglds.asp?menu=2&id=10)

法约尔将工业企业中的各种活动划分成六类：技术活动、商业活动、财务活动、安全活动、会计活动和管理活动。由于法约尔本人的工作经历，他认为管理活动是企业运营中的一项主要活动。法约尔提出管理活动本身又包括计划、组织、指挥、协调、控制5个要素。法约尔用大量的事实证明管理的成功不完全取决于个人的管理能力，更重要的是管理者要能灵活地贯彻管理的一系列原则。这十四项原则包括了工作要专业分工、管理者要有职权、员工更要遵守纪律、员工要接受统一领导、个人利益要服从集体利益、对员工的劳动必须支付公平合理的报酬、下级要参与决策的程度、从组织的基层到高层，应建立一个关系明确的等级链系统、无论是物品还是人员，都应该有秩序、管理者应当公正地对待下属、管理者应制定有规则的人事计划、保证人员的稳定性、管理者应当鼓励员工发表意见和主动地开展工作、团队精神对组织内部统一至关重要。

虽与泰勒同属于管理学派，但法约尔的理论侧重于高层管理理论，这恰好与泰勒的理论形成互补。

另一位在组织理论方面有突出贡献的是德国的社会学家马克斯·韦伯。他的代表作《社会组织与经济组织》中提出了所谓理想的行政组织体系理论。这一理论的核心是组织活动要通过职务或职位而不是通过个人或世袭地位来管理。

韦伯认为，高度结构的、正式的、非人格化的理想行政组织体系是人们进行强制控制的合理手段，是达到目标、提高效率的最有效形式。这种组织形式能适用于各种管理工作及当时日益增多的各种大型组织。

3.2.2 行为管理思想

古典管理思想把人看做是简单的生产要素，忽视了人性的特点。20世纪20年代中期以后产生的人际关系学说和行为管理理论开始从心理学、社会学、人类学的角度去研究被古典管理思想看做是简单生产要素的人。肯定了人的社会性和复杂性，从人性的角度研究社会、心理对人和生产效率的影响。行为科学主要研究人的心理，如目的、欲望、思想、动机、需要等，研究人与人的关系、个人与集体的关系，研究上述因素与目标的关系，并以此提出了以人力资源为首要资源，高度重视对人力资源的开发和利用，提倡以人道主义的态度对待工人，通过改善劳动条件，提高劳动者的生活质量，调动劳动者的积极性，进而提高生产效率，达到企业最优化的效果。

1. 霍桑实验与人际关系学说

霍桑实验是心理学史上最出名的事件之一。这个在美国芝加哥西部电器公司所属的霍桑工厂进行的心理学研究是由哈佛大学的心理学教授乔治·埃尔顿·梅奥主持。实验经过了4个阶段，分别是照明实验(1924—1927年)、福利实验(1927—1929年)、访谈实验(1929—1931年)和群体实验(1931—1932年)。该实验研究了企业生产中各种有关因素对生产效率的影响程度，依据实验结论，霍桑提出了人际关系理论(Human Relation)，为行为科学奠定了基础。其人际关系理论的主要观点如下。

（1）企业员工是"社会人"，具有社会心理方面的需要，而不是单纯地追求金钱收入和物质条件的满足的"经济人"。以泰勒为代表的科学管理理论认为人是为了经济利益而工作的，人是"经济人"。霍桑用实验证明了经济因素不是第一位的，社交、他人认可和归属感等社会心理因素也能影响人的工作积极性。当员工感觉到自己备受关注时，自豪感会让其表现出更高的工作效率。

（2）员工满意是提高员工士气的重要途径。生产效率不单纯地受工作方法和工作条件等物理因素的制约，生产效率主要决定于士气这种社会因素。士气决定于员工对社会、心理方面需求的满足，如归属感、安全感等。这些需求的满足又取决于个人、家庭、社会生活（如上级、同事、社会对个人的认同），以及企业中人与人的关系。

（3）在企业中还存在非正式组织。非正式组织是一种无形组织，是在正式组织工作过程中，由共同的思想感情而形成的非正式团体，它对成员行为的影响甚至超过了正式组织。

（4）有效沟通十分必要。管理者要善于倾听和沟通职工的意见，激励和引导非正式组织，使职工有一定的地位参加各种决策，使正式组织的经济需要和非正式组织的社会需求取得平衡。

霍桑通过实验第一次把管理研究的重点从工作和物上转移到人的因素上来，肯定了人才是企业发展的动力之源。

2. 需求层次理论

需求层次理论由美国心理学家马斯洛提出的。马斯洛的需求层次理论认为人的需求是多方面的，人的多方面需求是有层次的，当一种需求得到满足时，另一种需求会随之产生。需求可经常成为激励因素，需求层次理论起初需求层次分为 5 个等级，后来在马斯洛晚年时，又提出"超自我实现"，将需求层次理论丰富到 6 个等级，如图 3.3 所示。

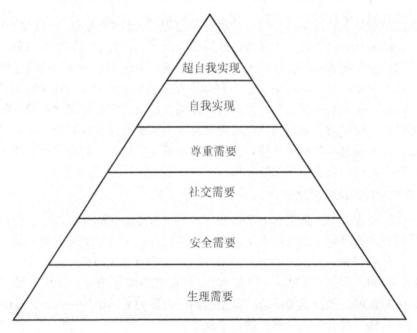

图 3.3 马斯洛需求层次理论

（1）生理需要。维持生存的必要条件，主要指住、食、衣、行、性 5 个方面，这是人最基本的、层次最低的需要。

(2) 安全需要。主要指职业的保障、劳动安全、财产安全、人身安全、健康保障。

(3) 社交需要。指人归属于一个团体的需要，与他人交往的需要，得到别人的接受、友谊，得到爱情的需要。简言之就是建立良好的人际关系，得到友情和爱情等精神上的满足。

(4) 尊重的需要。尊重，一是指自尊，对自身价值和能力的信心；二是被人尊重，即对名誉、地位、赏识、晋升等的需要，是一种较高层次的精神需求。

(5) 自我实现的需要。自我实现即是成为自己希望成为的那种人，亦即实现人生价值的理想。

(6) 超自我实现。这是当一个人的心理状态充分地满足了自我实现的需求时，所出现短暂的"高峰经验"，通常都是在执行一件事情时，或是完成一件事情时，才能深刻体验到的这种感觉。

马斯洛的需求层次理论揭示了人类对需求的层次，并指出当人的低层次需求被满足之后，会转而寻求实现更高层次的需要。在每一个时期都有一个主导的需求控制人的行为，其他需求处于从属地位，这在某种程度上符合人类发展的一般规律；该理论还指出需求层次理论并认为精神需求方面的激励效果比物质方面的激励效果更强烈、更持久。但实际当中不同人们之间需求满足的顺序和难易程度不尽相同，很难预测其下一个需要满足的是哪一种需求。但是需求被满足的标准和程度却是一个模糊的概念。

3. 双因素理论

双因素理论由美国心理学家赫茨伯格提出的。双因素理论认为影响人心理和动机的因素有两类。一类是保健因素，指员工工作环境和工作关系方面的外在因素，如工资报酬、工作条件、人际关系、企业政策和管理等。这些因素如能满足员工的需求，就不会引起不满，如不能满足就会引起不满。这些因素无法转化为激励。另一类是激励因素，指的是员工本身和工作内容方面的内在因素。如工作成就、被重视和赏识、责任和前途、富有挑战性的工作等。这些因素对员工能够构成激励，使员工对工作感到满足；当这些因素不存在时，只会引起员工的不满足感，却不会引起员工对工作的不满。简而言之，只有激励因素才能够给人们带来满意感，而保健因素只能消除人们的不满，但不会带来满意感。

4. X 理论和 Y 理论

道格拉斯·麦格雷戈提出的 X 理论和 Y 理论是关于人性的两套系统性假设理论。这是两套有关人性积极与消极的两个截然不同的观点。麦格雷戈发现，管理者根据自己对人性的假设来决定对待下属的方式。

X 理论认为员工天生是懒惰的，他们会尽可能地逃避责任，多数人不喜欢工作，因此必须采取强制措施或惩罚的办法迫使他们实现组织目标，多数员工工作是为了满足基本的生理和安全需要，其他层次的需求激励对他们不起作用。

麦格雷戈认为传统管理方式的缺陷日益明显，X 理论已经不能解释当时的一些现状。与 X 理论相反，麦格雷戈又提出了积极人性观点出发的 Y 理论，该理论认为环境适宜的情况下，人们会自然地运用智力和体力从事工作。一般人并非天生厌恶工作，工作是一种满足的来源；人们为了达到本身承诺的目标，能实现自我指挥和自我控制；对组织目标所承担的义务是同获得成就的报酬直接相关的；在适当的情况下，一般人能够主动接受和承担责任；绝大部分人都具备做出正确决策的能力，而不仅是管理者才具有这一能力。

X理论假设较低层次的需求支配着个人的行为，是基于人是"经济人"的假设。从X理论出发，管理工作的重点是提高生产率，管理是少数人的事，管理应按制度从严要求，工人的重要任务是听从管理者的指挥，用金钱来刺激员工的生产积极性；用严厉的惩罚措施来对待消极怠工。

Y理论则假设较高层次的需求支配个人的行为。Y理论认为，应该为员工提供富有挑战性和责任感的工作，建立良好的群体关系，这样都会极大地调动员工的积极性，以充分发挥员工的潜力，实现组织目标。

5. Z理论

威廉·大内教授对日、美企业的经营管理进行对比后发现，在组织模式的每个重要方面，日本与美国都是对立的。但是，在美国的一些成功企业中，其经营管理与日本有着惊人的相似之处。于是，他参照着X理论、Y理论，创立了著名的Z理论，它们之间的关系如图3.4所示。

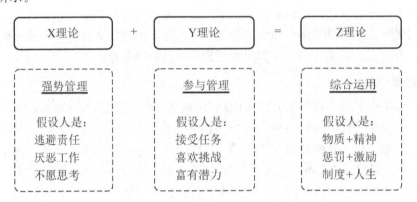

图3.4　X、Y理论和Z理论的关系图

"Z型组织"的文化特征是信任、微妙性和人与人之间的亲密关系性。威廉·大内认为，信任可以使企业内的部门做出牺牲以顾全企业整体的利益；信任可以使员工坦率和诚实地对待工作和他人，关心企业劳动生产率的提高；人与人之间的关系既复杂又微妙，只有长期相处才能精确了解每个人的个性，才能组织效率最高的搭档；微妙性一旦丧失，劳动生产率就会下降。有了微妙性，人们的工作才能降低成本，提高经济效益。

6. 强化理论

强化理论是由美国行为心理学家斯金纳提出的。他认为，无论是人还是动物，为了达到某种目的，都会采取一定的行为，行为会对环境产生一定的影响，而环境也会对行为形成一种反馈。当这种反馈对他有利时，这种行为就会重复出现，当反馈不利时，这种行为就会减弱或消失。这就是环境对行为强化的结果。斯金纳认为，对人的行为进行改变可以有3种类型和方法，即正强化、负强化和漠视。

（1）当一种反应伴随着愉快的反馈时，就称之为积极强化或正强化。在管理上，正强化就是利用奖励来增加那些组织上需要的行为，从而加强这种行为。这些奖励通常不仅包括奖金，还包括表扬、晋升、改善工作条件和人际关系、安排挑战性工作、给予学习和成长的机会等正强化手段。

（2）负强化。为了减少不良行为所给予的不愉快的反馈，称之为负强化。在管理上，组织惩罚那些与组织不相容的行为，从而达到制止这种行为的目的。惩罚的办法很多，如批评、处分、降级、减少奖金等方式来达到减少不良行为的目的。

（3）消除任何能够维持行为的强化物则称之为漠视。在管理上，如果组织对员工的积极行为视而不见，即员工的积极行为得不到强化时，便倾向于逐渐消失。

强化理论较多地强调客观环境的刺激对行为的影响，忽略了人的内在因素和主观能动性对环境的反作用，带有一点机械论的色彩。

7. 期望理论

期望理论是美国心理学家和行为学家维克托·弗鲁姆提出来的。该理论认为人们在预期他们的行动将会有助于达到某个有效目标的情况下，才会被激励起来去做某些事情以达到这个目标。弗鲁姆认为激励是一个人某一行为的预期价值与他认为该行为将会达到目标的概率之乘积。用公式表示为

激励力＝效价×期望值

其中激励力是一个人所受到激励的程度。效价是一个人对某一行动结果的偏好程度，它的范围是从＋1到－1，当一个人对达到某一目标非常在意时，效价越接近＋1；而当一个人非常害怕或者抗拒某一行为的结果时，效价越接近－1。期望值是指某一行动导致一个预期结果的概率，是一个由0到＋1的概率值。它是一个人根据个人经验对某一行动导致某一结果的可能性的判断。

8. 公平理论

公平理论又称社会比较理论，是由美国的亚当斯提出的，它认为员工的激励程度来源于对自己和参照对象的报酬和投入的比例的主观比较感觉。如果自己的报酬与投入比例和他人是相等的，则感到公平、合理；如果比较结果不一致，就会产生不公平的感觉。公平感直接影响职工的工作动机和行为。一旦人们认为不公平现象出现，他们会选择改变自己的投入、产出，或歪曲对自我的认知、对他人的认知，抑或是选择其他参照对象甚至离开该领域。

总而言之，行为管理思想的产生改变了人们对管理的思考方法，它使管理者把员工视为企业的最宝贵资源，而不再是简单的生产要素。

3.2.3 系统和权变的管理思想

随着社会经济的迅速发展和科学技术的进步，社会生产力进一步发展，电子技术的运用，使得企业也在迅速发展。与之相适应的管理理论也产生了现代管理理论，这些理论强调管理者要把其所在的组织看作是一个开放的系统，越来越多地和外部环境发生联系。现代管理理论是多种最新管理理论的综合体，其中，最著名的就是系统管理思想和权变管理思想。

1. 系统管理理论

美国的卡斯特、罗森茨韦克、约翰逊是系统管理理论的代表人物，他们认为企业是一个极其复杂的系统，管理中的每一个基本要素都不是孤立的，它既在自己的系统之内，又与其他系统发生各种形式的联系。企业系统由相互联系、相互作用的子系统结合而成的。

管理过程中应从组织全局的角度,争取处理组织与各要素之间,各要素相互之间的关系,以实现组织利益最大化。

2. 权变管理理论

权变管理理论是 20 世纪 70 年代在美国形成的一种管理理论。卢桑斯教授在《管理导论：一种权变学》中系统地概括了权变管理理论。他认为权变理论的核心就是力图研究组织的各子系统内部和各子系统之间的相互联系，以及组织和它所处的环境之间的联系，并确定各种变数的关系类型和结构类型。权变管理理论强调在管理中要根据组织所处的内外部条件随机应变，针对不同的具体条件寻求不同的最合适的管理模式。

权变理论把环境对管理的作用具体化，并使管理理论与管理实践紧密联系起来；权变理论考虑到有关环境的变数同相应的管理理念和技术之间的关系；环境变量与管理变量之间的函数关系就是权变关系，环境是自变量，管理的思想和方法是因变量。但环境变量与管理变量之间不是一种简单的因果关系，而是一种"如果……就要"的关系。

3.3 酒店管理基本理念

中国酒店业的管理重点由服务层面逐渐向功能、战略和产业层面转变，越来越多的酒店管理者开始关注管理理念在整个酒店运作中的重要作用。一切行动都来源于思想的指引。酒店经营活动的成败在很大程度上依赖于管理理念。

3.3.1 人本理念

酒店是以人为中心的服务行业。酒店产品质量的好坏依赖于员工的提供和顾客的评价。酒店管理的人本理念是指在酒店管理活动中，一切经营活动从顾客出发，以满足顾客的需求为目标，而进行的一系列行为的理念。

案例分析

"一双手"还是"一个人"

亨利·福特曾发出这样的感叹："我买的是一双手，为什么总是给我一个人呢？"对于福特这样的装配生产线，需要像机器一样基准工作的工人是可以理解的，人的行为的创造性和机器的完美标准化在那时看来是有缺陷的，那时的工人都是经过了泰勒式的标准动作训练后去除了创造性。随着社会的进步和发展，机器人、机械手越来越多地取代了手工劳动，但是企业却越来越看重之前被丢掉的创造性和差异化了。因为无论从顾客的角度还是员工的角度，一刀切的标准化不能满足顾客的个性需求，也不能做到对员工物尽其才，生产力受到极大的束缚。

思考与讨论：酒店管理的过程中，哪些体现的是"手"，哪些需要重视"人"？

酒店人本管理理念就是以酒店、员工以及顾客需求的最大满足和协调为基点，充分挖掘人内心的需求和潜能，通过激励、培训、关怀等高级管理手段满足人的需求，创造一种和谐、宽松、温馨的良好氛围，使得员工乐于工作，顾客乐于消费，组织有利可图的状态。

1. 服务经营要以客人为本，以客人为先

从物资配备上、经营理念上、服务环节上、质量管理上，都要真正为客人着想，想客人

所想、急客人所急，一切从维护客人的切身利益出发，树立全心全意为客人服务的理念。

顾客对于酒店有更深刻的含义，经济学者提出一个观点：顾客是酒店的无形资产。从酒店业来看，一位 WALK-IN 客人给酒店带来的是一天的房租收入，而一位忠诚顾客（每隔一段时间会来酒店入住的客人）给酒店带来的是数十天、乃至终身的房租收入。顾客是酒店一笔宝贵的资产，顾客是酒店保值、增值的一个重要因素。"得人之道，莫如利之"，要赢取顾客的忠诚，就要关注顾客的利益。

案例分析

金海湾大酒店前厅部员工殷勤为客人带房并把"带房"服务延伸到"送行"服务，让员工与客人的沟通畅通无碍。酒店还常组织一些恰当的活动，培养酒店与顾客的感情。营销部门安排营销员在协议客人生日当天亲自上门，奉上蛋糕以表祝福，定期将部门的协议公司和客人资料通报给前台部、餐饮部、保安部等部门，以利于前线服务工作的开展。酒店还邀请长住客人一起去郊外踏青，举办具有中国特色的学习班如针对公寓客人的"太极拳练习班"，抓住外国客人喜欢过生日、纪念日的特点，为其准备庆祝活动。

思考与讨论：评价金海湾酒店的服务延伸。

2. 工作与服务要以员工为本

在传统管理理念中，员工是处于被动地位的，管理者看重的是人的技能，员工自身的需求、发展如果和酒店无关，是不会受到重视的。传统的管理是以酒店的目标为根本，一切和酒店无关的行为和需求都是被忽略的。在人本管理中，酒店将员工看做是有个性、有激情、有追求的完整的人，酒店倾听员工的心声，用任何一个可以帮助员工实现自我的机会四两拨千斤，激发员工的潜力。

客人抵达酒店后整个服务过程全部靠员工来完成的，客人在酒店接触最多的是员工，服务质量好与坏、客人的满意程度也都取决员工的服务。没有心情愉快的员工就没有心情愉快的客人，员工的精神状态、对工作的投入程度、对酒店的忠诚度都会影响到员工的一举一动，进而影响酒店产品的质量。因此，对员工的管理要达到了解员工、尊重员工、关心员工，用忠诚的员工来培养忠诚的客户群体。

资料链接

企业留人大打"人情牌"，"90后"需更多情感关怀

每年的正月十五前后一周是企业招工的最旺季。在无锡新区人力资源服务中心组织的一场大型综合招聘会上，企业为了留住员工，锡城各家企业可谓是"八仙过海，各显神通"。而通过提高薪水、改善伙食甚至是包车送外地员工回家过年等人性化的手段，节后返岗率有明显提高。值得注意的是，"90后"正取代"80后"成为时下求职队伍的主力军。招聘专家提出，与"80后"相比，"90后"更为注重上下级工作关系的融洽以及企业的内部氛围。所以，针对这些特点，用人单位应该给予"90后"员工更多情感上的关怀。

3.3.2 服务理念

酒店感动和吸引人的地方,不是高大的建筑和良好的设施,而是它"随风潜入夜,润物细无声"的用心服务。服务就是为他人做使他人受益的事。从酒店行业来说服务包含两种,一种是功能性服务,就是为宾客提供各种实物产品,解决各种实际的需求问题;另外一种是心理服务,是酒店在为顾客提供服务的过程中让客人感到愉快的心理满足。

酒店品牌的保障是优质服务,要提供优质的服务,就需要酒店员工首先从意识上有为顾客提供优质服务的理念。意识决定行为,只有从思想上有这种意识,才能在服务的过程中将优质服务细化为细心服务、耐心服务、同情心服务、用心服务、亲情服务、超值服务、延深服务、零缺陷服务等,才能变员工被动提供服务为主动考虑如何提供更适合的服务,而这种既有规范性又有差别化的服务,才能让顾客感到自己是被重视的。

资料链接

里兹·卡尔顿的黄金标准

一个信条

在里兹·卡尔顿,真诚的关心与顾客的舒适是我们的最高宗旨,我们发誓为我们的顾客提供最个性化的设施与服务,让顾客享受温暖、放松而高雅的环境。里兹·卡尔顿的经历使顾客充满生机,给顾客带来幸福,满足顾客难以表达的愿望与需要。

一句座右铭

我们是淑女和绅士,为淑女和绅士服务。

三步服务

第一步:热情真诚的迎接,尽可能称呼客人的名字。

第二步:预期并满足客人的需求。

第三步:深情地向客人告别,热情地说声再见,尽可能称呼客人的名字。

20项基本要求

第一,所有员工必须了解、掌握公司的信条。

第二,我们的座右铭是"我们是淑女和绅士,为淑女和绅士服务",强化团体协作精神与边缘服务意识,创造积极的工作环境。

第三,所有员工必须执行三步服务。

第四,所有员工必须完成上岗培训以确保掌握里兹·卡尔顿的服务标准。

第五,每个员工必须知道自己的工作职责与酒店的目标。

第六,所有员工必须知道内部顾客(员工)与外部顾客(客人)的需求,用顾客偏好卡记录顾客的特殊需求。

第七,每个员工要不断地检查整个酒店的差错。

第八,任何员工一旦接到客人投诉就要把它当成是对自己的投诉接待。

第九,每个员工必须确保迅速安抚顾客。对顾客的问题作出迅速的反应,20分钟后要电话追踪,确定顾客的问题是否得到满意的解决,尽一切可能决不失去一个顾客。

图 3.5　里兹·卡尔顿员工服务场景
(来源：http://roll.sohu.com/20130216/n366155179.shtml)

第十，客观事件处理表用来记录与交流每个顾客不满意事件，每个员工都授权解决顾客的问题以免再次发生。

第十一，洁净是每个员工义不容辞的职责。

第十二，"微笑——我们粉墨登场"，经常保持积极的目光接触，使用适当的语言(如你好、当然、愿意为您效劳、这是我乐意干的)。

第十三，店内店外都是酒店的大使，多正面的赞许，决不作任何消极的评论。

第十四，店内要为顾客引路而非只指方向。

第十五，熟悉酒店的信息以回答顾客的查询，优先推荐酒店的商品与服务，然后才推荐顾客到店外购买。

第十六，使用合适的电话礼节，铃响三声必须有人接，要面带微笑，不隐瞒电话，必要时可对客人说："请稍等"。尽可能不插转电话。

第十七，制服必须整洁，鞋袜要得体干净，佩戴自己的胸牌，注重个人仪表，为自己的仪表感到自豪。

第十八，确保每个员工知道在紧急情况下自己的角色，知道对火灾、急救的办法。

第十九，必要时立即通告管理人员关于危险、伤害及设备设施情况，要节约能源，保护酒店的设施设备。

第二十，保护里兹·卡尔顿酒店的资产是每个员工的职责。

3.3.3　创新理念

顾客的满意决定了酒店的经营效益。从顾客踏进酒店或者从网上预订开始，一直到客人离开酒店，每一个环节都是影响顾客满意的因素。这期间建筑的风格、装修、客房内的设计、床上用品舒适度、菜肴、背景音乐、服务员的技能、微笑等，都成为被评价的对象。再完美的产品和服务也会有生命周期的困扰，没有一成不变的市场，只有不断创新才能缓解审美疲劳带来的不利影响，才能提升顾客满意度和忠诚度；也没有一成不变的管理，曾经成功的方法在今后不一定有效。环境在不断变化，管理者必须不断革新和创造，从酒店的产品、服务到管理，从硬件到软件，从流程到模式，都必须不断革新和创造，以适应社会和顾客的变化。图 3.6 展示为新加坡一家酒店用环保的太阳能理念对酒店进行的创新型设计。凯悦集团的经营哲学中提到"改革创新和创业精神是我们经营的基础，我们的目标是吸引并保留一支提供优质服务的生力军,他们富于创新精神,以顾客为中心并能充分反映当地文化,我们相信信息灵通的工作,充满激情的员工是我们实现目标的有利保证。"

图 3.6　新加坡首间使用太阳能系统的花园主题皮克林宾乐雅酒店

但是酒店创新却并不容易。首先,创新意味着改变,意味着推陈出新,而酒店服务行业的特点,却使得这种创新只能保持很短时间。其次,创新意味着付出,意味着努力,这需要和人本身的惯性和惰性做斗争。对于酒店来说,创新的成果本来就不容易保持,还需要付出更多的努力不懈地推陈出新,克服惰性所需要的毅力和创新的压力非其他行业能比。第三,创新意味着风险,新的东西不能用付出总有回报来作为鼓励。因此,酒店的创新需要从制度上保证,创造良好的创新氛围,鼓励具有良好心智模式的管理者以及员工参与酒店创新。图 3.7 是金马酒店依靠员工主动性,创造出来的温馨夜床产品,给客人带来了不一样的体验。

图 3.7　金马饭店创新夜床作品

3.3.4 顾客满意理念

酒店的服务质量是酒店日常管理的中心工作，全体员工都要有质量意识，管理人员更要树立服务质量观念。只有质量观念在头脑上牢牢扎了根，才能在日常管理工作中把质量真正当成企业的生命线。服务质量是指酒店提供的服务在使用价值上（包含精神和物质）适应和满足客人的程度，既要具有物质上的适用性，如设施设备、菜肴质量的优质，又要具有物质上的适用性，如良好的酒店气氛、服务劳动、员工精神状态等。服务的使用价值适合和满足客人需要的程度越高，服务质量就越好；反之，则服务质量就越差。要提高服务质量，就要提高服务的使用价值的质量。酒店服务质量的提高，质量观念是前提。

资料链接

香格里拉的顾客满意哲学

香格里拉始终如一地把顾客满意当成企业经营思想的核心，并围绕它把其经营哲学浓缩为一句话，那就是"由体贴入微的员工提供的亚洲式接待"。香格里拉酒店经营的理念包括5个核心价值：尊重备至、温良谦恭、真诚质朴、乐于助人、彬彬有礼。在此基础上，香格里拉提出了以下8项指导原则。

第一，我们将在所有关系中表现真诚与体贴。
第二，我们将在每次与顾客接触中尽可能多地为其提供服务。
第三，我们将保持服务的一致性。
第四，我们确保我们的服务过程能使顾客感到友好，员工感到轻松。
第五，我们希望每一位高层管理人员都尽可能地与顾客接触。
第六，我们确保决策点就在与顾客接触的现场。
第七，我们将为我们的员工创造一个能使他们的个人、事业目标均得以实现的环境。
第八，客人的满意是我们事业的动力。

3.4 酒店管理的基本方法

企业管理活动的复杂性，决定了其方法的多种多样，管理方法的选择决定于生产力的发展水平、生产关系的性质以及由此二者所决定的管理原理和原则。

酒店管理的方法指为实现酒店各项管理职能，达到管理目标，保证酒店经营管理活动顺利进行的工具和手段。管理方法的实质，就是把人们在管理方面的主观活动同客观规律的要求以及事物发展的趋势协调起来，把对自身和对外界事物的支配建立在客观规律的基础上，以实现这些规律的要求为手段来达到自己的目的。科学管理方法的客观基础，是外部世界的客观规律。

3.4.1 酒店管理的方法体系

1. 经济方法

酒店管理的经济方法，是指在遵循客观经济规律的基础上，采用经济手段，利用经济组织，按照客观经济规律的要求来管理酒店。

酒店经营活动进行有效管理的方法。具体来说，就是把酒店的经济活动纳入国民经济、区域经济的发展轨道。同时，根据市场需求制定酒店的经营目标。经济的方法是运用价格、成本、利息、利润、工资、奖金、经济合同、经济罚款等经济杠杆，用物质利益来影响、诱导酒店员工行为。

经济方法的特点是利用经济杠杆的作用，产生一种间接的强制力量，来影响被管理对象的利益，迫使被管理对象按经济规律办事，使其行动和目标方向一致。

经济方法的优点能加强酒店与外部的横向经济联系，协调酒店各部门之间的物质利益关系，调动各方面积极性，从经济核算、物质利益上加强各部门完成任务的责任心，能够充分调动酒店内各部门及每个员工的积极性，真正贯彻按劳分配原则，打破吃大锅饭的平均主义，提高酒店的经济效益。缺点是酒店员工并不是单纯的"经济人"，这种间接力量如果被滥用，则会使得员工的思想对工作产生推动或消极作用。运用经济方法的同时还应该配合其他管理方法，以保证酒店经营目标的实现。

2. 行政方法

行政方法是依靠酒店中各级行政管理机构和管理者的权力，借助命令、指示、规章、规程等指令性的计划手段，按民主集中制的原则来管理酒店。行政方法具有强制性的特点是管理酒店不可缺少的方法，通过权威和服从的关系，直接对被管理对象发生影响，是实现管理功能的一个重要手段。行政方法管理具有快速、灵活、有效的特点，但如果运用不当，就会违背客观规律，产生对酒店经营不利的影响。

行政方法的优点是使酒店能够实行集中统一高效的管理，但行政方法管理的好坏与管理人员管理水平有密切关系，管理人员水平低会对酒店管理产生负面影响。

3. 文化方法

企业文化不同于一般文化，它有经济性，是企业实现自身经济功能的有效手段。美国哈佛大学的约翰·科特教授和詹姆斯·L·赫斯克特教授合作的《企业文化与经营业绩》一书，肯定了企业文化与企业经营业绩关系紧密，企业文化对企业长期经营业绩有重大作用。科特、赫斯克特为了验证"策略合理型理论"的正误，从选定的207家公司中，挑选出22家企业进行更为深入的考察。这22家公司按照经营业绩的好坏分成对照的两组。实证研究的结果指出，无论经营业绩好坏，企业文化的影响都是深刻的；企业文化适应性不同，造成经营的业绩就不同；企业文化如果不能适应市场环境的不断演变，就会损伤企业的长期经营业绩。由此可见企业文化对企业经营的重要性。

酒店作为中国最先接触国际化的行业，其经营管理也脱不开现代企业的烙印。从某种意义上说，酒店实施文化管理的方法是以实现人的全面发展为最终目标，通过对员工的教育和培训，提高员工的文化素质，让每个酒店员工在充分认识自己的基础上，把个人的兴趣、爱好与酒店发展融为一体，从被动的"经济人"转变为主动的"社会人"，在实现自身价值的同时，实现对酒店发展的贡献。

酒店的企业文化一旦形成，就可以部分代替发布命令，增强酒店凝聚力，树立良好的酒店形象。

4. 定量分析方法

数学方法是一种定量的管理方法，是利用数量关系和建立数学模型对企业经济活动进行管理的方法。酒店管理中运用量化手段是指通过对管理对象数量关系的研究，遵循其量的规律性来进行管理。具体来说，就是使用定量分析的数学概念、理论和分析方法，对酒店的各项经营和管理活动进行量化描述，并加以科学分析和研究。定量方法在管理中，主要运用于资金管理、财务管理、投资管理、物资管理、市场管理、市场预测和经营决策等方面。目前，在酒店管理中可用的数学模型有 ABC 质量分析法、经济批量订货公式、库存管理 ABC 法、盈亏平衡点分析法、投资效益分析法、计划管理的网格技术和线性规划等。定量分析的基础是大量真实连续的数据，因此在日常的经营管理中注意各种原始数据的记录、积累、整理，经过分析后就能成为指导酒店下一步经营的可靠依据。这种定量方法参与管理的主观因素较少，具有准确可靠、节省人力、物力的优点，但对于酒店经营过程中众多的不可控因素，定量分析法无法解决，在很多重大问题上，还是需要人的判断，定量分析只能供决策者参考。

5. 社会学、心理学方法

社会学、心理学方法，是根据管理过程中人们的心理现象、心理活动规律及特点，采用有针对性的策略方法，以更好地满足旅游者的需求，更好地调动酒店员工的积极性和主动性的管理方法。这种方法是协调处理人与人之间的关系，调整和改善酒店与社会关系的方法。

心理学方法，是指运用心理学的理论与方法，分析了解酒店成员群体与个体的心理活动，按照人们的心理规律进行管理的方法。运用心理学的方法进行管理，就是通过研究不同人的不同心理活动，运用各种思想工作方法去影响和改变人们的行为动机，使之符合酒店目标的要求，把实现企业目标变成企业成员自觉的行动。

社会学、心理学方法，借助了社会学的研究成果与方法，从社会利益出发去调动人们的积极性。主要是研究人们的思想、心态情绪、特长、爱好、欲望、要求、动机等精神方面的内容，由于酒店的各项经营活动均以人为中心展开，这种方法正在成为酒店中最普遍采用的方法。

3.4.2 酒店现代管理方法

1. 目标管理

酒店是以有形的空间和实物为载体，提供无形服务的服务性企业。在投入高额成本后，追求利润回报也是无可厚非。于是创建品牌、提高效率、控制成本、刺激销售等方法都被用来增加利润。这些方法在员工看来是非常繁杂的，涉及各个部门，但是在总经理眼中，这些活动的目标只有一个，那就是增加利润。如果可以让员工更加清晰地知道自己行为的目的,那么对于提高员工工作积极性则是非常有帮助的。

目标就是想要达到的境地和标准。在管理的基本职能中,计划是在管理活动开始之初完成的,而计划就是设立目标。

目标管理是一种以目标为向导、效益为中心、激励为手段,以制定目标、指导目标的实现和衡量成果为基本内容的新型管理方法。它能有效地调动全体员工的积极性,增强责任感和荣誉感,制约管理人员决策的随意性,增强经营管理的科学性,帮助酒店全面提高业绩的管理方法。它通过制定目标、分解目标、实施目标以及评定和考核目标4个步骤来实施。

第一,在制定目标时要注意目标的制定要有具体的指向,是开房率,还是平均房价;是利润,还是营业额。第二,制定目标时,在具体指向的项目上要有确切的数字,否则无法评价和考核目标是否完成,无法考核,目标管理也就失去了意义。第三,制定目标时要注意目标不能定得太高。如果酒店员工觉得通过全体员工的努力根本无法实现,那员工自然也会放弃努力,如此目标也就成了一纸空谈。第四,制定目标时要注意和子目标其他目标之间的关系,如果目标之间相差太远,势必会造成员工的精力分散,对于实现目标的贡献意义不大。第五,制定目标要明确时间期限,让员工在心理上有一种紧迫感,将这种紧迫感内化为工作的动力,提高平时的工作效率。

制定明确的目标而能产生非凡的效果。而目标能否实现,是和目标是否能具体化、量化、时间节点的确定化以及和员工能力的匹配性相关。酒店目标制定出来后,要在各个职能部门进行分解,责任到部门,责任到班组,责任到个人,让每一个员工都和酒店目标紧密联系在一起。

在目标实施的过程中,酒店要进行对员工的培训和教育,使员工提高技能水平,掌握更好的方法,更快更有效地工作;同时酒店管理者还要时时对目标的完成情况进行监督。月度、季度总结计划的完成情况,汇总实施过程中发现的问题,分析问题,及时调整下阶段的实施方案,甚至必要时对目标进行一定的调整。

在评价和考核目标时,要考察目标的完成情况,评价目标制定的合理性,并分析原因,为下阶段制定目标提供借鉴。

 案例分析

捕野猪

有一位父亲带着三个孩子,到山里捕野猪。

他们到了目的地。

父亲问老大:"你看到了什么?"

老大回答:"我看到了猎枪、野猪,还有郁郁葱葱的灌木。"

父亲摇摇头说:"不对。"

父亲以同样的问题问老二。

老二回答说:"我看见了爸爸、大哥、弟弟、猎枪,还有灌木。"

父亲又摇摇头说:"不对。"

父亲又以同样的问题问老三。

老三回答:"我只看到了野猪。"

父亲高兴地说:"你答对了。"

思考与讨论:故事给你怎样的启迪?

2. 表单管理

制度规范的重要性已经成为酒店业的共识,尤其是与国际酒店集团相比,国内酒店业的规范化管理还有较大的提升空间。在追赶国际酒店的道路上,国内酒店可谓不遗余力,通过学习国际酒店集团先进的管理方法,制定了各种规范。规范的种类越来越多,内容越来越丰富,文字越来越复杂。但从员工角度来看,冗长的文字、相似的制度和规范看完就忘,也不是员工不愿意学习规范;各种文字版本的规范容易产生"只见森林,不见树木"的状态,导致规范的执行情况大打折扣。

表单则是将制度执行中的关键节点以简洁明了的图形和文字表示。表单的制定过程本身就体现了对制度规范的深入思考和理解,对管理者是一个高度概括能力的考验,对于执行者来说,需要做哪些事情一看表单便一目了然、轻松、省时、高效。

表单管理的关键在于表单的设计,这将直接影响规范和制度的执行情况。因此,在表单设计时需要吃透规范和制度的精髓,提炼关键节点,表现形式上要确保表单全面简洁、避免大而全、多而杂,要确保表单栏目排列合乎逻辑、方便使用;其次,还要考虑表单的连贯配套性。

表单在填写的过程中也要进行规范。因此,要对员工进行培训,规范表单填写的步骤和内容,表单是对酒店运行情况的一个记录,表单的整理和归档对于分析酒店运行情况非常重要,制定表单归档的相关制度,按照一定的标准存放和整理表单,如图3.8所示。

图3.8　酒店表单范例——房费预付金收据

3. 现场管理

从广义上说，用来从事生产经营的场所都可以称之为现场，狭义上说现场是直接从事生产的场所。对于酒店来讲，从空间上说本身就是一个生产和销售同时进行的行业，而酒店既提供有形的产品，也提供无形的服务。酒店的氛围、环境都是酒店提供的服务。从这个意义上说，酒店内的每一寸空间都是提供产品和服务的，酒店内的每一寸空间都是现场。

由于酒店服务对象的多样性，导致员工在提供服务时，服务的过程都不尽相同，而且服务时，一般都是员工单独操作，要应对各种各样在培训中没有出现过的突发情况，对员工是一个考验，对酒店的服务品质也是一大考验。无论是从服务规范性来说，还是监督力度来讲，对酒店行业都是一个难题。

酒店为了应对这些问题，提出现场管理的方法。其理念是每天要分时段到酒店各个岗位进行巡视，及时发现问题并进行解决；经理、主管、领班都要在一线协助员工做好接待，及时处理过程中发现的问题，在"管"中教会员工处理问题的方法；通过现场管理来发现管理上的不足，及时进行调整改进；通过现场管理来督导员工严格执行酒店的管理规定和操作流程，实现规范化的管理要求，最终实现酒店的品质化，达到精细化管理，使酒店的服务水平得到提升。

4. 情感管理

人是有着情感的高级生命形式。用马斯洛的需求层次理论来说，人在情绪、情感方面被认可的需求是人精神生活的核心成分。面对酒店行业员工流动率居高不下的局面，除了薪酬和社会认可方面的因素外，感情管理也越来越被当做一种重要的影响因素。现代心理学的研究表明，情绪、情感在人的心理生活中起着组织作用，它支配和组织着个体的思想和行为。因此，感情管理应该是管理的一项重要内容，尊重员工、关心员工是搞好人力资源开发与管理的前提与基础，同时情感管理也是企业文化的组成部分，是形成良好工作氛围，增强组织凝聚力的一种手段。

现代管理的发展趋势是从对物的管理转向对人的管理。人是管理活动的中心，也是使用各种管理方案的基础，因此，管理者必须将主要精力放在对人的管理上。而人是有感情的，人的行为往往受感情的支配。

作为管理者要舍得在感情上作些投资，力求做到关心人、理解人、会用人。关心人是指要从人的物质需要和精神需要出发，既关心人的生产、生活、家庭、个人的实际困难，又关心人的成长进步，自我实现，使职工感到你是时刻关注他的，从而更加忠诚地为实现企业的目标而努力工作。理解人是指了解人和熟悉人，管理者不仅要了解一般人的行为模式，而且还应根据这个模式对每个人进行研究，其关键在于沟通感情。会用人是善于发现部属的特长和技能，了解他们的真正价值所在，用其所长，避其所短，把每个人安排到最能发挥其作用的岗位上去。例如，在酒店工作的一线员工，很多都出身农村，他们有着不同寻常的生活和工作压力。因此，在管理当中，如果能够多关心他们的生活、家庭和个人困难，在精神上重视和提供帮助，则更容易受到他们的欢迎和青睐，这对提升酒店凝聚力、降低员工流失率非常有帮助。

实施情感管理的过程中需要注意的是情感管理不等于人情化管理。情感管理是基于管理理性的基础上,更多地关注被管理者的感受与接受程度、接受方式。而人情化管理则往往容易背弃原则,最终让管理和制度抛之脑后,管理变成了"一团和气",让管理无法进行下去。要实施情感管理,沟通是基础条件。只有良好的沟通才能让管理者发现更多的问题,才能对症地进行情感管理;要做好情感管理,管理者要学会换位思考,要具有同情心,如果没有这种心理上的互换,管理者是无法感受员工的内心,情感管理也就无从下手。

选择题

1. 古典管理思想的代表人物包括( )。
   A. 泰勒　　　　B. 法约尔　　　　C. 霍桑　　　　D. 卢桑斯
2. 认为"人们在预期他们的行动将会有助于达到某个有效目标的情况下,才会被激励起来去做某些事情以达到这个目标"的理论是( )。
   A. 公平理论　　B. 期望理论　　C. 强化理论　　D. 双因素理论
3. 酒店人本管理的思想提出良好的酒店经营应该以( )为本。
   A. 满足顾客需求　　　　　　B. 服务依赖员工
   C. 重视竞争对手　　　　　　D. 以管理者

判断题

1. X理论和Y理论是关于人性的两套系统性假设理论。其中Y理论假设人是懒惰的,逃避责任。　　　　　　　　　　　　　　　　　　　　　　　　　　( )
2. 表单管理是制度管理的重要体现和重要方法,通过合理的表单设计,使得制度中的关键点得以保证。　　　　　　　　　　　　　　　　　　　　　　　( )
3. 现场管理的思想要求酒店的管理者要经常巡视生产服务现场,及时发现问题并及时解决问题。　　　　　　　　　　　　　　　　　　　　　　　　　( )

问答题

1. 酒店管理的概念是什么?
2. 酒店管理的主要内容有哪些?
3. 古典管理思想的代表理论有哪些?
4. 行为管理思想的核心是什么?
5. "霍桑实验"的理论意义有哪些?
6. 酒店管理方法有哪些?
7. 现代管理方法对于酒店管理有何意义?

案例分析

<h3 style="text-align:center">兰生的"无 NO"服务</h3>

上海兰生大酒店是一家四星级酒店,1991年开业。开业头12年以平均年创利润24%以上的盈利能力为同行所羡慕。时过境迁,兰生已经不再是上海东北角最高、最豪华的酒店,但业绩依然让人欣慰:2010年创收8000多万元,2011年还在高星级酒店餐饮外卖服

务上独占鳌头。

服务要说"No",很容易,要不说"No",则非常不容易。兰生提出了"无No"服务文化,并进行全员培训,想尽一切办法帮助客人、让顾客满意。

有几个案例是兰生津津乐道的。一天,一位住店客人着急地来到大堂,问是否可以提供苹果手机的充电服务。当时,苹果手机刚刚推出,酒店没有配备这种充电器。按照一般的服务原则,回答没有是没有错误的,最多告诉客人附近哪里有可能买到这种充电器。但在兰生员工眼中,这恰恰是"无No"服务的好机会。

当时的大堂副理不仅一一致电工程部、IT部寻求解决办法,而且还积极寻找有苹果机的员工借用。当一名员工气喘吁吁地把自己的充电器送到大堂时,这位客人感动不已,在连声道谢的同时,也订下了下次入住兰生的日期。

另外一个案例发生在2011年10月31日,一位住店客不慎将金项链掉进浴缸下水道,焦急万分。酒店工程部到现场共同研究,最后决定打开下一层的管道来寻找丢失的项链。他们先掀开天花板,在许多管道中找到准确的排水位置,然后打开闷盖,不顾刺鼻的恶臭和污水,经过1个多小时的努力,金项链终于回到了失主手中。

"没有最好,只有更好,以服务制胜,打造上海市东北部具有影响力的商务酒店"是这家酒店的新目标。

思考与讨论:兰生的"无NO"文化体现了酒店经营管理的什么理念?这种做法对其他酒店的经营管理有什么启迪?

实践训练

选取一家你认为经营很成功的酒店,认真分析它的宗旨和经营理念,与同学一起探讨经验和体会。

第4章 酒店组织设计

导　言

"一把扇子驱散不了一场雾。"刘禹锡如是说。可是有100万把扇子就能驱散一场雾吗？一个人的力量是微小的，人多力量大，这是我们都知道的道理。假如刚才那100万把扇子都朝随意的方向扇动，恐怕也是无济于事的行为，假如100万把扇子都朝一个方向扇动，结果可就完全不同了。对于一个群体来说，如果没有一个共同的前进方向，这个群体的效率是低下的。本章从酒店组织结构设计的必要性说起，论述了组织要承担的5种职能，分析了组织结构设计的原则，并论述了组织结构设计的几种形式。

关键术语

组织、酒店组织、非正式组织、组织结构、直线制、职能制、直线职能制、事业部制、矩阵制

引导案例

管理职责的变化

陈敏原本是一家四星级酒店的大堂副理，后来跳槽到一家连锁经济型酒店做店长。初到酒店，陈敏感觉到非常不适应。原本做大堂副理的时候，感觉职责特别明确，就是对大堂员工进行督导、处理客户投诉和一些突发性的非常规事件；并且与客房部、餐饮部等其他部门的界限也非常清楚。但是，到了经济型酒店发现新酒店的员工数量特别少、管理人员更少。自己需要向比较全能的方向发展，既要管客房的销售，还要管理前台的服务，也要负责员工培训。

思考：上述两种不同类型的酒店组织机构上有哪些不同？为什么会有这样的不同？

4.1　组织概述

4.1.1　组织的定义

从广义上说，组织是指由按照一定方式相互联系起来的多种要素的集合。从狭义上说，组织就是指人们为实现一定的目标，因某种利益和目标而结成的集体或团体，组织是社会的细胞、社会的基本单元。

酒店也是一个组织，是在实现投资者的盈利目标的同时，承担一定的责任，通过劳动付出实现自身价值的各种人员、物资、资金、关系的总和。这一定义包含了3个方面的含义：酒店组织结构的本质是员工的分工协作关系的体现；酒店组织结构是实现酒店目标的

一种手段；酒店组织结构的内涵是员工在职、责、权等方面的结构体系。

酒店组织结构主要有3种特点，即复杂、正规和集权化。复杂指的是酒店组织分化的程度。越细致的社会分工就会有越细致的纵向等级层级，协调人难度就越大。不同组织，对规范准则的重视和依靠程度是不同的。一个组织使用的规章条例越多，其组织结构就越正规化。在一些组织中，决策是高度集中的，问题与相应的决策自上而下传达；而另外一些组织，其决策制定权力则授予下层人员，这便被称为分权化。

4.1.2 酒店组织的功能

1. 组织是业务运行的保障

酒店提供的并非是单一的产品，而是与住宿、餐饮、娱乐等有关的配套产品和服务，既提供有形产品，同时又包含着酒店员工劳动内化的服务。这些产品和服务需要在不同的区域，使用不同的设备，依靠不同的技能才能提供。因此，按照业务的范围、特性设置业务部门是常见的一种酒店组织形式，这样设置的目的是为了保证各种业务的顺利开展。

2. 组织是信息流通与反馈的平台

酒店高效运转在于合理的工作分工，每个部门、每个岗位、每个级别都各司其职。分工带来的弊端是信息传达的阻碍，需要不同部门、不同层级、不同岗位之间的沟通和协助才能使产品和服务得以优质提供。酒店的高效就在于信息能否在纵横两个方向上正常而且通畅地流动。单个部门的人员通过纵向的信息交流和沟通，实现信息的有效共享，提升本部门的工作效率。不同部门之间通过横向的交流和沟通，互相协助，实现产品加工和服务的提供。

3. 组织是经营创新与拓展的基础

不同的资源通过不同的组合方式，能够产生不同的生产力。不同的组织也能让同样的要素资源发挥出不同的效果。因此，通过组织革新，可以激发组织的生产力，发掘拓展新业务的能力。

4.1.3 组织管理的任务

组织管理，应该明确酒店中有哪些工作，哪些人要去完成哪些工作，酒店各部门各层级员工承担什么责任，具有什么权力，与组织结构中上下左右的关系如何。明确权责利，避免由于职责不清造成的执行中的障碍，保障组织协调地运行，促进组织目标的实现。

具体来说，酒店组织管理的内容包括以下4个方面，如图4.1所示。

1. 岗位设计

确定实现酒店经营目标所需要的各类活动，并按专业化分工的原则进行分类，按类别设立相应的工作岗位。

2. 人员配备

人员配备也就是为酒店各个所需的岗位配备合适的员工。一般来说按照员工所需要的技能，员工在总体上可以分为管理人员、技术人员和服务人员三大类。各类人员的配备，都需要满足酒店经营管理的需求,同时必须考虑满足员工个人的心理特征和愿景预期。

3. 明确职责

酒店组织建立起来后,要维持并促进组织的运作与发展,酒店各类员工必须按照职务和岗位的内在要求来制定相应的组织管理体系,并加以严格地贯彻实施。只有这样,才可保证酒店组织的正确运转方向,在稳定中实现动态的平衡。

4. 酒店组织制度制定

制定酒店各种规章制度,建立和健全组织结构中纵横各方面的相互关系。

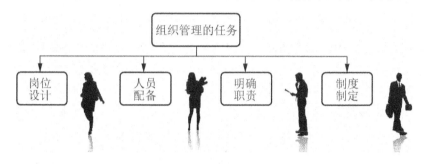

图 4.1 组织管理的任务

4.1.4 组织管理的职能

法国管理学家法约尔在1916年所写的《一般管理与工业管理》一书中,提出管理由计划、组织、指挥、控制、协调5个方面构成,这就是通常所说的五大职能。尽管有许多管理学家还有各种不同的提法,但都在此基础上提出的。酒店组织管理同样是以这五大职能为基础的。

1. 计划职能

计划职能是管理职能中的最基本职能,计划工作既包括选定组织和部门的目标,又包括确定实现这些目标的途径。酒店组织管理计划职能指在预见未来的基础上对酒店组织的目标和实现目标的途径做出筹划和安排,以保证酒店经营活动有条不紊地进行。

酒店组织管理的计划工作,就是根据社会的需要以及组织的自身能力确定出组织在一定时期内的奋斗目标;通过计划的编制、执行和检查,协调和合理安排组织中各方面的经营活动,有效地利用组织的人力、物力、财力和信息等资源,取得最佳的经济效益、社会效益和环境效益。

2. 组织职能

酒店的组织职能包括组织结构的设计和组织的运行。

酒店组织结构的设计就是对组织内的层次、部门和职权进行合理的划分。酒店组织结构的设计是为了实现酒店经营目标而把各项接待服务活动划分为若干部门,并确立各部门的职责与职权。

组织结构的运行是将已设计好的组织结构运转起来,使之为实现酒店的经营目标而做出贡献。要使酒店组织运转起来的前提是配备相应的管理、技术和服务人员,在酒店组织的运转过程中，需要不断地实施指导和领导工作、控制工作，同时还必须进行组织分析，及时纠正偏差，以使组织能够有效地运转起来。此外，随着市场需求、客源结构和科学技术的不断变化，酒店应当对组织结构进行适当的调整和再设计，以提高组织的效能，增强组织的外部适应能力，使酒店在竞争中保持一定的优势。

3. 领导与指挥职能

酒店的组织领导与指挥职能是酒店决策计划与管理者个人计划的融合，是酒店的决策计划在具体事务上的反应。

酒店的经营活动随机性强，例外事件多，因而事件的处理方法常常带有随机性。指挥者如何按照决策计划实施指挥，显得尤为重要。在这种条件下，就要求酒店管理者在日常的经营活动和管理实践中不断地加强管理决策能力的训练，以便在行使决策指挥职能时既能够体现计划决策的要求，又能够有个人创造性地发挥；既能够领会决策计划的宗旨，又能够将其灵活运用于每一个具体事件当中。

4. 沟通与协调职能

沟通，即信息交流，是指主体将某一信息传递给客体或对象，以期获得客体做出相应反应的过程。协调是指不同部门或不同管理层次之间的信息沟通与相互协作。沟通与协调是为了平衡酒店内外部各种关系，使酒店的各项工作和谐配合，经营活动顺利进行。酒店的协调与沟通不仅发生在不同的部门和业务之间，也发生在不同职权的上下级之间、对客服务的前台与后台之间，同时还发生在酒店与宾客、酒店与外界各种关系之间。现代酒店专业化要求越来越高，分工越来越细，完成一项工作必须通过多个部门员工的共同努力才能实现。因此，沟通与协调在酒店中就显得尤为重要。同时，掌握市场环境与政策的变化趋势是酒店进行各项决策管理工作的重要依据，酒店作为社会中的一个经营单位，应当保持与各级政府有关部门和同行业之间的信息交流。

5. 控制职能

控制职能是指对酒店内部的管理活动及其效果进行衡量和校正，以确保酒店的经营目标以及为此而拟定的计划得以实现。

控制职能实现的基础是管理信息系统。控制过程通过信息反馈来发现成效与标准之间的偏差，并采取纠正措施使系统稳定于预定的目标状态之上。在酒店中，管理信息系统反映了经营活动的实际情况，并将这些情况与计划目标相对照，通过比较实际绩效与计划目标之间的差距来判断计划实施的情况，并通过信息反馈来迅速实现纠正措施。建立完善的管理信息系统是酒店实现有效控制的重要保证。

4.2 酒店组织设计原则

4.2.1 酒店组织结构设计的影响因素

1. 酒店经营环境

任何企业组织都是在一定的社会经济与文化环境中进行运转。酒店的经营环境具体可包括行业特点、原材料供应、人力资源条件、消费者特点、政策法令、宏观经济形势和文化传统等。酒店的环境因素越是复杂，组织结构设计就越要具备适应性。在环境的稳定性方面，如果酒店经营环境稳定，宜采用集权式组织，提高组织的运转效率；如果酒店经营环境极其欠缺稳定性，则应采用分权式组织形式，提高酒店的市场应变能力。

2. 酒店战略与目标

酒店战略决定组织结构，而酒店的组织结构又是实现酒店经营战略的重要工具。不同的战略要求不同的组织结构。战略对组织结构的影响主要体现在两方面：一是，不同的战略要求不同的业务活动类型，从而影响组织设计；二是，战略重点的转移和改变也必将带来工作重心的变化，从而使得对酒店组织各部门及相关岗位做出调整成为必要。例如，酒店经营领域宽狭不同，有的实行单一经营战略，有的实行多种经营战略。反映在组织结构上，对组织形式（是采用职能制还是事业部制）及职权的集中程度（是集权多些还是分权多些）的设计，会产生很大的影响。又如，不同的战略中心，决定了酒店的不同关键职能，从而要求有不同类型的组织结构。酒店经营战略的改变，必将引起其组织结构的相应改变。

同时，酒店经营组织的设计也必须以酒店的经营目标为核心，经营目标不一样，则采取的组织形式也有差别。如酒店主要以提供住宿、餐饮服务为主，则宜采用直线——参谋制组织形式；如酒店是多样化发展，且服务项目较多，采取事业部制的组织形式就较为合适。

3. 酒店经营规模

酒店经营的规模是影响组织结构设计的一个基本因素。如果酒店规模不大，则宜采用集权式组织形式，组织结构简单、管理层次少；如果酒店经营规模较大，则宜采用分权式组织形式，其组织结构复杂，管理层次也较多。另外，酒店组织的设计有时也会考虑酒店经营的地域分布。

4. 酒店生命周期

分析这一因素，就是要判明酒店在其成长发展过程中处于哪一个阶段或时期，如创业阶段（幼年期）、集合阶段（青年期）、正规化阶段（中年期）和精细阶段（成熟期）等。酒店处于不同的发展阶段，组织结构所面临的主要矛盾和问题就不同，因而组织结构设计的主要任务也就不同。例如，酒店在初创阶段，常常面临组织机构不稳定、职责分工不明确、规章制度不健全等问题；而许多有悠久历史的酒店集团，则常遇到机构设置陈旧、制度僵化、缺乏创新等问题。不同的问题需要采取不同的方法去解决。

5. 酒店员工素质

酒店的员工素质，包括各类员工的价值观、工作态度、行为风格、业务知识、管理技能、工作经验以及年龄结构等方面。人员素质制约着组织结构的设计，影响到集权程度、分工形式、人员定编等方面。不少酒店组织机构改革的经验已经表明，人员素质是影响酒店机构改革能否顺利实施的一个重要因素。如果员工素质水平高，自我控制能力强，主动性和创造性强，则应采用分权式组织形式；若员工素质差，独立工作能力弱，则应采取集权式组织形式，但在经营管理的具体实践中应时刻注意吸引员工参与决策和管理。另外，一般说来，组织结构的设计，固然不应当"因人设事"，但也应从实际出发，考虑到酒店在近期内招收到合格素质人员的现实性，以及现有员工培训提高的可能性。

6. 技术水平因素

这里讲的技术，含义比较广泛，不仅包括设备、生产工艺，而且包括员工的技术知识和技能。这种知识和技能，不仅指生产技术方面，而且包括了业务与管理方面的知识和技能。技术水平因素对组织结构的设计有着广泛的影响，它不仅包括整个酒店生产技术特点对组织结构的影响，而且包括酒店内部不同部门的技术特点对组织结构的影响。另外，酒店的技术水平不仅影响酒店业务活动的效能和效率，而且影响酒店组织的内容划分、岗位设置和人员素质要求。例如，计算机和网络信息技术在酒店中的推广和运用，使许多岗位降低了工作强度，减少了人员配备，但对相关员工的素质却提出了新的和更高的要求。

7. 同类酒店的经验

酒店在进行组织设计时，应注意吸收同类酒店在组织建设和管理方面的经验和教训，再结合本酒店的实际，设计出适合本酒店实际的组织形式。

4.2.2 酒店组织设计的原则

在长期的企业组织变革的实践活动中，西方管理学家曾提出过一些组织设计基本原则，如管理学家厄威克曾比较系统地归纳了古典管理学派泰勒、法约尔、马克斯·韦伯等人的观点，提出了8条指导原则，美国管理学家孔茨等人，在继承古典管理学派的基础上，提出了健全组织工作的15条基本原则。酒店组织在设计时可以遵循下列原则。

1. 遵循组织与规模匹配原则

组织的出现是为了使得工作效率提高，组织并不是依据大小来判定优劣的。一个酒店的组织设计一定要与酒店的规模档次相匹配。大型酒店采用精细分工的组织设计模式，小型酒店则可以采用精简的组织结构设计。如果不论酒店大小，统统采用一个标准，那么会给业务简单的小型酒店带来不必要的麻烦，造成浪费，效率低下；而对大型酒店则造成责权不明，推诿责任的现象。

2. 坚持分工与协作的原则

现代酒店管理，工作量大，专业性强，分别设置不同的专业部门，有利于提高服务工作的质量与效率。在合理分工的基础上，各专业部门只有加强协作与配合，才能保证各项专业管理的顺利开展，达到组织的整体目标。

3. 遵循有效管理幅度原则

由于受个人精力、知识、经验条件的限制，一名领导人能够有效领导的直属下级人数是有一定限度的。有效管理幅度受职务的性质、人员的素质、职能机构健全与否等条件的影响，因此，它并不是一个固定值。进行组织设计时，领导人的管理幅度在考虑职务、素质、职能机构健全度等因素后控制在一定水平，以保证管理工作的有效性。此外，管理幅度的大小同管理层次的多少呈反比例关系。

4. 遵循集权与分权相结合的原则

企业组织设计时，既要有必要的权力集中，又要有必要的权力分散，两者不可偏废。

集权是大生产的客观要求，它有利于保证企业的统一领导和指挥，有利于从全局的视角来分配人力、物力、财力，达到合理的效果，在一定程度上能提高资源的利用率，但集权对人的积极性有一定的负面作用。而分权是调动下级积极性、主动性的必要组织条件。合理分权有利于基层根据实际情况迅速而正确地做出决策，也有利于上层领导摆脱日常事务，集中精力抓特殊问题和重大问题。因此，集权与分权是相辅相成的，是矛盾的统一。没有绝对的集权，也没有绝对的分权。

5. 兼顾稳定性和适应性相结合的原则

稳定性和适应性相结合原则要求组织设计时，既要保证在外部环境和任务发生变化时，能够继续有序地正常运转；同时又要保证酒店在运转过程中，能够根据变化了的情况做出相应的变更，组织应具有一定的弹性和适应性。

案例分析

Emmy 是某五星级酒店的餐厅服务生。12 月的一天，该酒店接待了一个非常重要的大型国际会议。Emmy 的领班 Alice 在晚餐之前进行详细的接待计划安排。之前从事用餐服务的 Emmy 被领班安排和 Lisa 合作在餐厅入口处做领座员，餐饮总监也在现场作指导。在就餐高峰期之间，餐饮总监发现 4 号包厢准备还不到位，于是临时抽调 Emmy 去该包厢做好卫生及相关准备的扫尾工作，Emmy 见是餐饮总监的命令，不敢怠慢，可当 Emmy 准备完包厢回到餐厅入口处时，发现很多客人挤在门口询问包间的具体方位，Lisa 一人无法应付，导致有少许客人不满。此时，领班 Alice 对 Emmy 擅自离开岗位给予了严厉的批评，并称事后将追究相应责任，而 Emmy 也觉得自己很委屈。

思考与讨论：在这次事件中，Emmy 对餐饮总监的命令到底要不要听？Emmy 这样做算不算擅自离岗？这样做又对不对呢？为什么？

4.2.3 酒店组织设计的一般程序

从酒店组织管理过程的角度，酒店在组织设计时一般应有以下程序。

首先，明确组织设计的主要参数。根据酒店的任务、目标以及所处的外部环境和内部条件，确定酒店进行组织设计的基本思路，规定一些设计的主要原则和主要参数。

第二，进行职能分析和职能设计。确定为了完成酒店任务、目标而需要设置的各项管理职能，明确关键性职能；确定总的管理职能及其结构，并且分解为各项具体的管理业务工作；在确定具体管理业务的同时，进行初步的管理流程总体设计，以优化流程，提高管理工作效率。

第三，设计组织结构的框架。设计承担管理职能和业务的各个管理层次、部门、岗位及其权责，这是组织设计的主体工作。

第四，组织沟通方式的设计。设计上下管理层次之间、平行管理部门之间的协调方式和控制手段。组织通过这个步骤，能够连接成一个有机的整体。

第五，管理规范设计。这一步骤是在确定了组织结构的框架及沟通方式的基础上，进一步确定各项管理业务的管理工作幅度、管理工作应达到的要求（管理工作标准）和管理人员应采用的管理方法等。

第六，人员配备和培训。组织结构的实施和运行要通过"人"来实现，所以组织结构运行的一个重要问题是配备相应的人员。一般来说，酒店在进行组织结构设计时不是根据现有人员的具体情况来设计岗位，而是按设计要求的数量和质量来配备各类管理人员。同时还要对配备的人员进行培训，使之了解岗位的职责、上下级关系以及和其他部门之间沟通的方式。

第七，组织运行制度的设计。组织的正常运行还需要有一套良好的运行制度来保证，用激励制度作为组织运行的保障是酒店常用的一种方法。利用人们对奖励、表扬、加薪、认可、升职等的渴望来鼓励员工按照规章制度高效、优质地完成工作，同时利用对惩罚、降职等的厌恶心态来约束员工一切可能破坏组织正常运行的行为。激励的手段主要包括人员的绩效评价、考核制度以及激励制度等。

第八，信息反馈与组织创新。组织设计是个动态的过程，在组织结构运行的过程中，组织中不和谐的因素会逐步显现出来，而且外部环境也在不断地发生改变，不论是内部因素还是外部因素的影响，都要求对原设计做出必要的修改，或根据不断出现的新情况进行创新，使之不断完善。

4.3 酒店组织结构

组织结构是表现组织各部分排列顺序、空间位置、聚集状态、联系方式以及各要素之间相互关系的一种模式。酒店的组织机构是酒店的指挥管理系统，也可以说是酒店执行管理和经营任务的体制。下面介绍几种传统的组织结构较为常见的基本形式。

4.3.1 组织结构基本形式

1. 直线制

直线制组织结构是最早、最简单的一种组织结构形式，又叫金字塔式结构，因其组织结构图形看上去形似金字塔而得名。它的特点是：组织中所有命令和指令向下传递和分解，经过若干管理层次达到组织最低层，各种职务按垂直系统直线排列，各级主管人员对所属下级拥有直接的一切职权，组织中每一个人都只能向一个直接上级报告，主管人员在其管辖范围内的所有业务活动行使决策权、指挥权和监督权。

酒店的全体员工按照其担任的具体工作划分为4个层次：决策层、管理层、督导层、操作层。酒店的管理自上而下层层节制，实行垂直领导。

决策层由酒店中的如总经理、副总经理等构成。主要职责是对酒店的发展战略和日常经营活动进行决策。管理层则对应于酒店中的部门经理，等等。主要职责是遵循决策层做出的战略和经营管理决策，并据此具体安排本部门的工作。督导层对应酒店中的主管、领班。主要职责是在日常工作中对工作区域、员工工作进行督导和检查，并适时协助完成部分工作。操作层是酒店的服务人员和其他部门一线工作的员工，主要职责是提供各种服务。

直线制结构(图4.2)具有结构简单、权责分明、命令统一、运转敏捷、信息沟通迅速等特点，但由于它把管理职能都集中在少数几个人身上，所以要求管理者必须具有全面的知识和才能，而在实际中是很难做到的。因此，金字塔结构只适合用于产品单一、规模较小、业务单纯的小型酒店。

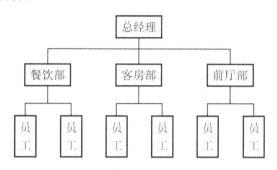

图 4.2　酒店直线制组织结构形式

其优点是结构简单,权力集中,责任分明,命令统一,联系简洁。但对管理人员的要求较高,对突发事件的处理会比较迟钝和僵化。而且,部门之间协调性差,不适合于组织规模较大的情况。

2. 职能制

职能制(图 4.3)的组织结构的特点是,组织内除直线主管外还相应地设立一些组织机构,并分担某些职能管理的业务。各职能机构有权在自己的业务范围内,向下级单位下达命令和指示,因此,下级直线主管除了接受上级直线主管的领导之外,还必须接受上级各职能机构的领导和指示。职能制的优点是能够适应现代组织技术比较复杂和管理分工较细的特点,能够发挥职能机构的专业管理作用,减轻上层负担。其不足之处是容易造成分工过细和多头领导。

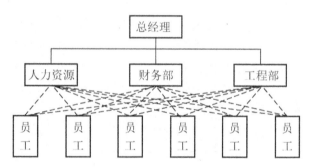

图 4.3　酒店职能制组织结构

3. 直线—职能制

直线—职能制,也叫"业务区域制"如图 4.4 所示。它以直线制控制严密为基础,吸取职能制中充分发挥专业人员作用的优点综合而成的一种组织结构。目前,我国酒店普遍采用这种组织结构形式。直线—职能制结合了直线制和职能制结构的优点,是由垂直的生产、服务指挥系统和按专业分工的横向职能系统相结合而成的组织形式。主要特点是既保留了业务部门直线系统的管理渠道,又使职能部门有效地发挥监督和参谋的作用,实现分工管理的统一性。通常酒店大多采用直线—职能制的组织形式。

在直线职能制的组织结构形式下,酒店的各部门分为业务部门和职能保障部门两大

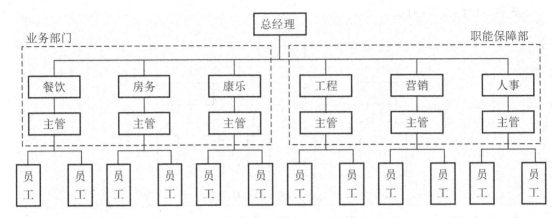

图 4.4　直线职能制组织结构

类。业务部门是直接为酒店创利的部门，如客房部、餐饮部、商品部等；其他非直接创利的部门称为职能保障部门，如财务部门、人事部门等。在业务部门工作的员工为业务人员，在职能保障部门工作的员工为职能人员。

直线职能制组织框架里，下级只接受直接上级的指令，同时又注意发挥职能保障部门的专业化特点。职能保障部门专业人员在计划财务和其他专业技术方面的决策对酒店经营管理至关重要。在这种组织结构中，协调好主线与职能人员的关系，使他们密切合作是酒店组织管理的一个重要任务。

4. 事业部制

事业部制的组织结构(图 4.5)是 20 世纪 20 年代由美国通用公司提出的。事业部制是以一种产品或一个地区或顾客类型为依据，将相关的营销、采购、生产、销售等部门结合在一起有独立产品和市场，实行独立核算的一个相对独立的组织结构形式。该种组织形式的优点是最高层管理摆脱了具体的日常管理事务，有利于集中精力做好战略和长远规划，提高了管理的灵活性和适应性。但不足是由于机构重复，造成了管理人员的浪费，事业部之间的人员交流较为困难。

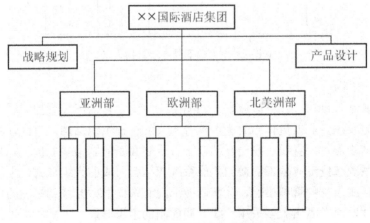

图 4.5　酒店组织结构的事业部制框架

事业部制是一种适用于酒店公司的分权式组织结构框架形式，实行集中决策下的分散经营。随着经济的高速发展，我国酒店业公司化、集团化趋势愈发明显，一些大型酒店已经开始采用这种组织形式。

它的特点是分权管理。酒店公司按地区、产品、市场等因素，成立若干个事业总部，每个事业总部即为一个酒店或公司拥有的企业。事业总部具有法人地位，进行独立的经济核算，对事业总部内的计划、财务、销售等方面有决策权。酒店公司控制事业总部的盈利指标，负责筹集资金和事业总部主要负责人的任免等。酒店公司的工作重点是进行新的市场开发和新技术的引进。酒店公司成立事业总部的核心是为了实现利润目标，因此事业部又称为利润中心。

实行事业部制组织结构的框架形式可减轻管理人员（尤其是高层管理人员）的负担，使之集中精力于酒店的发展战略和重大经营决策；同时，各事业部可以就本产品或本地区的实际和变化进行快速反应，从而有利于公司的发展和产品的差异化。但是，由于各事业部管理职能存在重复和交叠，管理费用较高；此外，各事业部对公司的整体意识减弱，会因为本部的局部利益、眼前利益而牺牲公司的长远利益。

5．矩阵式

矩阵式组织结构（图4.6），是把按职能划分的部门和按产品（项目或服务）划分的部门结合起来组成一个矩阵，使同一名员工既同原职能部门保持组织与业务上的联系，又参加产品或项目小组的工作。它的优点是加强了各职能部门的横向联系，具有较大的机动性和适应性；实行了集权与分权的结合，有利于发挥专业人员的潜力。但这种组织形式的不足是，由于实行纵向、横向的双重领导，容易造成部门之间的扯皮现象和矛盾，组织关系较复杂。

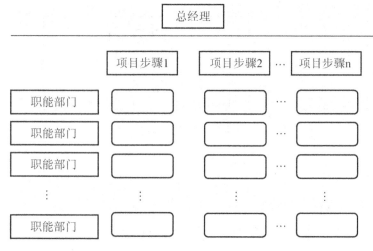

图4.6　酒店矩阵式组织框架

采用这种组织结构框架模式的酒店，由许许多多个组织单元构成，组织单元之间运用信息通信技术，依靠共同的价值观念，形成有机的网络化结构。组织单元具有规模小、灵活性强、财务相对独立等特点。组织单元充分有效地运营将使酒店（公司）具有极强的环境适应能力。网络式组织的另一个重要特征是实行内部倒闭制度。组织单元虽然拥有高度自治权，但它仍面临着优胜劣汰的命运。组织单元不仅与酒店内其他组织单元有业务往来，还可直接与其他酒店开展业务，从而把市场机制全面引入到组织内部，组织单元之间也形成了服务者与被服务者、供应商与顾客之间的关系。

综上所述，酒店组织结构的框架形式各有利弊。采用何种框架应视酒店具体情况而定，要从本酒店的实际出发，选取一种最适合本酒店的组织结构框架形式。组织结构框架的选取应有利于酒店的经营管理，有利于提高工作效率，使酒店的组织结构效率与效能得到最大程度地发挥。

4.3.2 酒店的组织结构

酒店的组织形式通常采取直线—职能制，纵向划分有决策层、管理层、督导层和操作层4个层次。横向则由销售、客房、餐饮、人力资源、财务等几个职能部门组成。但是不同规模、不同等级的酒店也有各自的表现方式。大中型酒店组织机构如图4.7所示。

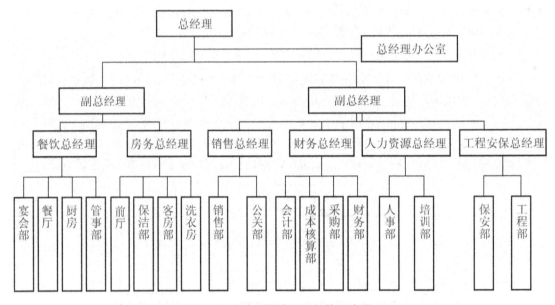

图 4.7 大中型酒店组织机构示意图

4.3.3 现代酒店组织结构创新

1. 我国酒店组织结构存在的弊端

我国酒店业的发展与世界酒店业相比，起步较晚，虽然改革开放20多年以来，我国酒店业在组织管理和组织结构设计上取得了长足的进步，但仍然存在着许多不足和弊端。在入世后日益激烈的市场竞争中，变革和创新酒店的组织结构形式，克服目前酒店结构中存在的弊端，仍是每个酒店经营者必须认真研究的课题。

具体来说，我国酒店组织结构存在的弊端可以主要归为3个方面。

第一，结构重叠臃肿。在向市场经济过渡的过程中，传统计划体制下机械的组织设置模式及其影响仍然存在。由于过分强调分工，工作过细，管理人员能上不能下，人员素质差等因素,造成管理机构庞大臃肿,工作人员负荷不满,冗员严重存在,从而极大地影响了酒店的运作效率。

第二,管理费用过高。这与结构重叠臃肿直接相关。人浮于事、职责不清必然会加大不必要的管理开支,增加了成本,同时也使自身的竞争力遭到削弱。

第三,组织结构复杂化。各部门事实上的各自为政、过分地强调分工和行政隶属关系,使得酒店统一的生产经营活动被人为地割裂。这种状况必然导致整个酒店运作效率的降低和经营决策的缓慢。

2. 我国酒店组织结构创新变革的必要性

酒店组织结构创新是酒店有效参与市场竞争,求得生存和发展的关键。理想的酒店组织模式不是一成不变的,而是在实践中不断地经探索而发展的。酒店的组织发展史表明,多种组织模式的提出是适应组织创新者面临的客观现实,同时,组织结构形式也不断地被人们在实践中认识并创造出来。

3. 酒店组织变革与创新

酒店组织的变革与创新是不能孤立进行的,它必须同有关的支持工作配套、同步地进行。对于此,美国的哈罗德·莱维特曾提出整个企业(或其他组织)变革与创新的系统模式。他提出,组织变革与创新的内容,包括4个方面,即任务、人员、技术和组织结构。

(1) 对酒店来讲,任务就是酒店提供给社会的产品或服务,具体到一个酒店内部,就分解为各级各部门的具体工作任务。酒店产品或服务的变革与创新,如调整产品结构,提供新服务等,是酒店革新的重要内容。

(2) 人员是指酒店管理人员及员工的态度、知识、技能、经验、期望、信念、风格等状况。酒店人员结构及素质的变革与创新是酒店革新的又一重要内容。

(3) 技术是指酒店的技术装备和软硬件应用环境。技术改革,新工艺、新材料等的采用,是酒店技术变革与创新的主要内容。技术变革当然是酒店革新的重要内容。

(4) 结构即酒店的组织结构,内容涉及权责分工、机构设置、集权程度、协调方式等。

莱维特组织变革与创新的系统模式表明,这四方面的变革与创新,具有很高的相互依赖性。如酒店提供新的服务项目,就相应地要求革新某些软硬件技术水平,提高酒店管理与技术人员的素质,也相应要求调整组织层级甚至结构。

4.4 酒店组织管理体系

现代酒店组织是一个复杂的大系统,为维持这个系统的正常运转和促进酒店组织更进一步地发展,必须依靠一套科学、严密的组织管理体系。酒店组织管理体系应有两方面的含义:一是从宏观管理的角度,指国家、地方、部门、行业对酒店经济活动的管理体系;二是从微观管理的角度,指酒店内部对所属范围经营活动的管理体系。这里将主要从微观角度来讨论现代酒店组织管理体系的构成。

4.4.1 酒店组织管理机构

酒店组织管理机构是酒店组织设计的结果,是为执行酒店经营战略与策略而建立的决策、指挥和协调机构。酒店组织管理机构主要包括董事会、经理层、监事会和职工代表大会。

（1）董事会是现代酒店企业在所有权和经营权分离的产物，它一般不干涉酒店管理者的日常经营活动，在酒店的经营中主要发挥激励和制约功能。酒店董事会应定期召开会议，对酒店经营中的重大问题做出决策。

（2）现代酒店的经理层，是指以酒店总经理为代表的酒店各管理层。在酒店决策层、管理层、督导层和操作层的四级酒店组织结构中，经理层包括了前3个层次。经理层应全权贯彻执行董事会做出的各种决策和决定，并对董事会负责；同时，以总经理为主对酒店的一切经营活动进行指挥、调度和控制。为了确保经理层指挥的权威，使酒店的经营活动能够有效地进行，现代酒店通常采取经理负责制，即由总经理统一领导和指挥整个酒店的经营活动；而酒店的副总经理及其他高级管理人员，均由总经理提名，由董事会任命，主要协助总经理完成经理部门的职责。

（3）监事会是现代酒店资本营运的监督机构，负责监督、检查酒店资本营运及经营管理的状况，并对酒店董事会及经理层行使监督职能。由于监事会成员也是由股东或所有者选举产生，并且与董事会相分离，从而使监事会的监督活动具有独立性，从而保证了监事会工作的公正性和客观性。监事会的根本目的，就是要防止董事会滥用职权、谋取私利，甚至侵害酒店权益，以便使酒店在有效监督的条件下，健康地运营和发展。

（4）职工代表大会是酒店民主管理的主要形式，是职工行使民主管理权力的机构。酒店董事会和经理层分别代表酒店所有者和酒店经营者对酒店的生产经营进行管理，而职工代表大会则是代表劳动者对酒店的经营实行民主管理，审议酒店的各项规划和策划，监督各级管理人员，维护酒店全体员工的切身利益。

4.4.2　酒店组织管理制度

现代酒店组织管理制度，是用文字的形式对酒店各项组织管理工作和组织活动做出的规定，是加强酒店管理的基础，是全体员工的行动准则，是现代酒店进行有效经营活动必不可少的规范。现代酒店管理制度的内容和形式都很广泛，概括起来主要包括基本管理制度、专业管理制度、岗位责任制度和经济责任制4个方面。

1. 酒店组织基本管理制度

1）总经理负责制

现代酒店建立以总经理为首的经营管理系统，并在酒店组织管理制度中处于中心地位，是适应市场经营，按酒店管理规律管理酒店的需要。

总经理负责制的主要内容是：明确总经理既是酒店经营管理的负责人，又是酒店的法人代表。总经理对酒店经营管理拥有决策权、人事权和员工奖惩权。在总经理行使权力的同时，也必须承担相应的责任，实现酒店的各项经营目标。总经理还应自觉接受上级组织和员工的监督。

2）职工民主管理制

酒店是社会化大生产分工协作的典型企业，员工的个体因素对酒店的管理和服务水平有着极为重要的影响，因此实行职工民主管理制十分必要。其基本形式是酒店的职工代表大会，具有管理、监督、审议三方面的权利。

3）员工手册

酒店员工手册是酒店的"基本法"。员工手册规定了酒店每一个员工拥有的权利和义务——每个员工应该遵守的纪律和规章制度，以及可以享受的待遇。

员工手册一般包括以下内容：序言、酒店简介、酒店文化、酒店组织结构和形式、酒店劳动及人事规定、报酬的评定与发放、员工福利、纪律、安全守则、签署人、附带的权利和责任。

2. 酒店组织专业管理制度

现代酒店组织的专业管理制度，是指为了保证酒店经营活动的正常进行，保证经营服务过程中各环节的协调，实现酒店各项专业管理职能而制定的各种管理工作的规范，是酒店组织管理制度的重要内容。

其具体包括酒店经营计划、技术、财务、质量、设备、动力、安全、劳动、环保、营销、人事及部门、班组等方面的管理制度，也是各职能组织部门有效履行其职能责任的重要依据。

3. 酒店岗位责任制

现代酒店岗位责任制，是根据酒店内各不同工作岗位而规定的工作内容、服务程序、服务标准及职责权限的制度，是实行经济责任制的基础。酒店岗位责任制是保证酒店优质服务的前提，是不断提高酒店服务质量的依据。因此，必须不断地建立和健全岗位责任制，使每一个岗位都有严格的分工、明确的责任，从而形成相互联系、相互协调的酒店责任体系。酒店每个岗位都有不同的岗位经济责任，关系到每一位酒店员工。酒店岗位说明书模板见表 4-1。

表 4-1　酒店岗位说明书模板

职级名称		部门名称		工作编号：	
部门经理		负责人		日期：	
				核准：	
				审核：	
				工作分析：	
职务摘要					
正常工作标准 （质与量的标准）			每日工作		
经常性工作			不定期工作		
直属上级 直接管辖之下属					
与其他职务之关系					
使用工具与文件					

4. 酒店经济责任制

酒店经济责任制，是以提高酒店经济效益和社会效益为目标，实现责、权、利、效相结合的一种经营管理制度，也是有效地调动酒店各部门和员工积极性的一种现代化管理方法。

酒店经济责任制的实施，是根据酒店经营目标，按照责、权、利、效相结合的原则，把各项经济指标分解，并层层落实到各酒店组织和个人；然后提供相应条件，提出要求，以保证经济责任的落实和目标的完成。通过个人目标和组织目标的实现，最终保证酒店经营目标的实现。

选择题

1. 单体酒店最为常见的组织结构形式是（　　）。
   A. 直线制　　　　B. 职能制　　　　C. 直线—职能制　　　　D. 事业部制
2. 即使是同类型同规模的酒店，其组织结构也可能不同，是因为受到（　　）的影响。
   A. 酒店员工素质　　　　　　　　B. 酒店经营战略目标
   C. 酒店的技术水平　　　　　　　D. 酒店生命周期
3. 一些大型酒店公司采用分权式组织结构框架形式，实行集中决策下的分散经营，这种组织结构通常是（　　）。
   A. 直线制　　　　B. 职能制　　　　C. 直线—职能制　　　　D. 事业部制

判断题

1. 酒店的组织结构从纵向划分有决策层、管理层、督导层和操作层，但是对于经济型酒店来说扁平化的组织结构中通常删除了督导层。（　　）
2. 酒店董事会主要负责酒店日常经营的决策，而经理层主要负责实施。（　　）
3. 酒店是准军事化的企业，在管理过程中应该更加强调集权。（　　）

问答题

1. 什么是管理制度？制度管理有哪些内容？
2. 如何设计一个科学的组织机构？
3. 怎样编写规范的岗位说明书、工作程序、标准和制度？
4. 为什么要实行制度化管理？怎样实行制度化管理？

案例分析

酒店管理权力的监管漏洞

吴某是某四星级国营酒店的老总，在其任职的6年期间，酒店由原来的年创利近500万元"发展"至年亏损近100万元！后因群众举报，当地检察机关对吴某立案侦查，发现吴某竟将该酒店当做自己的私有财产，并设有自己的小金库。其权力在酒店中至高无上，什么事情都是由他说了算，员工更是敢怒不敢言。

据了解，吴总当初走马上任时还是为酒店的发展尽心尽力的，其能力也得到了酒店各级管理人员及普通员工的认可。在其上任之初的第一年，酒店即有了较大的发展，生意红火，并通过了国家星级酒店评定，挂牌四星级，年创利达500万元。据吴某交代，他发现该酒店由于是国营体制，过去的体制不健全，组织管理的监督和民主机制更是无从谈起，他越来越觉得在该酒店中权力可以凌驾于任何人之上且不会被发觉，私欲的膨胀逐渐把吴某推向了罪恶的深渊。他在酒店建立自己的小金库，肆意挥霍公款用于赌博和物质生活享受，先后去中国澳门和美国，以考察为由豪赌，导致国家财产大量流失。吴某疏于对酒店的日常管理，这使得酒店人心涣散，经营状况每况愈下，从最初年创利近500万元到负债经营，实在令人痛心。吴某也因贪污挪用公款被判刑。

思考与讨论：你认为该酒店的组织设计缺陷在哪里，如何在日常经营管理中监督总经理职权的行使。

实践训练

网络搜索一个酒店集团和一个单体酒店的网站，查询他们的组织架构，画出组织机构图，分析二者之间存在怎样的差异。

服务技能篇

第5章 前厅部的运转

导 言

无论酒店是如何组织的，前厅部门总是引人注目的地方。前厅部的工作控制和影响着客人从入住登记到结账离店的整个过程，协调为客人提供的各种服务。本章从前厅部的重要地位和作用出发，依据客人感受前厅服务的过程，逐一阐述了前厅部各班组如何高效地完成对客服务；并在此基础上就如何充分地发挥前厅在客户沟通方面的优势，展开卓越的客户资源管理。

关键术语

房态、预订、超额预订、礼宾服务、入住登记、排房、金钥匙服务、夜间审核、客户关系、客史档案、关键时刻、投诉处理

引导案例

转怒为喜

某日晚间19:40，酒店大堂里一位客人怒气冲冲地对总台服务员小李吼叫，"你们太过分了，竟然把我的房间卖出去了！我要向消费者协会告你们去！"原来，李先生通过网络预订了当日的8518号房间，并得到了确认。然而，当天由于飞机晚点，李先生比预期到店的时间晚了2个小时。前台销售员见已经超过了入住登记时间，便将房间出售给了一位经常住这间客房的常客孙先生，导致李先生到店的时候无法入住到客房。大堂副理张丽安抚了客人后，马上查询了空房信息，确定为客人升级到行政楼层，并亲自引领客人到行政楼层的小总台办理入住登记。考虑到客人刚下飞机到酒店，所以特别赠送客房餐饮套餐一份和行政楼层小酒吧畅饮券一张，让客人感觉到比较贴心，终于转怒为喜。

思考：案例中暴露出酒店前厅服务中的什么问题？如何改进？

5.1 前厅部概况

5.1.1 前厅部的地位和作用

1. 前厅部在酒店的地位：脸面和神经中枢

几乎所有关于酒店管理的书籍中都不约而同地用一些非常重要的人体器官（如大脑、心脏、神经中枢等）来说明前厅部在酒店中的重要作用。的确，无论怎样规模、类型的酒店，前厅都是一个不可缺少的存在，重要性体现在两个特别的方面，"脸面"和"神经中枢"。

前厅部位于酒店突出的位置，是酒店中所有客人都能共享到的公共部分。住店客人在到达酒店之前与预订员的沟通或踏入酒店的第一步，接触到的就是大堂和前厅，而客人离开酒店进行结账、接受行李服务、叫车服务或者送机服务，接触的也是前厅服务人员。由于心理学中"首因效应"和"近因效应"的存在，使得前厅部的服务很大程度上影响了客人对于酒店的整体评价。不仅如此，由于酒店出售的是"无形服务"，客人在没有深入接触这项产品时，对其质量高低的评价和预期往往需要在一些"有形证据"或线索的提示下来完成。而前厅部恰恰集中了大量的有形线索，例如酒店的建筑、环境氛围、硬件条件及服务员的仪容、着装等，如图5.1所示。从上述意义上来说，前厅部就像"人脸"一样，影响着对于整个酒店的印象。

图5.1 香格里拉酒店大堂实景

前厅部在酒店中的"神经中枢"作用源于客人与前厅部频繁地接触，并交换信息。大多数客人与客房部、餐厅、娱乐或是财务等部分接触比较少，他们往往通过预订处预订、通过前台入住登记、向大堂副理投诉、向行李生或前台人员咨询，这些服务接触中，客人对他们的需求阐述、告知服务员他们的背景、旅游的动机和喜好。信息化技术使得前厅能够将这些信息数据传递给各个不同的部门，指挥和组织整个酒店不同部门合作起来，为客人提供良好的服务。从另一个角度来说，前厅部起着沟通和协调酒店各部门运作的作用，因此前厅与其他部门的合作特别多。

2. 前厅部的任务：接待、销售和客户管理

前厅部是综合性的服务部门，身兼多种不同的功能，最基本地概括为销售、接待和客户管理。

前厅部是酒店的重要收益部门，它主要销售客房产品，同时也兼顾诸如餐饮和娱乐等部门的推销工作。前厅部通过预订人员向有意向的顾客销售客房产品、通过前台的服务人员向那些没有预订的散客直接销售客房。当客人在入住登记时询问到哪里可以就餐或者有什么休闲活动时，前厅的员工就可以趁机推销酒店的各种餐饮服务、游泳馆、健身房，甚

至是与酒店合作的景区和旅行社产品。前厅部的销售水平直接影响酒店的收益和利润。

对客服务是前厅部的核心职能。前台的服务人员训练有素地为住店客人办理入住登记、分配房间、彬彬有礼地回答客人的问询、细致体贴地为客人运送行李，使客人能够愉快地入住。但是，前厅部服务和接待的对象并不仅限于住店客人，还有一些就餐的客人、访客和参观者。

激烈的竞争和富于变化的外部环境使得酒店更加倚重于一个忠诚度高的客户队伍和长期的客户关系。前厅部在客户管理中的任务举足轻重。前厅部接触到大量的客户信息，帮助酒店分析客户的构成和优质程度，帮助酒店根据客户需求进行"服务定制"，帮助酒店设计并针对性地展开"忠诚客户奖励计划"。同时，客人经常倾向于向前厅员工进行投诉，给前厅大量的"服务补救"和挽留顾客的机会。这些都是前厅部客户管理的重要工作内容。

5.1.2 前厅部的组织结构

1. 客人活动流程和前厅架构

前厅部是酒店典型的对客服务部门，本着从顾客角度出发和有利于服务组织的原则，前厅部在组织机构设置时与客人在前厅部的活动循环存在着典型的对应关系。客人活动与前厅服务机构如图 5.2 所示。该图简要地描述了这两者之间的对应关系，有助于了解客人在抵店前、入住时、入住期间和离开酒店时需要与哪些部门接触，形成一个总体的前厅框架的认识。

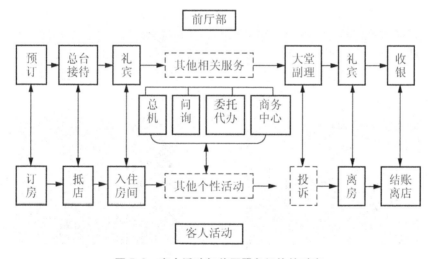

图 5.2　客人活动与前厅服务机构的对应

图 5.2 的下半部分勾画了客人在前厅部的基本活动，实线框中列举了绝大多数客人住店期间共有的活动，这些活动往往在存在一个时间上的顺序性；虚线框中表示有一些客人会有一些个性化的需求，如叫醒、一日游的预订、包车、传真打印等，这些需求往往有更明显的偶发性特征，在时间上也并不确定。

图的上半部分概括了酒店前厅部为协助客人完成这些上述活动所设置的班组或机构。

预订处主要处理客人抵店前的房间预订；总台接待协助客人完成入住登记、房间分配、钥匙发放；礼宾迎接客人、搬运行李或寄存行李，使客人能够安心和舒服地进入客房；大堂副理处理客人住店期间的投诉；在客人将要离店时，礼宾组再次协助客人运送行李、叫车等；收银处负责帮助客人快速结账，有时也帮助兑换一些外币。商务中心主要协助客人完成传真的收发、打印、商务秘书等业务。委托代办机构主要可能是一些票务中心、旅行社的派驻机构和景区门票销售点等。

思考与讨论：酒店的大堂内还有哪些机构？这些机构是否归属于前厅？为什么这样设置？

由于现在的酒店类型如此丰富，很难用统一的图来确定每一个酒店明确的组织机构，因此上图只表示大多数酒店应该配备服务机构，但这些功能如何进行组织安排，还应该根据酒店的规模、档次、顾客类型等综合考量。一般来说，中小型酒店和中低档酒店倾向于将一些职能整合在一起，不进行特别细致的分工，例如问询处并不另设或者没有单独的礼宾部或行李部。从管理的层次上看，规模越大、档次越高的酒店，设置的管理层次可能越多，从总监、经理到主管、领班到服务员工，有4～5个层次，而经济型酒店则可能简化到2～3个层次，不设总监、经理。

2. 前台的组织形式

为了便于客人在大厅方便地接受到前台提供的服务，酒店往往将前厅部若干岗位集合在一起形成的一个服务中心，放置在大堂的显著位置，这就是前台，也叫总台(Front Desk)。总台通常整合了入住登记(Registration)、问询(Information)、收银(Check-out)等不同的服务功能。

传统和常见的总台是站立式的，如图5.3所示。顾名思义，在站立式总台设计中，前台服务人员站立着为客人提供各种服务。近些年来，酒店对于总台的设置进行了一些变革，其中之一就是坐式总台服务，如图5.4所示。这种总台将客人和员工都从辛苦的站立中解放出来，可以以更舒适的方式等候和办理入住登记，从而更显亲切和人情味。

图5.3 站立式总台

图5.4 开放式总台(坐式总台)

5.2 前厅的服务运作

5.2.1 客户预订

1. 预订的意义

客房预订(Reservation),就是客人预先要求酒店为其在某一段时间内保留客房所履行的手续,也叫订房。对于客人来说,通过预订可以减少搜寻酒店时所需要的精力、减少不确定性,并常常能获得一些价格的优惠。对于酒店来说,预订能提前占领客源市场,提前安排好接待工作,提高服务效率和质量。因此,预订是一个双赢的活动。因此,预订在现代酒店的管理中极受重视,也是现代旅行者出游过程中重要的一环。

2. 预订的类型

根据预订对客店双方的约束和保障力的不同,酒店的客房预订类型可以分成以下四种。

1) 临时类预订(Simple Reservation)

临时类预订指客人的预订日期或时间与抵达日期或时间很接近的预订。比如提前一两天的预订,有的甚至是抵达当天的预订。一般不给予书面确认,只给予口头确认。一般,临时类预订有一个订房保留时间,通常是当天18:00。超过了这个时间,客房就不予保留。

2) 确认类预订(Confirmed Reservation)

确认类预订一般是指以书面形式给予确认的预订。常见的确认是通过传真的形式,发给客人一个《预订确认函》。随着移动互联网技术的发展,订房确认也常可以通过短信等方式发送到客人的手机。通过这种方式,确认类预订比临时预订有更强的约束力。确认类预订一般不要求客人预付订金,但是一般也都在确认函上说明了"取消预订时限"(通常为18:00)。

3) 保证类预订(Guaranteed Reservation)

所谓"保证类预订"就是有担保的预订。酒店一般采用向客人预收订金、信用卡担保和合同等方式来保证客人在预订之后必须到店,同时客人到店必然能够获得其预订的客房。如果保证类预订的客人未能如期入住,酒店也可以收取到房费,以保证其自身的收益。业内的通常做法是,如果客房预订已经被确认,客人如果未能履约,酒店有权收取一夜房费作为补偿。因此,保证类预订对酒店和客人双方都有强约束力。订金和信用卡担保是散客较为常用的保证方式,而合同通常使用在酒店和他们的协议客户(包括公司、企业、旅行社等)之间。

4) 等待类预订(Waiting List)

酒店在客房已订满的情况下,因考虑到预订常有取消及变更情况,所以仍接受一定数量的等待类订房。在征得客人同意的情况下,酒店将客人的预订计入等候名单,并通知客人,在其他客人取消预订或提前离店的情况下,给予优先安排。

从预订实施的主体来看，还可以将预订划分为团队预订和散客预订。团队预订通常由旅行社(旅行代理商)、会展公司、航空公司等企业来实施。由于团队通常是因为某些特定的活动而需要客房，并且通常预订的房间数较多，因此，通常具有可预测性，并需要提前比较长的时间进行预订。酒店对于这类客人通常比较多地主动出击，由营销部、销售部和预订部配合完成。散客预订相对来说具有较多的不确定性，难以预测，则较多的情况下是等待客人首先提出预订要求。

3. 预订的途径

客人可以通过多种直接的和间接的渠道进行客房的预订。主要的预订途径包括如下几种。

1) 上门预订

上门预订是指客户(或客户的代理人)直接到达酒店，与客房预订员面对面地洽谈。订房员仔细地征询客人对于住房的要求，回答关于酒店和客房的各种疑问，必要的时候，可以带客人参观客房实景和酒店的其他设施。最后想方设法获得客人订房的承诺和保证。

2) 电话预订

所有的酒店都会公布其预订电话，并且许多大型酒店和酒店集团会提供免费的订房热线(800-或400-)。客人可以通过直接拨打电话，与预订员直接沟通，提出订房需求。订房员准确地掌握客人需求的客房种类、数量、抵离时间、服务需求，提供客房选择，并就房价达成共识，从而完成预订。

3) 传真预订

通过传真这种通信技术可以方便迅速地传递信息、图表、签名、印章等，并且可以作为书面的凭证，从而避免不必要的订房纠纷。这也是常见的订房渠道。

4) 网络预订

网络技术的广泛应用和网络安全性的提升，使得网络成为许多旅行者，尤其是商务旅行者常用的预订途径。具体来说，酒店自有的订房网站、大型酒店连锁集团的中央预订系统(CRS)、网络酒店代理商(艺龙旅行网、携程网等)等不同的接口都能帮助客人达到预订的目的。图5.5所示为艺龙旅行网的预订网页，它提供了各地、各种不同档次、不同区域特点、不同品牌的酒店选择。图5.6所示为宁波威斯汀酒店的网络预订入口。

上述4种预订渠道中，除了网络代理商之外，其他都属于直接预订渠道。网络代理商和航空公司、会展公司、旅行社和酒店销售代理等属于间接的预订渠道。直接销售渠道是酒店与客人之间确定订房关系，反馈直接，比较容易控制，准确率比较高。间接预订，因为有中间环节，要求订房中介与酒店有快速准确的衔接，否则就容易出错。但是，不管哪种类型的预订，在实施时都必须要再三明确客房的状态，与客人及时做好预订变更的沟通。下述案例讲述的是一个酒店预订失约的事件。

第5章 前厅部的运转

图 5.5 艺龙网预订页面

图 5.6 宁波威斯汀酒店预订入口

预订酒店被取消 凌晨险些露宿街头

7月26日下午，杨先生接到了大学同学唐先生的电话，"我要来大连开会，帮我订一个房间。"杨先生致电几家快捷酒店的全国客服电话，终于预订成功了某酒店大连香炉礁店当晚的一间高级大床房，价格为359元，并收到了预订成功的提醒短信。

当晚11时许，从大连北站下了高铁的唐先生走出车站，他准备先拨打香炉礁店的电话询问位置。"那边告诉我，因为他们拨打杨先生的电话是停机状态，所以已经取消了订单。"唐先生回忆，"由于是旅游旺季，北站附近的客房基本都满了，我找了两个多小时，才在一个小旅店找到了地方。这一晚上差点露宿街头了。"随后，杨先生也致电了某酒店大连香炉礁店，当时对方给出的说法是，"我们反复拨打过你的电话，显示的是停机，由于无法确认是否入住，所以才取消预订的。目前，我们还有449元的房间，你可以选择入住。"对于该说法，杨先生表示无法接受，"我是联通的合约机，除了月初未及时交费外，其他时间根本不存在停机的可能。而且为何359元的房间取消后，却偏偏多出了价格更贵的房间呢？如果凌晨到达该酒店，那么将不得不入住更贵的房间了。"

遭遇电话订单被取消，在从事过酒店管理的业内人士王女士看来，这并不是个例。"现在是旅游旺季，有很多散客会自己上门，由于电话预订并没有交订金，所以酒店方面为了保证入住率，会优先考虑将电话或网络预订的房间取消后让给到店的散客。但究竟有没有电话确认后再取消，只有酒店方面自己知道的。"

在辽宁青松律师事务所律师王金海看来，"酒店未联系上消费者就取消订单的情况，已经涉嫌欺诈消费者了。如果消费者是在打车过去后才被告知取消，或者重新找房时花费了时间和费用成本，那么是可以要求酒店方面赔偿的。"同时，王律师建议，"预订成功后，消费者最好预付一定的订金。因为交了订金后，对双方也都形成了约束，而且在这种情况下酒店取消订单那就百分之百违约了。"

思考与讨论：酒店应该如何避免上述预订失约情况的发生？在预订失约发生时，应该采取怎样的方法妥善地补救？

4. 超额预订

酒店经营的淡旺季现象，使得在某些特定的时期，酒店面临需求会超过其接待的能力。在这期间，酒店经常会有意识地使其接受的客房预订超过实际接待能力，这种现象或酒店惯例被称为"超额预订"。超额预订的必要性在于已经预订的客人会发生某些变更，例如临时取消预订（Cancel）、由于某些特殊的原因不能按时到店入住（No Show）或预订客人提前退房，这将导致预订的客房出现闲置，影响酒店的收益。

当然，超额预订必须把握合理的度，过度的超额预订将导致前台入住时出现大量无法入住的情况，从而引起纠纷，给酒店带来信任危机，影响酒店声誉。一般来说，酒店超额预订数量以弥补上述所说的3种情况（No Show，Cancel 和提前退房）的客人比例为宜，并要将延期离店的客人考虑在其中。酒店应该通过对历史经营数据的分析，得出经验上的 No Show 比例、Cancel 比例和提前退房比例，以谨慎地确定超额预订的比例和数量。

5.2.2 礼宾服务

1. 礼宾部的岗位

为了体现酒店的档次，营造宾至如归的感觉，很多中高档酒店都设置独立的礼宾部。简单的礼宾部主要是行李房，而奢华酒店的礼宾服务可能包括了从客人的迎送、行李服务到各类不同的委托代办服务的"一条龙"。礼宾部的具体的岗位包括以下部分。

1）门童

对到店客人表示欢迎和迎接，为客人开车门、拉门，兼顾门前交通指挥和日常问询服务的岗位。他们的工作位置通常都在大堂的门口。

2) 行李员

主要负责帮助客人搬运行李，引领客人进入客房，办理行李的寄存和提取，团队行李的打包、运送；兼顾酒店内客人物品的递送、传递留言等。通常在酒店大堂一侧的行李服务处等候客人的到来。

3) 酒店代表和车队

高档酒店提供的客人接送服务会一直延伸到各个交通口岸，以最高限度提高客人的便利性，他们根据客人提出的要求和到达时间到机场、车站和码头迎接，并帮助客人安排到酒店的车辆，甚至在车辆上完成入住登记手续，使客人能够直接到客房休息。部分酒店有自己的车队，以便客人租用。

4) 金钥匙（首席礼宾司）

金钥匙（Concierge），源自法国高档酒店，意思是"开启酒店综合服务之门的钥匙"和"开启城市综合服务之门的钥匙"，金钥匙联盟和中国金钥匙的标识分别如图5.7和5.8所示。酒店拥有金钥匙，就意味着酒店应该并能够竭尽所能地满足客人任何合理合法的要求，极大地提高了酒店的个性化服务能力。金钥匙们通常因为能够解决客人们难以解决的特殊问题而为人津津乐道。

图5.7　金钥匙酒店联盟标识　　　　图5.8　中国金钥匙会徽

2. 行李服务

行李服务是礼宾部最常见的服务项目，也是客人使用频率很高的一种服务，提供行李服务的是门童和行李员，在不少酒店里，这两个岗位实际上是由同样的员工来担任的。

通常的散客行李服务是当客人从出租车或小轿车下来时，门童协助客人将行李拿进酒店；在客人完成入住登记手续之前，行李员将行李放置在总台一侧，并等候客人。待前台员工将分房单和房卡交给礼宾服务员后，客人和服务员共同确认行李，然后走到电梯。虽然客用电梯不允许员工乘坐，但是礼宾服务员是个例外。行李员送客人入房后，将行李安置到行李架或客人指定的地方，调节空调的温度，介绍客房设备后，祝客人入住愉快。

团队行李服务与散客行李服务有所差异，因为通常需要"批处理"。高效和准确的团队行李服务有两个要诀，其一是提前熟悉客人名单和客房分配表单，以便做好接收行李和发送行李前的行李核对工作。客房分配单告知礼宾服务员客人的姓名、所述关系、公司名称、分配的房间号、客人来源地等基本的信息。其二，要识别团队行李独特的标识，以免混淆或错拿。一般来说，旅游公司会给旅行团成员提供统一的行李包或者行李牌，颜色鲜艳，容易辨识。另一种方法是给每件行李贴上正确的房间号标签,而后由行李车推送至房间。

行李房也承担行李的寄存和提取的服务任务。通常行李寄存仅限于为住店客人提供,并且需要确认行李的安全性(不存放贵重物品和易燃易爆、化学药剂等危险物品)。行李寄存需要办理严格的手续,必须填写行李寄存单,并且使用行李寄存凭证来提取。

5.2.3 入住登记

1. 入住登记的流程

对于客人来说,入住登记的效率和准确性是衡量酒店服务效率的关键环节。为了达到这个要求,从总台工作人员的角度出发,入住登记可以被划分为如下的 7 个环节,如图 5.9 所示。

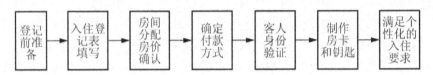

图 5.9 前台入住登记基本流程

1) 登记前准备

登记前的准备环节主要是发生在客人到店并进行入住登记以前,主要目的是快速完成入住登记手续的办理。在准备阶段,前台员工可以通过客人预订时所填写的个人信息和住宿信息,预先填写入住登记表;在确认类预订或是 VIP 客人到达前提前安排好房间,确认好客房的价格;同时,充分了解客人(尤其是 VIP 和常客)的特殊需求,以便提前做好准备。

2) 入住登记表填写

当客人到达酒店后,前台员工在询问客人的预订情况后,创建一个入住登记单(表)。在酒店管理系统的帮助下,准备入住登记单是相当简单的。对于客人来说,通常只需要核对信息后在入住登记单上签名即可。典型的入住登记表单如图 5.10 所示。需要注意的是,入住登记单还有一个不可忽略的作用,那就是对客人与酒店之间的一些权利和义务进行明确提醒,并求得客人的认同。例如,服务费的收取、贵重物品的寄存和免责条款、退房时间的约定等。

3) 房间分配和房价确定

房间分配是入住登记时的重要环节,主要工作是将空房与客人的需求相匹配,在客人认可的情况下,确认客人入住的房间。在此过程中,前台员工需要熟练地掌握酒店管理系统中各种客房状态(Room Status,房态)的查询技巧。常见的客房状态如下。

(1) OCC:Occupied 住房。

(2) VAC:Vacant 空房 (Vacant Clear 干净空房,Vacant Dirty 未整理空房)。

(3) On-change:走房。

(4) OOO:Out-of-order 故障房。

(5) BR:Blocked Room 保留房。

国内众多的酒店管理系统软件(如西软、千里马等)都为操作人员提供了多种不同的房态查询手段。例如,楼层房态查询、空房查询、某特定类型客房的房态(如所有标准间

姓 Surname 名 First Name	先生 Mr. 夫人 Mrs. 小姐 Miss.	抵达日期 Date of Arrival	
地址 Residence Address		离开日期 Departure Date	
公司 Company		证件号码 护照 Passport number: 身份证 ID number:	
籍贯 Nationality	职业 Profession		
来自 Coming From	前往 Next Destination		
备注 房间号 Room no.　　房价 Rate 人数 person		☐ 现金 cash　　☐ 信用卡 credit card 签名 signature	
温馨提示： 1. 贵重物品保险箱在大堂收银处免费供给，酒店对于放置于房间内的任何贵重物品一概不负责。 2. 退房时间为正午 12:00，18:00 前退房加收半天房费，18:00 后退房加收一天房费。		Please note: The hotel is not responsible for the saftey of any valuableleft in guest room, safety boxes avalible at F.O. cashier desk free of charge. Check out thime is 12:00 noon, an extra half-day room rate will be charged for overstaying after 12PM, an extra one-day room rate will be charged for overstaying after 6 P.M.	

图 5.10　入住登记表单样例

等，从而帮助员工快速定位想要查找的客房状态。虽然，在准备阶段，可能前台员工已经根据房态表实施了预先分房。但是在客人到达之后，可能需要根据客人实际达到的情况，或者附加提出的要求进行调整。例如，客人有可能要求更高的楼层、靠近电梯的房间或者无烟客房。

由于不同客房的价格有所差异，且房价中包含的服务内容和项目也有所不同，故而需要和客人进一步确认，以免造成不必要的误会和纠纷。国内常见的客房价格是含有早餐的（有可能是单份早餐，也可能是双份早餐），但也有不少酒店采用的是欧式计价方法（即不含餐饮）。在一些酒店客房套餐的价格中，还可能包括了某些娱乐设施（如游泳池、健身房）的使用。

4）确定付款方式

无论客人倾向于用哪种付款方式，对于前台员工来说，都要采取预备的手段来确保酒店的确能够收取到客人的费用。国内酒店常用的付款方式有现金、贷记卡、信用卡或者挂账。

在现金支付的方式下，酒店前台通常会根据客人需要入住的时间长短提前收取一定的住房押金（Paid-in-advance）。一般而言，押金的收取额度是住宿夜数的 1.5 倍。而后客人在店内的各种消费则可以采用记账的形式。

在使用贷记卡和信用卡时，前台员工必须小心查验卡的持有人和住宿人的一致性、卡的有效使用期间和卡内余额或支付限额，还应该通过网络或电话的方式获得信用卡的有效授权。如若发现信用卡或银行卡存在授权被拒绝或者已经超出限额的情况，前台员工应该委婉并坚决地请客人更换有效的信用卡或采用其他的支付方式。

在旅行团、会议团队或者公司客户等团队客户入住酒店时，酒店前台员工应该认真查证事先约定好的支付方式和条款，按照约定来进行操作。要注意的是，团队的支付协议通常详细地说明了哪些项目是由团体共同支付的，在所列项目之外的个人支出（Incidental Charges）需要额外获得授权，或要求客人用其他方式支付。

5）客人身份认证

根据公安部门的规定以及酒店安全管理的需要，前台要完成入住登记，需要证实客人的身份。验证客人身份主要通过查验客人持有的合法身份证明。对于本国客人来说，要求验明身份证；对于外国游客，主要验证护照；对于港澳游客，验证通行证。在接待外国游客时，在身份认证时，还可以将其语言、宗教等背景信息进行备注，以便于客房、餐厅等部门提供相应语种的服务。

6）制作房卡和钥匙

现在大多数的酒店（酒店集团）都采用磁卡钥匙，以便提高客房安全。前台员工根据客人入住登记时所需要住宿的天数设置磁卡钥匙的有效时间，一旦超出时间，钥匙就会失效。在制作钥匙的同时，员工为客人制作房卡，如图 5.11 所示。房卡通常是一个可折叠的卡套，可将客房钥匙放置其中。房卡作为客人在酒店各个区域消费的"通行证"，应该包括的信息有入住客人的姓名、房间号、抵离日期。同时，房卡也可以作为营销和宣传的一个工具，里面包含有关于酒店各服务设施的开放时间和位置。此外，还有酒店的地图和其他一些温馨提示，为客人提供方便。

图 5.11 南苑酒店房卡的封底和内页

7）满足个性化的入住要求

大多数的入住登记流程在前台员工将钥匙和房卡递交给客人之后就结束了。但有时入住登记的流程还包括接受客人的一些特殊的要求，并设法满足。例如，团队在入住登记时，某些客人要求了解朋友所在的房间；夫妇两人，带来一个孩子，需要客房里面提供加床等。上述整个入住登记的流程看似烦琐，但通常就在几分钟内完成。

2. 销售客房

无预订散客直接到达酒店前台时，给前台员工提供了一个销售客房和推销酒店产品的好机会。前台员工需要掌握一定的销售技能，以便在较短时间内促成客房的销售，并完成入住登记。完成客房销售的基本技巧有以下几个方面。

1）全面掌握酒店的客房信息

首先，员工必须熟悉系统中各种房间类型的名称。常见的客房类型见表 5-1。

表 5-1 客房类型及其英文名称

简称	类型	简称	类型
Standard Room	标准间	No-smoking Room	无烟房
Single Room	单人间	Executive Room	行政客房
Double Room	双人间	Executive Suite	行政套房
King Bed Room	大床间	Deluxe Suite	豪华套房
Harbor View Room	海景房	President Suite	总统套房

其次，前台员工必须全面掌握各楼层的客房类型分布情况，包括在走廊中的位置、与电梯的距离、客房的朝向、房间面积的大小、客房功能的差异、客房的装修风格、客房窗户外的景观情况等。不夸张地说，前台员工脑子里应该有一个三维立体的客房分布地图，能够对客人将客房的所有情况娓娓道来。

2) 客房类型介绍和合理的报价

客人对客房的认可和对价格的接受是确定交易的核心环节。故而，对于客房的介绍和合理的报价是酒店前台员工销售技巧中非常关键的部分。由于高价客房的销售，往往能给酒店带来更高的收益和更多的边际贡献，因此，不少酒店都确定了 Upselling（即从较高房价的客房开始销售）的推销策略。然而，"较高"的房价，对于不同的客人来说理解是不同的。因此，并不是说所有的报价都要从最高到最低的顺序，而是根据对于客人需求和接受能力的判断，努力地推荐那些高于基准或平均价格的房间。

模拟训练

对不同的客人销售客房的策略设计

本酒店是一家准五星级酒店，拥有客房 266 间，4~24 层都为客房，拥有的客房类型和价格见表 5-2。各种类型的房间都有空房。请根据下面 3 种不同的情景，设计并模拟不同的报价过程。

表 5-2 客房类型与当日牌价

普通标间	680 元	无烟标准间	720 元	总统套间	6888 元
行政标间	780 元	大床间	760 元	行政套房	1680 元
湖景标准间房	960 元	行政大床间	860 元	豪华套房	2180 元

情景 1：带着孩子的家庭度假游客。
情景 2：入住其他酒店受阻，转移到本酒店的商务客人。
情景 3：挑剔型的高消费型女客人。

在顾客有较高的价格敏感性时，通常会用较为实惠或者有较大优惠服务的价格，采用冲击式报价的方法，来瞬间抓住客人。在推销较高品质和价格的客房时，可采用鱼尾式报价方法，先充分介绍客房的设施和品质，然后简要说明价格，提高客人对这个较高价格的认可度。而在推荐套房等高价格的产品时，则更应该避免"让客人接受这个价格"的想法，转向"让客人接受这个客房"的角度，全方位介绍客房具有吸引力的设施、完美的服务，并把价格夹在客房介绍之中，采用"夹心式"报价方法。

3）帮助客人下决心

有不少客人在面临多重选择时难以作出决定，或者对员工的介绍保持一定的戒备心理，在这种情况下，需要使用到一些帮助客人下定决心的技巧。第一，邀请客人到客房进行参观，以便强化对客房的好感。第二，给予时间有限的暗示，例如"您要的标准间刚好还有最后一间"，"我们的优惠措施刚好截止到12点"等。第三，站在顾客的角度说话，例如"你们远道而来，孩子也很辛苦，不如早些让孩子到客房里休息"等。上述都是常用，并且比较有效的手段。

3. 入住登记时的疑难问题

总台服务是具有挑战性的工作，是因为入住登记处服务人员并不是只需要按部就班地完成入住登记，而是经常会遇到不同的客人，也经常会遇到以下几种疑难问题的挑战。

（1）没有空房接待或预订冲突。没有空房发生在两种情况下，第一是无预订的散客入住；第二是由于酒店进行了超额预订，有客人无房入住。两种情况的处理方法有所不同。前者要婉拒客人的入住要求，而后提供入住其他酒店的相关帮助，如介绍酒店、打电话帮助预订、协助安排车辆等。第二种情况发生时，酒店应该承担全部的责任，处理的流程如下。首先，诚恳地向客人表达歉意。其次，在征得客人同意后，将其安排到同档次或更高档次的酒店客房，并负责提供交通工具和第一夜房费。再次，免费提供1~2次长途电话、传真或电传费用，以便客人能够通知住宿酒店变更的信息；临时保留客人的有关信息，以便客人有关信息和信件的转交等。最后，要充分表达迎回客人，为其服务的愿望，在客人首肯的情况下，做好客人搬回酒店的接待工作，用致歉信、鲜花、水果等表达酒店的诚意。

（2）酒店提供的客房类型及房价与客人要求不符。此时，前台员工应该尝试推荐档次和价格相差不多的其他类型的客房，并设法留住客人。如果客人是已经预订过的，在客人同意的情况下，对客房进行升级，那么客房升级的那部分费用要由酒店来承担。

（3）办理业务的人多，等候时间比较长。在住宿旺季时，经常会出现总台里排队等候办理入住登记业务的情景。而这种情况下，总台显得拥挤，客人也容易出现急躁的心理和行为反应。前台领班和服务人员可以采取以下方法来缓解。

① 入店前对将入住的团队、预订客人进行充分的信息和材料的准备。

② 将已经预订和未预订的客人分类处理。

③ 将团队客人安排到休息区域安静等候，以免总台拥堵。

④ 给等候客人提供一些分散注意力的活动。

一些酒店为科技发烧友或崇尚科技的客人，提供更加智能化的自助入住登记方式

(图 5.12),从而减少客人在大堂的等待和逗留时间,也减轻前台的压力,在某些有限服务型酒店甚至可以是部分替代前台的存在。在移动互联网时代,一些智能化酒店更是创造性地使用了移动入住登记的手段(见资料链接)。

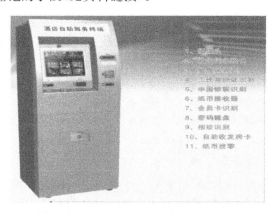

图 5.12 酒店自助入住登记服务终端

> **资料链接**
>
> ### 万豪使用 Smartphone 入住登记
>
> 万豪正在与英特尔、微软合作解决服务方案,让 Windows Mobile 的用户可以通过 Smartphone(智能手机)入住酒店。用户首先通过万豪的初始测试系统 Arrive.Marriott.com 下载并安装"万豪移动软件",一旦安装成功,用户便可以在去酒店的路途中就可进行入住登记。客人可以更换房间类型,接收入住欢迎信息以及确认酒店房价。如果酒店入住手续因为无线信号中断而停止,系统将会在重新接入后自动连接到断线前的状态。最后客人到达酒店时,可直接从大堂的自动钥匙机得到钥匙,不需加入等候入住登记的长队。对于掌上通使用者而言,这无疑是避免排队的最佳捷径。
>
> (资料来源:环球旅讯 http://www.traveldaily.cn)

(4) 入住登记后,客人不能进房。在住宿的高峰季,有些客房的结账离店时间与入住登记客人的到达时间距离比较近,客房还没有打扫完毕的情况下,客人需要等候一段时间才能够进入客房。在这时候,总台员工除了敦促客房清洁人员尽快打扫客房外,必须要很有技巧地告知客人需要等候,尽可能安排行李的寄存服务、请客人去茶座休息或去餐厅就餐后再进入房间。

(5) 客人对房价不满。由于酒店实施收益管理,客房价格经常处于变动状态,客房的价格政策也经常进行调整;而多元化的销售渠道,也经常同一客房的价格有所不同。酒店的客人也经常在入住登记时,对价格提出异议,或要求更低的折扣。总台服务人员如何去应对各种不同的情况呢?

案例分析

要求打折

22：00左右，某酒店前厅接待处有一位客人正在大声地和服务员陈小姐争论着什么，而陈小姐好像在坚持什么。经了解，原来客人自称是总经理的朋友，要求陈小姐给他一间特价房，而陈小姐却说没有接到过总经理的任何通知，只能给予常客优惠价。对此，客人很不满意，大声地吵起来，说一定要到总经理处投诉她：怎么连总经理的朋友也不买账。

解决方案： 考虑到时间已经很晚，与客人的争执极为不妥。陈小姐可以站在顾客的角度，先请顾客入房休息，房价暂时按照目前自己所能给的最大优惠来记，明日在获得总经理授权后给予价格调整。在协商的过程中，务必要注意语言艺术，避免客人感觉到不受信任或者没有面子。

思考与讨论： 陈小姐该如何答复并处理此问题呢？

总体来说，前台服务人员应该尽可能地避免客人接触到同一客房的不同价格和不同折扣政策，以免客人因不公平感而产生不满；同时可以通过附加产品或服务的提供来弥补价格的差异。

5.2.4 收银业务

1. 离店结账业务流程

收银业务组主要处理客人离店结账手续的办理，它不仅影响着酒店收益的最终实现，也直接影响客人对酒店服务质量的最后印象。大多数酒店提供离店时的一次性结账服务，故而，准确而迅速地结账有赖于多个部门之间良好的配合，更有赖于总台人员及时地更新客房的状态、准确掌握客人账户的变更、有效地核实消费情况，并快速提供客人账单。

为了保证结账手续高效完成，收银处会了解预期离店客人（Expected Departure，ED）名单，检查账户的基本信息，包括电话费用、其他特殊费用等。到客人离店结账时，收银员的服务流程如图5.13所示。

图5.13 客人离店结账业务流程

1) 钥匙回收

在客人提出结账要求时，必须收回房卡和房间钥匙。如果客房住宿有两人或两人以上，还有客人滞留在客房里尚未退回钥匙时，必须通知和提醒楼层服务员，及时收回钥匙。如有客人房卡钥匙遗失，要将房卡作废处理，并收取房卡赔偿金。收回钥匙后，及时通知楼层服务员进行查房。

2) 账户核实

住店客人办理入住登记时，前厅收银处为客人建立了一个账户（团队客人有团体账户），收银员可以在此处查询客人在酒店居住期间的房费和其他消费未支付的费用。各营业网点要及时将客人的账单送到前厅收银处汇总。当然，由于酒店管理系统的存在，消费的发生与账户信息的数据可能同时完成。

前台收银员在办理退房手续打印账单之前,需要核实账户里记录的各类消费情况,确保没有漏账。与此同时,楼层服务员也要对客房内消费情况进行查证,并将情况汇报到收银处。在核实账户时,委婉地询问客人是否还有其他消费,如电话、餐饮等。

3) 账单确认

将核对过的客人个人账目和凭证交由客人查看,能够避免出错和不必要的纠纷。对于住宿时间比较长的客人,账单的确认还能够唤起客人的记忆,以免对收费产生疑虑。在客人查看账单之后,请客人签名表示确认。在这个阶段可以提醒客人是否有寄存的贵重物品和行李。

4) 付款方式确认和收款

询问客人的付款方式。有时,客人结账时所想要采用的付款方式与入住登记时的付款方式有所不同,故而还需要确认付款方式。如有预付款项的,要退回预付款,并收回预付款(押金单)。收款完成后,根据客人的要求开具发票。

公司账目不用客人直接支付,客人退房时只需要确认账单并签名,而后酒店将账户转给公司或旅行社,由其支付酒店的应收款。

5) 房态更新

客人退房完成后,行李员可能继续为客人提供服务。而前台收银员做好各类资料的存档,并及时更新信息(包括房态和客人名单),并及时通知相关部门,如让总机关闭长途电话功能等。

6) 意见征询

结账离店是了解客人对酒店产品服务总体评价的好时机。收银员可以在等候楼层服务员查房、等候账单打印等时间,自然地询问客人对住宿的体验和对于酒店各营业场所的评价,并且可以向客人发起再次入住的邀约。

2. 结账的其他方式

为了避免在退房高峰时段(例如上午8:00—9:30)收银处排队等候的现象,一些酒店采用了快速结账服务。快速结账服务主要针对信用卡结账的客人所展开。客人可以实现签署一个快速结账授权书。此后,酒店根据客人填写的离店时间,提前为预期离店的客人打印账单,由行李员将账单送达房间,放在客人能够明显看到的地方。一些酒店在电视系统中植入了账单确认的功能,客人每天都能在电视系统中确认自己新增的消费项目和金额,以便客人能够核对账单。客人在离店之后,酒店按照最初约定和授权的方式来收取费用。显然这种服务对于提交押金并用现金结算的客人不太适用。

如同自助入住登记服务一样,有些酒店也用自助结账终端或客房内计费系统来替代人工的结账服务,减少大堂结账处的拥挤。下述汉庭酒店的无停留离店服务也是结账服务的一种创新。

 案例分析

汉庭的无停留离店服务

2009年,汉庭率先在全国推出"无停留离店"服务。客人在入住时付清全部房费,就可以不再支付入住押金,并提前拿到住宿发票。退房时,关上房门即可离店,完全省略了查房、结账等手续。此项服务旨在节省客人的退房时间,也充分体现了酒店对客人的尊重和信任。

这张汉庭新研发的"会开门的会员卡"是一张智能芯片卡,除了记录会员姓名等身份信息外,还表明会员的级别、入住记录、会员积分。更绝的是,在办理入住手续时,这张会员卡可以直接在前台"刷"成临时门卡。所以,客人在离店时,就有了潇洒走一回的特权了。据工作人员介绍:如果会员带有会员卡,则可以直接带着会员卡离开;如果客人没有会员卡,则在离开时把门卡投入前台"无停留离店"盒子里即可。

汉庭酒店集团首席运营官张拓表示,在信用卡高度普及的国外,"无停留离店"早就成为一种行规,尤其在经济型酒店。汉庭愿意在国内同行中尝试这项服务,是对快捷两个字提出的新标准。同时,"无停留离店"不是强制性的,需要使用客房电话或租借物品的客人,就可以选择不使用这项服务。

(资料来源:http://finance.sina.com.cn/roll/20090224/11322691511.shtml)

思考与讨论:无停留离店服务为什么比较适合经济型酒店?它在高端酒店是否可以推行?

3. 夜间审核

酒店的一天是以夜间审核工作而告终的。所谓的夜间审核,就是由夜审员来审计每天交易账目的平衡,审计时间通常在每天23点以后。通常情况下,酒店夜班的收银接待工作很少,所以,夜审员在审核的同时兼顾了晚班收银接待的工作。

夜间审核的主要工作就是对当天发生的所有账目的记录和财务报表的准确性和可靠性进行评定。具体的审核内容包括各收款机的清机报告;各班次收银员的账单、原始单据,核查数据是否准确,并核对营业报表;核对客房、餐厅等账目与其他挂账数及报表金额是否一致,在执行过程中,与政策或协议是否相吻合;审核房价是否正确;各类统计表数据是否与收款员输入的数据一致;将当日营业点的营业收入过账;制作酒店营业日报表,次日7点之前报财务经理和总经理。

在未引进计算机系统,主要依靠手工账的年代,夜审的重点工作是计算并发现错误。但在引入了信息系统进行管理之后,数据的错误很容易被发现,而做好报告是一个重心。报告包括理性报告和例外报告两个部分。例外报告着重介绍不同一般的情况,例如,已经达到信用最高限额的、非正常折扣的、金额短缺的问题。

5.3 前厅客户关系管理

客户是酒店的服务对象,同时也是酒店最宝贵的资源。忠诚的客户和稳定的客户关系能够提高酒店的抗风险能力,增加收益,提升利润水平,也是酒店品牌声望的重要支撑。客户资源管理是整个酒店的重要工作,需要全员参与,而前厅在客户关系管理则发挥特别重要的作用,因为前厅部可能是对客人服务机会最多,与客人交流机会最多,最容易获得顾客信息和反馈的部门。前厅部在客户资源管理方面有两个重点:服务补救和处理,以及客史档案管理。

5.3.1 投诉处理和服务补救

酒店的工作目标是使得每位顾客满意。但由于服务的生产和消费是同时的,并且不同的人对于服务的要求有所差异，故而总有些客人在酒店会有不甚满意的遭遇。由于前厅部在酒店中的位置非常显眼，因此也成为顾客发泄不满和投诉的主要场所。酒店前厅设置的大堂副理（Assistant Manager）一职的主要职能之一，就是有效处理客人的投诉。

1. 常见的顾客投诉原因

酒店客人投诉的对象通常有4种情况：设备、态度、服务和其他特殊事件。第一，许多客人都会因为酒店设施设备无法正常使用而产生投诉。例如，空调不制冷、噪音大、电视机图像不清晰、网络无法接通等。这些问题，在维护保养不当的老酒店中发生的频率特别高。第二，当客人感觉到没有被员工有礼貌地接待，或者没有得到希望的尊重时，会投诉员工的态度。常见的态度问题表现在冷淡的语气、呆板的面孔、生硬的语言等方面。第三，当员工服务效率特别低下，没有按照流程操作，甚至出现了错误时，可能接受到对于服务能力和质量方面的投诉。例如，收银员账单打印错误、前台员工开重了房间、行李搬运时损坏等。第四，有时客人还会因为一些特别的理由来投诉，甚至投诉的对象可能不在酒店可以控制的范围内。例如，特别糟糕的天气、交通的拥堵、或者说酒店没有游泳池等。

2. 投诉处理的要点

经验证明，快速高效而令人满意地解决客人的投诉，能够鼓励客人重购和忠诚。因此，任何一个顾客投诉，在酒店都应该得到重视。但如何有效地处理投诉，对每个员工来说都是一个挑战。以下几个要点是在投诉处理时应该遵循的。

第一，准备好投诉的良好心态。良好心态的关键一方面在于认识到"客人总是对的"，因而要放下身段，减少对抗心理，一切本着为客人解决问题，服务好客人的角度出发。另一方面，认识到"挑剔的客人是最好的老师"，解决一个投诉可能是解决一批潜在的问题，因此要充分尊重每位投诉的客人。

第二，情绪冷却。一些客人来投诉通常是在"忍无可忍"的情况下发生的，故而一般情绪比较激动。为避免投诉客人对其他客人产生影响，有利于问题的解决，需要对客人的情绪进行平复。一般可以邀请客人坐到人流相对比较少的大堂吧或休息处，送上茶水，请客人慢慢地陈述。要表现出足够的重视和耐心，不随便打断客人的话语，交流时控制自己的语气和音量的大小。

第三，认真倾听，了解始末。认真倾听是解决投诉的前提，倾听的过程中要仔细捕捉发生的时间、地点、涉及的人员、问题的焦点以及客人的具体诉求。在倾听的过程中，要尽可能做好有关记录，表示重视，也便于查证。

第四，表现情绪和情感的共鸣。不管是因何种原因造成的投诉，将自己置于与客人的同一阵营，而不是对立面都是很有必要的。而表现这一立场的重要做法，是设身处地地考虑客人的想法，并表示理解、同情、抱歉。

第五，立即着手问题的处理。在理清投诉的问题之后，必须立刻着手处理问题，问题解决地及时性对投诉处理的满意度有直接的影响。著名的里兹·卡尔顿酒店给每位员工授权2000美元，以便第一时间解决问题。在解决问题时必须记住，不能把客人推给别人或者推卸责任。为了表示对客人的尊重，在确定解决问题的方案时要征求客人的意见。

第六，跟踪投诉处理的结果，并征求反馈。也许投诉的问题，需要其他部门的其他人员去实际解决，甚至涉及多个部门的协作。因此，投诉的接待者必须对投诉处理的结果进行跟进，并在投诉处理之后与客人再次沟通，询问客人对投诉处理结果是否满意。这样体现酒店对客人的高度重视，通常会帮助酒店赢得回头客。

 案例分析

损坏的电脑

公司项目组一行7人入住某市四星级酒店。第3天晚餐后客人王先生回房准备工作时，发现笔记本电脑显示器右端的铰链折断。因客人整个白天都在公司，中途没有返回酒店。在排除了己方人员造成损坏的可能性后，王先生随即向前台投诉。经过半多小时的等待，值班经理赶到客房后却表示"在事实调查清楚之前，酒店方面不承诺负任何责任"，"白天整理房间的服务员都已下班回家，调查取证只有等明天上班之后才能进行。"同时强调，"员工都受过严格的培训，不会乱动客人的财物，即使闭路监控记录上只有酒店人员出入，也不能证明电脑就是在酒店里弄坏的。"

第二天，值班经理又打电话通知王先生，没有任何记录证明电脑是在酒店内受损的，服务员也否认损坏电脑，所以拒绝承担电脑维修的责任。不久，该酒店总经理亲自打电话对王先生表示安慰，并询问客人对处理结果是否满意，但经过交涉，双方仍未达成共识。酒店的处理结果令王先生和同事非常气愤，当天下午就退订了全部4个房间，住进了另一家宾馆。后来，王先生的公司承担了更换电脑外壳的维修费用，共计1000元。

（案例来源：职业餐饮网 http://www.canyin168.com/glyy/yg/ygpx/fwal/201104/30014.html）

思考与讨论：酒店在处理事件的过程中存在哪些处理不当的地方？

3. 服务补救策略和方法

服务补救，是指酒店在对顾客提供服务出现失败和错误的情况下，对顾客的不满和抱怨当即做出的补救性反应。服务补救和投诉处理是密切相关但又有所区别的。首先，服务补救是处理投诉的过程中必经的环节，投诉的有效处理实际上正是对客人展开的服务补救。其次，服务补救不仅限于客人发生投诉之时。有时即便客人没有投诉，酒店有时也能发现服务中存在的失误，并且主动做出服务补救，这种服务补救能帮助赢取客人的好感和满意。对于酒店来说，服务补救策略的几个基本方面如下所述。

1) 失误预警和沟通渠道的畅通

由于服务的消费和生产是同时发生的，故而，及时发现服务中的失误显得非常重要。酒店需要认真地建立失误预警机制帮助第一时间发现错误。在酒店中，失误预警机制主要依靠管理人员走动式管理来实现。

沟通渠道畅通是要让不满意的客人有地方可说，以免成为一个"负面口碑"的传播者。酒店往往通过客房的意见征询表、满意度调查、经理主动的回访、前台员工的主动意见征询等方式来实现与客人的沟通。但是，在一些酒店，这些渠道里获得的反馈信息没有受到重视，这会辜负客人的信任，让他们更受打击。

2) 及时地错误修正

针对问题产生的原因，及时地将错误扭转，去除问题的根源是服务补救的核心部分。根据酒店服务失误的原因，通常错误修正的方法包括道歉、给予客人充分的尊重、对硬件

设施进行维修、更换房间、服务按需定制、调整服务政策等。

3) 给予合理补偿

为客人所遭受的财务或精神上的损失提供合理的补偿在很多情况下是必要的。但是补偿要合理和适度,一方面要切实地让客人感觉到"失而复得"甚至超预期的惊喜,另一方面也要注意补偿成本的控制。酒店业通常使用的补偿方法包括房费或餐费的折扣;额外赠送的免费产品或服务,如客房内的鲜花水果或一次SPA或健身;免费客房升级;赠送会员卡等。

5.3.2 客史档案管理

1. 客史档案的意义

许多酒店的经营管理者在酒店运营的过程中,都会遇到如下一些问题。

(1) 我们最重要的客人在哪里,他们从哪里来?

(2) 哪些客人对我们酒店的贡献最大?

(3) 他们为什么来到酒店,我们酒店的哪些东西最能吸引他们?

(4) 他们喜欢住怎样的客房,什么样的颜色,什么样的菜肴,什么样的娱乐?

上述这些问题的答案能发挥多方面的作用。首先,帮助酒店作出正确的决策。酒店了解自己应该在哪些客人和哪些地方花更多的钱。其次,能帮助酒店提供更好的服务,让每位客人到酒店来,都觉得酒店对自己另眼相看,有特别的照顾。最后,做好与客人的情感沟通,并维系长期的联系,从而降低客人转向其他酒店的可能性。

怎样回答上述的问题,并且让酒店员工知道上述问题的答案?即要做好酒店的客史档案(Guest History)的管理工作。

2. 客史档案的主要内容

为了综合描述客人的特征,并为酒店的各方面工作提供便利,客史档案应该涉及以下5个方面的主要内容。

第一,基本(常规)档案。记录客人基本背景信息情况的是常规档案,常见的内容是姓名、性别、年龄、出生日期、护照签发地点、通信地址、电话号码、工作单位、职务头衔等。这些内容综合起来帮助酒店了解自己的客源组成。

第二,预订档案。记录客人订房情况的是预订档案。预订档案主要涉及客人订房的渠道和方式、订房的时间、订房的频率、预订的房型和数量等。这些内容可以用于帮助酒店做好分销渠道的调整和管理,也方便不同渠道促销活动的开展。

第三,消费档案。记录客人在酒店各类消费情况的是消费档案。消费档案主要是记录客人支付的房价、在酒店的餐饮消费类型和额度、娱乐项目的消费记录、客房内消费的情况、总体的消费水平、信用情况等。

第四,偏好档案。偏好档案主要记录客人消费的各种禁忌、喜好和习惯,以便比较全面地描述客人的需求特征,从而提供个性化服务。具体包括客人旅游的目的(动机)、宗教信仰、对客房的特殊要求(楼层、朝向等)、就餐的口味偏好等。

第五,评价和反馈档案。这部分档案主要记录客人在住店期间或者住店以后,对酒店各种设施和服务的评价、意见、建议、投诉及处理情况等。由于现在的网络订房渠道中多提供了点评的功能,所以,网络中的点评也要注意收集到评价和反馈档案中去。

上述5个方面的内容通常都统一在一个客史档案表格(或者电子文档)中,表格的形式内容见表5-3。

表5-3 酒店客史档案卡示例

姓　名		性别		国籍	
出生日期		出生地点		身份证号	
护照签发日期及地点					
护照号		签证号及种类			
职业		职务(职称)			
工作单位					
单位地址		家庭地址			
电话或手机		个人信用卡号			
通讯地址					
最近一次住店房号		最近一次住宿的天数			
最近一次住店日期		VIP卡号			
房租		总的入住次数			
消费累计		其他消费情况			
习俗爱好、特殊要求					
意见和投诉					

3. 客史档案的管理

客史档案的管理是一个长期、系统化的工作。主要的3个管理环节是建立、更新和分析运用。

客史档案的建立应该从酒店第一次接触到客人开始,也许是预订时,也许是入住登记时。客史档案中常规的基本信息、消费信息和预订信息有稳定的资料来源,它们来源于客人的"预订单"、住宿登记表、客人账户以及宾客意见书(满意度调查表)。酒店管理系统为这些资料的存储和整合带来了巨大的方便。

客人的各方面情况可能处于动态变化中,这使得客史档案不可能毕其功于一役,而需要进行动态的管理和更新。尤其是客史档案中更深入地体现顾客个性化需求的一些内容,需要有关部门的工作人员在日常工作中重视客人信息的收集和及时地输入和共享。前台接待能够了解客人的房间喜好、餐饮员工得知客人的饮食禁忌和偏好、客房服务员在整理房间或提供服务时了解客人对温度、枕头、电视节目、洗衣习惯等的喜好,并且可能在偶然的接触中听到客人的建议或抱怨。酒店必须有响应的制度和奖励,鼓励员工将这些信息及时反馈给前厅部管理客史档案的管理员,以便在管理系统中录入。

客史档案的内容需要被运用才能发挥价值。酒店管理者根据各部门职责,经常性地对客史档案进行整理、分类和比较分析。预订处更多地关心客人的预订档案,了解预订方式的变化和对预订服务的满意度;质检部门关注不同部门、不同客人投诉的重点问题,以便改进酒店的服务质量;营销部了解整个酒店客源构成的变化,以便调整营销沟通方案和价格优惠政策;而前台服务员,在客人到来之时,应该充分调用所有的客人消费和偏好信息,与客房、餐饮等部门共享,以便提供一致的、贴心的服务。

选择题

1. 客人在预订时采用的担保形式主要有( )。
  A. 传真　　　　　B. 信用卡　　　　C. 现金　　　　　D. 合同
2. 完整的客史档案应该包括以下( )内容。
  A. 客人基本信息　　　　　　　B. 客人消费信息
  C. 客人偏好信息　　　　　　　D. 客人反馈信息
3. 酒店在确定超额预订政策时,应该充分考虑酒店过去经营数据中分析出来的( )。
  A. 出租率　　　　　　　　　　B. 提前退房率
  C. 临时取消率　　　　　　　　D. No Show 的比例

判断题

1. 2009 年,中国酒店业协会删除了规范中的"12 点钟退房"的规定,星级酒店的退房时间更改为下午 14:00。　　　　　　　　　　　　　　　　　　　　　　( )
2. 酒店前厅礼宾部的主要工作职责包括迎送客人、行李服务、贵重物品寄存、物品递送和各种个性化的代办业务。　　　　　　　　　　　　　　　　　　　( )
3. 夜间审核的主要工作就是对当天发生的所有账目的记录和现金数额的准确性和可靠性进行评定。　　　　　　　　　　　　　　　　　　　　　　　　　　　( )
4. 赔偿和补偿是快速解决投诉的最有效方法。　　　　　　　　　　　　( )

问答题

1. 前厅部对于整个酒店的运营产生怎样的影响?
2. 前厅部的职能划分与客人在酒店内的活动有怎样的对应关系?
3. 怎样建立多元化的预订渠道,并做好预订服务?
4. 不同类型的酒店如何提高入住登记的效率?
5. 结账服务有哪几种不同的方式?分别适合怎样的顾客和怎样的酒店?
6. 酒店管理自己的客户资源,有哪些重要的方法?
7. 计算

度假区内的某酒店共拥有客房 320 间,国庆假期间的 10 月 3 日这天,续住的房间数为 120 间。前厅部经理确定在这天要实施超额预订,并确定超额 20 间客房。根据酒店的历史数据,发现在长假期间客人的预订未到率为 4%,临时取消预订的比例为 9%,续住客人提前退房的比率约为3%,客人延期离店的比例为2%。请问20间的超额预订数是否合理?

案例分析

小问题堆积成的差评

一位自驾车来入住酒店的客人在携程网上填写对于某酒店的评价时,回顾了他从入住登记到离开酒店的一系列遭遇。

入住登记当天,前台服务员爱理不理的样子。听说经过预订了,根据携程网预订的倒是提前做好了客房安排,入住还算顺利。然而,到达房间时,发现房门口4个电梯赫然在目,顿时生气了,因为明明在订房要求上明确写了要远离电梯口。打电话到前台时,被冷淡告知"现在是旺季,剩下的房间都离电梯比较近"。无奈,只有忍受了。

第二天,要驾车出门。听说要到前台拿停车券,才能免费停车,所以来到前台。前台有几个人正在办理退房。在等待查房的时间,请服务员拿张停车券,服务员说"请等一下"。过了几分钟又问了一次,酒店服务员极度不耐烦地回答:"不是让你等会吗?现在办理退房的客人太多了,等着吧!"客人愤然转身离去。

第三天,前往总台办理退房手续。在递交了房卡和钥匙后,服务员说"我们要查过房才能办,你等一会"。等候了若干分钟后,还没有反应。客人催促"能快点吗"。服务员回答"现在是退房高峰,我们要一间一间查仔细,哪有这么快"。

想到上述过程,客人毅然给出了"不满意的差评",还写下了"下次来这里出差,还是换个酒店住吧"。

思考与讨论:本案例中,酒店前台服务存在哪些不足?应该如何加以改进?

实践训练

为某四星级酒店的前厅部设计一整套的表单,包括预订表、入住登记表等,并模拟一次顾客预订和入住登记的完整流程。

第6章 酒店餐饮管理

导言

民以食为天,饮食的重要性在中国的酒店行业也有明显的表现。优秀的餐饮管理能增加酒店的营业收入,提升酒店的综合服务能力。近年来,国内大量高星级酒店餐饮销售在酒店营业收入中的比重越来越高,餐饮在酒店中也不再是"配角"。本章将介绍现代餐饮业发展的概况和趋势,明确餐饮部在酒店中的地位和任务,展示餐饮部的经营特点和组织机构特征,详细描述餐饮服务的流程和标准,并提供餐饮成本的控制方法。

关键术语

餐饮、餐饮管理、餐厅、采购、库存、仓储、中餐服务、西式服务

引导案例

新菜单的新烦恼

某四星级酒店中餐厅为了应对席卷酒店和餐饮业的节俭之风,推出了新的菜单。新菜单上大体保留了原有菜单上的菜品和名称,但是减少了菜品分量的同时降低了每个菜的价格,目的是让客人感觉到实惠,也减少剩菜的可能性。与此同时,菜单上还出现了2人套餐,3~4人套餐,8人套餐的菜品组合,方便客人快速点单。

新菜单试行一段时间后,吸引了不少新老客人的尝试,总体效果不错。但是,也发现新菜单引起了老顾客的一些困扰。张先生是酒店中餐厅的常客。这一天,他正在玫瑰厅里宴请5位朋友,按照往常的经验,张先生点了4个凉菜,8个热菜和一个点心。桌上欢声笑语,大家对于菜的口味评价不错,可是不知怎地,上了一道点心之后,再也不见端菜上来。客人开始面面相觑,热火朝天的宴会慢慢冷却了,一刻钟过去,仍不见服务员上菜。张先生终于按捺不住,唤来服务员。接待他的是餐厅的领班。他听完客人的询问之后很惊讶:"你们的菜已经上完了啊!"当听到这话,张先生感觉到很没有面子,客人们也感到扫兴。

思考:在菜单发生变化时,餐厅是否也应该进行调整?怎样调整可以减少张先生这样的尴尬问题?

6.1 餐饮部概述

饮食活动作为人类的一种基本需要,其发展有着与人类同样悠久的历史。无论是"民以食为天"还是"食色性也"都道出了饮食对于人类的重要性,可以说,没有饮食就没有人类的今天。早期人们都是为自己制作餐饮食品,专门为他人提供饮食以获取报酬的餐饮

业是随着人类三次社会大分工的完成和商业的进一步发展而逐渐形成。

如果说我国170万年前用火的元谋人开始了餐饮的发端，那么在河姆渡人种植水稻则为餐饮业提供了重要的物质基础，奴隶制建立和逐渐成熟的夏商周时期餐饮业逐渐独立成一个独立的行业。自秦汉以后的两千多年餐饮业得到了巨大的发展，我国逐渐发展成现代餐饮中西共存、异彩纷呈、欣欣向荣的局面。

而酒店业从产生开始，就被称为"客人之家"，虽然最早仅提供住宿，不提供餐饮，但随着酒店业的进一步发展，酒店的餐饮功能也得到了进一步强化。目前，现代酒店已突破了原先简单的食宿功能，附加了娱乐、信息、购物、会议、居家等诸多功能。但餐饮的地位并未因此得到削弱，反而成为酒店中不可撼动的重要力量。

6.1.1 餐饮、餐饮部和餐饮管理的概念

餐饮，从字面上理解包含两部分，一部分是"餐"，指供人用来吃的，另外一部分是"饮"，指供人用来喝的，这也和餐饮部的名称"Food and Beverage Department"不谋而合。餐饮就是指供人进食，给人提供能量或者身体补充的无毒的食品和饮料。餐饮业是利用餐饮设备、在固定的场所提供有偿的餐饮产品，为社会生活服务的生产经营性服务行业。

酒店餐饮部是餐饮业的成员之一，是在酒店内部，为本地及酒店宾客提供餐饮产品和服务的盈利性部门，是酒店的重要组成部分。

餐饮管理是通过分析经营环境，设定管理目标，合理分配餐饮部各项资源，控制和监督餐饮产品和服务的品质，控制餐饮成本，提高餐饮收入的过程。

6.1.2 餐饮部在酒店的地位

1. 餐饮部是酒店声誉的重要构件

酒店餐饮部的服务场所是社交集会的理想场所，餐饮部工作人员，特别是餐厅服务人员直接为客人提供面对面的服务，其服务态度、服务技能的好坏都会给客人留下深刻的印象。客人在餐厅和服务员接触的时间远远超过和前台服务员接触的时间。因而，餐饮部有更多的时间向客人展示优质、周到的服务。客人可以根据餐饮部为他们提供的餐饮产品的种类、质量以及服务态度等来判断酒店服务质量的优劣及管理水平的高低。因此，餐饮服务的优劣不仅直接关系到酒店的声誉和形象，而且直接影响酒店的客源和经济效益。

2. 餐饮收入直接影响酒店营业收入

酒店餐饮收入是酒店营业收入的主要来源之一。一般来说，餐饮收入约占酒店营业收入的三分之一，不同规模、档次的酒店，餐饮收入所占的比例也有所不同。餐饮经营规模越大、功能越齐全，餐饮收入所占比例就越高，反之则越低。同时餐饮收入还受到经营理念、菜系选择、菜品创新、服务创新等因素的影响，有些经营有道的酒店餐饮收入与客房收入平分秋色，甚至超过客房收入。虽然餐饮部原材料成本开支较大，毛利率不如客房高，但餐饮部与客房部相比，其初期投资和固定资产占用却要低得多，并带来大量的流动资金。

3. 餐饮部是形成酒店特色的利器

在旅游的六大要素"吃""住""行""游""购""娱"中,"吃"排在第一位。古往今来,放眼世界,爱好美食是人类的一大爱好。餐饮部是酒店中重要的组成部分,好的餐饮及其服务不仅是酒店的产品,而且是一种旅游产品,是一种可以吸引客源,建立品牌的资源。作为现代高级豪华型酒店经营的创始人——法国的里兹,其流芳于世的重要原因就是促成了法国饮食的国际地位,他与杰西·爱斯克菲合作,在酒店中引进了为上流贵族所厚爱的法国大餐,使得里兹酒店成为当时酒店业中的典型之星。

6.1.3 餐饮部业务的特点

1. 空间上的紧凑性

餐饮业务必须将食品原材料的采购供应,加工切配,烹饪制作和销售服务形成一个整体。菜肴生产、销售必须在同一地点完成,因此餐饮业务要坚持一条龙服务,在空间上呈现出生产、加工、储存和销售的空间紧凑性。

2. 时间上的同步性

餐饮业务管理是通过对菜点的制作和对客服务过程的计划、组织、协调、指挥、监督、核算等工作来完成的。其业务过程表现为生产、销售、服务与消费几乎是在瞬间完成的,即具有生产时间短、随产随售、服务与消费处于同一时间的特点。这就要求餐饮部必须根据客人需要马上生产,生产出来立即销售,不能事先制作,否则就会影响菜的色、香、味、形,甚至腐烂变质,造成经济损失。由此可见,做好预测分析,掌握客人需求,提高工作效率,加强现场控制,是酒店餐饮管理的重要课题。

3. 成本的波动性

餐饮原材料种类繁多,有鲜活商品,有干货,有半成品,有蔬菜瓜果。这些原材料拣洗、宰杀、拆卸、涨发、切配方法和配置比例存在明显差异,加工过程中损耗程度各不相同,而且有些原材料的价格往往随行就市,变动幅度较大。但是,酒店的菜点价格又不能经常变动。此外,还有燃料、动力费用、劳动工资、餐具等易耗品的消耗,其中有些是易碎品,损耗控制难度较大。因此,餐饮的成本具有明显的波动性特征。

4. 收入的不稳定性

酒店餐饮作为主要的创收部门,与客房相比,具有收入弹性大的特点。客房收入来源于住店客人,其房间数和房价保持相对不变,客房收入是相对固定的,其最高收入往往是一个可预测的常量。而餐饮的服务对象除了住店客人外,还有非住店客人,而且客人的人均消费也是一个弹性较大的变量。酒店可通过提高工作效率、强化餐饮促销、提高服务质量等手段提高人均餐饮消费量,使餐饮的营业收入得到较大幅度的提高。所以,餐饮往往是酒店营业收入多寡的关键项目。

5. 菜肴产品和服务的融合性

餐厅提供有形的美味、可口、卫生、安全的菜肴实物。菜肴产品是满足客人饮食需求的首要任务,但同时餐厅还需要提供周到的服务。这种服务能够让顾客在品尝菜肴的同时，获得愉快的精神享受。单纯的菜肴和优质的服务在星级酒店的餐厅中是缺一不可的。

6.1.4 餐饮部的管理任务

餐饮业务构成复杂，既包括对外销售，也包括内部管理；既要考虑根据酒店的内部条件和外部的市场变化，选择正确的经营目标、方针和策略，又要合理组织内部的人、财、物，提高质量，降低消耗。另外，从人员构成和工作性质来看，餐饮部既有技术工种，又有服务工种；既有操作技术，又有烹调、服务艺术，是技术和艺术的结合。这必然给餐饮管理增加一定的难度，要求我们既要根据客观规律组织餐饮的经营管理活动，增强科学性；又要从实际出发，因地制宜，灵活处理，提高艺术性。

餐饮管理的任务是以顾客为基础，以酒店计划为目标，利用餐饮设备、场所和食品原材料，科学合理地组织餐饮产品生产和销售，为顾客提供优质的菜肴和细致恰当的服务，获得顾客满意并实现利润。具体来说有以下几方面。

1. 营造良好工作氛围，调动员工能动性

餐饮部是酒店的重要组成部分，对酒店利润有积极的贡献作用。而顾客满意才能让利润有保障。顾客的满意来自两个方面，一是菜肴本身，二是周到的服务。餐饮部的菜肴加工和生产是依赖手工制作的，因此员工的技能和当天的状态对菜品质量有重要的影响，而提供服务的过程中，服务员的技能、热情程度、业务熟练程度都将影响顾客的服务感知。因此，餐饮管理的首要任务就是创造一个良好的工作氛围，充分调动人的主观能动性，从本质上提升餐饮产品和服务质量。

2. 严格控制成本、保证质量

餐厅成本控制关系到产品的质量和价格，关系到餐厅的利润，因此要从原材料的采购、仓储、加工等环节严格控制产品成本，提升餐厅利润空间。

在控制成本的同时，还要保证餐饮质量不降低。餐饮产品质量是餐厅销售的基础，但由于影响餐饮质量的因素较多，使餐饮质量控制难度较大。

首先，餐饮是以手工劳动为基础的。无论是菜点的制作，还是服务的提高，主要靠人的直观感觉来控制，这就极易受到人的主观因素的制约。员工的经验、心理状态、生理特征，都会对餐饮质量产生影响。其次，客人的需求差异大。客人来自不同的地区，生活习惯不同，口味要求各异，餐饮产品在制作时有时要考虑客人的要求而进行改变，这就不可避免地会出现同样的菜点和服务，产生截然不同的结果。再次，餐饮产品质量对材料的依赖性强。菜肴质量如何，同原材料的质量直接相关。从采购供应到粗加工、切配、炉台、服务等，都要求环环紧扣，密切配合，稍有不慎，就会产生次品。

3. 做好餐厅销售工作，积极创新

再好的产品也要懂得销售的技巧，才能实现利润。顾客在选择菜品时，会受到诸多因素的影响，比如菜单设计、服务员推荐以及菜肴展示等。因此，餐厅在菜单排列方式、明档菜品陈设布局以及服务员推荐能力方面需要研究、改进和提升，在菜肴不变的情况下，提升销售量，增加销售额。

对于任何企业来说，没有研发就没有生命力。就餐厅而言，没有创新的菜肴无法满足消费者的需求。时代在改变、消费者的口味也在改变，无论是从缓解美食审美疲劳的角度，还是创新以博得美食家猎奇的角度，餐厅都应当把创新当做一项重要的任务。

6.1.5 餐饮部组织结构

餐饮部组织结构的具体形式受到酒店规模、酒店接待能力、餐厅类型等因素的影响。《旅游饭店星级的评定与划分》(2010)必备项目中对一星级酒店的餐饮服务没有要求；对二星级酒店则要求有提供餐饮服务的区域和设施设备；三星级酒店要求提供早、中、晚餐服务，以及提供与酒店接待能力相适应的宴会或会议服务；在四星级、五星级酒店中开始对餐厅以及后厨提出了具体的要求。一般来说，大型酒店餐饮部包含酒吧、中餐、西餐、房内送餐等，内部分工比较精细、组织结构专业化程度比较高。

从职能角度来说，餐饮部大致可以由厨房、管事部、餐厅(中、西)、酒吧、预订、宴会、送餐等部门构成；从管理等级来说一般由餐饮部总监、餐饮部经理、行政总厨、各部门经理、主管、领班以及员工构成。大型酒店餐饮部组织结构，如图6.1所示。

厨房在具体组织形式上分为两种：第一种是每个餐厅都配有专门的厨房，每个厨房负责本餐厅菜肴的加工；第二种是餐饮部设立中心厨房，各个餐厅再设立一个卫星厨房。中心厨房负责各个餐厅卫星厨房的材料加工和通用材料的准备，卫星厨房负责最后的烹制。

餐饮部经理负责酒店餐饮部的全面工作，对酒店总经理负责；认真执行总经理下达的各项工作任务和工作指标，制定餐饮部的经营计划；拟定餐饮部的预算方案和营业指标，审阅餐饮部各单位每天的营业报表，进行营业分析，并做出经营决策；主持日常餐饮部的部务会议，协调部门内部各单位的工作；审阅和批示部属各单位和个人呈交的报告及各项申请；召集行政总厨、大厨、宴会部研究如何提高食品的质量，创制新的菜色品种；制定或修订年、季、月、周、日的餐牌，制定食品及饮料的成本标准；对下属管理人员进行督导。

餐厅经理负责召开每日例会，检查员工的出勤状况、仪表及个人卫生，督导完成餐厅日常经营工作；编制员工出勤表；负责餐厅现场管理，及时发现和解决一线服务中出现的问题，妥善处理客人的投诉；对餐厅服务质量进行严格检查；加强对餐厅财产的管理，掌握和控制好物品的使用情况，及时检查餐厅设备的情况，建立物资管理制度，并做好维护保养工作；做好餐厅安全和防火工作；与后厨商议，制定或修改菜单；定期召开餐厅员工会议；编制员工培训计划，定期组织员工学习服务技巧技能。

行政总厨负责后厨的管理，监督后厨菜肴加工制作，控制生产成本，定期与厨师长商讨研发菜肴创新，修订菜单，并参与后厨的现场管理，监督和检测菜肴出品质量，但行政总厨不参与实际的菜肴制作。

厨师长负责厨房的组织、指挥和烹饪工作；根据各人专长，合理安排水产加工、肉类加工、干货加工、禽类加工、蔬菜加工、水果加工、配菜加工、热菜烹制、冷菜制作、面点制作等技术岗位；组织后厨完成月、季、年度工作计划；大型酒会、宴会时负责与采购部协商，做好货源的采购、验收和储存工作，并组织指挥菜品制作；熟悉各种原材料种类、产地、特点、价格及淡旺季，熟悉货源供应情况，与采购部保持良好的联系，保证货源供应及时；定期根据市场行情以及宾客的意见，创新菜式；合理使用各种原材料，减少

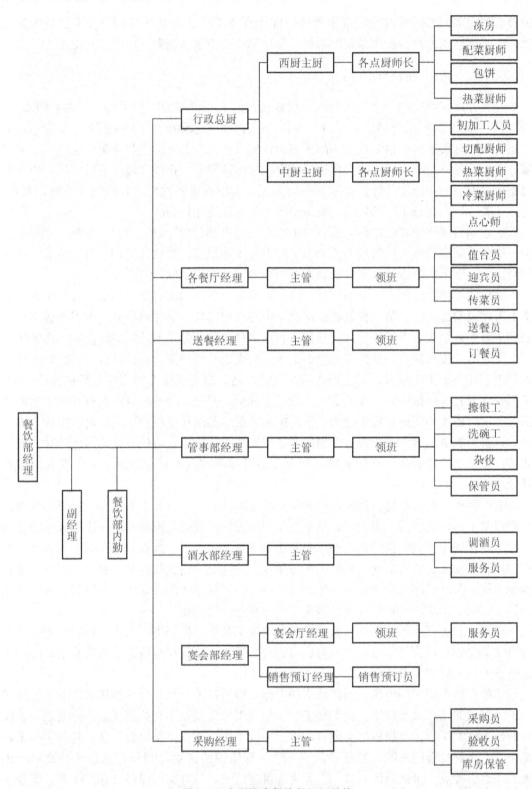

图 6.1 大型酒店餐饮部组织结构

浪费，以控制食品成本；严格贯彻执行《食品卫生法》，抓好厨房卫生工作；抓好厨师的技术和管理培训工作，提高厨师技术水平。

餐厅领班负责检查服务员的仪表仪态；在工作中监督服务员的工作程序和工作方法，发现问题及时纠正；领导本班服务员做好开餐前的准备工作；开餐后注意观察客人用餐情况；如果有重要客人或服务员人手不够时，主管要参与服务。

餐厅服务员上岗前则需要按照工作要求整理仪容仪表；熟知当天订餐的单位或个人、时间、人数及台位安排等情况，整理、准备菜单、酒水单，发现破损及时更换；迎接客人，引导客人，向客人适时进行推荐并提供规范周到的服务；随时听取顾客的意见，随时注意接待工作中的各种问题，及时向上级反映和协助处理。

6.2 餐饮部业务

从功能上来说，餐饮部的业务主要由生产和服务两个部分构成。生产主要是产出有形菜肴的过程；服务则是将菜肴提供给客人，并为客人的享用过程提供协助和服务。

6.2.1 餐饮生产流程

1. 餐饮产品设计

顾客餐饮产品的需求是多方面的。从顾客的角度来看，到餐厅就餐不外乎几个方面的原因，一是饱腹，即顾客需要满足生理上的饥饿，补充营养；二是聚会，餐厅为顾客提供安全、便利和良好的空间；三是宴请，餐厅满足顾客支配控制感、身份认同感和自我满足感的需求。随着人们生活水平的提高，选择在餐厅就餐已经越来越多地成为人们生活中的一部分，消费者的消费也变得更加理性，而餐饮业的市场竞争非常激烈，产品和服务的创新没有受到专利保护，创新带来的优势很快就被竞争对手赶超，因此就要求餐厅不能停下创新的脚步，定期对餐饮产品进行再设计。餐饮产品是一个各类经营要素的有机组合，通常包括实物产品形式、餐饮经营环境和气氛、餐饮服务特色和水平、产品销售形式等四方面内容。所以，在新产品的设计与开发上，要考虑到这些因素，一味地注重其中的某个环节而忽视其他内容，便会影响到新产品设计与开发的整体运作。

1）服务流程设计

从整体角度来看，餐饮产品是一个系统工程，包括有形的菜肴和无形的服务，而将这两种结合在一起的是服务流程。好的服务流程设计能够节约时间，减少顾客等待时间，同时也能提高餐厅换台率，为餐厅增加营业收入。

 案例分析

餐厅服务流程设计——巴黎卡帝亚

巴黎有家享誉百年的餐饮名店叫卡帝亚，其服务流程和普通餐厅大相径庭。餐馆位置虽然偏僻，但座无虚席。显得略有些狭窄的店堂墙壁上，安装了两排跟火车一模一样的行李架，令人十分纳闷。这算是什么装修风格？顾客就餐期间，会不时有各国的客人来来往往，很多客人身上背着大大的旅游行囊，服务员神态自若地"指挥"他们把包扔到墙壁的架子上。原来如此，行李架派上用场了。等到客人坐下后,被告知,一起来的客人必须选择坐一侧。原因是小小的四人台,对面还会安排其他客人与你同桌。有一个日本客人,身边坐了两个美女,后来又陆续来了三位客人,一桌六人一声不吭地吃完饭,各结各的账。

点餐的时候,服务员很轻松地站在旁边,还不停地用眼观测着周围的"动静",手上连个点菜单都没拿。菜谱呢?服务员指指桌子。这才发现桌布是一张很简单的纸,菜谱就印刷在上面,今日套餐就两种:牛排或鱼。点酒时,服务员指指墙上的一块黑板,写着几种酒。点了红酒,他一点头就走了。一路上只要有人打招呼,他就停下来服务一下。

这里的服务生全部是自发的老翁,个头也差不多。个个神采奕奕、昂头挺胸,上菜时整个手臂上端满了盘子,同时要上六、七份菜品。服务员从厨房端菜出来时,总要在收银员面前停留一两秒钟,收银员迅速地记下点什么,然后服务员就开始进入店堂上菜、上酒、上面包等。菜上来后,服务员就顺手用笔在纸桌布上划一道,表明上过菜了。结账时,服务员往顾客跟前一站,把一个硕大的钱包从围裙中掏出,迅速说出每个人的消费金额,比计算器还要快。钱给服务员,他再报个小费数,把零钱找回,结账完毕。

服务员为什么不把账单交到吧台,也不到吧台交款找零呢?再联想到之前收银记账的动作,终于悟出了其中道理:吧台不对顾客收银,只对服务员结算。一餐下来,服务员从厨房端出多少菜品与饮品,就交回多少营业收入,余下的全是服务员个人的,就这么简单。

思考与讨论:卡帝亚的服务流程如何简化了服务过程,提高了效率?

2) 服务设计

和餐厅菜品形成互补的餐厅服务包括餐厅的氛围、服务员的服装、服务方式等。在菜品创新周期逐渐缩短的竞争年代,无形服务可以让顾客在没有接触到菜品之前就关注到餐厅的存在。下述案例生动地说明了服务设计如何使得餐厅与众不同。

海底捞让顾客开心的等待

海底捞创建于1994年,来自四川简阳,是一家以经营川味火锅为主的餐饮企业。二十年的时间里海底捞获得了迅速的发展。在众多的火锅企业中,海底捞不仅能在中国红遍大江南北,甚至登上《哈佛商业评论》成为哈佛商学院的经典学习案例,其独特的全新的服务设计是一大关键因素。海底捞让人津津乐道的事情之一就是在其他火锅店不愿意等候的顾客,在海底捞却等得很开心。比如说在就餐高峰的时候,海底捞会专门的等候区为顾客送上免费水果和免费饮料,甚至为顾客提供免费上网,免费擦鞋,免费美甲等服务。很多顾客甚至很乐意在海底捞排队等位置,这也无形中形成了海底捞的一个服务招牌,从而有效的挽留住了客源。海底捞的服务之所以让消费者印象深刻,就在于将其他同类火锅店存在的普遍性问题通过创新的服务设计进行了非常好的解决,让麻烦、焦急、等待变成了一次美好的体验。

3) 菜品设计

餐饮产品的设计无论是在餐厅开业之前,还是经营过程中,都是非常重要的一项工作。开业前的餐饮产品设计是为了餐厅在第一次面世时给顾客留下较深的印象,树立品牌形象;而经营过程中的餐饮产品设计则是为了不断丰富餐饮产品的内容,满足顾客日益增长和变化的消费需求。在激烈的市场竞争中,餐饮产品必须不断地创新,才能缓解因竞争对手模仿和学习削弱竞争优势的不利因素。餐饮产品在设计时通常包括三种基本类型,其一是设计全新的产品,产品采用新原料,这种形式的开发使用往往要经历一个较长的时期，较为少见。其二是改良产品，指在原有产品的基础上进行改良，例如在原料搭配、菜点口味以及色泽、形状和烹制工艺上进行改进。例如，西式餐饮中的一些新式烹饪技法和原料利用方法都可以融入到中餐产品的制作过程中，中西合璧的优势将会是产品创新的另一种有效手段。图 6.2 所示为运用新工具进行的菜肴创新。其三是克隆复制产品，这是一种餐饮业普遍采用的方法。虽然这种方法缺乏自己的特色，但却具备了成本低、风险小的优势。

图 6.2　厨师使用喷枪制作菜肴

 案例分析

不一样的土豆

外婆家是杭州的一家餐饮企业，主打家常菜。土豆作为一种成本较低的原材料，在经济实惠的餐厅中是非常重要的一员。市面上的土豆不外乎是土豆泥、焗土豆、土豆片、土豆丝等。这种看似没什么花样的材料在外婆家创新团队的手中，竟犹如神来之笔。一张张笑脸躺在盘中，光看着就心情舒畅，这就是外婆的"笑脸土豆"。

土豆丝是一款非常普通的家常菜，在外婆家你也能见到这道菜，普通的材料，普通的名字，普通的价格让顾客起先对这道菜没有过多的热情，但是这道菜一上桌，顾客用筷子一夹，惊呼声四起。原来，外婆家的土豆丝是加长的，没看错，不是面条，就是土豆丝。是一种用创新的螺旋加工工具生产出来的土豆丝，一根土豆丝的长度可以超过 30 厘米。

4）营销设计

当今社会是一个注意力稀缺的年代，消费者在充斥着大量信息的社会中生活，对于企业来说，如何吸引消费者的关注是一件至关重要的事情。与其他行业相比，我国餐饮业的营销局限于菜品、环境、价格和服务者集中物质形态表达的怪圈。在产品同质化的今天，情感上的关怀和引导或许更能吸引消费者，文化和企业社会责任是可以尝试的两个方向。

餐饮是有民族属性的，顾客通过一种饮食文化认识一个民族一个地区的价值观和精神。街边的烤羊肉串，让我们看到了维吾尔族的随遇而安与豁达和从容；酸辣的傣味，让我们看到了傣族人民先前的辛劳和坚韧；有桑巴舞佐餐的烤牛肉让我们见识了巴西人民的热情与奔放；讲究吃法和仪态的法式大餐，让我们领略了法国人的风度和涵养。用餐饮的形式展现文化，餐饮企业才能长盛不衰。而餐饮企业同时也要考虑承担社会责任，在这个让人感觉冷漠的社会，人们对人与人之间温情的渴望反而越来越强烈，勇于承担社会责任，传播正能量，从内心打动潜在消费者，避免简单的价格战。

当然，恰当使用营销工具，也是提高营销效率，创新营销方式的利器。在信息爆炸的年代，消费者对电视、新闻、广播的关注呈现下降趋势，而微博正成为一种新的资讯潮流。微博及时发布信息的功能满足了广大消费者分享或是炫耀的心理需求。微博传播的及时性正好对应餐饮行业的及时性。图6.3所示为宁波万豪酒店自助餐的微博营销。

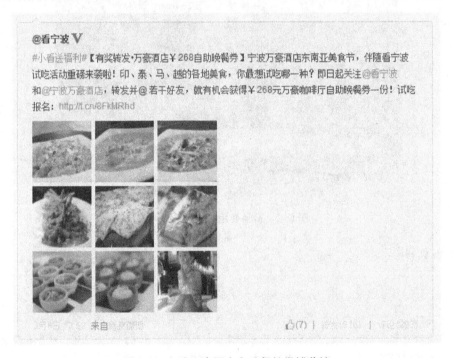

图6.3　宁波万豪酒店自助餐的微博营销

2. 菜单设计与菜单工程

1）菜单的作用

菜单是餐厅和顾客之间沟通的桥梁，详细了解餐厅主要菜品和价格是通过菜单完成的，而老顾客也不可能完全记住餐厅中近百道菜品和价格。

菜单的设计、颜色、材质等也能体现餐厅的档次，菜单上菜名的取法也是体现餐厅文化底蕴的一种渠道。

菜单是顾客和餐厅在交易前的一种约定，避免纠纷的产生。菜单上的价格以书面的形式展示，对于餐厅是一种约束，保护顾客的正当权益不受侵害。

菜单是餐厅的营销渠道，菜单上可以将菜品的历史、有趣的故事、菜品推荐信息、特价菜、厨师精选菜、各种促销活动信息，等等，作为餐厅营销的主要内容。甚至有些餐厅还在菜单上设置了二维码，只要用手机扫描二维码，就可免费使用餐厅的 WIFI，通过扫描二维码的形式达到网络营销的目的。随着科技的进步，现在许多餐厅都开始使用 iPad 点菜系统来替代传统菜单，不仅方便顾客查阅，对餐厅来说也容易更新菜单和下单，如图 6.4 所示。

图 6.4 iPad 点菜系统

2）菜单的设计

菜单是餐厅的门面，同时对餐厅的经营管理有重要的作用。菜单的设计和制作是一项非常专业的工作，不是仅仅懂艺术，设计好菜单的字体、图片搭配、颜色、纸质和排版就能胜任，还需要人体工学、消费心理学有较为深入地了解才能胜任。因此，在设计菜单时要兼顾外观和经营目标，综合运用美学、人体工学、心理学等学科知识，精心设计精美、科学的菜单。在设计时需以顾客需求为导向，了解市场的需求趋势和最新的动向，同时兼顾后厨加工能力、餐厅的特色选择菜品的种类和数量。

菜名在翻译时，需要根据侧重点的不同，根据外国客人的文化习惯，采用突出原材料的方式，突出烹饪方法的形式或者突出文化的方式。究竟选择哪一种，要看哪一种形式更容易被外国客人理解和接受。例如，完全忠于原文进行字面翻译的"夫妻肺片"被翻译成"Husband and wife's lung slice"，则完全会扑灭外国客人的进食欲望，而有些仅翻译菜名含义，而对于缺少中文底蕴的外国友人则可能是完全不明白，如"霸王别姬"这道菜的主要材料是甲鱼和鸡，但如果翻译成"BaWang Bids Farewell to His Concubine"，外国客人则会非常费解。

案例分析

武侠主题餐厅"风波庄"的特色菜单

风波庄创立于 2000 年 4 月 28 日。2004 年,"风波庄"获国家工商总局审核通过注册,是中国特有的一家以武侠文化为主题的特色餐厅。风波庄创立之初就受到许多消费者的追捧,也吸引了各方媒体的广泛关注,中央电视台、人民日报、福州日报、南京日报、海峡都市报、新加坡联合早报、新加坡新民日报等国内外知名媒体都对这家餐厅进行了专题报道。

走进这家独特的餐厅,不仅能看到身着古装的店小二,室内的装修也处处都有武侠的影子。餐厅内的菜单也是别具一格,下面让我们来看看这家餐厅的菜单吧!

(1) 大力丸——徽州圆子,外层糯米,中间为鲜肉沫,内部为咸鸭蛋黄,味鲜咸,肉软嫩(专利菜肴)。

(2) 化骨绵掌——银耳蒸南瓜。

(3) 血饮狂刀——风波全鱼。

(4) 叫花鸡——泥巴裹荷叶土鸡。

(5) 玉龙戏珠——口水鱼。

(6) 玉女心经——草根肉丝。

(7) 缩骨大法——粉蒸排骨。

(8) 一统江湖——竹筒五城干。

(9) 紫霞神功——茄子油条。

(10) 大力金刚腿——风味蹄膀。

3) 菜单工程

菜单上的菜品并不是一成不变的。随着顾客喜好的变化、原材料成本的波动、新材料的出现、新技术的出现,等等,餐厅会对菜品进行调整,已达到提高餐厅盈利水平的目的。菜单工程又称"MENU ENGINEERING",是通过对餐厅菜品的畅销程度和毛利率高低的分析,将菜品分为畅销高毛利,畅销低毛利,不畅销高毛利,不畅销低毛利 4 种类型。剔除不畅销低毛利的菜品,保留畅销高毛利的菜品,同时对不畅销高毛利和畅销低毛利两类菜品进行分析,根据餐厅的档次和实际需求采用保留或者删除的方式进行处理。

菜单工程的具体做法分为以下 3 个步骤。

第一步,确定菜品的品种大类。不同类别的菜品不能放在一起比较。通常中餐有凉菜、热炒、煲类、面点、汤、酒水 6 类,西餐有汤、色拉、副菜、主菜、甜点、酒水等 6 类。

第二步,确定每一类菜品中的平均销售水平和平均毛利。例如,假如某餐厅中凉菜有 8 道,那么平均销售水平就是 $1/8 \times 100\% = 12.5\%$,凉菜的平均毛利 $= \sum$ 菜品毛利 $\times$ 售量 / 某菜品的售量。

第三步,菜品比较。用菜品的实际销售百分比以及毛利和该类菜品的平均销售水平和平均毛利比较,习惯采用比值的方式。

菜单分析后,剔除一部分不畅销低毛利的菜品后,还需要对菜单进行适当的补充,在增加菜品时应考虑以下几个问题:新菜品的人力成本和对技能的要求,是否需要新增后厨设备，菜品成本的稳定性如何，是否是在家庭中难于制作的菜品，毛利水平如何等。

3. 原材料采购及供应

采购是餐厅控制经营成本的重要环节，是保证餐厅为顾客提供优质服务的前提，是达到顾客满意实现利润的重要保障。

1）酒店中采购的形式

第一种是餐厅的采购完全由餐厅负责，具体来说由后厨的厨师长负责。

第二种是餐厅的采购完全由酒店统一解决，餐厅列出所需要的原材料，酒店采购部统一进行采购。

第三种是餐厅负责采购生鲜的材料，而不易腐坏的材料由酒店采购部统一解决。

2）采购的程序

后厨生产部门提出采购要求、采购申请，按照要求填写采购单，经过分管领导批准，采购人员根据"采购申请单"的订货要求向供货商订货或去市场采购。到货后，将货品交给验收部门验收入库。鲜活原料及时通知厨房领走，防止变质，降低折损率。对于验收中发现未达到或不符合规格质量要求的原料，要及时与供货商交涉，要求更换、退货、索赔。验收部门将货票验证签字后，采购部门转交财务部审核，然后向供货商支付货款。

如果供货商未按合同或采购规格要求采购的商品及变质不能使用的商品则需要及时联系供货商办理退货手续。退货完成后要及时总结经验和教训，减少事故再次发生。

3）采购的方法

餐饮原料种类较多，采购不能采用同一种方法，需要多种采购方法综合使用。目前，较常用的采购方法有以下几种。

第一，即时采购法。即时采购就是对所需的餐饮原料在生产当天或之前较短的时间内进行选择性购买的一种方法。其优点是原料新鲜、能较好地保证原料的质量。缺点是货源和供货价格不稳定，特别是价格往往会受到市场的货源、天气、交通、节假日等因素的影响。2013年，台风"菲特"给浙江带来了前所未有的大水，台风过后"菜篮子"受影响不小。2013年10月8日，杭城农贸市场里26种蔬菜价格集体坐上"直升机"，本地人最喜欢吃的毛毛菜，在个别菜场已经突破6元一斤了。即时采购的缺点在这时就体现得非常充分。

第二，定期采购法。定期采购法就是根据销售经验，对消耗量比较稳定且不易腐坏的原材料采用固定间隔时间补充的方式。定期采购的主要目的是：第一，获得较稳定的货源；第二，获得较低廉的供货价格。

第三，永续盘存采购法。餐厅中有一些重要原材料，消耗量不是特别稳定，一旦缺少会对餐饮销售产生较大的影响。因此，对此类原材料，平时要设立一个警戒值，一旦库存该材料的数量中低于警戒值，就需要马上采购。

第四，EOQ采购法。经济订货批量（EOQ），即 Economic Order Quantity。这种方法是把酒店采购原材料的成本分成两个部分，一部分是采购回来的仓储成本，另一部分是采购费用。从控制成本的角度考虑，在两种成本之和最小的状态下，对酒店经营最有利，这时所得的订货量就叫做经济批量或经济订货量（EOQ）。

4）原料采购质量的控制

餐饮原料的质量直接影响菜品的质量，是酒店服务品质的重要基础。原材料质量通常包含原料的新鲜度、成熟度、纯度、清洁卫生、固有的质地等几个方面的因素。为了避免口头叙述产生的理解误差，提高采购的有效性，酒店通常采用书面形式明确需要采购原材料的指标标准，也就是习惯中所称的采购规格。采购规格标准内容包括4个部分，分别是材料的名称、规格要求、质量要求和特殊要求。在材料名称部分，对原材料的描述要采用通俗的、本地惯常或行业中惯常使用的名称；规格要求中主要是对材料大小、重量、包装规格等进行约定；质量要求则主要针对材料的品质、等级、产地、成熟度、纯度、清洁程度、商标等信息进行约定，对质量的约定越详细越好。特殊要求可放在备注栏中标明，主要是对包装标记、代号、送货要求等其他服务进行说明。

采购规格标准可以预先确定每一种原料的质量要求，以防止不恰当进货，有助于食品成本控制；可以提高采购工作效率，减少工作差错；便于对所采购的原料进行标准验收；减少采购部与厨房之间的矛盾。采购规格标准应成为采购的依据，购货的指南，供货的准则，验收的标准。而且，采购规格标准应随着菜肴的变化需要不断地改进和完善。

餐饮部采购标准通常用表格的形式来表示，简单扼要，一目了然。某酒店餐饮部肉类原材料的采购规格标准见表6-1。某酒店餐饮部加工制品的采购规格标准见表6-2。

表6-1 肉类采购规格标准表

品名	规格	质量要求	备注
猪里脊肉	1.5～2千克/条	每条猪里脊肉不得超过规格范围，不得带有脂肪层，新鲜的或冻结良好的，无异味	送货时应低温冷冻
猪肋排	25千克/箱	带肋排骨，不带大排肥膘、奶脯。块形完整，不夹碎肉，净重与商标规定相符	送货时应低温冷冻

表6-2 加工制品采购规格标准

品名	规格	质量要求	备注
金华火腿	2.5～4千克/只	特级，表皮黄亮、整齐、干爽，腿爪细、腿心饱满、油头小，无哈喇味	送货时防污染
番茄沙司	净重397克/瓶	梅林商标，上海梅林罐头厂出品，出厂期在6～8个月之内	

5）餐饮原料验收库存管理

原料的验收是食品成本控制流程中的重要一环。尽管在采购规格和采购人员培训上做了充分的准备，但是如果在验收和库存环节疏忽，仍然会让餐厅的运行成本高涨。忽视原料进货验收，会使供货商供货马虎从事，导致短斤缺两，滥竽充数。餐饮原料验收的主要任务是根据采购规格，检验各种餐饮原料的质量、体积和数量，核对价格，标明验收日期。验收主要依据供货发票和采购单。

原料的库存与领发是食品原材料控制的重要环节，良好的库存管理，能有效地控制食品成本。忽视对原料的库存管理，温度、湿度、光照控制失当，甚至是鼠虫破坏和人为偷盗、库存积压、污染等都会让材料的折损率大大提升。

原料库存的基本要求是分类储存，控制温度、湿度、光照，遵守《食品卫生法》的有关条例，确保原材料的清洁、安全和质量；控制库存的数量和时间，加速库存周转，尽量缩短原料的储存时间；遵守仓管制度，及时正确反映库存物品的进、出、存动态，建立严格的管理制度，要做到账（保管日记账）、卡（存货卡）、货（现有库存数量）相符。定期或不定期地进行盘点，发现有误差或有失效物品时要追查责任。不同原料的冷藏温度和湿度要求见表6-3。

表6-3 不同原料的冷藏温度和湿度要求

食品原料	温度（℃）	相对湿度（%）
新鲜肉类、禽类	0~2	75~85
新鲜鱼、水产类	-1~1	75~85
蔬菜、水果类	2~7	85~95
奶制品类	3~8	75~85
厨房一般冷藏	1~4	75~85

6.2.2 餐饮部的服务流程

1. 中餐服务形式

中餐服务中以圆桌合餐作为典型形式，与西餐的方桌分餐制不同。中餐服务流程大体上可以分为餐前准备、迎宾引领、拉椅让座、送巾服务、茶水服务、增减餐具、餐巾服务、点单服务、酒水服务、上菜服务、席间服务、结账服务、送客服务、检查收台、翻台等步骤。

1）餐前准备

餐前准备主要是餐厅经理开班前会，检查员工仪容仪表，分派接待任务，划分工作区域、后厨清单通报，前期经营情况反馈，以及开餐前摆台、餐具准备等备餐活动构成。

2）迎宾引领

迎宾员的主要工作有两个，一个是接受预订，另一个是引领客人。在接受预订时，要确认预订者姓名、单位、就餐时间、人数、联系电话、特殊要求。接听电话时要符合电话礼仪的要求。

引领时要在第一时间内了解客人的预订情况。走在客人左前方1~1.5米处不时与客人有交流，安排好台位，如图6.5所示。

3）拉椅让座

服务员按照主宾、主人的顺序主动为客人拉椅让座。

4）送巾服务

准备温度适宜、干净、无破损的湿巾，放在客人左手边。

5）茶水服务

礼貌地征询客人意见，提供合适的茶水。倒茶顺序从主宾开始，顺时针倒茶。

6）增减餐具

根据客人到来时的具体人数增减餐具（征询顾客意见）。

图 6.5　餐厅迎宾员

7) 餐巾服务

征得客人同意后从主宾开始按顺时针方向，取下餐巾在客人身后轻轻抖开，展开压于骨碟下方，或对角折成三角形平铺于客人腿上（包厢）。

8) 点单服务

点菜时，服务员要熟悉店内的菜肴，熟知当天沽清、特推、特色菜。依据客人的口味特点、风俗习惯、生活禁忌、宗教信仰并特别注意老人、小孩、女性顾客的口味进行推荐。点完菜后注意复单，确认后写清起菜时间、姓名、写清后落单，如图 6.6 所示。

点菜时需要注意营养搭配、颜色搭配、盛装器皿搭配、口味搭配、烹调方法搭配，以及南甜、北咸、东辣、西酸的中国特色。

9) 酒水服务

服务员要熟记酒水的度数、价格、种类、产地、香型。开酒前检查酒中是否有异物、沉淀物、瓶子是否干净、完好无损。然后进行示酒，左手托瓶底，右手扶瓶颈，商标朝向客人。最后礼貌地向客人确认酒水是否开启，特别的酒水要向客人报价，如图 6.7 所示。

开酒时，白酒当客人面开启，啤酒和带气饮品不要朝着客人和自己开启。红酒在备餐柜上开启（准备好口布擦拭瓶口），打开后向客人展示瓶塞并为主人斟倒品尝。

图 6.6　服务员点菜

图 6.7　酒水服务

斟酒时，白酒八分满、啤酒八分酒两分沫、红酒三分之一、白葡三分之二。斟酒完后要将酒放在稳固的地方。

10) 上菜服务

上菜前，服务员要检查菜品，如果原料质量不符、量不足、有异物、器皿不洁或有破损的情况，要退回后厨。

上菜的位置在主人右侧，或是空档大的地方，上完后将刚上的菜肴顺时针转至主宾面前，报菜名。注意鸡不献头、鸭不献掌、鱼不献脊（头部朝左，腹部朝向主人，以示尊重）。上菜的顺序是按照凉菜、汤、热菜、主食、水果或者凉菜、热菜、汤、主食、水果的顺序。如果是带佐料的热菜，要先上佐料后上菜（或一起上）要和客人说明；摆菜讲究对称如三角形、正方形、梅花形；分菜时必须用公用筷、刀、叉、勺等工具。将优质部位先分给主宾分完菜后，要剩三分之一表示富余。分汤有两种方式：一种是桌上分；一种是备餐柜分。征求客人意见先展示再分汤。并菜时先征求客人意见，将类似的菜肴并盘。将数量菜分给客人（从主宾开始）并完后撤盘子；上菜时注意掌握好时机，不要打扰客人的就餐气氛。如果有特色菜应向客人介绍并听取意见，菜上齐后应提示客人。

11) 席间服务

值台人员必须经常巡台，精神饱满、热情周到、动作紧凑，及时更换餐具、烟灰缸、清理台面、添茶倒酒，如图 6.8 所示。

图 6.8　席间服务

12) 结账服务

客人用餐完毕后，在基本不需要添加东西的情况下，应立即仔细核对账单。递送账单，收到客人付款后需要检查并要唱收，及时将找零交还客人，并请客人核对数目。若有信用卡、支票、签字等结账方式，尽量把客人带到收银台结账。

13) 送客服务

询问客人是否需要打包，检查台面有无丢失、破损等情况。提醒客人带好随身的物品，并做好检查，热情送客到门口。

14) 检查收台

再次检查餐桌下、沙发旁等地方是否有客人遗留物品，如发现交于吧台或领班；并关空调和多余的灯光，收拾台面，清理卫生；按要求摆好台面，清理地面，为迎接下一桌做好准备。

案例分析

服务的时机

某四星级酒店里,富有浓郁民族特色的贵妃厅今天热闹非凡,30余张圆桌座无虚席,主桌上方是一条临时张挂的横幅,上书"庆祝××集团公司隆重成立"。今天来此赴宴的都是商界名流。由于人多、品位高,餐厅上自经理下至服务员从早上开始就换地毯、装电器、布置环境,宴会前30分钟所有服务员均已到位。

宴会开始,一切正常进行。值台员早已接到通知、报菜名、递毛巾、倒饮料、撤盘碟,秩序井然。按预先的安排,上完"红烧海龟裙"后,主人要祝酒讲话。只见主人和主宾离开座位,款款走到话筒前。值台员早已接到通知,在客人杯中已斟满酒水饮料。主人、主宾身后站着一位漂亮的服务小姐,手中托着装有两杯酒的托盘。主人和主宾简短而热情的讲话很快便结束,服务员及时递上酒杯。正当宴会厅内所有来宾站起来准备举杯祝酒时,厨房里走出一列身着白衣的厨师,手中端着刚出炉的烤鸭向各个不同方向走出。客人不约而同地将视线转向这支移动的队伍,热烈欢快的场面就此给破坏了。主人不得不再一次提议全体干杯,但气氛已大打折扣了。客人的注意力被转移到厨师现场分工割烤鸭上去了。

思考与讨论:案例中的餐饮服务主要存在什么问题?

2. 西餐服务形式

西餐总体的服务流程,西餐与中餐差不多,也是餐前准备、迎宾引领、拉椅让座、送巾服务、茶水服务、增减餐具、餐巾服务、点单服务、酒水服务、上菜服务、席间服务、结账服务、送客服务、检查收台、翻台等步骤。只是西餐上菜环节和中餐有一些区别。

1) 西餐顺序

西餐菜单上有四或五大分类,其分别是开胃菜、汤、沙拉、海鲜、肉类、点心等。西餐点菜时应先决定主菜。主菜如果是鱼,开胃菜就选择肉类,力求在口味上富有变化。除了食量特别大的外,一般的顾客不必从菜单上的单品菜内配出全餐。

正式的全套餐点上菜顺序是头盘、汤、副菜、主菜、沙拉、甜品、咖啡或茶。

(1) 头盘。西餐的第一道菜被称作头盘,也称为开胃品。开胃品的内容一般有冷头盘和热头盘之分,常见的品种有鱼子酱、鹅肝酱、熏鲑鱼、鸡尾杯、奶油鸡酥盒、焗蜗牛等。头盘以开胃为目的,味道以咸和酸为主,而且数量少,质量较高。

(2) 汤。西餐的汤大致可分为清汤、奶油汤、蔬菜汤和冷汤等4类。

(3) 副菜。鱼类菜肴一般作为西餐的第三道菜,也称为副菜。品种包括各种淡、海水鱼类、贝类及软体动物类。通常水产类菜肴与蛋类、面包类、酥盒菜肴品都称为副菜。吃鱼时配的调味汁,品种有鞑靼汁、荷兰汁、酒店汁、白奶油汁、大主教汁、美国汁和水手鱼汁等。

(4) 主菜。肉、禽类菜肴是西餐的第四道菜,也称为主菜。肉类菜肴的原料取自牛、羊、猪、小牛仔等各个部位的肉,其中最有代表性的是牛肉或牛排。肉类菜肴配用的调味汁主要有西班牙汁、浓烧汁精、蘑菇汁、白尼斯汁等。禽类菜肴的原料取自鸡、鸭、鹅,通常将兔肉和鹿肉等野味也归入禽类菜肴。

(5) 蔬菜类菜肴。蔬菜类菜肴可以安排在肉类菜肴之后,也可以和肉类菜肴同时上桌,所以可以算为一道菜,或称为一种配菜。蔬菜类菜肴在西餐中称为沙拉,和主菜同时

服务的沙拉，称为生蔬菜沙拉，一般用生菜、西红柿、黄瓜、芦笋等制作。沙拉的主要调味汁有醋油汁、法国汁、千岛汁、奶酪沙拉汁等。

还有一些蔬菜是熟的，如花椰菜、煮菠菜、炸土豆条。熟食的蔬菜通常和主菜的肉食类菜肴一同摆放在餐盘中上桌，称为配菜。

（6）甜品。西餐的甜品是主菜后食用的，可以算做是第六道菜。从真正意义上讲，它包括所有主菜后的食物，如布丁、煎饼、冰淇淋、奶酪、水果等。

（7）咖啡、茶。西餐的最后一道是上饮料，咖啡或茶。

2）几种常见的西餐服务方式

西餐服务经过多年的发展，各国和各地区都形成了自己的特色。西餐的服务常采用的方法有法式服务、俄式服务、美式服务、英式服务和综合式服务等。

（1）法式服务（French Style Service）是一种源自20世纪初欧洲豪华大酒店的一种服务，又称里兹服务，十分讲究礼节，流行于西方上层社会。以现场烹制著名，服务过程中的表演性较强，服务周到、节奏较慢、耗费较多的人力、用餐费用昂贵。

传统的法式服务相当繁琐，这种服务方式已经见不到了。当今流行的法式服务是将食品在厨房全部或部分烹制好，用银盘端到餐厅，服务人员在宾客面前作即兴加工表演，如戴安娜牛排、黑椒牛柳、甜品苏珊煎饼就是服务员在烹制车上进行最后的烹调加工后，切片装盘端给宾客的。法式服务由两名服务人员，即一名服务员和一名服务员助手为一桌宾客服务。在法式服务中，除面包、黄油、色拉和其他必须放在客位左边的食品从宾客的左手边上桌外，其他食品饮料一律用右手在客位的右边送上餐桌。

（2）俄式服务（Russian Service）起源于俄国的沙皇时代。俄式服务在很多方面与法式服务有相似之处，非常正规和讲究。服务时大量使用重实的镀银餐具和用具。与法式服务不同的是服务时只需要一名服务员，而且所有食品都是在厨房准备制作完毕后提供给客人，没有法式服务那样的表演性。服务前，各种食品在厨房里被整齐地装在大银盘内，服务员用大托盘将食物和温热的餐盘送进餐厅，放在服务桌上，然后按顺时针方向将餐盘从客人右侧放至每位客人面前。服务员左手托着食品盘，站在客人左侧，向每位客人展示食品，然后根据客人的需要，用服务叉和服务匙将客人所需部分食品分派到客人的餐盘中，服务中，服务员按逆时针方向依次进行，最后将剩余的食品送进厨房。

（3）英式服务（British Style Service）也称家庭式服务，主要适用于私人宴席。服务员从厨房里取出烹制好的菜肴，盛放在大盘里和热的空盘里，一起送到主人面前，由主人亲自动手切割主料并分盘，服务员充当主人的助手，将主人分好的菜盘逐一端给宾客。各种调料、配菜都摆放在餐桌上，由宾客根据需要互相传递自取。宾客则像参加家宴一样，取到菜后自行进餐。服务员有时帮助主人切割食物，因此，要求他具有熟练的切割技术和令人满意的装盘造型技巧。英式服务的气氛很活跃，也省人力，但节奏较慢。

（4）美式服务（American Style Service）又称为"盘子服务"。食物都由厨房人员烹制好，并分别装入菜盘里，由服务员送至餐厅，直接从客位的右侧送给每位宾客，脏盘也从右侧撤下。美式服务速度快，人工成本很低，常用于各类宴会，也是西餐厅、咖啡厅中十分流行的一种服务方式。

（5）大陆式服务（Continental Service）融合了法式、俄式、英式、美式的服务方式。

餐厅根据宾客点的每一道菜肴的特点选择相应的服务方式。可在一次就餐过程中分别采用俄式、法式和美式服务。

（6）自助餐服务（Buffet Service）是宾客进入餐厅，在预先布置好的食品台上自己动手，任意选菜，自己取回在座位上享用的一种近于自我服务的用餐形式。目前，自助餐和各种冷餐会的用餐方式日趋流行。因其菜肴丰富、装饰精美、价格便宜、无需等候，适合现代社会快节奏的工作方式和生活方式。

选择题

1. 在各种西餐服务形式中，被称为里兹服务的形式是（　　）。
   A. 美式服务　　　　B. 俄式服务　　　　C. 法式服务　　　　D. 英式服务
2. 中餐菜名在翻译时，需根据外国客人的文化习惯，突出（　　）。
   A. 原材料的方式　　　　　　　　　　B. 烹饪方法的形式
   C. 文化的方式　　　　　　　　　　　D. 幽默和含蓄
3. 《旅游酒店星级的评定与划分》（2010）必备项目中对三星级酒店的餐饮服务要求是（　　）。
   A. 无需提供餐饮服务
   B. 必须有用餐的场所
   C. 必须要有提供早、中、晚餐的能力和场所
   D. 要能提供多国餐饮

判断题

1. 正式的西餐全套餐点上菜顺序是头盘、副菜、汤、主菜、沙拉、甜品、咖啡或茶。（　　）
2. 俄式服务时必然要用到的工具是餐车。（　　）
3. 中餐服务中以圆桌合餐作为典型形式。（　　）

问答题

1. 餐厅有3种采购的组织设计，谈一谈每一种方式的优缺点。
2. 餐饮服务有哪些特点？
3. 餐厅菜单在重新更换时，应考虑哪些问题？

案例分析

冒出来的服务费

某酒店中餐厅进来了6位客人，服务员从他们的交谈中知道他们是一家人，因为其中一名家庭成员是本市的高考状元，一家人来此庆祝。服务中都非常顺利，但是在最后结账时，顾客提出了异议。顾客指着账单上的价格说："这价格怎么不对啊，我一道菜一道菜都心里算过的，怎么会多出来呢？"面对顾客的质疑，服务员接过账单一看，发现了问题，告诉顾客"菜金是没错，但就是要加收15％的服务费，所以总价就多出来了一些"。对这个解释，顾客表示不能接受，因为服务员在点菜时并没有告诉他们，而服务员则辩称，这是酒店行业的行规，大家都这么收，很多客人都知道。

思考与讨论：请你就此事件进行分析。酒店应该如何处理？

实践训练

1. 请按照下图所示及摆台标准，完成10人餐桌的中餐摆台。

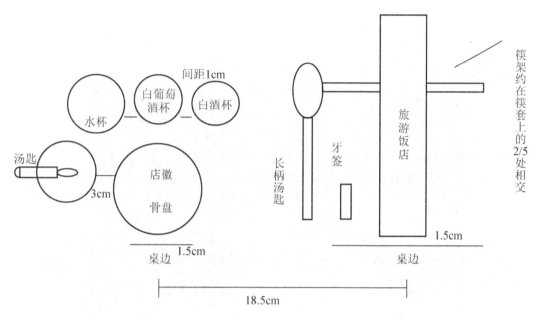

(1) 在主人位右侧，拉开椅子，将台布一次铺成。

(2) 台布中心凸缝向上，对准正、副主人，台布四周下垂的部分要均等。

(3) 摆转台和花瓶：转台、花瓶置于餐桌中心（使用直径90厘米不锈钢面转台）。

(4) 拉椅定位要从主人位开始，椅子中心要对准台布凸缝，然后按顺时针方向进行。餐椅的坐面边缘距下垂台布1厘米，间距要均等。

(5) 用消毒毛巾对双手进行消毒。

(6) 托盘的使用要求：使用防滑托盘，餐具按顺序分类摆放（酒杯口朝上摆放），摆台操作时要左手将托盘托起，托盘悬位于椅背外，不能置于人前；右手摆餐具，站在主人位椅子右边按顺时针方向进行；餐用具摆放要有序进行，动作快而不乱，步伐要稳。

(7) 摆餐碟：餐碟距桌边1.5厘米，碟与碟的间距相等，碟中图案对正；操作时手要拿餐碟边缘部分。

(8) 摆味碟：手拿味碟边缘部分，放于餐碟正上方，距餐碟1厘米。

(9) 摆筷架（带勺托）、筷子、长柄汤匙、牙签。筷架与味碟中心线在同一水平线上，筷架上近餐碟一侧放长柄汤匙，外侧放筷子，筷子与餐碟中心线平行并相距18.5厘米，筷子尾部距离桌边1.5厘米。牙签放在筷子与长柄汤匙中间，与筷子和长柄汤匙距离相等。牙签底部与汤匙柄底部平行。用品中凡有中、英文说明的一律面朝客人，若两者兼有则中文面对客人。

(10) 摆黄、白酒杯：手拿杯柄将黄酒杯摆放在味碟上方，中心要对正，杯底与味碟边缘距离1厘米。手拿杯柄将白酒杯摆放在黄酒杯右侧，两个杯的杯柄要在同一水平线上，杯口间距为1.5厘米。

(11) 摆金属公用筷架(带勺托)、勺、筷子、菜单。公用餐具摆放在正、副主人的正上方；公用勺在下，筷子在上，公用勺、筷尾部向右，勺和筷子中心点在台布中线上，勺柄距黄酒杯底5厘米。正、副主人右侧各平放一份菜单，菜单与筷子平行，相距1厘米，菜单底边中央距桌边1.5厘米。

(12) 椅与取放各种用品时尽量减少撞击声。

(13) 各种餐酒用具均应逐个摆放。

2. 请按照下图所示，完成6人制西餐摆台。

第7章 客房部的运转

导　言

如果要问客人,酒店里最重要的部门是什么?答案很明显的会是"客房部"。许多酒店的调查证实了这一答案。网络上大量关于酒店的点评中,关于客房部的评价占了非常重要的部分,也是一个很好的证明。酒店创始初衷也是为旅行在外的客人提供一个安全清洁舒适的过夜环境,酒店只有提供良好的客房服务才能做到这一点。本章将介绍客房部的基本功能以及与其他部门之间的关系,讲述如何出色地完成客房的清洁保养,阐述如何改善客人对于客房的体验,提高服务质量。

关键术语

房型、单间、套间、做夜床、客房计划卫生、PA、客房送餐、个性化服务、顾客体验、服务质量

引导案例

帮,还是不帮

杭州某酒店处于出租高峰期,客房一片繁忙景象,退房的客人刚刚走,新入住的客人就来了。服务员小卢负责打扫的房间,有一半都处在这种状态之中。"怎么办呢?"小卢焦急地对相对空闲的服务员小郑说。小郑对小卢说道:"我先帮你做,然后你再帮我做,那不就解决了。"于是两人一起迅速地行动起来,让客人顺顺当当地住进房间。"小郑,你怎么搞的,客人挂牌20分钟你也未打扫房间,客人现在投诉了。"领班过来批评小郑。"刚才有许多客人忙着住进小卢的那几个房间,她来不及,我便去帮忙了。"她沮丧地说道,"谁批准你帮小卢做了?"领班大声训斥道:"记着,以后没有命令,不要去帮别人,先管好自己再说。"

思考:领班的说法对不对,怎样避免上述现象的发生?

7.1　客房部概况

7.1.1　客房部的角色

1. 客房部的重要地位

客房部也称管家部(Housekeeping),它在酒店中的独特地位和作用表现在以下几个方面。

首先，客房部是酒店内重要的收益产生部门。酒店的营业收入来源主要有客房部、餐饮部、会议、娱乐（游泳池、健身俱乐部、SPA、KTV等）、美容、商场和其他委托代办服务部门。但客房租金收入在营业收入中占很高的比重。从表7-1中可以看出，全国星级酒店客房收入占营业收入的35%~60%，而在提供有限服务的经济型酒店里，客房收入的比重会升高到70%以上。

表7-1 2012年全国星级酒店营业收入的构成

指标	单位	五星级	四星级	三星级	二星级	一星级	合计
营业收入总额	亿元	770.29	829.62	691.39	135.97	2.95	2430.22
客房收入占比	%	44.05	40.80	38.90	45.47	59.04	41.57
餐饮收入占比	%	43.00	45.84	45.86	43.12	35.56	44.78

资料来源：中国国家旅游局《2012年度全国星级酒店统计公报》

其次，客房部的经营对其他营业部门的经营有显著的带动作用。虽然不少的酒店将其餐饮和娱乐设施对外经营，但是自助早餐、酒吧、娱乐设施的主要使用者还是来源于住店客人。没有客房部的良好经营，这些设施的使用率会明显下降，营业收入也会受到影响。

再次，客房部是提供对客服务的重要部门，也是影响酒店服务质量和顾客满意度的重要部门。由于客人在住店期间，大部分的时间都逗留在客房，他们对客房的设施和服务会格外重视。此外，由于接触频率高、接触时间长，比较容易产生深刻的印象，直接影响到消费后的评价。

2. 客房部主要任务

总体来说，客房部门的所有工作和活动都围绕"提供整洁舒适的客房，创造宾至如归的住宿体验"这个终极目标而展开。具体而言，客房部主要的工作任务由以下几个方面构成。

第一，"生产"洁净舒适的客房，并保证整体环境的整洁。洁净卫生是客人对于客房的第一要求，因此清洁工作是客房部工作的重中之重。客房部不仅要保证客房内部的清洁卫生，还要保持客人所能够接触到的酒店内各个区域的卫生。因此，客房部工作活动区域非常广，大堂、公共卫生间、花园、楼层、客房都在其业务范围之内。

第二，确保客房处于正常良好的"工作状态"。客房有大量的客用设施，包括空调、电视、卫浴、电话等，一旦设施设备出现故障，就会影响客房功能，影响客人对客房的使用。为此，客房部员工有认真检查、维护和保养客房各类设施的任务，并且要与工程部做好沟通，对坏损的设施设备及时维修。

第三，提供热情周到贴心的客房服务。客人在住店期间，还会有访客、洗衣、客房送餐、物品租借、孩子看护等服务需求。客房服务员必须及时对这些需求做出相应服务，真诚地为客人提供这些服务。

第四，为全酒店提供洗涤服务的支持。客房部要负责全酒店各区域布草的洗涤、员工制服的洗涤和保管，以及客人衣服的洗涤服务。也有一些酒店不设置洗衣房，而将上述的洗涤业务外包，但是洗衣的有关服务（例如客衣的收送等）仍然由客房部来承担。

7.1.2 客房部岗位设置

1. 客房组织结构

酒店根据客房部的主要工作任务来设置客房部的组织结构。常见的大中型酒店的组织结构如图7.1所示。客房部的垂直报告链上有5个层级,是"经理—副经理—主管—领班——线员工"。酒店规模较小、档次较低或者服务有限的情况下,组织机构会更加扁平一些,部分班组可以合并,甚至去除。

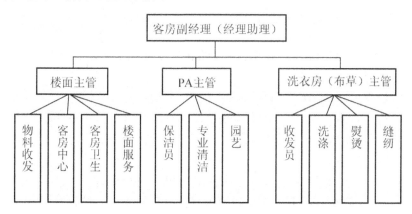

图7.1 大中型酒店客房部组织结构

2. 主要班组的基本职能

1) 客房中心

客房中心是客房部的信息中心,主要是通过电话接受客房客人提出的要求,统一调度楼层服务员为客人提供服务。此外,客房中心还负责掌握和控制客房状态,与前厅等其他部门展开协调和沟通。

2) 物料部(中心)

物料部主要负责客房内各种易耗品的保存、领用、发放,做好记录和核算工作。这个班组的工作对于客房成本控制有很重要的影响。

3) 客房卫生

客房卫生工作班组主要负责客房内部的清洁卫生,客房内用品的替换,简易的日常维护和保养。此外,客房卫生班组还要负责客房所处的楼层、走廊的清洁卫生工作。

4) 楼面服务

一些酒店专门设有楼面服务台,或者配有专职的楼面服务人员,负责迎送客人以及提供客房区域的其他服务,满足客人需求。也有一些酒店将楼面服务和客房卫生服务整合在一起。

5) PA组

PA(Public Area),即公共区域。酒店PA组主要负责酒店内部和外部、前台和后台的公共区域的清洁卫生工作。

6) 洗衣和布草房

酒店有大量的员工制服和各类布草(包括客房内的床上用品、浴室内的毛巾、浴巾、窗帘、餐厅的餐巾、桌布等），这些制服布草的收发、分类、保管和修补由布草房负责。布草房必须保证布草的周转灵活、储备充足。洗衣房负责洗涤各类布草、制服和客衣。一些大型酒店拥有非常先进的洗涤设备，在完成了酒店布草和衣物洗涤任务之外，还可以对外承接其他洗涤业务，以提高利用率。

7.1.3 客房的类型设置

为了满足不同类型顾客住宿的要求，酒店通常设置多种不同类型的客房供客人选择。根据客房内房间间数、床的数量和类型、设施设备、位置的不同，客房可分为以下几类。

1. 单间

单间是只拥有一个自然间（内含盥洗室）的客房。单间放置不同的床，可演变出单人间、双人间、标准间、三人间等。

（1）单人间（Single Room/Single Bed），通常是只有一张床，供一个人住宿的房间。

（2）双人间（Double Room），提供一张双人床，可供两个人住宿的房间。目前，有许多单身出差或旅行的客人，也青睐大床。故而很多酒店将此类房间称为大床间，或者商务单间，如图7.2所示。

（3）标准间（Twin Beds Room），是指在房间里设置两张床，可供两人住宿的房间。酒店可以根据自己的目标顾客群体需要和酒店客房面积的大小，设置两张单人床或两张双人床。也有些酒店配置一张双人床和一张单人床，供给带小孩的家庭旅游者。因此，许多酒店不再称"标准间"，而称为"双床间"，如图7.3所示。

图7.2 上海波特曼丽嘉豪华大床间

图7.3 上海波特曼丽嘉行政房（双床间）

（4）三人间：在一些档次较低的酒店，也会设置供三人住宿的三人间，以降低顾客单人支付的房间成本。

2. 套间

套间是拥有两个或两个以上自然房间的客房。套房根据房间数量的多少，可分为双套间、三套间、多套间。同时也可以根据客房内设施设备和装饰布置的豪华程度进行划分。

（1）普通套房（Suite）通常是双套间，一间房用作卧室，一间房用作起居间。装饰装潢程度一般。

（2）豪华套房（Deluxe Suite）房间数量可能与普通套间相同，但是客房面积相对更大，而且设备设施比普通套间更为先进,装修装饰更为考究。

(3) 复式套房(Duplex)是一种跃层式的套房,通常楼上为卧室、楼下为会客厅。这种房间在一些度假酒店里更为多见,如图 7.4 所示。

(4) 总统套间(Presidential Suite)是档次最高的套间类型,只有在高档酒店才有。总统套房最少拥有 5 个自然房间、2 个卫生间,包括卧室、客厅、会议室、书房、随员室、警卫房,甚至有备餐间。卧室内的床型多为帝王和皇后床。总统套房面积很大,国内一般在 250~300 平方米。总统套房的装修装饰也最为考究,故而造价高昂。如香港洲际酒店最豪华总统套房造价为 250 万美元。

图 7.4 河源龙源温泉酒店复式套房

图 7.5 香港香格里拉总统套房

3. 特别房

(1) 连通房(Connecting Room)。酒店将某些相邻房间的完全隔断改为连接门,在需要单独出租时,将门锁死;而在客人需要客房的连通性时,将门开启。这样,客房就可以灵活地在单间和套间之间转换,满足多种需求,提高客房的出租率。因此,有的酒店将之称为多功能房(Studio Type)。

(2) 残疾人房(Room for Disabled)。在高档酒店或者某些特殊类型的酒店(例如为残奥会服务的酒店)会为残疾人士专门设计和配备客房。残疾人特别强调对于残疾人的进出便利性、安全性和无障碍化。例如,房门的拓宽、开关降低、卫生间强化防滑、增加安全扶手和呼救按钮等。

(3) 公寓房(Extended Stay)。公寓房是最贴近"家"的感觉的客房,与普通客房不同的是,它可能配备了厨房,以便于客人自行烹饪。由于它可以集睡觉、就餐、工作于一体,故而舒适方便。在国外,公寓酒店很常见,适合于那些追求便利、或者经济的旅游者和常住商务旅游者。但在国内,旅游者较少选择自己烹饪,故而公寓房一般针对常住型客人。

案例分析

各类特色客房

1. **女性客房**:上海瑞吉红塔酒店开设了专门的女性楼层。在女士专用楼层的每间客房内,都放有一系列"宠爱女性客人"的用品,如护肤品、Evian 喷雾、时尚杂志、熏香、丝绸衣架、每日新鲜水果和鲜花。其他物品如发夹、梳子、洗手液或洗甲水等可按要求提供。女性住客还可以要求酒店的女专职管家为其提供客房内登记入住服务,或者她们入住期间的其他服务需求,如图7.6所示。

图7.6 女性客房

2. 儿童客房:北京港澳中心瑞士酒店将儿童房依照年龄划分为3种不同类型。针对五岁以下婴儿及儿童,酒店提供了婴儿床、婴儿车、宝宝椅、插座盖以及柔软的玩具、书籍、色彩艳丽的床上用品和一份儿童菜单;针对6~12岁儿童,瑞士酒店则提供了家庭棋类游戏、热巧克力、各种健康饮品与点心、卡通DVD以及漫画书;13~18岁青少年则可在北京港澳中心瑞士酒店享用到现代化的电子娱乐设备,诸如任天堂Wifi等,除此之外,酒店还提供了杂志、游戏以及一系列精彩的DVD。

3. 宠物客房:宠物为主题的酒店已经悄然兴起。北京海淀雅乐轩酒店推出"arf爱宠旅行计划"套餐,为宠物与主人一同出游提供了理想的场所。"arf爱宠旅行计划"住宿套餐,包括乐窝住宿,更有聚聚乐茶餐厅自助早餐和免费使用狗狗专属梦香小床、小碗、零食、毛刷、磨牙棒及织布类健康小玩具等,全方位为爱犬提供细致周到的服务。2013年,一家高档宠物"酒店",在汉口京汉大道正式开业。图7.7和7.8所示为特殊的宠物专属客房区域以及员工与宠物相处。

图7.7 宠物专属客房区域

图7.8 员工与宠物相处

思考与讨论:特色客房对于酒店有什么作用?你能想出还有哪些不同的特色客房吗?

7.2 客房部基本业务

7.2.1 客房清洁

客房的清洁程度可能比任何其他因素都更突出地影响了客房经营的成败,因此客房的清洁工作必须出色地完成。合理地计划安排以及一丝不苟地操作执行是客房清洁管理的两个关键。

1. 客房清洁的计划安排

1) 客房清洁工作的目标

对于客人来说，他们需要的是看到和感受到整洁的客房，但不需要参与或观摩到客房清洁的过程。因此，酒店对于客房清洁工作的管理目标是在不影响客人对于客房使用的前提下，保证客房呈现干净、整洁的状态。

第一，客房清洁的时间安排要恰当，要配合客人的生活节奏。住客房尽量选择在客人外出的时间进行客房打扫，在客人回到房间时，客房已经恢复整洁。走客房则应该尽快清洁，以保证不影响下一位客人的入住或不影响客房出租。

第二，客房的清洁程度要达到客人期望的标准。对于走客房来说，需要彻底地清洁，完全消除前任客人的痕迹，恢复客房的标准状态。对于住客房来说，尊重客人的客房使用习惯，但也要使客房整洁有序。

2) 客房工作定额和员工配置

合理地配备员工（定员）和确定员工的工作量（工作定额）是保证客房周转和清洁度的重要前提。定额过低，定员过高，影响工作效率，员工成本较高。定额过高，定员过低，导致员工负荷过大，清洁质量难以保证。

工作定额通常是规定员工每天应该清洁的房间数，是由每天的工作总时间与每间客房清扫所需要的时间的比值来决定。根据国内外的经验，工作定额通常为12～17间。一般而言，一家酒店档次越高，客房面积越大，客房设施设备越多，这家酒店的工作定额就越低。反之，则工作定额越高。

客房部的员工数量与工作定额间的关系密切。其计算公式为

客房部定员＝（工作总量/工作定额）/开工率

其中，工作总量是所需要清洁的客房的总数量；开工率是一年中实际可以工作的天数占全年天数的百分比。

鉴于酒店出租率的季节变化性，酒店通常会利用实习生和临时工来调节佣工的松紧程度。在这种情况下，必须要注意实习生和临时工在工作能力上与正式员工间的差距，适当调整工作定额。

3) 客房清洁类型和班次安排

低星级酒店一般来说一天对客房进行一次清洁，但高星级酒店通常对客房规定了若干种不同的清洁服务。

(1) 常规清洁：所有的走房、住客房都要进行全面的清洁活动，一般由早班员工完成。

(2) 午间小整理：一些奢华酒店或者酒店的VIP房间，会增加一次客房的简单整理，以保证客房随时保持整洁。

(3) 夜床服务：由晚班客房员工对房间进行整理，收拾垃圾，并将卫生间、灯光和床铺都调整成适合休息和睡眠的状态。夜床服务尽可能在19：30之前完成，以免影响客人休息。

(4) 计划卫生：对于日常清洁中较难打扫、费事较多或者可能影响客房正常使用的清洁保养项目，例如空调消毒、冰箱除霜、地毯清洗等，由安排计划卫生的方式来完

成。计划卫生将项目分解开来，按照一定周期推进，或者安排在客房出租的淡季来全面开展。

2. 客房清扫标准和规范

1) 清洁标准

大部分客人对于客房清洁的要求是很严苛的，酒店必须通过规范操作和严格的检查来保证客房清扫达到应有的水准。绝大多数酒店都会确立客房清扫后的"清洁标准"，见表7-2。虽然在阐述上有所不同，但都要求达到可视处无任何污迹和杂物；所及之处无灰尘；所到之处无异味；所触之物无病毒和虫害；所用之物无破损和损坏。

表7-2 客房卫生标准及检查表（部分）

	检查项目及内容	检查结果
房门	门锁开启和关闭是否灵活，门吸是否松动、无效	
	门体开启关闭是否灵活无阻力	
	整体抹灰是否干净	
	勿扰牌是否完好，有无污迹、损坏	
	取电卡是否工作正常	
墙面	天花板有无污垢、蜘蛛网、霉点和灰尘	
	墙纸是否完好、干净、平整	
	墙壁挂画是否挂放适合、稳固和干净	
	地脚线有无灰尘、破裂现象	
空调	空调出风口、排风口有无噪音、冷凝水	
	滤网、百叶门是否有积尘	
	温度调节是否按标准设置	
窗口	窗帘收拉是否灵活，有无脱落损坏	
	玻璃窗推拉、开启是否正常，窗槽内有无杂物、灰尘	
	铝合金有无变形、损坏	
	玻璃有无破损、裂缝	
	窗锁是否处于良好状态	
组合柜	电视机开启、关闭是否正常，且运行正常	
	迷你吧物品、水酒单摆放是否标准	
	电脑是否能正常连通	
	柜门开启是否灵活无浮尘	
	抽屉拉动是否顺畅，里面是否有杂物或客人的遗留物品	

续表

	检查项目及内容	检查结果
床	床上用品是否完好无破损,是否定位标准	
	床垫有无变形、损坏,床底有无杂物、垃圾	
	枕套是否美观、床上有无毛发、污迹	
	被子是否平整,无折皱,无污迹	
	床头板是否稳固、无破损、抹灰是否干净	
	床头柜边角有无杂物及客人遗留物品	
	台灯、电话机摆放是否规范,有无灰尘,话筒线是否按要求缠绕	
	遥控器、便笺本是否干净定位准确	
	台灯灯泡是否完好,开关是否正常有无破皮等,有无浮灰	
卫生间	门有无破损、变形、异响、松动,门开启关闭是否正常	
	门锁是否正常、松动,门体是否有水渍	
	云台、面盆是否有破损、污迹,管道是否畅通	
	水龙头、活塞的开启是否正常,有无冷热水、有无水渍	
	方巾架、面巾架、浴巾架有无松动,定位是否准确、干净	
	镜面有无损坏,有无水迹,灯光是否正常	
	电话机有无破损及异响,清理干净	
	卷纸架是否牢固、完好,纸巾是否折叠成形	
	马桶盖开启是否灵活,有无污迹、尿迹或异味	
	马桶水箱冲水是否正常,马桶内有无流水现象	
	马桶盖板与马桶座连接处是否有松动	
	地漏是否畅通、无异味	
	水龙头、花洒出水是否正常,是否稳固干净、无毛发	
	浴室皂台是否稳固、有无皂迹、锈迹	
	卫生间地板是否完好、干净、无毛发	

注:因不同类型和档次酒店客房的差异,上述检查表并未涵盖客房的所有项目。

2)清扫规范

为保证清扫的质量和客房清扫的效率,员工在清扫客房时应该遵循"从上到下、从里到外、环形清洁、先铺后抹"的基本原则。在清扫房间的过程,按照"进、撤、铺、洗、抹、补、吸、检"的程序来开展。

(1)"进"是指停靠工作车、敲门,进入房间。

(2)"撤"是指进房后开窗通风,撤除所有的垃圾、脏布草、杯具和用品等。

(3)"铺"是按照规范的要求完成铺床。

(4)"洗"是指进入卫生间进行各类清洗，一般是先洗杯具、烟缸、镜子、面盆，然后洗浴缸、马桶。

(5)"抹"即抹尘。按照环形的顺序完成客房内挂画、窗台、家具等的抹尘，并同时检查设备的有效性和物品的缺失情况。

(6)"补"即不足客房内所需的各类客用品，如便签、信封、纸巾等。

(7)"吸"是指对房间地毯按照从里向外的顺序吸尘。当客人在房间时，吸尘要征询客人的意见。

(8)"检"是指员工对自己做完的房间进行巡视和检查，确认房间不存在物品缺漏、摆放不规范和清洁卫生的漏洞，而后填写做房记录表。

7.2.2 客房部对客服务

1. 洗衣服务

衣物洗涤是客人在住店期间常见的需求，因此大多酒店都为客人提供洗衣服务。有些商务酒店还提供 24 小时快洗服务。

酒店通常将洗衣单放置在写字台的显眼位置，或者与洗衣袋一起放在壁橱里。客人有洗衣的需要时，要详细填写洗衣单上的：姓名、房号、日期、洗涤衣物的类别、件数、洗涤要求，并注意不同类别的洗衣费用。洗衣单的示例见表 7-3。

表 7-3 洗衣单示例(部分：未列出所有衣物类型)

房号 Room No		姓名 Name		签名：Signature	
		日期 Date		时间：Time	

特殊要求 Special Instructions

住客点数 Guest Count	酒店点数 Hotel Count	水洗项目 Laundry Items		单价 Price		
		外套	Jacket	50元	□普通服务 上午 12 点前收取 当天返回	□快洗服务(5 小时) 最晚下午 2 点前收取 当天返回
		长裤	Waistcoat	40元		
		衬衫	Shirt	20元		
		礼服衬衫	Dress Shirt	35元	□Same Day Service： Collected by 12：00 noon；Delivered on Same Day.	
		短裤	Shorts	25元		
		内裤	Underpants	20元	□Express Service：Latest collected by 2：00 pm.；Delivered on Same Day.	
		袜子(对)	Socks(Dr.)	15元	□熨烫服务(3 小时) 上午 8 点至下午 8 点	□夜间熨烫 次日 12 点前返回
		手帕	Handkerchief	15元		

第7章 客房部的运转

续表

住客数量 Guest Count	酒店数量 Hotel Count	干洗项目 Dry-Cleaning Items	干洗 Dry-Cleaning	净烫 Pressing		
		运动衣 Sport Shirt	35元		☐Pressing Service：From 8:00 am to 8:00 Pm	☐Overnight Pressing：Returned by 12:00 noon
		毛衣 Sweater	40元			
		T-恤 T-shirt	25元			
		牛仔裤 Jeans	30元			
		连衣裙 Dress	35元			
		短袖汗衫 T-Shirt	25元			
		长袜 Stockings	20元			
		胸围 Brassieres	15元			
		睡袍 Night Dress	35元			
		套装西服（二件）Suit(2Pcs)	70元	30元	请打钩 Please Tick	衬衫挂回 ☐Shirt on Hanger 衬衫上浆 ☐Shirt Starched 衬衫折送 ☐Shirt Folded
		长裤 Trousers	45元	20元		
		衬衫 Shirt	25元	15元		
		T-恤 T-shirt	25元	15元		
		西上衣 Jacket	50元	25元		
		大衣 Overcoat	60元	30元		
		连衣裙 Dress	50元	25元		
		牛仔裤 Jeans	35元	20元		
		西裙 Skirt	35元	20元		
		领带 Tie	20元	10元		

Remarks：
1. 如果有客人未在洗衣单填写数量，将以酒店数量为准。
2. 如在洗涤过程中发生意外，使衣物破损或丢失，其赔偿金额不超过洗费的10倍。
3. 特快洗衣加收50%服务费。
4. 各类服务加收25%服务费。

1. Should the list be omitted or not itemized, the hotel count will be taken as correct.
2. All laundry/dry clean/pressing is accepted by the hotel at the owner's risk.
While the utmost care will be exercised by the hotel, the liability of the hotel
3. Express laundry will be subjected to a 50% surcharge.
4. 25% Service charge apply to all charges.

2. 客房送餐

客房送餐服务（房餐服务，Room Service），是指客人在客房内下单，酒店将客人所需餐点送至客房供客人享用的服务。通常，酒店对这种服务加收20%～30%的服务费。提供送餐服务的酒店必须要有专门的送餐服务热线和专门的房内餐饮菜单，如图7.9所示。并且必须想方设法保证食物的卫生、温度和口感。有些酒店的送餐服务时间是18小时，有些是24小时。客房内的菜单应该兼顾中西菜肴，并提供甜品和饮料供选择。客房餐饮可能会增加客房内清洁卫生的难度，因此要注意在用餐完毕后及时将餐具和剩余食物撤出。同时，应该注意防止餐具的损坏和丢失。客房送餐服务也是酒店特色的重要展示窗口。

图7.9 房内菜单示例

3. 迷你酒吧

许多酒店都设置客房内的迷你小酒吧，用以满足客人房内方便地获得食品的需要。迷你小酒吧内提供的饮料和食品有两类：一是免费的赠饮，通常是矿泉水（纯净水）、袋装茶或咖啡。二是收费的酒水、饮料和小食品（常见的有饼干、方便面、牛肉干等）。为了避免客人不必要的误会，酒店要在醒目的位置放置上述物品的价目表和使用清单，便于客人如数填写自己所使用的食品和饮料。客房员工每天清洁时要对酒吧内物品进行盘点，将消耗情况通知收银处，并补齐所缺的食品。

4. 物品租借

为满足客人在住店期间的一些不时之需，客房部一般为客人提供物品租借服务。租借物品的内容由酒店的档次、酒店的服务对象和客房内设施物品的配置来共同决定。常见的租借物品包括吹风机、充电器、插线板、活动衣架、枕头、茶具等。在某些度假酒店或本地客人较多的酒店，还提供麻将等娱乐用品的租借。一般来说，物品的租借由客房中心统一调度，要负责登记、确保归还。部分收费的租借物品，要做好费用说明和费用的收取。

5. 擦鞋服务

客人远道而来，或者碰上雨雪天气时，脏的鞋子会令客人感到沮丧，或者影响他们与客人的会面。故而，酒店通常选择以自助或人工的两种方式为住店客人提供擦鞋服务。自助擦鞋的服务可以通过大堂或楼层里面设置的自动擦鞋机，(图 7.10)来实现，也可以在客房里放置擦鞋篮，配备擦鞋纸或擦鞋布由客人自助服务。自助擦鞋服务一般都是免费提供的。当然，一些更有技术含量的高档皮鞋的保养和修护等服务，可能会收取一定的费用。一些高档酒店还提供人工的擦鞋服务，大多也是免费的，如图 7.11 所示。这让客人感觉到比较温暖。一般的欧美旅客要求值班人员为他们擦皮鞋时多半都是在晚上旅客要睡觉之前，将要擦的皮鞋放在门口，所以值班服务人员应到每位客人的门前去巡视一下，看看有没有旅客将他的脏皮鞋放在房门口要擦。

图 7.10　自动擦鞋机兼顾酒店宣传

图 7.11　酒店免费擦鞋服务提示

6. 遗留物品服务

客人退房时常常会有意或者无意把一些贵重的或有价值的东西遗留在客房里。酒店要根据遗失物品的情况，进行分类处理。

对于所有者无意留在客房(遗失物品)和无意留下并且自己也忘记的(丢失物品)，酒店必须要妥善保管，直到主人取回。确认是客人故意留下的物品(遗弃物品)或者保管到规定期限(例如 90 天)的遗留物品，如确有价值，可能被酒店捐赠给慈善机构或者赠送给拾到的员工。

也许一开始对于酒店来说，判断是遗失、丢失还是遗弃物品是比较困难的。客房检查的员工要尽可能细致地查房，在第一时间发现遗留物品时通过前台员工向客人确认遗留物品的性质。如在后期清洁客房时发现遗留物品，要第一时间记录好相关信息：拾到遗失物的日期和时间、对遗失物的描述、发现的地点(房号)、发现者的姓名等。并将遗失物品交由专门的安保部门来保管。有时，客人对遗留物品的处理会要求更多，如下案例所示。

案例分析

怎样做好遗留物品的处理

某奢侈品公关部经理在住酒店返回之后,对酒店作出了下述评价:"我有点无语,一双5000多的鞋子忘在酒店了,查房没查出来,然后一天过去了,没人给我电话。我回到家,检查行李才发现鞋子丢失。我如果不记得是不是永远不联系我了呢,入住前要我留的电话是干嘛的,这是五星级酒店?后来联系后,酒店把鞋给我寄回,快递都是到付。我觉得酒店承担运费是否会更好?你们这样的服务不觉得很差吗?"

思考与讨论:根据客人的经历,你认为遗留物品的处理应该怎样做得更好?

7. 其他个性化服务

除了上述常规性的客房服务项目外,酒店会根据自己的定位和客源的需求情况,设置一些能够满足个性化需求的个性化服务项目,如枕头菜单、托婴服务、贴身管家服务、秘书服务等。

旅行在外,睡眠质量非常重要,许多酒店都在此方面费尽心思。近几年来,在枕头上做文章的酒店越来越多。许多酒店开始提供"枕头菜单"的服务,即为客人提供多款不同功能特色的枕头供客人选择。

托婴服务提供给那些带着婴儿出门旅游的旅客,帮助短期地看护和照管婴幼儿。婴儿托管是一个需要高度责任心和精细的服务,一般需要有专业的人员来从事。在接受婴儿托管时,必须明确托管婴儿的年龄、生活习惯,并安排适合的看护,保证在看管期间不离开婴幼儿,不给他随意喂食,不把孩子带离指定的地点。

贴身管家(Butler)服务源于欧洲贵族的管家服务,目前是一些高档奢华酒店的专业化、私人化服务的体现。拥有专业素质的贴身管家,在客人住店期间既是客人的"生活起居"顾问,也是客人的业务助理,帮助客人办理各种店内手续、安排会议和会晤、整理物品、安排餐饮、陪同观光购物、生病时的特殊护理等。

7.2.3 PA组业务

1. 范围和工作特点

PA组管辖的范围非常广,从大堂、总服务台、电梯、公共卫生间等公共区域,到餐厅、游泳池、会议室等经营区域,再到员工休息室、更衣室、员工餐厅和公寓等后台区域的卫生和整洁都要靠PA组来保持。因此,PA组的工作效果对整个酒店的形象及服务质量影响很大。

由于公共区域通常客流量较大,客人活动频繁,因此公共区域的清扫工作比客房的开展难度更大。清洁卫生工作在时间安排上要尽可能考虑客人的活动特点,避开客人活动的高峰时段,在活动较少的时间来开展。

公共区域范围广导致了公共卫生组工作人员工作地点比较分散,工作时间不一致。这给PA组的服务质量管理带来了更大的挑战。管理人员应该不断敦促服务人员增强责任心,并采用走动管理的方式,强化巡查和监督。

2. 大堂清洁卫生工作的安排

毋庸置疑，大堂是公共区域的核心。大堂中的清洁卫生工作也是相当繁重的。从门厅到地面、家居、扶梯和大量的装饰，每个部分都需要细致地对待。酒店将大堂区域的清扫工作分成白天的保持维护和晚间的彻底清扫和保养两部分来开展。例如，大堂的地面，白天以推尘为主，保持地面干净，尽可能避开客人集聚区，并对客人频繁走动的电梯口、门口等重点推拖。在晚间，客人都休息，大堂基本处于空闲状态时，公共卫生组员工则借助地面清洗机、抛光机等专业的工具对大理石或花岗岩的地面进行彻底清洁，并打蜡保养。

大堂的清洁卫生工作安排与天气状况也有密切的关系。如果遇到雨雪天气，清扫工作的繁重程度会有所增加。在大堂入口处，服务员会放置伞架和脚垫，并且通过增加推拖的次数来保持整洁。为了防止客人滑倒等问题，PA组员工要设置告示牌，对客人加以提醒。

7.3 顾客体验和服务质量管理

7.3.1 顾客体验和服务质量

体验是个人以自己独特的方式度过了一段时间，并获得特别记忆的过程。而酒店顾客体验，是酒店以酒店的整体环境为舞台，以设施设备等为道具，以服务为手段来创造的令消费者难以忘怀的经历。顾客体验是内在的、存于个人心中的，是个人在行动、情绪、认知上参与的所得。

酒店服务质量是酒店服务活动所能达到的效果及其满足客人需求的特征与能力的总和。客人的需求是复杂多变的，既包括基本的生理需求，也包括社会的和心理的需求。这使得服务质量的评价具有因人而异的特征。

服务质量和体验是密切相关的两个概念。从目标和手段的角度来说，高水平的服务质量，是顾客体验创造的基础；同时，创造出令顾客惊叹、惊喜而难忘的体验是酒店服务质量管理的更高目标。从管理过程的角度来看，体验管理和服务质量管理最终都是为了赢得顾客的满意和忠诚，但前者更多地强调店—客互动管理，促进顾客的情感参与；后者更多地从技术管控的角度出发，抓住影响服务质量的各种因素。

7.3.2 服务质量和顾客体验的构成

对于酒店服务质量和顾客体验构成的分析，有助于酒店确定管理的过程和重点。

1. 酒店服务质量的构成要素

所有与住店客人需要所相关的要素，都是构成酒店服务质量的要素。总体来说，酒店服务质量构成要素包括环境氛围质量、设施设备质量、服务水平、有形产品质量四大方面。

（1）环境氛围包括酒店外部周边环境以及内部环境氛围，具体是指地理位置、交通、商圈、周边配套设施、周边自然环境或者绿化，内部的整洁、空气清新和人文或文化氛围。环境质量直接影响到住店客人便利性和商务或休闲目标的达成，故而是服务质量重要的组成部分。

（2）设施设备是酒店服务赖以提供的工具基础。设施设备的质量体现在设施设备的数量充足、设施设备布局和位置合理、设施设备运转正常且性能良好。

（3）服务水平是指服务人员的服务状态和水平。具体说来，酒店是否设置了合理和适度的服务项目，服务人员的服务态度，服务提供的时机选择，服务的方式方法，服务的效率高低以及服务的专业化技能等都是服务质量的主要因素。

（4）虽然酒店客房出售主要的服务，但是客房里面许多客用品也同样影响了服务质量的总体水平。酒店客人注重的有形产品质量主要包括洁具、电器、家居、床品、卫浴用品、餐饮的菜品等。客人会重视上述产品的品牌、卫生洁净程度等。

 案例分析

某客人的宁波万豪酒店的入住评价

一位客人入住宁波万豪酒店后，在到到网上写下了以下评论"酒店地段很好，紧靠江边，我所住的房间还能直接看到三江口，风景非常棒。房间很大，豪华程度非常高。卫生间浴缸长度和宽度都比其他品牌的宽大很多。洁具是TOTO的，龙头淋浴都是汉斯格雅下面高端的雅生AXOR的，很有档次，非常舒服。配套的一次性用品虽然是国内的，质量一般，但是包装很精美，显得很有档次。他们的用心值得表扬。床非常非常的舒服，躺上去就不想起来了。床品的质感也非常细腻，所以晚上睡得非常好。万豪品牌给我印象最深的是餐饮质量是几个连锁品牌中最好的。这次也不例外，早餐的丰富程度让人咋舌，而且味道很好。餐厅的服务人员也很热情，一个叫陈娜的很热情周到，宝宝很喜欢她。"

（资料来源：到到网 http：//www.daodao.com/Hotel_Review-g297470-d1147064-Reviews-or15-Ningbo_Marriott_Hotel-Ningbo_Zhejiang.html#REVIEWS

思考与讨论：上述客人的评价中哪些地方体现了服务质量的4大类要素？

2. 顾客体验和关键时刻（MOT）

由于顾客体验是客户根据自己与酒店的互动产生的印象和感觉，因此顾客体验由一系列的关键时刻（Moment Of Truth，即员工与顾客直接接触的每个时间点）来构成和决定。

 案例分析

给你贵宾级的待遇

来自北京的ivyqule（网名）在朋友的推荐下，入住了杭州开元名都大酒店后，给出了"5分（非常满意）"的评价。评论中写到，"服务人员的素质都很高，待人很热情。我去的时候被雨淋了有点感冒，回房间后不久就有人送了水果和姜汁可乐，免费的，我感动得差点儿没哭出来。两天都送了水果，虽然每次只是一个苹果一个梨，但感觉很舒服啊。房间的卫生很好，打扫很及时的。外出定出租车，当时出租车在罢工，很不容易定的，但是酒店还是帮忙定好了，解决了很多的麻烦。走的时候还送了一个兔子的布偶做纪念。住在这里是很享受的。"

（资料来源：到到网 http：//www.daodao.com/Hotel_Review-g298559-d1405881-Reviews-New_Century_Grand_Hotel-Hangzhou_Zhejiang.html）

思考与讨论：构成本次客户良好体验的关键时刻是哪些？

顾客对于每一次关键时刻的感受和评价，取决于员工的A（Appearance）外表、B（Behavior)行为和C(Communication)沟通。外表不仅指员工的外貌端庄和衣着得体，还包括员工展现在面孔上的表情以及表情所表达出来的为客人服务的意愿。行为则是员工在与客人互动过程中的行为的礼仪、规范性、响应性、高效性等特征。沟通要求员工细心聆听客人的需求，做好反馈、解答、解释，保证准确理解客人，适当地表达自己和酒店的意见。所有与客人接触的员工，都应该深刻理解服务的涵义，并正确执行。

资料链接

酒店业中服务(Service)的含义

S：Smile for every 微笑待客
E：Exercellent in everything you do 做到无可挑剔
R：Ready all the time 随时做好提供服务的准备
V：Viewing every customer special 把每一位客人都视作特别的
I：Inviting your customer to return 真诚地邀请每位客人再次光临
C：Creating a warm atmosphere 创造温馨如家的环境
E：Eye contact that show we care 随时关注客人

7.3.3 客房服务质量的控制方法

优秀的酒店服务质量管理要运用全面质量管理和零缺点的质量管理的理念和思想，本着以员工为本、全面参与、全程控制的原则，有序地开展以下几个环节的工作。

1. 质量目标的确定

质量目标是质量管理的指南针和指挥棒，它确定了服务质量应该走向何方，是酒店开展服务质量管理的首要任务。酒店应该围绕着客人需要这个核心，结合酒店的实际情况，明确本酒店的质量管理方针、政策和措施。客房部应该根据酒店的总体质量目标，来确立本部门的质量标准和规范。为保证质量目标的严肃性和广泛接受性，酒店应该将质量目标写入员工手册，将质量标准形成明确的文件，并通过培训系统有效传达给所有员工。

2. 组织机构的设立

组织机构的设立是服务质量管理工作合法化和科学化的重要保证。首先，酒店的最高决策者或管理者应该是服务质量管理中最高的责任人，各部门的经理也应该对各自管辖部门的质量管理制度的制定和实施负有主要责任。其次，酒店应该常设专职的机构来承担服务质量管理和控制过程中的各种职能。再次，酒店要明确不同的部门、不同的管理层次，在质量管理中的任务和权限，做到事事有人管、事事有规范、检查有标准、相互有沟通和配合。

3. 控制和检查的强化

有效的控制和检查是客房服务质量的保证，也是质量管理不可或缺的环节。酒店主要通过服务信息管理和现场管理两种方式来实现对质量的监督控制。

服务信息管理是指酒店对反映服务质量及可能影响服务质量的因素的有关情报信息进行完整的收集，以此反映服务质量水平、服务过程中出现的问题等。为此，酒店通常设计了众多的信息收集表单，例如设备运行和维修记录、客房检查记录、投诉记录、交接班记录、值班记录、客房进房记录、顾客满意度调查表等。

现场管理是在服务提供的现场，对服务提供的过程和结果进行监控，以期及时发现问题，进行纠正，保证"出品"质量。一般来说，现场管理由多个不同层次的员工和管理者共同参与。

客房服务质量的第一道检查关口是员工自我检查。例如，客房清洁完成后，要求员工自行对客房的状况进行巡查。这道关口是防止事后弥补给客人带来不便，给酒店带来损失。第二道关口是领班的普查。客房领班负责某个区域中全部客房的清洁卫生结果的检查，一般来说，走房清洁完成后，只有经过领班检查确认后，才能汇报给总台，等候出租。第三道关卡是主管或者经理的抽查。他们在全部的客房区域中，随机或者有目的地选择部分客房进行清洁卫生的检查，做好相关记录。有时甚至会征询住店客人的意见。第四道关卡是驻店经理或者总经理的重点检查。他们亲自检查和督查可能产生重要影响的客房区域的检查工作，帮助发现问题。上述第二至第四道检查，管理者都要按照制定的客房检查标准和表格来展开。

当然，顾客才是最终的检验标准。故而，酒店通常会通过顾客意见表（满意度调查表）或者是管理者直接拜访等方式，了解客人对于客房服务质量以及其他服务的评价。

案例分析

糟糕的客房体验

某客人入住某高档酒店，到达走廊时发现走廊地毯很脏，有些失望。入住客房后，拿出来拖鞋，发现拖鞋是被使用过的。客人当即打电话给客房服务中心，让服务员送来了新的拖鞋。通过询问，服务员坦诚为了环保，酒店的拖鞋是回收利用的。第二天早上起来的时候，客人发现牙刷有非常严重的掉毛现象，客人估计这个也是个别的质量问题，没有作太多的计较。后来，又发现房间的被子上还有鲜红的血迹，感到很恶心。客人决定再也不入住这个酒店了。

思考与讨论：案例暴露出该酒店服务质量管理中的哪些问题？

4. 评估和问题改进

无论是顾客的要求，还是酒店的员工都处在动态变化的过程中，因此，善于总结服务质量当中的问题和教训，持续地改进酒店服务质量是非常有必要的。酒店应该重视对服务失误、投诉、满意率等方面的分析，将质量分析制度化，并重视对其结果的运用。

PDCA循环是用于分析和解决质量问题的常用方法，它由计划（Plan）、实施（Do）、检查（Check）和处理（Action）4个阶段组成。首先，要求对酒店服务质量的现状进行分析，找出存在的质量问题，并运用ABC（Activity Based Classification）分析法找到影响最大的主要问题。进一步分析上述质量问题产生的主要原因。提出解决上述问题的目标、计划、措施、方法和责任人。其次，组织人员和其他资源，实施既定的计划。再次，实施完成后，对质量情况进行分析，并将分析结果与最初的进行对比，明确改进措施的具体效果，同时查询其他可能存在的质量问题。最后,对已经解决的问题提出巩固措施,以防止问题再度发生。例如,将新的操作规范进行标准化,修改原有的考核制度和激励制度,强化培训等。上述4个阶段循环推进,不断带动酒店的质量走向新的高度。

选择题

1. 客房部的主要工作任务包括(   )。
   A. 客房清洁   B. 公共区域卫生
   C. 洗涤业务   D. 客房区域的对客服务
2. 目前国内大多中高档酒店都采用(   )进房制。
   A. 一进房   B. 二进房   C. 三进房   D. 随机进房
3. 酒店的服务质量取决于以下哪些方面(   )。
   A. 环境氛围质量   B. 设施设备质量
   C. 服务水平   D. 有形产品质量
4. PA组负责的公共区域范围不包括(   )。
   A. 大堂   B. 停车场   C. 花园   D. 客房

判断题

1. 公共区域清洁卫生的安排必须要尊重客人的活动规律和部门的经营运转规律。
                                                              (   )
2. 套房是指至少拥有两个卧室的客房。   (   )
3. 在客房内发现客人故意遗弃或者留置的物品,员工有权丢弃。   (   )

问答题

1. 客房部有哪些主要的任务?
2. 客房服务有哪些基本的特点?
3. 怎样做好客房的清洁工作?
4. 客房的计划卫生有什么重要的意义?要怎么开展?
5. 怎么做好公共区域的清洁和保养?
6. 不同类型的酒店如何设置客房对客服务项目?
7. 怎样做好客房部服务质量的检查和控制?

案例分析

<h3 style="text-align:center">皇冠假日酒店测试针对商务旅客的新服务</h3>

皇冠假日酒店在其欧洲的三家分店测试以下4项新服务项目的效果。

(1) 能量项目:这个项目名为"Run Stations",酒店作为跑步爱好者的起始点,为他们提供地图、水和毛巾,让旅客在出差时也能享受跑步乐趣;酒店还会为他们提供水和水果的补给,完成运动后有能量补给用的健康小吃盒。

(2) 快速且新鲜:一份精心制作的新鲜菜单,随时准备好在顾客需要之时迅速提供美味、新鲜的餐食。

(3) 方便早餐:有时候要好好吃一顿早餐有点难,尤其日程比较紧张时;客房叫餐服务等待时间比较长，挂出叫餐的门牌也需要15分钟以上的送餐时间；这意味着商旅客户要么起个大早待在房间里吃，要么就要急匆匆地下楼去吃，或者干脆不吃早餐；这个项目能提供盒装早餐选择，客户随时能在房间里或在路途中吃。

（4）随时互联：缺乏跨设备的全方位连接服务是商旅客户经常抱怨的一个问题。这个项目让所有设备可以及时充电，客户也能得到WiFi保障下的打印服务。

皇冠假日酒店伦敦大都会区的总经理Anthony Worrall说："我们收到了许多客户有价值的反馈信息，我们从中总结出的道理就是，好好听听顾客在说什么。"这个测试服务是基于收集来的64333位商务旅行者的反馈意见推出的。根据这些反馈，皇冠假日正在研究能协助客户顺利完成工作的方式，因为有些客户需要能帮助他们更好地工作的服务。这个项目的初衷是为了提供让客户更好更轻松地完成工作、提高工作效率的服务体验。这些项目目前测试很成功，将在2014年正式推出。

（资料来源：环球旅讯，http：//www.traveldaily.cn/article/74596.html(有删减和改编)）

思考与讨论： 1. 案例怎样体现了质量管理的PDCA过程？

2. 酒店怎样创新客房的服务项目？

实践训练

1. 选择某个多品牌酒店集团，登录它的官网，仔细观察不同类型客房的内部空间格局，对比不同客房的内部设施的差异，尝试画出客房空间布局示意图。

2. 练习"中式铺床"的过程，时间控制在35分钟以内。

3. 制订自己家的"计划卫生"方案。

第8章 康乐部的运转

导　言

"生命在于运动"，娱乐让人快乐。随着我国经济的飞速发展，国民的生活水平得到了显著的提高，大量人群生活压力也同步增大，这引起了对运动、休闲、健康等的重视。在全面服务型酒店或者度假类型的酒店，康乐部同样也能成为重要的收入来源，并往往成为酒店非常具有特色的部分。本章从康乐的定义入手，论述酒店康乐部的各种项目设置，以及主要康乐项目的服务流程，并在最后讨论了康乐部的管理要点。

关键术语

康乐、休闲、娱乐、球类运动、康体运动、娱乐项目、保健项目

引导案例

湖泊度假村的康乐设施设计

某集团要在湖泊度假区域内投资建设一家豪华度假村，为了和其他的竞争对手相区别，集团试图让这座度假村在康乐设施上做到与众不同，并且希望康乐设施不仅能够提高本度假村的吸引力，更给酒店带来高的收益。设计方提出的第一种康乐设施组合方案是：充分利用湖泊的气候和环境优势，以专业养生和康体为主题，除大众化的球类运动外，强化水上运动项目和 SPA 保健项目。第二种组合方案是，充分区分不同年龄阶段的顾客，为不同年龄段的顾客提供不同的项目，青年康体、中年康健、老年康复 3 个系列的康乐项目和设施，青年以健身房、网球和游泳为主；中年的沙狐球、高尔夫运动练习场和老年人的慢跑专用道、太极馆等。

思考：两种方案，你倾向于哪一种？为什么？两种方案涉及的后续管理有哪些不同？

8.1　康乐部概述

8.1.1　康乐的定义

康乐，顾名思义是指健康娱乐的意思，是人们为了达到提高兴致、增进身心健康的目的，在闲暇时间、一定的场地和设备帮助下参与的休闲性和消遣性活动。现代康乐是人类物质文明和精神文明高度发展的结果，也是人们精神文化生活水平提高的必然要求。

康乐部是酒店中提供场所、设施和服务，帮助客人实施利于身心健康的娱乐活动的部门，是方便顾客、满足多种消费需求、吸引顾客、体现酒店档次的服务水平和营业收入的重要部门。酒店的康乐部除了提供客人一个康乐场所之外，还承担着作为人们交流感情、

交换信息、洽谈业务的重要交际场所的功能，也赋予了康乐更现代化的含义。

8.1.2 酒店康乐部的功能和地位

美国迈克尔沃尔夫在《娱乐经济》中指出，"娱乐因素"将成为产品和服务竞争的关键，消费者购买商品，都或多或少地在寻求"娱乐"的成分。在这种"娱乐导向消费"的趋势下，酒店康乐部在星级酒店中将越来越处于重要的地位。

1. 体现酒店档次和魅力

根据中华人民共和国《旅游酒店星级的划分与评定》GB/T 14308—2010 标准规定三星及三星以上的酒店必须配备康乐设施设备，并提供相应的服务。而对于低星级酒店则没有对康乐设施有要求。因此，酒店具备康乐部，提供康乐服务本身就说明了酒店的等级和档次。

2. 酒店利润的重要来源

随着休闲娱乐消费日趋高涨，很多酒店已经把休闲娱乐作为重要的盈利点来培养，甚至产生一些以娱乐休闲为主导的"娱乐休闲酒店"。例如，美国的拉斯维加斯，分布着众多的超大型酒店，全世界最大的16家酒店中，拉斯维加斯就有15家，这些酒店虽然客房豪华、食品饮料质量上乘，但客房和餐饮的收入在经营中的利润贡献却败给了休闲娱乐项目。

3. 参与竞争的重要手段

康乐部在酒店中的地位越来越重要，在酒店经营过程中，酒店中的康乐功能，最初是按西方人追求健康和缓解工作压力的需要而设立的场所，在相当长的一段时间，康乐部门一直处于从属地位。一些酒店将其归属于前厅部，另一些则将其归属于客店部。随着居民消费水平的提高，人们更多地关注自身的健康。健康包括两个方面，一是身体功能上的健康，二是心理健康。无论是从身体上还是心理上，参加休闲活动都能让人在一定程度上得到身体功能的锻炼和恢复，以及压力释放后的精神状态恢复。可以说，休闲的康体娱乐活动已经成为现代都市人生活中不可或缺的一部分，代表着一种潮流。

酒店作为体现时代潮流的综合体，无论是从科技产品的使用，还是消费方式的变化都处于社会的领先地位。康乐部是体现酒店对潮流理解能力、接受能力以及创新能力的一种手段，康乐部是酒店参与市场竞争的重要手段。

8.1.3 康乐部的任务

康乐项目主要包含康体与休闲两大类。在中国人的传统观念中，旅游者是"入夜而栖"、"日出而行"，无非是住上一宿两日、来去匆匆的"过往客"而已。人们对于酒店的功能需求主要局限在"住宿"、"食膳"上。随着全球一体化的深入，西方的生活方式以各种各样的方式渗透到我国居民的生活中。人们的旅游观念有了改变，酒店不再是吃饭、睡觉的地方，而是"休闲、享受的地方"。特别是西方人不中断体育运动和体育锻炼的习惯，成为了引领发展康乐部消费时尚的先行者，在羡慕和向往这种生活方式后，全民掀起了关注生命健康的运动热潮，康乐部就是提供场所满足人们达到休闲、康体愿望的部门。总的来说康乐部的主要任务有以下几个。

1. 满足顾客体育锻炼需求

人们除了参加传统的体育锻炼活动外,还在不断寻求更有情趣的能够寓身体健康于欢乐的活动。运动能让人快乐,运动能让人健康,运动能让人忘记烦恼,运动能让人的情绪得到平复,无论是从身体上还是精神上,运动都对人有巨大的好处,不论男女,不论老少,积极地投入到体育锻炼中去,都能获得满足和幸福。康乐部应多配备一些运动器材,如健身房、自行车、球类场馆等。

2. 满足顾客形体美需求

拥有优美的形体对于男人和女人来说都非常重要,它体现出来的是一个人对自己生活的控制能力,常年的坚持、面对美食诱惑的抵制力、运动中的耐力等都是体现人优良品质的载体。因此,现代人越来越重视自身的形体美。通过运动的方式获得的才是最健康、最有魅力的形式。此外,美发服务、水疗等也能满足客人形象美的需求。

3. 满足顾客娱乐需求

娱乐活动使人们能够在一段时间内摆脱工作及工作环境带来的体力上的消耗和精神上的压力,得到体力和精神的休息和恢复;人们在娱乐活动中还能得到快乐、获得知识、激发灵感。在符合我国法律的前提下,康乐部要在康乐项目设置上尽量丰富多样,满足人们各种各样的娱乐需要。

4. 满足顾客对康乐技术技巧需求

很多康乐设备的技术含量较高,需要使用者掌握一定的技术技巧。对于不会使用设备的客人,服务员要提供耐心、正确的指导性服务,配备专业的教练既保证顾客在运动中的安全,又能提供一定的指导服务,让顾客得到身体的锻炼和心理的满足。

8.1.4 康乐部的组织机构

酒店康乐部的职务设计与其他部门没有明显的差别,实行直线制的组织机构,即经理负责,主管和领班督导,员工一线操作,并各自向直属上级负责的形式。大型的酒店康乐部的组织结构如图8.1所示。

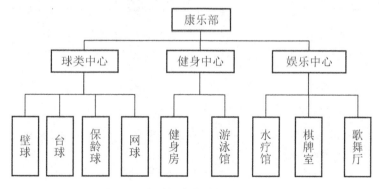

图8.1 大型酒店康乐部组织结构图

8.2 康乐部业务

8.2.1 康乐部项目种类

1. 康体项目

借助一定的运动设备、设施、场所,通过顾客主动参与活动,在愉快的气氛中促进身心健康的活动项目。如保龄球、台球、网球、壁球、高尔夫球、健身房、游泳池。康体项目不是广义上的体育运动项目,而是一些具有较强娱乐性、趣味性的运动项目,既要达到特定的锻炼身体的效果,又要达到消遣和放松的目的。康体项目的主要特点如下。

第一,设备的质量要求高。康体类项目主要包括健身器械运动、游泳运动、球类运动和户外运动等。其中以健身器械运动最为常见。这种类型的活动对器械的质量要求较高,器械的质量决定了运动的质量。许多酒店设立健身房,将康体设备集中放置,如图8.2所示。

第二,普适性。首先,康体类项目的运动量适中,普通的顾客身体一般都可以承受,而且在项目进行中,随时可以根据身体状况终止运动,或者加大运动量;其次,康体类项目中大部分属于大众普及运动,顾客有一定的了解和参与经历,对于顾客来说比较容易参与此类项目,因此康体类项目具有一定的普适性,是顾客选择较多的一类项目。图8.3所示为香港半岛酒店的健身房。

图8.2 酒店健身房示例

图8.3 香港半岛酒店健身房实例

2. 娱乐项目

娱乐项目指通过提供一定的设施、设备和服务,使顾客在参与中得到精神满足的游戏活动。娱乐类项目主要包括KTV、舞厅、电子游戏、棋牌等游戏类项目,闭路电视、背景音乐、书报等视听类项目以及乐器演奏等表演性项目。图8.4所示为酒店内乐器演奏。图8.5所示为酒店棋牌室。娱乐项目的特点如下。

第一,讲求气氛。娱乐类项目一般气氛较为浓厚,顾客在参加此类项目时,容易受到环境和气氛的感染,调动参与者的积极性。

图 8.4 酒店内乐器演奏

图 8.5 酒店棋牌室

第二,参与性强。娱乐项目的另一个特点是顾客的主动参与性较强,自娱自乐、自我表现,通过这种方式得到心理上的放松和满足。

3. 保健项目

保健项目指通过提供相应的设施、设备或服务作用于人体,使顾客达到放松肌肉、放松心情、消除疲劳、恢复体力、陶冶情操、改善容颜等目的的活动项目。例如,桑拿浴、按摩、氧吧、足疗(图8.6)、温泉、SPA(图8.7)等。

图 8.6 足疗

图 8.7 SPA

保健类项目,无论是选择按摩还是足疗,或是其他,通常需要经过专业训练并取得一定资格证书的人员来提供服务,技能水平的高低不仅关系到服务质量,甚至还关系到顾客的安全问题,如果选用不称职的服务人员,很有可能给客人造成身体伤害。

保健项目的另外一个特点是活动的被动参与性较强，顾客参与此类项目时，一般处于静态状态的时间较多，而服务员处于活动状态，顾客在静态中享受服务人员提供的保健类服务。

8.2.2　康乐项目设计影响因素

康乐项目开始出现在酒店时，只是附属项目，有的酒店归属前厅部，有的归属客房部，有的酒店归属餐饮部。随着客人对康乐需求的扩大，康乐设施和康乐项目不断增加，康乐部的盈利也越来越多，康乐部在酒店经营中的地位和作用也越来越重要。康乐部门逐步从其隶属的部门中独立出来，形成一个专业化的管理部门，成为与客房、餐饮等部门平行的重要部门。现在，三星级以上的大酒店都设有康乐部。

康乐项目多种多样，在选择康乐项目时，酒店应关注以下几个因素。

1. 经济效益

酒店是盈利的组织，酒店在设置康乐项目时首要考虑的就是经济效益。即比较康乐项目的投入成本、维护成本、运行成本，以及预期客流，估算成本回收期，然后综合评价项目是否从经济上符合设置的条件。

为了提高自身的经济效益，康乐设施怎样收费，是单独收费，还是计算在房费当中，这需要进行市场调查进行确定。目前，大部分康乐设施是单独收费的，如保龄球、台球、美容美发等，可以直接取得经济效益。隐性收费是把康乐项目所收费用打在客房费用当中。通过这种隐性收费的方式可以使客人感到实惠，从而提高客房出租率，达到提高酒店经济效益的目的。对康乐项目来说，这是一种间接的经济效益。

2. 社会效益

在全民健身运动的年代，酒店业同样要承担一定的社会责任，将康乐部的部分空间对外开放，既满足社会对康乐活动的需求，又对住店客人提供服务的同时，又有新的收入来源，既提高了康乐部的经济效益，又能扩大酒店在当地的知名度。

3. 顾客正当需求

人们旅游的期望值在不断提高，酒店不仅是解决食宿的地方，同样还是会见亲朋、家庭聚会、休闲娱乐的场所，酒店康乐设施的设置在法律和规范允许的条件下，应当满足顾客的正当要求。

4. 适宜性

康乐项目多种多样，酒店在康乐项目设置上并不是越多越好。而是要考虑酒店场地、所在地的气候特点、地理位置等因素。受场地限制的酒店不可能设置占地面积很大的康乐项目，如室外高尔夫就不适合。寒冷地区的酒店一般不宜建室外泳池，受气候和季节的影响，利用率也较低。一般情况下，北方地区的室外泳池一年中只能在6、7、8三个月开放，造成游泳池的极大浪费。

> **知识链接**
>
> <h2 style="text-align:center">娱乐场所管理条例</h2>
>
> 开办娱乐场所需持有娱乐经营许可证。《条例》规定,设立娱乐场所,应当向所在地县级人民政府文化主管部门提出申请;设立中外合资经营、中外合作经营的娱乐场所,应当向所在地省、自治区、直辖市人民政府文化主管部门提出申请。
>
> 娱乐场所不得接纳和招用未成年人。《条例》还明确,除国家法定节假日外,游艺娱乐场所设置的电子游戏机不得向未成年人提供。娱乐场所也不得招用未成年人。如招用未成年人,《条例》规定,由劳动保障行政部门责令改正,并按照每招用一名未成年人每月处 5000 元罚款的标准给予处罚……
>
> 5 种地点不得设立娱乐场所。为防止扰民,《条例》规定,娱乐场所不得设在下列 5 种地点:居民楼、博物馆、图书馆和被核定为文物保护单位的建筑物内;居民住宅区和学校、医院、机关周围;车站、机场等人群密集的场所;建筑物地下一层以下;与危险化学品仓库毗连的区域。
>
> 对营业时间,《条例》也作了具体规定,每日凌晨 2 时至上午 8 时,娱乐场所不得营业……
>
> 娱乐场所应使用正版音像制品、电子游戏产品。曲目和屏幕画面以及游艺娱乐场所的电子游戏机内的游戏项目,不得含有危害国家安全、煽动民族仇恨等内容;歌舞娱乐场所使用的歌曲点播系统不得与境外的曲库连接。
>
> 《条例》规定,游艺娱乐场所不得设置具有赌博功能的电子游戏机机型、机种、电路板等游戏设施设备,不得以现金或者有价证券作为奖品,不得回购奖品……
>
> 《条例》规定,国家机关及其工作人员不得开办娱乐场所,不得参与或者变相参与娱乐场所的经营活动。
>
> 《条例》规定,与文化主管部门、公安部门的工作人员有夫妻关系、直系血亲关系、三代以内旁系血亲关系以及近姻亲关系的亲属,不得开办娱乐场所,不得参与或者变相参与娱乐场所的经营活动……
>
> 《条例》规定,有下列情形之一的人员,不得开办娱乐场所或者在娱乐场所内从业:
>
> (一) 曾犯有组织、强迫、引诱、容留、介绍卖淫罪,制作、贩卖、传播淫秽物品罪,走私、贩卖、运输、制造毒品罪,强奸罪,强制猥亵、侮辱妇女罪,赌博罪,洗钱罪,组织、领导、参加黑社会性质组织罪的;
>
> (二) 因犯罪曾被剥夺政治权利的;
>
> (三) 因吸食、注射毒品曾被强制戒毒的;
>
> (四) 因卖淫、嫖娼曾被处以行政拘留的。

8.2.3 康乐项目设置依据

1. 市场需求

现在的客人除了要求吃得好、住得好之外,还需要更高层次的服务来满足。酒店在设置康乐项目时可以到娱乐业发达的地区学习经验,引进先进的康乐项目,了解顾客的需求同时又能引领休闲潮流,刺激新的市场需求。

2. 酒店星级

在国内依据最新的星评标准,康乐设施成为高星级酒店的必备设施,根据康乐设施的种类多少以及类别,在星级评定时有不同的加分。因此,酒店在设置康乐项目时,可以参考要申报的星级要求的标准,合理设置与星级相匹配的康乐项目。

3. 资金能力

康乐项目的设置首先需要考虑的就是资金问题,市场调查后、对项目进行深入分析、量力而行。

4. 客源消费层次

酒店设置康乐项目时,要根据酒店的档次,宾客的消费层次来设置,过高或者过低都是不适合的。

5. 接待能力

酒店设置康乐项目时还需要考虑接待能力,包括住店客人和市场半径之内的客流量,保证康乐项目正常接待不出现拥挤或门可罗雀的状况。

6. 消费习惯

设置康乐项目时还要关注酒店所在地的人文环境,人们偏好哪一种康乐活动。如四川人喜爱喝茶、打麻将,四川地区的酒店在设置康乐项目时,茶室和棋牌室就可以多一些。

8.3 康乐部服务规范

8.3.1 康乐部员工素质要求

1. 文化水平

一般来说,服务员应具备职业高中毕业水平或同等学历,对专业技术较强的岗位,可以适当放宽,但是比如是西餐的服务员,要有一定的外语交际能力,因为西餐外国人比较多,文化水平的高低直接影响酒店的发展。

2. 资历要求

对于这一块,酒店一般在招聘时都会写明有经验者优先,因为有经验了,酒店就不会投资较大的成本去培训。还有在酒店实习服务员必须要有1年以上经历,但有些特殊岗位,可能经历就要多几年,有些需要两年或三年以上,都是有不同要求的。

3. 专业知识

酒店服务员对于专业知识应十分扎实,最基本的是熟悉酒店服务的基本知识,不同的岗位基础知识是不同的,比如中餐厅,你就必须要了解酒店SOP服务流程,还有一些设施设备的使用,酒水、海鲜的知识等都需要知道。

4. 业务能力

普通岗的服务员应具备一般接待服务工作的能力,特殊岗位的服务员除具备所在岗的服务员能力外,还应通过考试取得相应的专业合格证书,如司机要有驾驶证。

5. 道德修养

酒店服务员应为人正派,诚实可靠待人热情,乐于助人,能吃苦耐劳,有奉献的精神,有努力做好本职工作的主动精神,这些都是最基本的。

6. 有较强的处理人际关系的能力

酒店服务员一般都是面对面地服务客人,所以应具备善于与人沟通的能力。一方面,能够以礼待人,尊重顾客的人格和愿望,热情服务,主动满足顾客的合理需求。另一方面服务员应乐于接受领导,并且能友善对待同事,团结协作,处理好与领导、与同事的关系。

7. 体质状况

作为服务员身体健康是很重要的,像餐饮、管事工、客房都应具备健康证上岗。体力充沛,精力旺盛,如客房,一般都要是体力活,没有充沛的体力是不行的。服务员还要能承担一定强度的体力工作。承担夜班工作,能承担一定噪声环境的工作。还要能承担一定的心理压力,特别是在餐饮这方面是直接对客服务,有时客人会对你发脾气,所以你应有一定的心理准备。

8. 形体形象

对于这方面,酒店是相当重视的,因为服务员就是酒店的一个形象。酒店要求服务员无明显生理缺陷,形体胖瘦适中,各部分比例协调,线条优美,五官端正,形象良好,要求女服务员不矫揉造作,男服务员大方沉稳。

8.3.2 康乐部员工岗位职责

1. 游泳池岗位职责及操作细则

1)救生员职责

(1)负责客人游泳的绝对安全、勤巡视池内游泳者的动态,克服麻痹思想,落实安全措施,发现溺水者要迅速冷静处理,做好抢救工作并及时向有关领导报告。

(2)认真做好每天的清场工作。

(3)负责游泳池水质的测验和保养及游泳场地的环境卫生。

(4)上班集中精神,不得与无关人员闲谈,救生台不得空岗,无关人员不得进入池面。

(5)由于游泳池深浅不一,来的有大人、小孩,有会游泳的和不会游泳的,对此一定要注意,要勤在泳池边观察。注意游泳者的动向,防止发生意外,保证客人的安全。对不会游泳者可作技术指导。

(6)定时检查更衣室,杜绝隐患。

(7)如遇雷雨天气,要迅速安排客人上岸,确保客人安全。

图8.8所示为苏州吴宫泛太平洋酒店室内室外游泳池。

图 8.8　苏州吴宫泛太平洋酒店室内室外游泳池

2）服务岗操作细则

（1）住店客人进入游泳池一般凭房间钥匙或酒店发的证件免费游泳，服务员带领客人到更衣室更衣。客人的衣服用衣架托好挂在衣柜里，鞋袜放在柜下，贵重物品要客人自己保管好，需要加锁的要为客人锁好，钥匙由客人自己保管。

（2）发给客人三巾，即浴巾、长巾、方巾。方便客人游泳和游泳完后洗澡用。

（3）若客人未带游泳衣裤来，则卖给客人游泳衣裤，服务一定要周到细致。

（4）客人离开泳池时，要注意提醒客人带齐自己的东西。

3）池水净化与卫生打扫程序

（1）晚上停止开放后，向泳池中投放净化及消毒药物，进行池水净化和消毒。

（2）每天早晨，对宾客开放前要进行池水净化，即吸尘，去掉水面杂物和池边污渍，搞好泳池周围环境卫生。

（3）净化池水要先投放次氯酸钠，过两小时后再投放碱式氯化铝。

（4）注意若投放次氯酸钠消毒就不能投放硫酸铜，避免因化学作用而引起游泳池水面变色。

（5）药物控制：根据泳池的大小，次氯酸钠为 0.5～1 公斤，pH 值控制在 7～7.8。一般以当天水清澈透明，呈浅蓝色为止。

（6）泳池环境卫生必须在每天开放前和停止开放后，用自来水冲洗地面。在开放过程中如发现有客人遗弃的纸巾、烟盒、火柴盒、食物包装纸或其他杂物要随时拣放在垃圾桶里集中处理。以保持泳池的环境卫生，使其整洁美观。

（7）将泳池四周的咖啡台、椅、躺椅、花几等抹干净，整理整齐，若是露天泳池，有遮阳伞的，马上要收起来集中存放在器具室。

2. 桑拿岗位职责及操作细则

1）桑拿岗位职责

（1）搞好服务工作，做到有迎有送。

（2）熟悉各种设施器材的使用方法，注意加强设备、器材的检查和保养，及早发现问题尽快处理。

（3）在客人使用各种设备、器材时要勤巡视，并做好记录。桑拿要保证休息室有人值班，保证客人安全。

(4) 认真搞好墙壁、池面、浴池等各项设施的卫生，做好浴池、浴缸、地面无水锈、水迹，按时换水消毒。

2) 按摩员职责

(1) 按摩工作做到轻重适度，松肌活络，达到轻松舒服的效果，使客人高兴而来，满意而归。

(2) 服从班长的工作安排，自觉按编排顺序进行工作，不得挑肥拣瘦，一切以方便客人为原则。

(3) 按操作规程做好按摩工作，要替客人带路、开灯、挂衣服等，做完按摩要送客，保持房间整洁。

(4) 搞好环境卫生及个人卫生。

3) 桑拿浴室操作细则

(1) 接待客人前，服务员必须检查桑拿室的温度是否达到标准；冷水池、热水池的水质情况；冷热水龙头水流及水掣是否正常。做好迎接客人的一切准备。

(2) 客人来到时要热情接待，递给客人三巾和浴衣，请客人自己到更衣室更衣，交给客人更衣柜的钥匙，提醒客人保管好自己的衣物。

(3) 客人桑拿完后，请客人到休息室休息一会儿，请客人喝一杯咖啡、清茶或其他饮料，然后请需要按摩的客人轮候进行按摩。

(4) 按摩人员为客人按摩时要注意自己的手势，要轻重适度，不停地征求客人的意见，是酸还是疼痛。客人感到疼痛时要及时地改变手势，拿准筋络进行按摩，使客人达到松筋活络，清除疲劳，舒服轻松的效果。

(5) 客人离开时要表示欢送，感谢客人的友好合作，并提醒客人带齐自己的东西。

(6) 浴室停止服务后要搞好卫生，关好水掣，清洁浴池和场地，收拾客人用过的三巾、浴衣送洗涤部清洗。

(7) 写好工作日志，做好交接班准备工作。

3. 美容中心岗位职责

1) 美容岗职责

(1) 热情待客，礼貌、周到地为客人服务。

(2) 理发美容用具摆放有序、卫生，按规定进行清洗消毒，严防传染疾病。

(3) 地面保持卫生干净，每次操作完毕后，要进行地面清理，停止营业时要彻底打扫。

(4) 对客人的询问，要耐心礼貌地解释，不清楚的要及时请示。

2) 操作细则

(1) 客人来美容中心美容，要热情接待，表示欢迎。若客多时要按先后次序安排客人美容。

(2) 客人进入美容室时，客人需宽衣要帮助客人宽衣，并用衣架托好挂在衣柜里，然后给客人穿上理发衣或围上布罩，请客人入座(理发布罩可待客人坐定后再给客人系上)。

(3) 客人无论是理发、洗发、电发、美发等都要事先给客人洗头，然后再进行其他程序。在进行前先征求客人的意见，然后再按客人的要求进行美发。

（4）给客人洗发一般由理发师副手做，先调好水温然后才为客人洗。第一、二次用洗发液洗，第三次用护发素洗。为客人洗发时手势要轻重适度，防止洗发液流到客人的眼、耳、颈里。洗完发后要尽量用干毛巾将客人的头发擦干，然后请师傅为客人剪发。

（5）为客人剪发时按客人要求修剪。剪发时神情要专注，动作要轻快、熟练，使客人感到轻松愉快。

（6）美发过程中，客人头发上施上药水电发或其他原因需等候时，要告诉客人等候的时间，并请客人饮一杯咖啡或热茶。

（7）为客人美发时，要按客人头发的疏密、面形等进行造型。根据客人的要求认真细致，整理出客人理想的发型，落发油、喷香水要适度，做到令客人满意为止。

（8）美完发后要告诉客人，并多谢客人的合作。副手要为客人清理剪下的发毛，解下理发衣，围布，帮客人穿上衣服，带客人到收款台付账。客人付完账要表示多谢，客人离开时要送客，欢迎他（她）下次光临。

（9）美发是由理发师、副手、杂工合作来完成的。因此，合作要默契。杂工主要负责递毛巾、整理理发用具、准备美发药液剂、清理发毛、搞好卫生等工作。

4. 健身娱乐岗位职责及操作细则

1）球类、健身房岗位职责

（1）热情、周到地为客人服务，主动介绍有关运动项目及特点。

（2）熟悉和掌握有关健身器具的性能和操作要求。提高服务素质，为客人提供优质的服务。

（3）按规定及时擦拭和保养运动器具，需要消毒的要进行消毒处理，使之符合卫生和保养要求。

（4）各运动场所要保持地面干净清洁，如有污染或纸屑烟头等，要随时打扫。

（5）对球类应充分了解比赛规则和技巧。对各种健身设备应注意使用方法，并能对不同的客人略有指导。

2）操作细则

（1）客人来时致以问候，热情接待，微笑服务。

（2）对不会玩的客人主动提供技术指导，耐心引导，需要为客人拣球的，要为客人拣球或递球。

（3）掌握各类健身运动器械性能、特点及玩各类球的技巧。

（4）管理好球及玩球工具、设施。爱惜和保养好运动器械，整理好运动场所的环境卫生，保持整洁美观。

（5）停止开放后，要整理好运动场地，收拾好球类及器（工）具，搞好卫生，待班长检查合格后方可下班。

5. 舞厅及音乐厅岗位职责

1）岗位职责

（1）音乐厅、舞厅因灯光暗（一般点蜡烛或酒精灯），服务员要勤巡视、勤观察、勤为客人服务，多推销饮品。

（2）音乐厅、舞厅的客人较复杂，要细心注意客人和设备的安全，若发生情况要沉着冷静，妥善处理。自己处理不了的要及时报告值班经理及保安部来处理。

（3）准备好各种酒水、炸薯片、炸花生米、炸腰果仁或虾片等小食和饮料，周到地为客人服务。

（4）保持空气清新，使舞厅有一个舒适幽雅的环境。

2）操作细则

（1）引领客人入厅，拉椅请坐，征询客人要何种饮品，并向客人介绍当天供应的饮品种类。若同一台有多人时要记清每个人点的饮品。

（2）酒吧凭客人票的尾单领取饮品、纸巾、花生或其他小食，上饮品时先放杯垫后放饮品，然后放小食。

（3）客人需购买饮品时，要热情主动地上前站在客人的右边，问清客人需购饮品的名称、数量，然后到酒吧帮客人买。上饮品的程序同上。

（4）上饮品、食品从客人的右边上，左边撤。

（5）音乐会、舞会结束时要即刻开灯，客人走后要及时清场。注意检查有无烟头，收好杯具、食品盛器，收整好酒吧，搞好卫生，待经理或班长检查合格后，关好灯掣方可离开。

8.3.3 康乐部安全管理

康乐部的存在是为了让顾客在住宿的过程中，有更丰富的体验，有利于身心健康。但是根据经验来看，康乐部却是一个安全问题频发的部门。康乐项目中一些球类运动、借助运动器械的项目、游泳项目等都有一定的危险性，比如在壁球运行中扭伤，健身器材损坏造成的顾客身体受伤，游泳过程中溺亡等，甚至在保健类项目中如按摩等项目也有可能对顾客的脊椎、骨骼等造成伤害。这使得安全管理在康乐部有特别重要的意义。

1. 康乐部问题发生的主要原因

总的来说康乐部安全问题出现的原因主要有以下 5 个方面。

第一，设施设备质量问题。

顾客参与康乐项目对于康乐部的设施具有很强的依赖性，当这些本身出现质量问题时，会对参与项目的顾客造成不同程度的伤害，如健身器械断裂、破损、漏电等。因此，在购置康乐器材时，一定要严把质量关，坚决杜绝低质量的器材。

第二，设施设备日常保养问题。

任何设施设备不管起初质量再好也离不开日常的维护和保养。离开了必要的保养，设备老化程度加快，安全隐患增加，也就增加了顾客发生安全事故的几率。比如，在壁球厅中，没有对玻璃幕墙进行必要的检查和维护，顾客在打球过程中因碰撞玻璃幕墙导致幕墙破裂，造成伤害；泳池周围的积水没有及时处理，导致顾客跌倒摔伤等安全事故时有发生。

第三，顾客自身问题。

康乐活动中，顾客由于准备活动不充分，过高估计自己的技术水平选择了难度较大的活动、身体状况欠佳或是不按照设施设备的操作规范操作等原因都有可能造成安全事故的发生。如在游泳前，顾客没有做必要的热身运动，在下水后抽筋导致溺亡；或是在饮酒后，剧烈运动，造成严重的后果；在健身房中选择了超出自己体能范围的器械，造成肌肉拉伤或骨骼损伤等。此外，在某些康乐活动中，顾客的情绪会被强化，兴奋状态下做出一些伤害他人的事件也并不罕见。

 案例分析

  某五星级酒店康乐部最近面向全市人民开放，开办家庭会员卡。根据规定，每一家庭会员可推荐一名15岁以下儿童成为附属会员。但特别注明，12岁以下儿童不得使用健身室，除非有父母陪同。
  一天，一位妈妈带着自己4岁的女儿琳琳一起到该酒店康乐部做瑜伽。运动了一会儿，琳琳累了，就到一旁的休息区休息，而妈妈则继续练习瑜伽。过了一会儿，琳琳觉得无聊，趁工作人员不注意就走进健身房里闲逛，出于对健身器材的好奇，琳琳在东摸西摸后被哑铃砸伤了手指。
  思考与讨论：康乐部发生这样的安全事故谁应当承担责任？为什么？

  第四，员工操作问题。
  某些康乐活动在实施过程中需要员工的辅助或参与才能进行，如按摩。员工在操作过程中没有按照正确的操作规范，或没有经过严格的培训或缺少必要的资格证书，则可能会对顾客造成伤害。
  第五，管理规范问题。
  康乐部在安全事故多发的项目和区域没有配备更多的保护人员，没有在标识标牌中做到提醒义务等制度和规范不足造成安全事故发生。

2. 康乐部安全管理的主要对策

  要做好康乐部的安全，主要通过以下几个方面的措施。
  1）保证设备设施的安全性
  要做好康乐部安全管理工作，首要问题是解决设施设备的安全问题。这应当从两个方面来入手。第一是要保证设施设备在购置时的出产质量。严格把控设施设备的采购，选择有实力、有口碑、有质量保证的供应商，严格检查设施设备的质量，安装后进行调试和试运行，发现问题及时处理，退货或更换新的设备。第二是要严格执行设备的保养计划，做到日常维护保养和三级保养，发现问题及时进行检修和维护。员工在上班前要先对设备进行检查，以防意外事件。
  2）确保正确和安全地操作
  加强员工的培训，使员工首先在思想上认识到安全管理的重要性，通过培训，掌握每一种设备的使用方法和操作流程，让员工了解酒店的各种安全制度，建立安全档案；做好各种应急预案的训练和演习，做到日常工作熟练，突发情况有序。对于特殊岗位，要求员工必须取得符合要求的上岗证。
  3）现场的有效指导和监管
  安全管理的另一个重要因素是顾客。在康乐部客流量较大的场所，加强对顾客的劝说，尽到书面提醒和现场口头提醒的义务，加强对现场的监管，随时发现不规范的操作动作，及时纠正和指导，有效降低安全事故发生的几率。

选择题

1. 现代酒店中最常见的康乐设施包括（　　）几类设施。
   A. 康体类　　　　　B. 文化类　　　　　C. 保健类　　　　　D. 娱乐类
2. 酒店康乐项目设置的时候主要依据市场需求和（　　）。
   A. 客源消费能力　　　　　　　　　　B. 消费习惯
   C. 酒店资金水平　　　　　　　　　　D. 酒店的档次和星级
3. 康乐部员工的素质除了文化水平、道德修养、身体状况等基本因素外，还需要有（　　）。
   A. 专业知识　　　　　　　　　　　　B. 业务能力
   C. 外表形象　　　　　　　　　　　　D. 人际沟通和交往能力

判断题

1. 酒店康乐设施的外包和对外开放成为现在酒店经营的重要趋势。（　　）
2. 按摩和足疗是现代酒店中普适度很高的康体项目。（　　）

问答题

1. 在2010版星评标准出台后，对星级酒店康乐部的要求有何变化？意图是什么？
2. 康乐部的项目设置应当考虑哪些因素？
3. 康乐部的安全管理应当如何落到实处？
4. 和康乐部相关的法律法规有哪些？

案例分析

桑拿房惊魂

6月10日晚上，刘先生和朋友前往杭州某酒店住宿。晚上两人准备去桑拿房里蒸一蒸，一解旅途劳顿，可是谁想到一进桑拿房的小木屋，刘先生就掉进了"坑"里。刘先生腿夹在木头中间，仰面摔倒在桑拿房里，两条腿都被木头划伤了，一条腿上大概有二十厘米长的皮都被蹭掉了，头重重地摔在了地板上。

原来，浴场的桑拿房是一间"屋中屋"，整个桑拿房是用木头建起的一个小屋子，高出地面大概四五十厘米。由于桑拿房的地板断裂，刘先生掉进了桑拿房和地面之间的"坑"里。

酒店负责人解释说，尽管桑拿房的木板是专用的，但因为长期处于高温、潮湿的环境，木板容易腐坏。问题出现之后，他们已经为那位顾客处理了伤口，做了一些相应的赔偿，现在已经派专人换上了新地板。

思考与讨论：酒店出现这样的情况原因是什么？怎样避免此类事件的再次发生？

实践训练

参观某五星级酒店的康乐部或仔细查阅它的网站，了解它们的康乐项目设置，康乐设施的布局和营业时间。分析这些项目对酒店的适宜性，并说说哪些康乐项目是独具特色的。

优秀管理篇

第9章 酒店安全管理

导　言

安全是人类最基本的需要之一，也是旅行在外的人们最重视的方面。没有做好安全管理的酒店，顾客宾至如归的感觉就更无从谈起。本章将围绕如何创造安全酒店这个核心，阐述现代酒店安全管理的内涵和任务，帮助读者树立科学的安全管理意识，说明如何构建酒店合理完善的安全管理制度和实施安全管理的方法和原则，并明确处理安全事故和危机的正确流程。

关键术语

安全管理、安全意识、安全制度、危机、安全生产、危机管理、危机公关

引导案例

失窃的手提包

下午5点钟左右，一位身体微胖的中年男客人进入××酒店西餐厅，坐在靠近水池的桌旁。大约1个小时后，这位男客人准备结账离开，发现手提包不见了。他把服务员叫过来，说手提包被盗了，服务员马上将情况报知当班主管。客人说遗失的包中有重要文件，有8000多元人民币和1000多美元，还有一部手机，总价值约20000元。主管见到客人后马上安慰客人，并马上向保安部报案，同时向当值此区域的服务员了解情况。

保安人员细心分析研究情况后，叫客人做了详细的记录，并请客人在酒店住下，待保安人员做了调查后再作回答。可是客人不同意，说是物品是在酒店被盗的，本人还有重要事情要处理，酒店应立即做出原价赔偿。经餐饮部和保安部经理劝说无效后，于是不得不报警。在警方来到之前，客人不像刚才那样态度强硬了。餐饮部管理人员感到有些意外，客人反常的表现也引起了他们的警觉。为了慎重起见，只能经警方调查后再作决定。警察来后，让客人到派出所说明情况，但客人立即表现出激动且很焦急的表情，说有很重要的事情处理。在警察询问下客人答应第二天上午亲自去派出所，事情就这样平静下来。

第二天，酒店保安部人员到派出所等那位客人，但等到中午12点钟，那位客人也没有到来，打其手机发现是一个空号，经过警察和保安人员的分析判断，这是一宗酒店诈骗案。

思考：酒店怎样做才能在保护客人安全的同时保证自身的安全？

9.1 酒店安全管理概述

酒店是人员密集的场所，客人多，员工也多。一旦发生安全事故，将造成重大恶劣的影响，甚至会上升到国际间的关系。因此，安全是酒店业发展的首要基础，也是酒店宾客的基本需求。回顾酒店业发生的种种安全事故，多数是源于管理者安全意识不够，对安全事故心存侥幸。不安全的酒店环境或者安全事故不仅伤害顾客的人身和财产安全，还会造成客人对酒店满意度下降、忠诚度降低，甚至是对酒店的声誉造成非常负面的影响。正确理解酒店安全管理的范畴、内涵，提高安全意识，建立完善的安全管理制度，是酒店正常运营的前提和基础。

9.1.1 酒店安全管理的概念内涵

1. 酒店安全的特点

酒店安全工作贯穿于酒店服务过程的始终，是一项复杂、持久、专业性很强的工作，没有安全，一切服务和生产就无从谈起。同其他行业比较，酒店安全主要有以下特点。

第一，不安全因素较多。酒店高层建筑多，生活用品多，用火、用电、用气量大，易燃易爆危险品多，加之来酒店消费的客人情况复杂，流动性大等因素，导致酒店潜在的不安全因素多。

第二，责任重，影响大。客人消费期间发生安全、意外事故，不仅使客人蒙受损失，更重要的是给酒店声誉带来恶劣影响，其政治上、经济上的损失是难以估量的。作为客人在酒店期间主要活动的区域，必须加强各种安全防范措施。

第三，顾客的隐私度高。一些客人往往利用客房进行违法乱纪的活动，如吸毒、贩毒、走私、嫖娼、赌博等。这要求酒店服务人员有观察、识别、判断和处理各种问题的能力。

2. 酒店安全管理的概念

"安全"在汉语中有两个含义，一是平安、无危险、没有事故；二是保全、保护。根据《安全科学技术词典》的定义，安全生产是指企业、事业单位在劳动生产过程中的人身安全、设备安全和产品安全，以及交通运输安全等。那么酒店安全是指在酒店生产经营过程中，以各项安全保障机制为基础，为宾客提供安全的消费环境，为员工提供安全的工作环境，在酒店控制范围内保护宾客和员工的生命、身体、财务和精神不受威胁和伤害，保障生产经营活动顺利进行。

从管理的任务目标来看，酒店安全管理主要包括3个层次：酒店宾客的安全、员工的安全和酒店自身的安全。酒店宾客的安全又可以具体为宾客的人身安全、财务安全和精神安全；员工的安全具体包括员工的人身安全和精神安全；酒店自身的安全包括酒店设施设备的安全、环境安全和经营安全。

为了达到酒店宾客、员工和酒店自身安全的目标，酒店应当从安全制度建设、技术技能安全操作规范和安全意识3个方面来加强。纵观诸多酒店安全问题，其中服务安全问题是最容易发生的。酒店的服务从技能上来说，难度并不高，经过一定时间的培训都能独立上岗，接下来就是需要不断地重复来达到熟练。在这种长期重复性工作疲劳的冲击下，放松安全意识，心存侥幸心理是引发安全事故的罪魁祸首。因此，意识问题是首要需要解决的。其次，在有安全意识的前提下，完善健全的管理制度是安全生产的重要保障。有了安全管理制度，可以为员工提供行为预期，激励或者约束员工的工作行为。而技术技能操作安全规范的培训是保证员工在服务工作中避免服务失误引起安全事故的不二法宝。

9.1.2 安全管理的重要性

常常有人认为酒店的安全工作是依附于服务而产生的，它不直接产生利润，属于非生产性部门，因而将之作为"二线"部门而轻视之。这种看法无疑是片面的。酒店安全工作的好坏，不仅直接关系到酒店的正常运转，也在很大程度上影响酒店的效益。

1. 安全管理是提高客人满意度的重要基础

按照马斯洛需求层次理论，安全是人类的一个最基本的需求。酒店对于宾客有免遭人身伤害和财产损失，保护精神安全的责任。对于任何人来说，身处陌生环境会使得内心不安感增强，因此酒店宾客对于安全的需求和敏感程度比平时更高。图9.1所示为一次火灾给酒店安全性带来的巨大后果。从经营的角度而言，为宾客提供安全的环境以满足客人对安全的期望，是酒店进行日常经营管理工作和提高服务质量的一个基础。

图 9.1　湖北襄阳一酒店发生火灾

2. 安全管理直接影响酒店的经济效益

酒店经营者有义务保证来店宾客人身、生命安全、财产安全和心理安全，要具备能够保证消费者安全的服务设施。否则，一旦安全事故发生，酒店自身的损失要自己承担，同时酒店还将承担客人财务人身安全受损而造成的经济损失。否则，酒店经营者将会面临因安全问题而引起的投诉、索赔甚至承担法律责任，从而影响酒店的经济效益。因此，从法律的角度而言，酒店在日常经营管理工作中必须牢固树立安全意识，确保酒店内所有人员及所有财产的安全。这里的"所有人员"，既包括宾客，也包括酒店员工以及所有合法在酒店的其他人员；"所有财产"包括宾客财产、酒店财产也包括酒店员工的财产。

3. 安全管理直接影响酒店的社会声誉

在满足安全的前提下，酒店通过提供各种餐饮、住宿、娱乐、会议等服务项目让宾客得到满足。各种营销手段、情感经营都是锦上添花的举动，根本的还是最基础的需求满足。一旦离开了安全的保护，宾客的满意无从谈起，而本应当提供高档次服务的酒店却在最低要求方面打了折扣，这不禁让所有的消费者对酒店的经营和品牌产生质疑。因此，酒店安全管理的好坏直接影响酒店的社会声誉。

4. 安全管理有助于提高员工积极性

安全管理不仅要求保证客人安全、酒店财产安全，同时也要保证酒店员工的安全。如果酒店在生产过程中缺乏各种防范和保护措施，会不可避免地产生工伤事故，使员工的健康状况受到影响，员工缺乏安全，就很难使员工积极而有效地工作。相反，在一个为员工安全着想的企业中工作，除了简单的雇佣关系外，更让员工从内心多了一些安全感和归属感，这对增强企业凝聚力有重要意义。

9.1.3 安全管理的特点

酒店的安全管理不同于其他企业，有着自己的特点，主要体现在以下 3 个方面。

1. 管理对象的广泛性

酒店安全管理涉及范围较广，几乎包括酒店的各个部门和每项工作，所以其管理内容极为广泛而复杂。既要保障宾客的安全，又要保障员工及酒店的安全，宾客数量多，流动性大，员工数量多，服务过程多且服务时多由服务员单独完成，缺少就近的监督；既有人身安全，又有财物安全，且管理要求各异；酒店是能源消耗较多的企业，容易产生安全隐患的区域较多，如前厅、餐厅、厨房、康乐场所、仓库、配电房、电梯、锅炉房、财务部等。

2. 全员参与性

酒店安全管理涉及酒店各个部门以及各个工作岗位，不是仅仅靠安全部就能做好，更需要酒店全体员工的积极参与。在酒店运转的过程中，员工是接触设施设备和客人最直接的人，了解设施设备运转情况，发现安全隐患靠酒店全体员工远比单靠安全部门和设备部门的检查有效得多。只有群防群治，才能真正把安全工作落到实处。

案例分析

罕见的蛋白质过敏

一位云南的客人，下榻到海南的一家酒店，晚上吃海鲜回来后，便跟服务员说有点头痛，要服务员送点开水，服务员送开水时，发现当时客人还较为正常，仅有点醉态的样子。服务员离开房间后，等了十来分钟又给该客人打了个电话，发现电话占线。过了一会儿，这位服务员又打电话进房间，发现还是占线。此时服务员并没有作简单处理，而是通知总机察看一下客人房间的电话，是未挂还是长时间通话，总机经过查证后，明确无误告知是未挂好。这时，职业的敏感让这位服务员觉得必有异常，于是上房敲门，未见人应答，询问总台，亦未见此客人外出，于是服务员果断地推门进房，发现客人痛苦地抽搐在床上,便立即送医院急救。经查实,该客人系得了一种较为罕见的蛋白质过敏病,这种病发作得较快,如果处理不及时,就会有生命危险,如果不是那位服务员发现,后果不堪设想。

思考与讨论:员工在安全管理中扮演怎样的角色?

3. 预防性

安全问题发生的概率较小,一旦发生,必然造成各种损失和影响。因此,在安全事故发生之前能够将问题消除和解决对于酒店正常运营来说,有着重要的意义。因此,防患于未然的原则必须全面贯彻到安全管理中去。

在酒店具体运营中,建立安全管理机制,实行安全责任制,落实到每个部门、每个区域、每个岗位,并把安全责任与利益挂钩,辅以定期的、长期的安全培训,提高全员的安全素养。

 案例分析

把梯子放倒

在一家酒店的员工餐厅外,因工作需要放着一把梯子。用时就将梯子支上,不用时就移到旁边。为防止梯子倒下砸伤人,工作人员特地在梯子上写一个小条幅:"请留神梯子,注意安全"。这件事谁也未放在心上,几年过去了,也未发生梯子砸人的事件。后来,酒店经过管理改革,聘请了外方管理公司帮助管理酒店,外方总经理来到梯子前驻足良久,提议将条幅改为:"不用时请将梯子放倒"。

思考与讨论:为什么新条幅比旧条幅更好?

9.1.4 酒店安全管理的基本原则

1. 安全预防为主

酒店的安全管理工作要以预防为主,及时发现安全事故隐患,将其控制在萌芽状态。这就要求酒店要根据相关的法律法规,以及结合以往的经验教训,用科学的方法进行分析,找出可能引发事故的部位,利用现有条件和科学手段加以控制和预防,实现安全生产的目的。

2. 物质基础为本

酒店的安全管理涉及食品、建筑、易燃品、刑事等方面,在控制和预防方面必须借助一定的设施设备才能完成。因此,酒店在消防设施、防火通道、隔火装置、烟感装置、监控装置、报警系统、救生设备、绝缘装置、消毒设备、安保设备等方面进行必要地投入,保证客人的人身和财产安全,即使发生了事故也能及时补救和追查。

3. 培训学习为纲

酒店安全管理涉及的部门众多,因此,安全管理不仅是安保部门的责任,而且是需要酒店全体员工共同努力和关心的大事。鉴于酒店行业流动性大,安全事故花样百出又不断更新形式,因此对全体员工进行持续有计划的安全培训是非常有必要的。在安全培训中,树立和增强员工的安全意识,提高对各类事故的鉴别能力以及处理能力,使每一位员工都成为酒店的合格安全管理员。

9.2 酒店安全管理控制与管理系统

9.2.1 酒店安全管理机构

1. 酒店安全管理机构设置

酒店安全组织是酒店安全计划、安全制度和安全管理措施的执行机构,其工作人员应当是专职的安全生产管理人员。酒店的安全组织一般有专门的安全部门、安全管理委员会、安全管理小组、治安协管小组、卫生安全协管小组和消防安全管理委员会等。

在每一种安全组织中,还需要明确每一级管理人员的安全职责,其目的是在明确管理主体的前提下,依靠全体员工做好酒店安全保卫工作。安全生产管理人员是指所有从事安全生产管理的人员总称,既包括专职的安全生产管理人员,也包括兼职的安全生产管理人员。从这个意义上说,安全管理不仅是安全管理部门的责任,同样也是酒店全体员工的责任,人人都是安全管理员。安全工作涉及的内容很广,设备、能源、空气、食品、死伤等众多因素都可能引发安全事故,做安全处理工作需要较多较广的知识和较快的反应能力,因此,作为一名安全生产管理人员,必须具备与酒店经营活动相适应的安全知识和能力,专职人员需具备相关安全生产方面的专业技术,并经过有关部门考核合格,取得专业技术资格,兼职的安全管理人员则需要定期、长期地进行各项安全管理培训。

酒店安全组织的设置,主要视本酒店具体实际情况而定,没有统一固定的模式,以符合本酒店的实际为适度的标准。图 9.2 所示为一家酒店的安全部门,仅供参考。

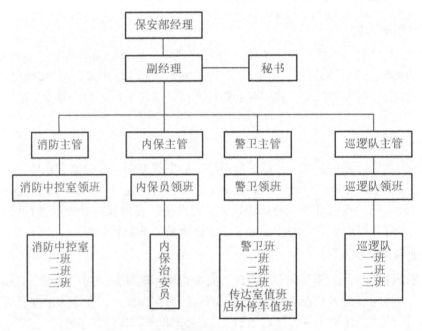

图 9.2 某酒店安全部门组织结构

2. 酒店安全管理机构职责

明确各级管理人员的安全职责是安全组织建设的重要内容。一般来说，酒店各级组织的管理人员是本部门或本安全区域的安全责任人。

酒店各部门都是在酒店总经理领导下开展工作的，总经理在安全管理方面的主要职责就是贯彻国家公安部门和上级主管部门有关安全工作的方针政策、法规条文，是酒店客人的人身、财产安全和酒店员工的人身财产安全的第一责任人，对酒店重大安全事故负监督与管理责任；负责组建酒店的安全组织；负责发起酒店安全管理委员会的工作会议；参与制定、审核各级各类安全管理制度及应急预案；监督各级、各部门、各区域安全组织的职责履行情况；负责重大安全事故和突发事件的应对指挥及处理工作。

部门安全管理的第一责任人一般为部门经理，对本部门内或区域内发生的安全事故负监督和管理的责任，同时需定期或及时向上级安全管理部门报告和反馈安全管理情况。对本部门内的员工制定安全培训计划，协同部门主管进行各种安全演习，监督和检查日常安全管理日志。

9.2.2 酒店安全管理制度建设

1. 酒店安全管理制度的拟定

酒店在拟定各项安全管理制度时，必须遵循国家和政府有关部门的相关法律法规，如《中华人民共和国安全生产法》《中华人民共和国食品安全法》《中华人民共和国消防法》《中华人民共和国动物防疫法》《中华人民共和国合同法》《中华人民共和国劳动法》《中国旅游酒店行业规范》，以及所在地的地方性政策和法规，结合酒店的实际情况按照等级、部门划分安全责任，并结合新出现的各种犯罪形式和犯罪手段及时调整酒店的安全管理制度。

安全管理制度必须用明确、简洁、清晰的文字表述，以文件的形式成为酒店的内部工作约束。制度中需要包含以下几点：安全管理组织机构、各级机构的安全职责、各级别各部门各区域安全管理的范围、安全管理的责任、安全管理的内容、安全管理的方法、安全管理的日常工作及特殊安全事故的管理及处理方法、安全会议以及安全档案的整理汇编、安全生产培训、安全生产相关的奖惩制度等内容。

由于酒店安全管理对象较为复杂，有的内容涉及较少，如食品检验、物资库房、洗衣房、配电室等可以采用根据岗位和区域来制定安全管理制度；而对于有些管理对象涉及两个以上部门或岗位的安全管理，则可以根据具体的安全内容来制定安全管理制度，如钥匙管理、物品寄存、访客登记等。

案例分析

客房里的纠纷

2012年10月4日晚9时许，马先生在北京某酒店用餐时，与人发生纠纷。晚11时左右，其与朋友回到宾馆315房间。不久，3名男子以到房间找人为由，在未做任何登记的情况下，进入马先生的房间，并把马先生打伤。马先生将酒店告上法庭，要求酒店承担责任。经法院判决酒店赔偿马先生3300余元。

思考与讨论：案例暴露出该酒店安全制度上存在什么不足？

2. 酒店安全管理制度的执行

安全制度的制定为酒店安全运行提供了依据，但把安全制度切实落实才是安全生产的有力保障。酒店可以借鉴其他企业安全管理的执行方式，采取建立安全责任承包的办法使酒店全体员工参与到安全管理中。同时对于安全管理要持有不折不扣的日常检查，未雨绸缪的隐患排查，从容不迫的应急预案以及有条不紊的突发事件处理相结合的观念。

1）建立安全责任制

没有明确的执行主体，安全管理制度只能是"墙上挂挂"。只有把安全责任落到实处，才能将安全管理有效地执行。酒店应该本着"谁主管、谁负责、谁当班、谁负责"的原则，将安全责任层层分解到各个部门、各个岗位，实行"定人"即安全责任人，"定岗"即明确岗位，"定责"即明确岗位需要承担的安全责任，并和奖惩制度有机结合，切实落实安全责任。

谁应该为此负责

北京海淀区一家豪华四星级酒店门口，一对夫妇带着三岁半的儿子用餐完毕准备离开，此时意外发生了。走在前面的孩子突然被飞转的大门一下子卷住，救出孩子后孩子父亲马上带孩子坐车去医院。但刚开出不久，孩子耳朵和嘴巴里涌出鲜血，眼球凸出。当他们赶到空军总医院后，医生进行了40分钟左右的抢救，终究没能挽回孩子的性命。

事发时门内侧进入处并无保安看护，而那个葬送孩子性命的转门，据说在有人靠近时，会接受感应而停止转动。酒店称可能小孩个头太小，导致没有产生有效感应，酒店也拒绝透露生产商。

思考与讨论：谁应该对本案例中的事故负责？案例暴露出该酒店安全制度上存在什么不足？

2）酒店安全生产例会制度

酒店从制度上确定召开安全生产例会的时间、地点、参加部门、会议主持、会议的主要内容。将日常的安全检查以及结果在安全例会上通报，督促各部门、各岗位每天开展安全检查，及时发现安全隐患，及时上报，及时处理。

3）酒店事故隐患排查制度

如遇大型活动或者重要节假日，可由总经理或安全管理委员会组织，展开专题排查，如防火检查、防疫安全检查、电路安全检查等，应对大型活动中出现突发状况。排查结果需记录在案，需要维修、更换的移交相关部门进行整改，整改结果也需要记录在安全检查档案中。

4）酒店突发事件应急预案

天有不测风云，在酒店这样一个开放的系统中，环境不是酒店能够完全控制的，因此酒店在经营过程中要时刻面临各类危机事件的考验。

无论何种形式的危机，也不论它的成因如何，一旦发生就会成为公共事件，立即引起公共的瞩目和舆论的关注。酒店在危机中采取的各种应对措施都要接受公众的审视、评论。意外事件的性质不同，预案所反映的内容也有区别。但就意外安全事件的共同属性而言，预案应包括处置意外事件的指挥机构、统一的报警和信息传递程序、处置力量的部署和具体任务。

> **资料链接**
>
> ## 九州国际大酒店安全管理制度
>
> 1) 会议制度
>
> 针对安全工作的长效性，酒店严格执行消防安全工作会议制度，每季度召开一次安全分析会，总结安全工作情况，分析可能发生的问题和潜在的隐患，提出预防措施，做到防患于未然，警钟长鸣。
>
> 2) 责任分解制度
>
> 根据"谁主管、谁负责"的原则，逐级落实安全责任制和岗位安全年责任制。市局与酒店签订《安全生产责任书》；总经理与各部门负责人签订《安全生产责任书》；同时各部门又成立了消防安全工作小组，部门负责人是部门安全工作的第一责任人，层层分解、层层监督，形成安全生产的链条式管理。
>
> 3) 检查制度
>
> 酒店在安全管理工作中实行三级检查制度。一级检查由各部门各班组织实施，排查辖区内的不安全因素，不能解决的不安全因素及时上报；二级检查由各部门责任人定期组织本部门安全工作小组、督导级对本部管辖地段、设备物资等进行检查；三级检查由酒店安全工作领导小组组织实施，对酒店各部门进行重点检查或抽查，检查出的问题下发隐患整改通知单，限期整改。
>
> 4) 车辆管理制度
>
> 结合本酒店的工作实际，我们始终将预防交通事故当做"三防"工作的重点来抓。酒店四辆车和四名驾驶员由总经理办公室集中统一管理，对车辆外出实行派车单制度；在管理上，制定了安全奖惩制度和车辆保养制度，实行安全行车与驾驶员的工资收入挂钩。在对驾驶员严格管理的同时，尽最大能力为驾驶员创造良好的工作心情和生活环境，减少工作压力，确保行车安全。
>
> 5) 特种设备管理制度
>
> 在特种设备管理方面，要求严格遵守岗位责任制和设备操作规程，如电工、锅炉工一律持上岗证。对于一些设施设备，要树立"安全无小事"的工作态度，从基础工作抓起。如防雷设施、天气自动报警装置等定期请专业机构进行检验，不合格的禁止使用。
>
> 6) 培训制度
>
> 为提高员工对突发事件的处理能力，每隔季度组织一次由各部门派专人参加的防火、防盗、防诈骗等教育活动，进行安全预防交流，提高员工防范意识；每月对重点区域进行现场演练，提高员工遇到突发事件时的疏散处理能力。对新员工的培训必不可少的两课是消防安全知识培训和消防演练。
>
> 7) 档案管理制度
>
> 按照酒店安全管理要求，对安全档案进一步完善整理，方便查阅和追溯。在日常的安全管理工作中注意用文字说话，没有记录就没有发生，真正将安全工作"痕迹化"管理落到实处。

3. 酒店安全事故的培训

安全工作的关键，其实就是管理与培训问题。管理人员要负责检查与发现不安全隐患，并及时纠正，更重要的是负责安全工作的学习与培训督导，只有全体员工都牢牢树立了安全意识,才能把安全工作落到实处。

1) 专业知识培训

专业知识的培训涉及酒店意识与安全工作的专业知识,主要包括酒店人应当具备的宾客意识、酒店的组织结构、部门设置、各个区域的运作、消防报警系统的程序、紧急事故处理的程序、酒店安全通道的布局、电梯操作控制程序和用电梯时遇紧急情况的处理程序、宾客行李安全保管及贵重物品寄存程序、宾客入住及结账程序、相关设备、工具安全使用规程、事故报告流程与事故处理等。图9.3所示为消防安全培训。

图 9.3 消防安全培训

2) 识别不安全因素

一般来说,酒店工作中不安全的因素可以分为两类:一类是酒店内部存在的不安全因素;另一类是住店宾客自身存在的不安全因素。

酒店内部存在的不安全因素,主要是由于酒店内机器、设备、水、电、热、气(煤气或液化气)系统由于管理不严、维修不及时或操作方法不当而发生跑水漏气或造成火灾事故;建筑物的维护保养做得较差而发生建筑工程方面的事故(如天花板掉落,阳台、观赏台等安装不牢固造成倒塌事故);因设施不良,如地板太滑,楼梯不整,照明不良而造成滑倒、摔倒、跌伤事故以及财务、商品等部门因管理不善、缺少安全防范措施、值班员擅离职守而发生现金、财物失窃等事件。

住店宾客自身存在的不安全因素,主要是客人违规将各种易燃易爆、剧毒、放射性等危险物品带进客房造成火灾等各种事故和隐患;客人违反酒店规定,在客房内使用各种电热设备而发生火灾或烫坏、烧坏客房内家具、地毯等设备。不法分子混进酒店客房内偷盗宾客财物;恐怖组织成员隐藏在酒店内从事搜集我国政治、经济、军事情报的秘密破坏活动或进行暗杀犯罪活动;以及客人利用酒店进行吸毒、赌博、卖淫嫖娼等违法犯罪活动。

除此之外,还有客人在客房内因一些主客观原因而自杀,客人发病突然死亡,极个别客人肆意滋事或客人白吃白住后潜逃。

因此,这就需要酒店员工每天检查,秉承"安全第一"的观念,时刻注意各个区域,各种设备和环境中的异常,同时要关注客人的异常举动,为危机处理做好准备。

案例分析

奇怪的中华烟

有两人到酒店用餐,其中一人事先到柜台要了两条中华烟,并把它寄放在酒店大堂,点好菜后,此人又到柜台要了一条中华烟,然后到大堂拿了先前的两条中华烟先行离去。留下的客人用完餐后欲起身离去,服务员告知尚未付账,此人称是对方请客,服务员告知对方已走,并拿走了三条中华烟。留下的客人称与对方不熟,偶然相遇,是对方说请客,力邀他到酒店用餐的。此时店方已明白受骗了,但烟已经被拿走了,后悔也来不及了。

思考与讨论:根据发生的案例,要怎样加强对于员工的安全培训?

9.3 常见事故防范和处理

9.3.1 酒店餐饮部安全管理

酒店餐饮部是安全事故频发的部门之一,究其原因是设施设备在操作过程中容易发生安全事故,食材的加工处理过程中环节多,容易引发安全事故。就餐饮部安全事故的表现形式来看有以下几种。

1. 运动伤害事故

餐饮部员工经常会搬运重物,在工作中难免会出现扭伤、拉伤、重物压伤等安全事故。因此,在对员工进行培训,按照正确的方法和姿势搬运重物。搬运之前先正确估量物品重量,让身体做好准备,利用腿部和胳膊的力量,保护腰部和背部,收起下颌,以免拉伤,保持重心。

2. 设备故障事故

餐饮部有种类繁多的各种器具设备,很多都有一定的危险性。例如,柴油灶、蒸箱、烤箱、冰箱、绞肉机、切片机、洗碗机、消毒柜等,这些设备故障容易引发火灾和人员伤亡。因此对餐饮部的各种设备要做到每日上岗前的检查和定期维护。

3. 作业安全事故

餐饮部的工作环境高温、潮湿、嘈杂,工作流程多且对速度要求较高,因此在加工作业过程中,会出现一些减少安全保护措施的动作来提高速度。经常出现的事故有滑倒、摔伤、汤汁容器里超过3/4溢出烫伤、热油烫伤、刀伤、机械伤、烧伤等,以及头发、创可贴、胸牌、私人饰物等散落在食物当中。因此,应当严格要求员工的着装和仪表要符合要求,严格按照操作规范使用各种设备。例如,使用绞肉机时,一定要借助工具将肉填入绞肉机,绝对禁止以手代劳,如果发生堵塞,应切断电源,然后进行处理;使用蒸锅前,应首先检查安全阀门是否正常作业,打开蒸锅要后退,防止蒸汽烫伤;刀具要按照用途和类别摆放,刀把一律朝外;使用刀具时,确保刀刃朝向地面;递送刀具时,刀柄朝向他人;刀具使用完毕,及时放回刀架;厨房内禁止嬉戏打闹。

4. 食品饮料保存失误事故

食品饮料从厨房和酒吧进入餐厅之前有多道工序，容易发生食材变质引起的腹泻甚至是中毒。因此，食材入库要按照类别进行存放，先进先出，防止食材腐烂变质。食材进入厨房前，要对其进行品质检查，质量不合格的坚决杜绝进入后厨。拿取食材时尽量使用工具，避免用手直接接触。厨师需定期体检，如果生病或手部创伤要及时报告，避免病菌进入菜肴。如果发生食物中毒事件，应当在确认后立即报告酒店总经理和各相关部门的部门经理。联系医务人员对中毒者进行及时救治，对食物取样化验，确定中毒原因。对可疑食品和餐具进行控制以备查证，防止中毒进一步扩散。由餐饮部负责，安保部门协助公安机关和卫生防疫部门调查中毒事件，并做好中毒人员的善后工作。

5. 就餐安全事故

餐厅中客人较多，容易发生偷盗、逃账、打架滋事等安全事故。因此，服务员要提醒客人保管好私人物品，酒店也需要在公共区域设置监控，以备调查。

9.3.2 酒店房务部安全管理

房务部是酒店的核心部门，是客人逗留时间最长的部门，因此发生安全事故的几率也比较高。常见的安全事故有以下几种。

1. 偷盗、丢失事故

客人贵重物品存放在客房内，被员工或者他人以非正当方式获取，或者顾客寄存在前台的物品、行李由于保管不当丢失的事情时有发生。这就要求酒店员工首先要有良好的职业道德，不拿客人的物品。其次要求员工在打扫客房时，要按照操作标准，将整理车横放在客房门口，对于要求进入房间的人员，一定要核实其身份。最后在保管客人物品和行李时一定要有记录和凭证，并做好交接和安全保护措施。

2. 客房设备故障

客房内用电用水的设备也容易发生安全事故。例如，线路老化、插座冒火花、马桶开裂、淋浴房玻璃破裂、天花板漏水等事故。因此，服务员在打扫客房时需要对客房进行设备检查，发现故障及时报工程部维修，工程部也需要定期对隐藏的线路和管道进行检查、保养和维修。

3. 人身安全事故

客房是客人的私密空间，客人在这样的空间内发生的一些行为是酒店不能控制的，如浴室摔伤、突发病、自杀、打架、伤害等。员工一旦发现酒店内发生凶杀、抢劫、强奸、重大盗窃、诈骗以及其他恶性刑事案件时，应迅速向保安部报案，保安部接到报案后要迅速赶赴案发现场，查明情况，保护现场并立即请示店领导或直接向公安部门报案。

酒店内若发生盗窃、打架斗殴、流氓、毁坏公共财物等治安案件时，员工应立即报案并保护好现场。保安部接到报案后应迅速赶到现场进行调查处理，并视情况紧急程度决定立即汇报或事后汇报。

住店宾客向大堂经理及值班经理投诉中提出的各类案件，大堂副理必须要让客人填写报案表,同时在 5 分钟之内向保安部门报案。保安人员赶到现场后,报案人应积极协助保安部展开调查工作。

店内员工中发生的各类纠纷和治安案件应在向本部门领导报告的同时,向保安部门报案,如属于失窃、丢失事件,应及时向保安部报告,按要求写出事情经过交保安部门备案。事情经过内容包括事情发生的时间、地点、当事人、主要事情的原因、经过、结果及要求。

9.3.3 酒店财务部安全管理

财务部经常发生的安全事故有金融诈骗、假现金假支票、员工贪污和挪用公款等。因此,要关注近期金融诈骗的报道和案件,对员工进行培训,提高警惕,增加培训,严格按照工作规范的要求接收支票和现金,提高识别假现金假支票的能力,最后还要制定严格的财务管理制度,杜绝由于制度漏洞造成的挪用公款和贪污。

9.3.4 其他紧急情况的应对与管理

1. 火灾处理

初起火灾,现场人员应就近取材,进行现场自救、扑救;控制火势蔓延。必要时,应切断电源,防止触电。自救、扑救火灾时,应区别不同情况、场所,使用不同的灭火器材。图 9.4 所示为消火栓的使用方法。

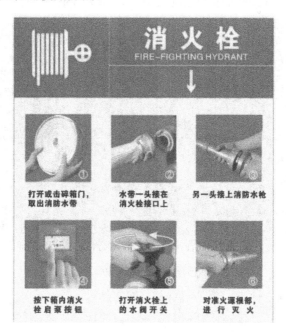

图 9.4 消火栓的使用方法

扑灭电器火灾时,应使用干粉灭火器(图 9.5)、二氧化碳灭火器(图 9.6),严禁用水或泡沫灭火器,防止触电。扑灭油类火灾时,应使用干粉灭火器、二氧化碳灭火器或泡沫灭火器。遇有火势较大或人员受伤时,现场人员在组织自救的同时,应及时拨打火警电话"119"、急救中心电话"120"或公安指挥中心电话"110"求得外部支援;求援时必须讲明地点、火势大小、起火物资、联系电话等详细情况，并派人到路上接警。

 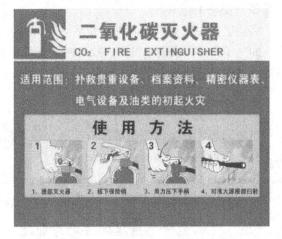

图9.5　干粉灭火器使用方法　　　　　图9.6　二氧化碳灭火器使用方法

火灾的自救与逃生。火灾最初五分钟是最佳逃生时机，首先应躲避浓烟，能向下跑的决不能向上跑；其次是躲避大火，不能一下就打开安全门，要用手背试一试门面的温度，温度不高时再打开门。然后撤离到安全地带，将受伤人员及时转送医院进行紧急救护。在从火灾现场撤离时，应该采取的正确逃生姿势如图9.7所示。

图9.7　火灾时逃生姿势

将事故发生的时间、地点、部位（单位）、简要经过、伤亡人数和已采取的应急措施等信息迅速传递给办公室，办公室接到应急信息后应立即核实现场的处置情况，组织有关人员或应急队伍赶赴现场。

应急队伍到达现场后，应服从现场指导人员统一指挥，按分工要求进行人员疏散，抢救物质，尽可能减少生命财产损失，防止事故蔓延；可能对区域内外人群安全构成威胁时，必须对与事故应急救援无关的人员进行紧急疏散。

火灾扑灭后，起火单位应保护好现场，接受事故调查并如实提供火灾事故的情况。协助消防部门认定火灾原因，核定火灾损失，查明火灾直接责任。

2. 触电伤亡事故

当发生人员触电事故时，现场人员应立即对触电人按下列要求进行紧急挽救。

首先切断电源开关或用电工钳子、木把斧头将电线截断以断开电源；距电源开关较近或断开电源有困难时，可用干燥的木棍、竹竿等挑开触电者身上的电线或带电体。可用几层干燥的衣服将手裹住，或站在干燥的木板上，拉触电者的衣服，使其脱离电源。

当触电者脱离电源后，应根据触电的轻重程度，采取不同的急救措施。如果触电者受的伤害不严重，神志还清醒，或虽曾一度昏迷，但未失去知觉，要使之就地休息1～2小时，并严密注意观察。如果触电者受的伤害较严重，无知觉，无呼吸，且心脏停止跳动时，应立即进行人工呼吸。如有呼吸，但心脏停止跳动，则应采用胸外心脏按压法，如图9.8所示。

图9.8　触电现场救助

如果触电者的伤害很严重，心脏和呼吸都已停止，瞳孔放大，失去知觉，则必须同时采取人工呼吸和胸外心脏按压两种方法。如果需要送医院抢救，在途中不能中断急救工作。对于与触电同时发生的外伤，应分情况处理。对于不危及生命的轻度外伤，可以放在触电急救之后处理。对于严重的外伤，应与人工呼吸和胸外心脏按压法同时处理。如伤口出血，应予止血。为了防止伤口感染，应当予以包扎。

事故发生后，应立即上报办公室。事故报告内容应包括事故发生的时间、地点、部位（单位）、简要经过、伤亡人数和已采取的应急措施等。应急信息的对外传递由办公室按照规定的上报程序执行。

3. 突发传染性疾病

酒店内有传染性疾病发生时，各个部门应根据统一领导，分级负责的原则，对传染性疾病做出快速反应，立即采取措施对传染源进行隔离，及时有效的开展自救，同时逐级上报到酒店应急救援指挥中心，应急指挥中心应根据《突发公工卫生事件应急条例》的有关规定及时上报卫生行政部门，并在卫生专业人员的指导下进行工作，积极应对突发传染性疾病的应急工作。

首先尽快确定传染源的传播范围，按照部门责任制原则，实行属地管理对有关人员就地实施隔离，确定可能感染人员处于严密监控中；其次要尽快控制疫情，所属部门马上按照应急预案采取紧急措施并封存相关的物品。第三，保安人员要要负责事故区域的警戒，严禁无关人员进出，严禁闲杂人员的围观和逗留。第四，密切关注事故区域的动态，及时做好上报。第五要严禁散布无关的言论和制造恐慌气氛。最后，在执法部门到达后，做好引领和协助工作，并做好酒店内部的消毒工作。

4. 易燃易爆品

对客房使用的煤油、酒精、杀虫药品、带厨房的客房煤气炉等易燃易爆品和有毒物品要加强管理，不准任意存放，更不准将易燃易爆和有毒物品带入客房。主管人员要指定专人负责，随用随领，用完加锁，防止发生意外事故。

如果发现客人携带易燃易爆物品，要动员其交出，代为保管，同时要报告主管和酒店保安部门。如若发生爆炸事件或发现可疑物品，可按以下办法处理。

1）发现报警

酒店员工如若发现爆炸或可疑爆炸物，应立即打电话报告总机接线员。接线员接到报警要问清时间、地点及情况，报告人姓名、部门和部位等。

接线员应按下列顺序通知有关人员到场：保安部经理、工程部经理、大堂副理；总经理或副总经理、夜班经理；前厅部经理、客房部经理；医务室和司机班。同时填写"爆炸物及报警电话记录"。

2）各部门处理办法及要求

当酒店出现此情况时，各部门由于工作内容、环境不同，也相应地要针对本部门迅速展开处理工作。工程部迅速关闭附近可能会由于爆炸而引起恶性重大事故的设备，撤走现场附近可以搬动的贵重物品及设备。

保安部立即组织人员去现场，在以爆炸物为中心地附近25米半径内疏散人员并设置临时警戒线，任何人不得擅自入内；打电话向公安局报案，待公安人员到场后，协助公安人员排除爆炸物并进行调查；向酒店领导汇报现场情况，积极配合做好各项工作并组织有关人员做好灭火及抢救伤员的准备；组织人员对附近区域进行全面搜寻，以消除隐患。同时询问发现人员及现场知情者并做好记录。

前厅部负责疏散报警区客人及行李物品。如果发生意外，参与抢救转运伤员。稳定客人情绪，安置疏散人员。

客房部准备好万能钥匙、手电筒及布草，以备急用；如果发生爆炸，协助参与抢救转运伤员，协助疏散客人；协助保安部负责现场周围的搜索，发现可疑物品立即报告。

医务室负责与医院急救中心联系并迅速抢救伤员。司机班准备好抢救用车，留一名主管待命调度车辆。

9.4 酒店危机公关

9.4.1 危机公关的定义

所谓"危机"，一般是由客观或主观因素，有时甚至是"不可抗拒力"所引发的意外事件，而使企业产生的紧急或危险状态。危机公关是指应对危机的有关机制，具体是指企业为避免或者减轻危机所带来的严重损害和威胁，从而有组织、有计划地学习、制定和实施一系列管理措施和应对策略，包括危机的规避、控制、解决以及危机解决后的复兴等不断学习和适应的动态过程。

酒店的危机种类很多，按照危机的性质有突变性危机、商誉性危机、经营性危机、信贷危机、素质危机、形象危机。引起危机的有自然灾害因素，有文化差异因素，有宾客本身因素，有安全事故因素等。所谓酒店危机公关，指的是当发生重大的突发事件时，酒店企业能够迅速采取措施从财力物力等方面为克服危机向社会提供帮助，从而更好地树立自己富有人道主义关怀、有着社会责任感的企业形象，扩大自己的知名度，提高自己的美誉度。

危机公关是一种新的管理方式，危机公关不仅局限于危机事件的处理，而是与管理层级融和，成为现代管理的一个新领域——危机管理。

9.4.2　酒店危机公关的必要性

发生危机是不幸的，但在发生危机后放过它则是加倍的不幸；实行危机管理则是化害为利。星级酒店业的危机管理是一个十分现实的问题，美国的"9·11"事件和炸弹邮件出现后，跨国酒店集团的管理公司都能在一个月内向管理所属酒店下达详细的应对措施，反映了对危机管理的重视程度。由于危机管理的重要性和普遍性，给予充分重视是完全必要的。

9.4.3　酒店危机公关的原则

尽管酒店要时刻预防危机的出现，但危机发生时的应对处理仍然是一个关键领域。因此，在危机来临时，酒店的沟通应该遵循以下原则。

（1）公开性原则。酒店在发生危机事件时，不论是否具有主观上的过错，都应属于危机的范畴，此时酒店应该向消费者公开事情的真相，不能"犹抱琵琶半遮面"，更不能封锁消息，保持沉默。

（2）真实性原则。真实性是沟通的关键。酒店在处理危机事件时，必须向各方面公众如实地反映和汇报整个事件的经过、原因、后果及酒店将要采取的措施，决不能故意隐瞒真相，更不能推卸责任。

（3）及时性原则。危机事件会借助媒体的传播功能迅速扩散，如果媒体不能在第一时间从酒店得到第一手信息，他们很可能就会根据自己的判断向外界发出报道，那些片面的猜测会加剧消费者对酒店的误会，使危机局面变得更加复杂。因此，诚实、及时的信息沟通，是危机公关中必须坚持的重要原则之一。

9.4.4　酒店危机公关的步骤

1. 危机发生前的防范

危机管理的重点应该是在发生前的防范，而不是危机发生后的处理。因此，酒店应建立一套完整、规范、全面的危机预警管理系统，平时强化员工的危机意识，及时发现各种隐患，设立警戒指标，一旦超越，马上启动危机管理。

2. 危机发生时的处理

1）危机监测

危机爆发后，酒店应立即成立紧急危机解决小组，对本次危机程度进行一个系统全面的监测扫描,一一列出电视、报纸、网络等刊登的版面、内容、观点等情况,对已经发生的事态做实时总结,并对进一步可能发生的状况进行预估。如电视台进行了怎样的报道、哪家媒体在播报,导向是什么,网上负面报道转载率多少,重点有哪几个网站等。

2) 及时应对

在了解事态的全面情况之后,酒店危机解决小组马上制定出应对策略和方法,防止危机的蔓延,同时做到最短时间内屏蔽各类负面消息。

3) 化解危机

化解的最佳办法就是针对性公布事实,让已知的消费者了解真相,采取不回避、不主动、迂回包抄的策略。

4) 危机承转

反"危"为"机"需要精准策划和巧妙构思。将"危险"转化为"机会",取得更多消费者的信任。

5) 形象重塑

通过"承转"的巧妙转移,关注事件始末的那部分消费者得到释疑了,但仍有只关注事件开始,没有关注事件后续发展的人群,主动出击"重塑"品牌形象。危机过后的酒店重塑企业形象是一项复杂的系统工程,需要酒店精心设计和实施。首先,酒店要如实兑现危机事件中对消费者的承诺,做好善后工作。如果酒店不兑现承诺或者忽视善后工作,则会极大地伤害消费者的感情以及对酒店的信任和期望,并可能引发新的危机。其次,要对新的企业形象进行重新设计,准确定位。重塑酒店的企业形象应当符合已经变化了的公众环境和大众要求,并且要有一定的前瞻性,以适应消费者未来的心理发展。最后,要综合运用多种手段和渠道,全方位传播新的酒店企业形象。

3. 危机发生后的总结

危机解决后,酒店要对危机带来的教训认真思考,对危机管理进行深入而系统的总结必不可少。危机总结一般可分为3个步骤。

首先是调查事态的全貌,分析危机的种类、引发原因、发生的时间、地点、过程、影响及后果。其次是评价本次危机应对的策略和方法。最后是提出危机管理的整改措施。

案例分析

××酒店危机公关解决方案

日前,本酒店举行婚宴时因错误地选择了质量不过关的熟食产品,而导致数十宾客中毒住院,对酒店的声誉造成了极坏的影响,为了缓解酒店的危机处境,重塑酒店的形象,特拟此方案。

1. 危机处理的准备阶段

(1) 成立专门的危机应对小组。包括从公关公司、客户方面要有专职人员24小时对危机发生和蔓延进行监控,同时每一阶段的处理结果都要形成决议,向外公布。

(2) 全酒店上下都要明确处理危机公关的5S原则,即①承担责任原则;②真诚沟通原则;③速度第一原则;④系统运行原则;⑤权威证实原则。

(3) 酒店上下在对外发言时要统一口径,由酒店的权威机构直接或委派一个专门的发言人对外公布相关事宜。切忌酒店的领导或员工随意对外发布不一致的信息。

(4) 制定好危机应对方案。

① 对公众主动承认自己的过错，勇担责任，树立一个敢于承担责任的企业形象。

② 请政府食品安全检察部门来酒店检查，并向公众公布检查结果，以表明酒店的食品安全卫生情况是合格的。

③ 与媒体合作，向公众说明事情的原委和真相，不要让其他不良报道误导消费者。

④ 到医院去探望中毒的顾客，向顾客道歉，做好对顾客的理赔工作，希望得到顾客的谅解。

⑤ 针对本次事件向顾客做一次问卷调查。了解消费者对本酒店此次事件的了解程度、具体看法、对本酒店的信任度以及其他消费需求等。

⑥ 根据调查问卷的分析结果，了解消费者的需求和担心的事项，然后制定出相应措施。比如，如果调查结果显示，消费者对本酒店的食品质量产生怀疑。我们可借鉴IBM公司采取的食品安全解决方案，重建消费者信任感，即为食品企业提供能将物流和信息流供应链有效连接起来的一整套全面的软件、硬件和服务，为客户实施一个"全价值可追溯性"系统提供分析和计划，还能提供"IBM食品安全管理器"等解决方案，这些技术和创新可以帮助企业增加透明度从而重建消费者对企业的信任。

2. 危机的处理阶段

展开在准备期制定的方针、政策，有步骤地实施危机处理策略。实施时要灵活变动，时时回馈，根据具体情况适当变更。同时每一阶段的处理结果都要形成决议，以便向外公布。

3. 危机的恢复阶段

展开一系列的促销活动，尽快地摆脱危机事件带来的销售低迷现象。

(1) 价格促销：大酬宾，让利消费者。活动时间为一个月，凡在本月期间到本酒店消费200元以内的顾客可享受9.8折优惠，消费200元至500元可享受8.8折优惠，消费500元至1000元可享受7.8折优惠，消费1000元以上可享受6.8折优惠。

(2) 广告促销：加大广告宣传力度，可在公车站牌处张贴宣传海报、在人多密集的广场处派发宣传单、加大电视广告的播出频率等。

(3) 质量促销：保证优等质量，优质服务。

(4) 特色促销：开放式厨房，让每一位顾客可以很清楚地看见自己的菜肴是如何制作的，也可以让顾客看到我们服务的规范性、食品的安全卫生程度。

(5) 口碑促销：利用公共宣传，发布新闻稿，请有公众影响力的人物发表讲话等。

4. 危机事件结束后的总结

处理完危机后，酒店要立即召开中高层管理者的紧急会议，总结此次危机事件，包括造成危机的原因、处理的经过、成效如何等。

本次事件是由于我们选择食品供应商不当，因此今后我们必须把好供应商这一关，选择有保证、可信赖的供应商，对食品安全卫生进行层层把关。此外，在今后的公关工作中，必须高度重视和媒体的关系，正确恰当地处理好与各种媒体的关系。

选择题

1. 下列属于酒店安全管理范畴的是(　　)。
   A. 火灾　　　　　　B. 逃账　　　　　　C. 挪用公款　　　　　　D. 爆炸

2. 客房内电线起火，可以使用(　　)灭火。
   1. 水　　　　　　　　　　　　　　　B. 干粉灭火器
   C. 泡沫灭火器　　　　　　　　　　　D. 二氧化碳灭火器

3. 酒店安全是头等大事，单靠安保部门是无法完成安全管理的。这说明了安全管理具有（　　）。
　　A. 复杂性　　　　B. 广泛性　　　　C. 预防性
　　D. 全员性　　　　E. 全过程性

4. 火警火灾应急处理原则是指（　　）。
　　A. 先消灭，后控制；先救人，后救火；先重点，后一般
　　B. 先控制，后消灭；先救人，后救火；先重点，后一般
　　C. 先报警，后消灭；先救人，后控制；先重点，后一般
　　D. 先报警，后救火；先救人，后救火；先重点，后一般

判断题

1. 厨师小陈在工作中不小心割破了手，他拿出创可贴处理了伤口，继续工作，直到第二天手部伤口发炎才到医院就医，这样的做法是否正确？（　　）

2. 刘明是某酒店前台的服务员，一天进来一位客人，拿出几张百元钞，请刘明帮助换成零钱，刘明接过钱就帮他把零钱更换了。刘明的做法是否正确？（　　）

3. 何嘉文是某酒店客房部员工，她打扫客房卫生时，走进来一位客人，何嘉文在询问了客人的姓名后打电话到前台核查，并询问客人房内一些特殊物品的位置，核查无误后，请客人进入客房，并请客人出示证件。何嘉文的做法是否正确？（　　）

问答题

1. 酒店安全工作有什么特点？
2. 酒店三大核心部门前厅部、客房部、餐饮部都有哪些常见隐患？
3. 酒店为什么要提倡全员参与安保？
4. 和酒店安全管理有关的法律、法规有哪些？
5. 怎么正确处理酒店的安全事故？
6. 危机发生后，如何有效展开危机公关？

案例分析

赚钱还是保命

北京朝阳××酒店顶层餐厅2012年3月21日晚突发紧急情况，包括66层在内的多层楼烟雾弥漫，喷淋设施打开，数人看到火苗，据当事者称，烟雾出现时，餐厅服务人员告诉顾客是"做菜的油烟味"。当闻到木材燃烧的味道后，喷淋系统启动，而此时服务员正忙着打单子，并示意顾客结账。服务员带领顾客乘电梯离开，并告知"这电梯很安全"。事后，顾客给餐厅打了投诉电话。22日上午，餐厅的一位主管不承认是火灾，对于在第一时间没有疏散客人而示意结账，他给出的回答是客人比较多，没顾上。对于这样的安全管理，如此荒唐的解释，顾客非常气愤，在微博上记录整件事情，引起不小的轰动。对酒店的声誉造成了严重的影响。

思考与讨论：1. 案例暴露出该酒店在安全管理中的哪些问题？
2. 酒店应该如何进行整改？

实践训练

搜罗网络信息，整理近两年来酒店发生频率最高的安全事故的类型，并分析其发生的主要原因是哪些？列表汇总调查结果。

第10章 人力资源管理

导　言

在酒店行业，许多成功的酒店巨头都有关于"人"的独特见解。酒店管理巨头万豪国际集团创始人威拉德·万豪说："只要公司很好地照顾员工，他们也会很好地对待客人，客人便会不断光顾万豪。"而著名的奢华酒店品牌里兹·卡尔顿的座右铭是"我们都是为绅士和淑女提供服务的绅士和淑女"。这说明了优秀的员工对酒店的成功具有战略性的影响。然而目前国内酒店快速发展的背景下，酒店管理人才的缺乏、优秀人员的高流失率已经成为困扰酒店发展的巨大障碍。酒店需要整合的人力资源管理系统来迎接上述挑战。本章结合酒店人力资源的特殊结构和要求，阐述如何招募合适的人员、怎样开展系统性的人力资源培训和帮助员工进行职业生涯规划、怎样正确地制定员工的考核和薪酬体系，从而保证酒店能够有合适的人、用对人、留住人。

关键术语

人力资源、岗位职责、招聘、职业倾向测试、培训、职业生涯规划、绩效考核、KPI考核、员工激励

引导案例

怎样应对"员工的集体大逃亡"

2012年年底到2013年，对于许多高星级酒店来说都是一段艰难的时光，许多酒店经历了酒店出租率、餐饮上座率、营业收入的大幅度下跌。××酒店也面临着同样的难题。酒店在2013年的营业收入下降了27%，客房出租率下降12%，仅有51.2%；餐饮收入减少26%。为了渡过难关，酒店高层制定了大量的政策，包括对外加大营销和促销力度、更富弹性的价格、与景区景点合作开展套餐团购业务，对内则加强成本控制。李新（化名）是该酒店的人力资源部经理，他正在计划2014年的人力资源工作，而他目前面临着另一个巨大的难题——桌面上成堆的辞职信，大量员工表示过完年就不再回来了。实际上，该酒店的员工已经从2012年的278人减少到了203人。李新与其中的一些离职的员工进行了谈话，员工辞职的原因有：酒店经营水平下降，对酒店未来不抱期望，所以趁早转行；酒店成本控制严格，工资上浮的可能性很小，加上原本就不高，所以没有吸引力；感觉酒店的工作时间不稳定，工作强度大。

思考：李新的新年工作计划中应该包括哪些内容？他怎么缓解上述难题？

10.1 人力资源计划与招募

酒店人力资源管理的根本目的是保证酒店拥有一支符合酒店发展需要的专业化的员工队伍。这支队伍的基本要求：第一，要有充足的员工数量，与酒店岗位数匹配；第二，员工的素质，如酒店意识和职业习惯等符合酒店经营的需要；第三，员工队伍具有整体性，他们相互配合，工作积极，共同完成酒店的目标。要达到上述目标，发现和挑选适合各项酒店工作的员工是第一步，这就是人力资源的计划与招募的工作。人力资源计划与招募可以分成3个核心的任务：计划、岗位职责和任职要求的明确和员工招募的实施。

10.1.1 酒店人力资源计划

1. 任务和目的

狭义的人力资源计划是酒店从整体战略规划和发展目标出发，根据内外部环境的变化，预测酒店未来发展对人力资源需求的活动过程。

人力资源计划的基本目标是明确现在和未来的一定时期，为满足酒店运营发展的需要所应该拥有的员工数量和质量，从而为人才的引进、使用、调整、人力资源的开发提供依据。因此，人力资源计划是人力资源管理活动的基础。

好的人力资源计划应该达到以下几个方面的要求。首先，满足现有企业运营的需要，结构合理，并具有一定的灵活性以应对酒店的季节性特征。第二，没有过多的人力冗余，以避免人浮于事或者人力成本的浪费；第三，具有一定的前瞻性和可发展性，根据未来经营的预测，适当储备人才，尤其是具有发展潜力的后备管理人才。

2. 计划的程序

人力资源计划的过程可以简单地划分为4个步骤：需求预测、供给预测、供需匹配、政策和措施的确定。

（1）需求预测是指人力资源部根据酒店的规模、档次、目前的经营状况和未来的经营预测情况，对未来某个时期内（短期的1～2年，中长期的3～5年）酒店所需要的人员进行估算。对于新建酒店来说，人员需求数量可以根据酒店客房的数量和员工配比的经验数据进行大致的估算。目前，国内经济型酒店的员工和客房数的配比为0.4∶1～0.6∶1；中档酒店的配比为0.7∶1～1∶1；高档酒店为1∶1～1.2∶1；奢华型酒店可能在1.5∶1～1.8∶1。已经在运营状态的酒店，则要根据酒店的客房出租率、餐饮的上座率等动态变化的经营数据，来对员工的需求数量进行调整。

（2）供给评估和预测是指对酒店现有的人力资源现状进行评估，并对未来供给变动的可能性进行分析和预测。现有人力资源现状的评估主要是理清酒店现有的员工状况和变动趋势。酒店人力资源供给的现状由员工的数量和结构特征、员工的素质技能、员工的发展潜力、员工的绩效信息等方面的内容组成。未来变动的可能性则主要是分析员工各种流动的可能性：包括离职、晋升、调动、离退休等。

（3）供需匹配是在需求和供给预测的基础上，对二者进行对比，以确定特定时期内酒店对于人员的净需求,简单地说,就是需求与供给的差额。当然,供需的匹配并不仅是一个总体数量上的问题,还是一个结构上的问题,要确定到不同部门、不同层次的人员,甚至是不同岗位的人员上去。

(4) 在供需匹配的基础上,酒店要确定合理的人力资源政策和措施,以应对人力资源供给和需求之间的差异。较多情况下,酒店面临着人力资源的短缺或者是局部的短缺。应对这种情况的方法通常有三种:第一,通过招聘新员工来添补空缺的岗位;第二,通过员工的内部调整和晋升来解决结构性短缺的问题;第三,刺激员工工作热情、激发潜能,提高劳动生产率。需要谨记的是,酒店的经营是有季节性的,故而人力资源短缺并不一定是一个刚性或者长期的状态,因此,招聘并非唯一解决短缺的渠道,优势提高劳动生产率和内部调整更符合酒店和员工发展的需要。反之,在人力资源过剩的情况下,可能需要安置员工、开展培训计划、降低员工成本甚至裁员。

10.1.2 岗位职责和任职条件

1. 岗位职责

岗位职责是对一个岗位所要求完成的工作内容以及应当承担的责任范围的描述。准确而合理地界定岗位职责有助于招聘合适的人员;有助于指导员工明确自己的责任,更好地完成工作;有助于实现科学的员工配置;有助于理清责权关系,避免推诿现象;有助于更好地开展考核。

岗位职责可以通过岗位职责说明书的形式来传达给普通员工和各部门的管理人员。岗位职责说明书的简单示例参看资料链接。不同的酒店在岗位设置和岗位职责的确定上是有所差异的,这与酒店的类型、规模、组织结构有密切联系。

2. 任职条件

任职条件是指为了保证工作目标的实现,任职者必须具备的知识、技能、能力和个性等方面的要求。任职条件的确定是以岗位职责为基础的,取决于完成岗位职责中规定的任务需要具备怎样的素质、知识、技能、经验、能力。企业常常用与上述条件相关的学历、专业背景、工作经验、能力特长等来更通俗地描述任职条件(见资料链接:某酒店前台主管的任职条件)。

> **资料链接**
>
> ### 某酒店前台主管岗位职责说明书(部分)
>
> 部门名称:前厅部
> 岗位名称:前台主管
> 上级主管:前厅部经理
> 下属部门(或下级):入住接待、问讯处

主要职能：
1. 在前厅部经理的领导下，负责前台的管理工作。
2. 根据业务要求和工作规范，督导接待处和问讯处的业务，对服务质量进行控制。
3. 负责接待处和问讯处员工的排班、考勤、请假、奖金评定等事务。
4. 负责每日检查工作、主持召开班前例会，准确有效地传达上级指令，布置和检查重要接待工作。
5. 负责调动员工的工作积极性，对员工的表现作出奖惩。
6. 帮助下属解决突发性的问题和工作难题，纠正工作失误和差错。
7. 负责接待处的设备的维护和保养检查。
负责对本处的员工进行业务培训和考核。

资料链接

某酒店前台主管的任职条件

自然条件：男22～35岁，身高1.75米以上；女22～35岁，身高1.63米以上。身体健康、活力充沛，仪表端庄。

受教育程度：大学专科以上学历，或获得酒店职业经理资格证书。

工作经历：曾经在四星级以上酒店前台工作3年以上，并担任领班以上的职务。熟悉前台运作和管理规范。

能力要求：有良好的语言能力，普通话标准，英语CET4级（及以上）；善于人际沟通；熟悉酒店管理系统的操作。

10.1.3 员工招聘

由于员工流动性很高，招聘员工成为许多酒店人力资源部一个常态化的工作。员工招募是指搜寻和挑选适合于各种岗位的人才的过程。这个过程包括向适合的群体传递广为需求的信息、面试、评估候选人和确定工作岗位的最佳人选的过程。

1. 内部招聘和外部招聘

外部招聘是寻找目前不受雇于酒店的备选人。内部招聘是在酒店内部寻找适合那些空缺岗位的员工，备选人来源于酒店已经雇佣的员工。在很多情况下，酒店会将内部招聘和外部招聘并用。

内部招聘的第一种重要形式是"内部提升"。当管理岗位出现了空缺，或管理人员流失时，酒店首先高度关注现有员工。现有员工在获得这类机会时，会感觉到备受激励，更加努力工作。同等级别的员工如果想要更换部门，也可以纳入考虑范围。内部招聘的另一种，是请员工在他们的朋友和亲戚中间传播招聘的信息，或者介绍候选人。

外部招聘则通常需要在更广阔的范围内，通过媒体、猎头公司、学校招聘会等形式发布招聘信息，甚至直接在酒店的门厅或外墙上发布招聘广告。招聘广告在设计时要注重信息完整性和吸引力。一般而言，招聘广告提供的信息包括酒店本身的基本信息、岗位需求信息、各岗位的薪酬待遇、基本的任职条件和要求、招聘单位的联系方式等。为了提高对人才的吸引力考虑到广告设计，如图10.1所示。

图 10.1　酒店人才招聘广告示例

大型的酒店集团因人才需求量大，还会采用专场人才招聘会(图 10.2)或者长期的网络招聘形式来发布人才需求信息或吸引人才(图 10.3)。

图 10.2　大型人才招聘会广告

2. 评估和甄选

评估和甄选是评估岗位申请人，以确定哪些申请人最适合空缺的岗位的过程。通常，

图 10.3　万豪酒店集团的人才招聘页面

酒店必须通过初步筛选、招聘面试、职业测试等环节来充分收集备选人的信息、了解备选人的素质条件，再进行评估和比较；同时也在此过程中，将酒店的信息和岗位的信息充分地展示给备选人，以便进行双向选择。

初选是人力资源部对岗位申请人的基本情况进行分析，将不符合岗位任职条件的备选人删除的过程。有效的初选能够缩小需要面试者的范围。

根据招聘岗位的不同，酒店可以采用多种不同的面试方法来考察应聘者的适合度。常见的方法包括面谈、答辩、无领导小组和情景模拟的方法。有时，还会通过一些书面的测试和结构化的职业测试量表来帮助评估。资料链接中展示了面试的一些经典问题。

由于酒店有着多种不同性质的部门和大量不同工作内容和要求的岗位，因此人力资源的招募往往并不是人力资源部独自承担的职责，需要各部门的管理者（部门经理）共同参与。

资料链接

酒店面试的常见问题、目的和回答的技巧

1. 请简要介绍你自己。

目的：了解应聘者的心理承受能力、逻辑思维能力、演讲能力。

回答要求：与简历一致；条例清晰；切中要害，简明扼要；神态自然而自信。

2. 你认为这个岗位的基本职责是什么？

3. 你怎么理解酒店的"服务意识"？

4. 你为什么选择我们酒店?

问题2~4的目的:从不同角度了解应聘者求职的动机、愿望以及对此项工作的态度,以及对酒店工作的认识和理解。

要求:事先对酒店、应聘岗位做好充分的了解,回答时应重点突出,表现出鲜明的态度和工作进取心。

5. 我们为什么要聘请你?
6. 你认为自己最大的弱点是什么?最能概括你自己的3个词是什么?
7. 你最喜欢的课程是什么?为什么?(通常针对大学生)
8. 你有什么样的业余爱好?

问题5~8目的:了解应聘者的优缺点、性格、观念、心态、思维的深度等。

要求:回答要真实,而且注意细节;避免一些与工作相违背的兴趣爱好。

9. 你是否有过类似于这个岗位的工作经历,请简单描述。
10. 你从上一个单位辞职的原因是什么?(针对跳槽来的候选人)
11. 举例说明你曾经遭遇的失败?

问题9~11目的:了解应聘者过去的经历,了解他们的胆量和勇气,是否善于反省和接受教训,是否善于成长。

要求:勇于面对自己的失败;说明自己曾经的努力,仔细分析失败的原因,并说明失败后如何改善。

12. 你对未来的工作有什么样的计划?

目的:考察应聘者的计划性,对工作和单位的未来投入可能性及未来忠诚倾向。

要求:避免没有计划和安排,得过且过的回答,要表现出对工作的认同和热忱。

10.2 员工培训和职业发展规划

职业生涯规划的重要工作是培训和职业生涯规划,是人力资源开发中密切相关的两个部分。培训立足于提升员工的工作能力、技能和知识;职业生涯规划则是将员工的个人发展与酒店的发展统一起来的重要手段。在这两者上的努力,都是对人力资源的投资,也是稳定员工队伍,增强员工凝聚力的重要手段。

10.2.1 培训体系的构建

培训的目的在于帮助酒店提高员工的意识、态度、知识和技能,并最终提高工作的效率,改善绩效。由于新技术的采用、科技的发展、市场需求的变化等不断发生,故而酒店每个岗位的员工都可能需要接受培训,并且需要持续的培训。在酒店中,不同对象、不同目的、不同阶段、不同内容和不同形式的培训形成一个相互联系的培训体系。

1. 入职培训

在新员工被录用到酒店之后,正式到岗之前,由人力资源部主持和开展的基础性培训就是入职培训,也有称入店培训。入职培训的时间在3~7天不等。入职培训的目的如下。

(1) 建立新员工对于酒店的全方位认识。
(2) 建立员工对酒店和工作的好的期望和预期，鼓舞士气。
(3) 帮助员工适应新环境，减少焦虑。
(4) 帮助员工形成对于酒店行业和工作特点的基本认识。
(5) 建立职业道德意识。
(6) 形成一致的认识和对规章制度的认同。

大多数酒店会在入职培训期间给员工提供员工手册，其中包含入职培训时涉及的主题和重要信息。例如，酒店的使命、宗旨、历史、基本情况、基本政策、安全、工作环境、福利和激励等重要的制度等。在入职培训的过程中，提供给员工到酒店所有的区域进行一次参观的机会是很有益处的。

图 10.4　入职培训之酒店观摩

图 10.5　入职培训之礼仪训练

2. 上岗培训

上岗培训也发生在新员工正式到岗上任之前。通常由员工所归属的部门来发起。上岗培训侧重对新员工分部门、分工种进行专业针对性训练，要求员工在上岗前切实了解处理所在部门业务的原则、规范、程序、技术与方法，以便培训后立即能适应并胜任所分配的工作。上岗培训时可以借用网络、多媒体、观摩、讨论、实际演练等方式展开。

3. 在职培训

在职培训是员工在岗位上正常工作，完成生产任务的同时进行的培训。在职培训多为常规和专题培训两种形式穿插进行。酒店许多岗位在每天的班前会上进行短时间的简单培训，在工作过程中发现问题时进行针对性的专题培训，从而持续地提高员工的服务技能和业务水平。

4. 晋升培训

顾名思义，晋升培训是酒店员工在获得晋升之前，为了更好地适应新的工作岗位而进行的培训。例如，领班要提升到主管的岗位上，她的工作内容和职责要求她掌握更多的管理技能，也需要更强的全局意识，因此需要通过晋升培训强化这些方面的能力。晋升培训有时必须通过证书的考核才算完成。

5. 专项培训

专项培训是专门针对某一主题、某一技能展开的特别的培训。例如，专门的外语培训、销售技能培训、宾客关系培训、防火安全训练和演习、医护急救训练等。

10.2.2 员工培训的开展

员工培训的开展通常包括培训需求分析、培训方案的制定、培训的实施和考核几个环节。

1. 培训需求分析

培训需求分析是在培训开展之前,由培训的负责人对培训对象现有的知识、技能等进行分析,以确定其与岗位胜任和未来发展需求之间的差异。因此,培训需求分析是培训活动全流程的首要环节,也是制订培训计划、培训活动实施和培训效果评估的基础。

培训需求有时会非常明显地自我显露,例如,顾客的满意度下降、投诉增加、员工操作失误增加时,又或者是员工岗位大幅度调整时。但某些时候,培训需求需要人力资源部的人具有前瞻性的眼光,要与酒店未来发展的需要相结合。培训负责人可以通过访谈、问卷调查、观察、绩效分析和专项测评等方法来确定和衡量培训需求。

2. 培训方案的制订

培训方案制定是在培训需求分析的基础上,对培训的目标、预算以及"5W1H"进行设计。"5W"分别指的是"Who"(培训对象)、"What(培训内容)"、"When(培训时间)"、"Where(培训地点)"、和"Who(培训者)"。"1H"是指"How(培训方式)"。

培训目标在确定时,切忌贪大、贪快,而应该具体而便于衡量。培训的对象可以是个体、也可以是集体。培训者可以选择酒店中的服务能手、管理者、总经理、外聘的专业老师或专门的培训机构等。培训内容需要根据培训的目标来加以明确。培训的地点可以在酒店内部,也可以在其他酒店或培训学校。培训方法常见的主要包括讲授法、视听法、讨论法、案例研讨法、角色扮演法、操作示范法、管理游戏法、工作轮换法等(具体的详见延伸阅读2)。

3. 培训实施和效果评估

培训计划得以有效实施的关键在于管理者充分认识培训的重要性和参与者充分地认识培训的必要性。在此基础上,酒店合理地安排和组合培训所需要的各类资源,尤其是充分考虑参与者的时间,避免与工作时间的冲突。

培训效果评估是衡量培训的实际作用,确保培训目标有效达成的必要环节。一般来说,培训效果的评估指标和评估方法是根据培训目标来设定的。如果开展的是知识培训,那么笔试是有效的评估方法;如果开展的是技能培训,那么完成工作的准确度和速度是主要的评估指标;如果是管理意识和技能的培训,在效果评估上相对来说比较难以定量化,可以通过管理者的自我评估,以及一段时间的工作实效来作为衡量的标准。

10.2.3 员工职业生涯发展指导

1. 职业生涯发展规划

职业生涯规划是指员工和组织一起,在对个人职业生涯的主客观条件进行测定、分析、总结研究的基础上,对自己进行综合分析与权衡,根据自己的职业倾向,确定其最佳的职业奋斗目标,并为实现这一目标做出行之有效的安排。

职业生涯规划有两个核心任务。一是确定自己的职业定位,即自己适合哪些职业和工作。根据自己的个性、能力、兴趣爱好特征、优劣势等综合的衡量,不同的员工有实践型、研究型、创造型、技术型、管理型等不同类型,在酒店中可以对应不同的岗位。二是确定职业发展的目标,以及发展的路径。规划好在不同阶段、不同时期,通过哪些手段和方法,使其在职业发展中达到新的阶段,从而最终实现终极职业理想。

2. 重视员工职业生涯规划

虽然在很多情况下,职业生涯规划的主导者是个体,但是酒店应该充分地参与到员工的职业生涯规划中,并建立企业员工的职业规划管理体系。良好的职业生涯管理体系对于酒店至少有以下几个方面的重要意义。

第一,职业生涯规划体系帮助酒店将员工与岗位更协调地匹配,将合适的人放在适当的位置上,提高整体的工作绩效。

第二,职业生涯规划放眼未来,为员工和企业的发展目标找到一致的地方,并为之而努力。根据有关研究的结果,大学生在酒店工作半年到 1 年的时间里,有很高的离职率,其主要原因之一是在职业起步阶段,对职业发展方向产生困惑。因此,酒店与员工一起重视职业生涯规划,能减少员工的短视性,降低在工作过程中,因小的挫折而离职的可能性,对于未定员工的队伍有重要的作用。

第三,良好的职业生涯管理体系有助于企业挖掘那些有职业追求、有潜能的员工,并给予明确而具体的职业发展引导,帮助企业人力资本的增值。

3. 职业生涯规划中的一些工具

员工对自己进行理性的职业生涯规划时,有时需要求助于酒店人力资源部,或是一些专业的职业咨询公司,并应用一些专业的工具进行辅助。以下介绍最常见的职业生涯规划工具。

1)霍兰德(Holland)职业倾向测试

霍兰德是美国著名的职业生涯指导专家。他的基本思想是同一类型的人与同一类型的职业互相结合,才能达到适应状态,才更容易获得职业的成功。霍兰德在其一系列关于人格与职业关系的假设的基础上,提出了 6 种基本的职业类型,即实际型、研究型、艺术型、社会型、企业型、传统型。

值得注意的是,在长期的职业生涯过程中,"职业兴趣"并非一成不变的,一个人可能一开始选择的是自己并不感兴趣的职业,但在工作的过程中,因为得到比较多的肯定和赞同,从而对工作产生了浓厚的兴趣。一般而言,霍兰德职业倾向测试对学生和工作经验较少的人来说,是常用的一种职业生涯设计工具。

2)职业锚测试

职业锚的概念由美国 E. H. 施恩教授提出。他认为当一个人在职业选择过程中,有一些无论如何都不会放弃的至关重要的东西或者价值观,这些就是职业锚。职业锚是职业选择的核心。根据施恩的观点,职业锚有以下 5 种类型。

第一,技术/职能型。这类职业锚的拥有者主要追求在技术/职能领域的成长和技能的不断提高,珍惜和钟爱应用这种技术/职能的机会,他们喜欢面对专业领域的挑战。这种类型较少从事管理工作。

第二,管理型。这类型的人倾心于管理工作,乐于承担责任,可以跨部门整合其他人的努力成果,并努力追求工作晋升。

第三,自主、独立型。他们追求能施展个人能力的工作环境,并试图最大限度地摆脱组织的限制和制约,希望能随心所欲安排自己的工作方式、工作习惯和生活方式。这类人较多选择自由职业。

第四,安全、稳定型。此类人主要追求的是从工作中获得安全与稳定感,可能较少关心具体的工作内容,较多地关心收入的稳定增长、退休金、养老方案等,并比较愿意对单位忠诚。

第五,创造型。这类人希望能够通过自己的努力建立属于自己的东西和领地,如自己的专利、自己的产品、自己的企业。他们认为这些才能反映出自己的才能。

与职业倾向或兴趣不同的是,职业锚往往在一段时间的工作经历和体验后,会越加清晰地显示出来,故而,这种工具可以用于帮助那些已经进入工作角色的人确定工作与自己的匹配度。

10.3 员工绩效考核

绩效考核,就是按照设定的绩效标准,采用科学合理的方法,对企业员工的工作态度、工作能力、工作效果和成绩进行综合的考察和评定,从而确定其工作业绩和潜力的管理方法,也是整个企业进行绩效管理中的重点工作。

10.3.1 绩效考核原则

酒店展开绩效考核,要能够调动员工的积极性和创造性,提升员工的工作效率,促进公司管理规范化、标准化,并保证酒店经营目标的实现。要达到上述目标,绩效考核的开展应该坚持以下原则。

1. 公平,重视差异

公平是有效绩效考核的第一原则,缺乏公平性的绩效考核可能对员工产生错误的引导、打击员工的积极行为,引起员工队伍内部的不和谐。公平的内涵包括科学的绩效评估标准和合理的考核方法。酒店中存在众多不同性质的岗位,重视岗位之间的差异,分类采用不同的标准和考核评估方法展开不同的绩效评估也是公平的绩效考核应该做到的。但对于同一个岗位,在评估时要坚持统一标准。

2. 公正,立体考核

公正是指在绩效考核的过程中,要坚持客观,实事求是,尽可能避免掺杂评估者的个人主观性和感情色彩。鉴于酒店服务的无形性和异质性,酒店一线服务人员的考核除了要考核服务的实绩外,还要综合地考核态度、服务过程的表现,体现全方位立体的考核。

3. 公开,重视反馈

对于团队而言,考核结果应该公开,以便接受监督,显示透明和公平性,也有利于形成员工内部的良性竞争，推动整个酒店工作绩效的提升。对于个体而言，要反馈考核结果、肯定成绩、发现问题、提供参考意见，以期后续改进和提高。

4. 实效，合理运用

业绩考核要产生实实在在的效用，要保证考核的结果是有差异的，或者说不同的员工考核的结果是有区分度的。要拒绝那种"和稀泥"的和"大家好"的考核结果。绩效考核的结果必须与员工的工资等级、奖金、晋升机会等联系在一起，发挥实际的效用。

10.3.2 绩效评估的步骤

绩效考核应该是一个系统性的工作，它由7个步骤组成，如图10.6所示。

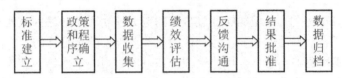

图10.6 绩效考核基本步骤

1. 标准建立

绩效考评标准是衡量各岗位员工的各类考评指标得分的基准。建立绩效考核标准要求明确如下几点。第一，考核的内容包括哪些方面，这通常由一系列的一级指标和二级指标来勾勒。第二，被考核的各项内容应该达到的水平。这种水平的描述可以是定性的，也可以是定量的。

表10-1展示了某酒店客房部员工的考核标准体系的构成。表格的前两列显示了考核的内容被分成了3大类的12个具体指标，第三列展示了每个考核指标在考核结果中所占的权重，第四列确定了每个指标考核时的基准。

表10-1 客房部人员绩效考核标准

考核内容	具体指标	权重	考核要求
工作态度	出勤状况	2%	出勤率的高低，迟到、早退情况
	工作主动性	4%	积极、主动地完成本职工作
	工作责任感	4%	工作认真，勇于承担责任
服务效果	客房卫生合格率	10%	90%≤R≤100% 为优秀
			80%≤R<90% 为良好
			70%≤R<80% 为中等
			60%≤R<70% 为合格
	服务设备设施完好率	10%	95%≤R≤100% 为优秀
			85%≤R<90% 为良好
			75%≤R<85% 为中等
			70%≤R<75% 为合格

续表

考核内容	具体指标	权重	考核要求
服务效果	对可服务及时响应率	10%	在规定的时间内完成
	对客服务差错次数	10%	不得高于2次/月
	客房成本控制	10%	尽量减少客房用品的非必要损耗
	客人有效投诉件数	10%	不得高于1件/月
服务能力	专业知识水平	5%	全面掌握本岗位所需的专业知识，明确各项工作的流程和操作规范
	语言表达能力	15%	语言表达清晰，能够与顾客展开良好的沟通
	综合分析能力	10%	对工作中出现的问题做出准确的分析与判断

2. 政策和程序确立

总经理和人力资源部要为全酒店范围内的绩效评估系统确定合理的评估政策和评估的程序。绩效评估并不是一年一度的工作，许多酒店在不同时间有不同侧重的绩效考核，如试用期考核、合约期满考核、年中考核、年终考核、晋升考核、新岗位调动考核等。考核的政策和程序中要包括如何将上述不同的考核形成规范的体系，确定不同考核的主体、考核的主要内容、考核结果的运用方法等。人力资源部要保证上述的政策和程序有效地传递给管理人员和普通员工。

3. 员工绩效数据收集

全面收集员工的绩效数据是一个富有挑战性的工作。一些定量化的考核内容通过现存的一些记录能够查询得到，如表10-1中的出勤率、顾客投诉次数、客房清洁合格率等。但是，许多定性的考核内容，如表10-1中提及的综合分析能力、工作积极性等是难以在酒店现有的数据资料中查询到的。通常可以通过员工自己的申报材料或者直接上级来提供资料。

4. 绩效评估

由评估者依据评定的标准和收集到的绩效数据，对员工的总体绩效水平进行评价。评估者通常是员工工作中的直接上级或者人力资源部。员工的总体绩效可以评分，但较多地是分成不同的等级。

5. 反馈沟通

在正式确定绩效考核结果之前，要给员工预留反馈和讨论的时间。不少酒店会采用公示的方式来进行反馈，并开设渠道，受理员工的疑问。对于不少员工来说，"排名"和"定级"的结果接受起来比较困难，这时，就需要管理者与员工展开面对面的沟通，展示评估的公平性，帮助员工发现问题，开展批评或者鼓励。

6. 结果批准

绩效考核的结果在经过与员工的反馈和沟通之后，要经过上一级领导的同意，要有员工的签字认可，要通过人力资源部，甚至是更高层的审核和批准，要抄送总经理和人力资源总监。

7. 数据归档

绩效考核结果是每位员工人事档案中的重要内容，需加以妥善保存。酒店也可以将资料纳入员工数据库，以备后用。

10.3.3 绩效评估方法

不同的企业对于绩效评估有不同的导向，在此基础上衍生出许多不同的绩效评估的具体方法。以结果为导向的绩效评估法评估的重点在于结果和产出，主要包括目标管理法、关键绩效指标法、个人平衡计分法等。以行为和过程为导向的评估方法重点考察行为表现主要包括关键事件法、行为观察比较法、行为锚定评价法、360度绩效评估法等。下面主要介绍4种常用的绩效评估方法，可分别适用于不同性质的岗位。

1. 目标管理法（MBO）

目标管理法（Management By Objectives，MBO）是对经理层进行评估时所用的最常见的方法，它能够把个人和组织的目标有机地结合起来，从而引导管理者在每天工作中重视组织目标的达成。目标管理法的实施通常由以下4步骤组成。

首先，建立完整的目标体系，自上而下地将组织要实现的目标逐层分解，上层目标的实现要通过下层目标来达成。例如，酒店经常以营业收入、经营毛利GOP、能源消耗和成本控制等可量化的指标来衡量酒店的经营效果。酒店可能在确定了整个酒店的营业收入目标后，将其分解至客房部、餐饮部、娱乐部和其他部门，成为各部门的营业收入目标。或者酒店在年初确定本年度的节能目标，而后分解到各部门形成每个部门的节能目标。

其次，确定具体目标。通常在目标确定时采取协商的方式，鼓励下级管理人员根据上层目标来设定自己的目标，并由上级来批准。

再次，组织实施。目标管理法一个显著的特点是上级主管在目标下达的同时，将相应的权力下达，通过执行者的自我控制来完成主要目标。

最后，检查和评估。根据事先规定的目标完成期限，定期检查，根据设定的目标进行评价，根据评价结果进行奖惩。而后进入新的一轮目标管理。检查和评估可以通过自查、互查和专门部门检查3种方式来展开。

目标管理法的优点在于保持了上层与下层的目标一致性，并且在明确目标的同时尊重个体完成目标的不同方式方法，更具有人性化的特征。但是，合理确定目标是一个具有相当难度的工作，不合理的目标可能会导致一些短视行为，甚至会危害企业的长远利益。此外，由于目标实现是确定的，一定程度上缺乏灵活性，可能不太适合于快速变化的环境。

2. 关键业绩指标法（KPI）

关键业绩指标评估法（Key Performance Indicators，KPI）根据"二八原理"的基本思想，即80%的工作任务由20%的关键行为来完成，对酒店的业务流程进行全面分析，抓住影响酒店（或者部门）目标实现的关键指标，来对业绩进行衡量和评估。由于关键绩效指标法衡量和评价的是重点经营活动，而且有明确的指标，因此能够简化绩效评估过程。关键业绩指标评估法对于关键性岗位的评价更加适用。

关键绩效指标法的关键是分析和确定关键指标。关键指标不是由上级强行确定，也不是由本职人员自行制定，而需要上下协同，达成一致的意见。通常，首先由酒店层面用鱼骨图等方法确定对酒店战略目标产生重要影响的关键业务和流程，以及这些领域的关键业绩指标。部门层面会根据总的关键业绩指标，分析本部门的业务流程上的输入端与输出端的特征，归纳并确定本部门的 KPI。最后，根据不同岗位的基本职能和业务，确定其在部门绩效中的主要贡献，从而确定岗位的 KPI。

案例分析

酒店的 KPI 设计

以下是某四星级度假酒店，正式开业运营了 4 年。目前，酒店面临的两个重要难题：一是新开业的高档酒店挖人，本酒店人员流失率高；二是员工队伍不稳定，导致服务质量产生了不少问题，顾客的投诉率提高。为应对这两个问题，酒店启用了 KPI 绩效评估方法，下面是他们为人力资源部和大堂副理岗位确定的关键绩效指标。

	关键指标	标准要求
人力资源部	招聘和新员工增加	新员工率在 10% 左右。
	核心人才流失率	核心的技术岗位和管理岗位人员流失率不高于 10%
	培训完成率	培训计划完成 95% 以上（以培训的人次计算）
	考核工作完成率	按时、按要求完成全部员工的考核任务
	员工出勤率	员工的出勤率达到 95% 以上
	薪酬控制	支付薪酬不高于人力成本预算 105%
	员工结构合理性	高、中、基层员工比例控制约为 1：3：6
大堂副理	酒店 GOP	考核期内酒店 GOP 值达到 800 万元以上
	客房销售	考核期内客房营业额达到 1600 万元以上
	服务质量	考核期内顾客满意度达到 95% 以上
	投诉处理质量	考核期内客人意见处理率达 100%
	服务失误率	考核期内客人有效投诉件数不得超过 3 件
	成本控制	考核期内管理费用有效控制，节省率达 10% 以上
	管理失误和员工投诉	考核期内出错率为 0
	员工培训开展	考核期内培训覆盖 100% 部门员工

思考与讨论： 1. 人力资源部的 KPI 指标是否涵盖了人力资源管理部门的所有关键职能？

2. 查阅大堂副理的岗位职责，评价大堂副理的 KPI 指标是否合理？

3. 行为观察比较法

行为观察比较法也称行为观察量表法，是依据不同岗位确定影响绩效产出的有效行为或者说行为标准，将观察到的员工的每一项工作行为同评价标准比较进行评分，测评有效行为出现的次数频率，从而确定不同工作行为上的得分，最后加总得到员工总体行为绩效。行为观察比较法较多地运用在一线的服务部门。

行为观察比较法，能够将绩效考核与岗位职责密切联系在一起，所建立的行为标准可以成为岗位指导书，引导员工做出正确的行为。但因为员工的行为评价有赖于观察，所以要尽可能避免主观性和片面性。

4. 360度绩效评估

360度考核法是20世纪80年代提出的一种新的行为导向业绩评价方法。它提出要保证行为观察的全面性、降低评估者的主观影响，应该从不同角度获取组织成员工作行为表现的观察资料，然后对获得的资料进行分析评估。评价可以来自上级、同事、下属及客户的评价，以及被评者的自我评价。

由于资料的来源是多角度多方面的，360度绩效考核可以将客户要求、企业要求、工作团队要求等综合起来，有利于公正性的提高，也有利于团队的沟通和建设。但360度评估的工作量较大，需要大量人员的参与，还需要对参与评价的员工具备一定的知识和能力。

10.4 薪酬与激励

10.4.1 薪酬体系设计

酒店薪酬方案是人力资源管理部门的重要工作任务，它对于稳定员工队伍，增加酒店对人力资源的吸引力，促进员工工作积极性和提升工作绩效都有显著的影响。

1. 薪酬体系的构成

薪酬是员工因向所在的组织提供劳务而获得的各种形式的酬劳。不少把薪酬等同于工资，但实际上，工资只是薪酬中的一个部分。从人力资源管理的角度来看，薪酬体系中应该由若干个不同的部分构成，如图10.7所示。

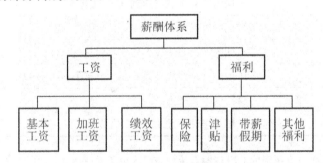

图10.7 薪酬体系的基本构成

（1）基本工资（也叫本薪），是由岗位工资、年功工资、岗位津贴共同构成的工资中较为固定的部分。根据员工实际工作情况，对于超出其正常工作时间外的工作，酒店给予加班工资以资补偿和鼓励。绩效工资是根据员工工作的实际绩效进行的奖励，例如销售奖励、优秀员工奖励等。

（2）福利是企业对于员工给予的经济的和非经济的回报和保障。各类保险是企业福利中的重要部分，主要包括"五险一金"，即养老保险、医疗保险、失业保险、工伤保险和生育保险，以及住房公积金。这些保险属于法定的福利，企业要根据国家有关法规的规定来执行。

（3）津贴是作为员工工资以外补充的一系列费用或实物的综合。常见的津贴包括一次性补贴、特殊津贴、交通补贴、通信费补贴、差旅补贴等。

（4）假期是许多员工越来越重视的福利。除了法定的节假日、探亲假、婚假、丧假等，许多企业确定了带薪休假制度，鼓励员工在工作之余充分休息。

企业还有可以根据自身的特点，设计一些独特的福利。在酒店较为常见的包括工作餐、员工住宿或租房补贴。一些酒店经常为员工举行团体活动，在重要的节日举行大型晚会，组织部门集体旅游，额外的培训课程等。福利的设计对于提高群体凝聚力，提高员工的归属感有明显的作用。

2. 薪酬的影响因素

酒店薪酬结构和水平主要受到来自于酒店内部和外部的两大类因素的影响。其中内部因素包括以下几点。

第一，酒店的经营状况。酒店经营状况越好，员工的薪酬相对来说更加有保障，并且有稳定的增长。经营绩效较差的企业，则薪酬水平相对较低。

第二，酒店所处的阶段和预期。酒店处于导入期、成长期、成熟期、衰退期的不同阶段时，酒店的经营稳定性、盈利能力和利润水平都是不同的，这些不同也将体现在薪酬上。

第三，酒店的企业文化。不同的企业文化，导致不同的价值观。尤其是企业不同的人才观，也必然导致分配制度的差异，从而影响薪酬水平。

第四，薪酬政策。薪酬政策是企业利益分配机制的直接表现，决定了利润中用于积累、用于投资和用于薪酬分配的不同的结构关系。

外部因素主要是独立于酒店以外的宏观环境和人才环境等因素。主要包括如下几个方面。

第一，地区差异。酒店所在区域的生活指数、消费水平对于薪酬标准的制定有明显的影响。一般来说，生活指数和消费水平越高，相应的薪酬水平就应该越高。

第二，劳动市场的供求关系。市场经济中的一般规律是，当供过于求时，价格水平会下降，反之，则价格上升。员工薪酬也正是劳动力价格的体现，故而，也受到供求关系的影响。

第三，与薪酬相关的法律法规的影响。例如，最低工资制度、个人所得税的征收制度、强制性劳动保险的要求等，都直接影响员工的薪酬水平。

案例分析

南苑环球高薪聘请服务员

南苑环球酒店是南苑集团股份有限公司投资近 10 亿元，按照白金五星级标准倾力打造的奢华酒店，也是宁波鄞州区地标性建筑之一。2009 年 10 月，南苑环球开业之际，以月薪五千的丰厚待遇面向全国招聘优秀服务员,主要担任宴会专员、迎宾等一些服务岗位。被录用到南苑环球酒店工作的员工,还分期分批送到香港理工大学进行封闭式培训。这如此高薪不仅在南苑集团的历史上前所未有,而且在宁波酒店业的历史上也实属罕见。

(资料来源:中国宁波网 http://news.cnnb.com.cn/system/2009/10/22/006300731.shtml)

思考与讨论:南苑环球制定高薪的原因是什么?

3. 薪酬设计的基本原则

(1) 公平原则。公平是薪酬设计的最基本要求。只有公平的薪酬体系,才能让员工产生认同和满意。具体来说,员工对于薪酬公平的感受是在如下几个方面进行比较和分析的基础上产生的:第一是与外部同类酒店相比较而言的公平性;第二,本企业内,同类型岗位的薪酬相比较而言的公平性;第三,对企业薪酬分配过程的公平性的感受。

(2) 竞争原则。酒店要在竞争性的人力资源环境中获得优秀人才,必须设计有吸引力和竞争力的薪酬。薪酬的竞争力,不单纯表现在薪酬水平的高低上;薪酬的价值取向、灵活的薪酬制度、合理的薪酬结构,也能形成竞争力。

(3) 激励原则。薪酬系统设计要能够鼓舞员工士气,激发员工的责任感和工作积极性。在薪酬系统当中,要充分考虑薪酬获取与绩效之间的关系,保证努力投入越多,贡献越大,回报就越多。

(4) 经济原则。薪酬系统的设计也要充分考虑企业的承受能力、利润的积累需要。要将有激励性和竞争力的薪酬设计与人力资源的合理配置联系在一起,保证将合适的人配置到合适的岗位,给予合适的薪酬,避免大马拉小车的现象。

4. 薪酬的基本模式

薪酬体系中各个部分具有不同的稳定性和差异性特征。基本工资具有高差异性和高稳定性,即不同级别之间的薪酬有明显差距,同时基本工资在较差时间内保持相对稳定性。绩效工资直接反映员工的绩效,故而变化幅度很大,同时各层级之间也有明显差别。保险福利通常具有低差异、高稳定性,目的是团结员工队伍,体现公平。这些薪酬部分以不同的方式组合在一起,形成了不同的薪酬模式。

第一,高灵活度的薪酬模式。这是一种以绩效薪酬作为薪酬主要组成部分,基本薪酬处于次要地位的薪酬模式。在这种模式下,员工在绩效优秀和绩效较差的情况下获得的薪酬差异非常明显。因此,这是一种具有显著激励作用的薪酬模式。不少酒店的销售岗位会采用这种薪酬模式。

第二,高稳定性的薪酬模式。当基本薪酬在薪酬结构中占主导位置,而绩效薪酬处于非常次要的位置时,员工可获得的收入具有很高的稳定性,波动性很小。这种薪酬模式下,员工的安全感比较强,但比较容易导致惰性的产生。

第三,调和性的薪酬模式。调和性的薪酬模式中,基本薪酬和绩效薪酬各占一定的比例,既保证了一定的收入稳定性,也包含了一定的变动性,产生激励的作用。

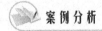
案例分析

某酒店客房部员工的计件工资方案

某酒店为了提高客房清洁效率、改进客房服务质量、提高员工工作积极性,制定了客房部员工的计件工资方案如下。

1. 客房部员工的工资＝岗位基本工资＋计件工资＋出勤奖励＋考核奖励
2. 客房部员工的岗位基本工资为 600 元/月
3. 计件工资的计算：员工清扫的客房数×不同类型房间的额定工资

VD(走房)：标准间 4 元/间；豪华标准间 4.5 元/间；商务套房 5.5 元/间；行政套房 6 元/间。

OC(住房)：标准间 3 元/间；豪华标准间 3.5 元/间；商务套房 4.5 元/间；行政套房 5 元/间。

空房抹尘、物品检查：0.5 元/间

4. 全勤奖为 100 元/月
5. 经考核优秀者，获得 500 元奖励；考核良好的，获得 200 元奖励。

思考与讨论：这种计件工资方案，属于哪种薪酬模式？这种模式还适用于酒店中的哪些岗位？

10.4.2 员工激励

1. 员工激励的原则

员工激励是指通过各种有效的手段，对员工的各种需要予以不同程度的满足或者限制，以激发员工的需要、动机、欲望，从而使员工保持高昂的情绪和积极的工作状态，全力达到预期目标的过程。要实现有效的激励效果，酒店必须明确激励的目的，设计有效的激励机制，实施有效的激励手段，并遵循以下基本的激励原则。

1) 公平原则

《论语·季氏》里说"不患寡而患不均"，说明不公平性是对激励有效性的最大伤害。依据公平的原则，管理者在对待员工时，应该有公平的心态，不能有所偏颇。酒店对取得同等成绩或作出相同贡献的员工，必须要获得同等的奖励；反之，出现同等失误的员工，应该受到一致的处罚。

2) 目的原则

激励要有明确的目的，不能盲目激励。在设计激励方案时，酒店应该仔细梳理自己想要激励的"正确的事"是什么，要达到什么样的目的，并通过合理的激励手段，将这些理念有效传递给员工，达到引导行为的作用。例如，酒店鼓励员工始终如一的服务态度，开展"微笑大使"；酒店鼓励员工的创新意识，开展每月"最佳创意"评比；鼓励改进服务质量，提高顾客满意度的行为，设置"满意百分百"大奖等。

3) 适合原则

激励要通过满足员工个性化的需要来达成。由于酒店员工有不同的背景、生活条件、教育水平、个性、偏好，因而在需求上有很大的差异。同样的激励手段，在不同的员工身上会产生不同的效果。故而，激励要能恰好满足员工的主要需求方能发挥最明显效果。因此，管理者必须通过深入调查，了解员工真实的需要和面临的主要问题，有针对性地采取激励措施，方能使员工从内心焕发出改变和提高自身行为、绩效的动力。

4) 适度原则

对员工的奖励和惩罚的"度"应该要准确把握。奖励和惩罚不够，发挥不了激励或者警示的效果。奖励过度，不仅会提高酒店的激励成本，还会让员工产生自满和骄傲，或者是不适当地提高了员工对于奖励的心理预期，甚至是忘记了努力工作的最终目的。惩罚过重，会给员工造成较大的心理压力，让员工感觉到不公平，不被重视，降低对工作和酒店的忠诚度。

2. 激励方法

员工需求的多样性，决定了激励方法的多样性。根据激励性质的不同，酒店里常用的激励方法可以分为物质激励、能力激励、环境激励和成就激励4种类型。

（1）物质激励是最常见最基本的激励手段，主要是通过差异化的工资奖金和员工福利来体现。它能够直接满足员工的基本需要，也能够影响员工的地位、交往、文化娱乐等精神层面的需要。物质激励中，有正面激励，也有负面激励。例如，酒店对于出现服务失误或遭到投诉的员工，除以扣分或罚款。

（2）能力激励通过满足员工对于自身能力提升的需求来实现激励的目的。培训激励和工作内容的激励是能力激励两种最为重要的手段。培训对于员工提高工作能力有显著效果，并为员工担任更富挑战性或责任更大的工作、获取晋升机会创造条件，对于富于激情和进取精神的青年人来说非常有效。让员工选择他们喜欢的工作，发挥自己的特长，或者通过工作设计，丰富员工的工作内容，甚至在酒店的不同部门获得轮岗的机会，也会大大提高员工的工作兴趣和工作效率。

（3）环境激励主要是为员工创造适合其工作、生活和发展的有利环境。常见的如酒店改善员工的办公环境、就餐环境、住宿环境，有些还为员工创造休闲文化活动的环境。此外，精心设计良好的制度、规章等也可以对员工产生激励。

（4）当员工的基本需求满足度比较高时，就有了更高层次的成就需求。换言之，对许多知识型员工而言，工作更多的是为了获得一种成就感。如果酒店为员工提供成长和成功的机会，激发员工的成就动机，往往能够使得员工更努力地实现目标。成就激励的手段主要包括给员工设立一个具有挑战性的目标；展示酒店或者部门的发展愿景，帮助员工树立理想；评比优秀员工树立榜样；荣誉激励等。图10.8所示为宁波柏悦酒店为鼓励员工的优秀行为特别定制的"星"事分享海报，是典型的成就激励。

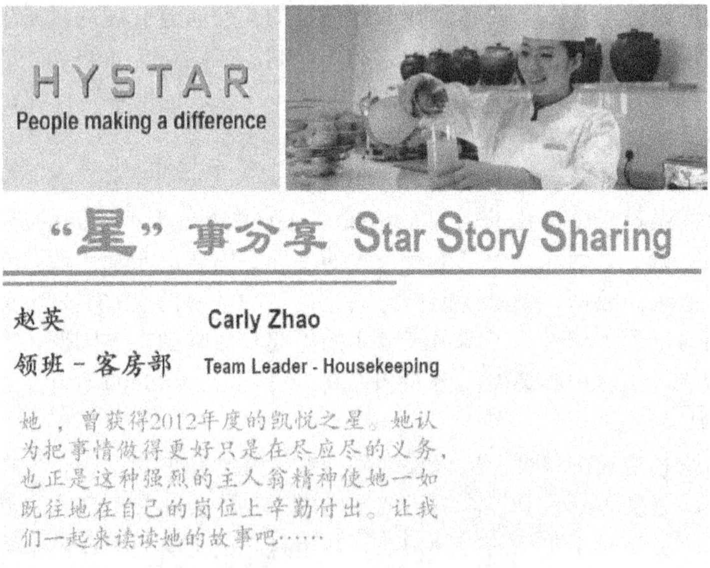

图10.8 宁波柏悦酒店为优秀员工定制的海报

选择题

1. 对一个岗位所要求完成的工作内容以及应当承担的责任范围进行描述的是（　　）。
   A. 岗位资格　　　B. 招聘说明　　　C. 岗位职责　　　D. 任职条件
2. 薪酬设计的公平性主要体现在（　　）两个方面。
   A. 酒店内同岗位的员工的薪酬保持一致的标准
   B. 本酒店的薪酬水平与同类酒店的一致性
   C. 酒店内不同岗位的员工的薪酬一致
   D. 酒店的薪酬水平与其他地区的保持一致
3. 某酒店在酒店内建立内部网络平台，开辟"金点子"、"服务心得"和"总经理对话墙"三大栏目，以酒店内部沟通，鼓舞员工工作热情，这属于（　　）激励方法。
   A. 物质激励　　　B. 能力激励　　　C. 环境激励　　　D. 成就激励
4. 在职培训的主要目的任务是（　　）。
   A. 帮助员工适应酒店新环境　　　B. 帮助员工迎接新岗位的挑战
   C. 提高员工工作技能和水平　　　D. 帮助员工获取专项知识

判断题

1. 采用360度绩效评价方法是，评价的信息可以来自上级、同事和被评者的自我评价，但是不包括下属的评价。（　　）
2. 一般来说，管理岗位有所空缺的时候，应该优先考虑从外部招聘人员。（　　）
3. 薪酬体系主要包括员工的基本工资、绩效工资和津贴等货币体现的劳动付出的补偿。（　　）
4. 职业生涯规划是酒店员工自我的需求，应该由酒店员工自己来开展。（　　）

问答题

1. 怎样开展人力资源需求分析？
2. 为什么要重视内部招聘？
3. 酒店的绩效评估应该遵循怎样的原则？
4. 酒店基层员工的考核与管理人员的考核应该采用怎样不同的方法？
5. 酒店激励员工有哪些不同的手段和方法？

案例分析

酒店多种多样的激励

1. 香格里拉酒店集团推行过"令客人喜出望外计划"

计划面向所有前台和后台的员工、实习生和管理者。当员工每月三次获得"令客人喜出望外"卡题名三次或总经理提名的好人好事一次，或者每月1次提名的员工采纳意见时，就可以成为"银奖"获得者，同时得到两人自助午餐一份，参加每月颁奖茶会，佩戴荣誉徽章12个月，照片张贴在员工区域1个月。每年获得三次银奖，可以升级为金奖，每年获得八次银奖可升级为钻石奖，荣誉和奖励也获得相应的升级。

2. 某酒店提供"优秀员工家庭奖励套餐"

为评选出的优秀员工家属提供特别福利，包括在节日之际邀请家属参加酒店的联欢活动，赠送酒店特制的礼品，让员工和家属一起旅游，并给孩子提供礼物、奖学金等。

(资料来源：百度文库 http://wenku.baidu.com/view/6c90d91f14791711cc79178e.html)

思考与讨论：

1. 上述两个激励方案各采用了哪些激励手段？
2. 根据案例谈谈人力资源的管理如何与酒店的其他管理有效地结合在一起？

实践训练

1. 请按照本章中酒店前台主管岗位职责和任职条件的范例，查阅网络资料编写前台收银处员工和大堂副理的岗位职责和任职要求，并设计这两个岗位的绩效考核标准。
2. 请利用课文中提及的工具为自己制定一个在酒店业发展的职业生涯规划。
3. 根据本章"资料链接：酒店面试的常见问题、目的和回答的技巧"中提供的题目，模拟面试过程。

第11章 收益管理与成本控制

导　言

"开源"与"节流"是提高酒店经营效益的两种基本途径。"开源"即拓宽酒店收益渠道和提高酒店经营收益。收益管理是酒店最大限度提高产品和服务的销售总量和单位售价，从而保证酒店达到收益目标最大化的现代化管理手段，是酒店"开源"的重要方法。"节流"即控制酒店的支出，在收入不变的情况下，也能提高利润率。成本控制通过科学的方法和严密的体系，控制好酒店的各类损耗和消耗，降低成本，是"节流"的必然手段。本章将重点阐释收益管理的基本思想以及酒店如何开展收益管理，展示酒店日常的经营统计体系如何更好地为内部控制来服务，并介绍酒店各类物料用品如何进行管理和控制。

关键术语

收益管理、预测、容量控制、差别定价、换档销售、预算、财务体系、经营统计、酒店物资、消耗定额、储备定额、采购控制、仓储管理

引导案例

新开酒店的困惑

靠近国家级风景名胜区的某新开业酒店拥有各类客房220间，由于地理位置极佳，设备先进，且开业时间恰逢当地的旅游旺季，故而客房出租率很高。在新开业的3个月内，酒店的平均出租率能够达到80%以上，周末时，出租率甚至达到100%。然而，这样的经营数据并不让总经理感到满意，因为他发现在经营繁荣背后存在几个让他感觉到不满和头疼的问题：第一，虽然出租率很高，但是平均房价并没有高于同类型的竞争酒店，客房部的总体营业收入还没有达到理想的目标，想要提价但是又害怕影响原有客户的需求；第二，客房销售收入很高，但配套餐饮和娱乐的消费很一般；第三，因为出租率旺盛，酒店开业3个月已经拒绝了许多销售代理、旅行社的订房要求，得罪了一批顾客，这让总经理害怕在进入旅游淡季时会出现销售困难；第四，刚开业就如此旺盛的出租，出现了一些管理上的问题，物料用品的使用不正常地走高，使得酒店的经营成本明显偏高。副总经理建议引入收益管理系统。

思考：收益管理是如何开展的？是否能够有效地改善上述问题呢？

11.1 收益管理的思想与方法

收益管理源于20世纪80年代美国航空业，20世纪90年代初被引入美国酒店业，并在多年的发展中形成了适合酒店行业的收益管理系统。许多酒店开始设立收益管理专业的有关部门，开设酒店管理的院校也越来越重视收益管理的研究和应用。

11.1.1 收益管理概述

1. 什么是收益管理

收益管理（Revenue Management）是对客源市场进行细分，对消费者的行为模式进行分析，对市场供求关系进行预测，并在此基础上优化产品和服务、销售价格和销售渠道的组合，在最大限度满足各细分市场需要的同时最大限度提高企业产品和服务销售总量和单位销售价格，从而获得最大收益的动态管理过程。

收益管理与传统的销售管理有密切的关系，但也有显著区别。首先，收益管理和销售管理都非常重视销售量，然而收益管理中的销售量是作为达成酒店高收益的一种手段，而销售管理中销售量是主要目标。这意味着有时收益管理更注重系统性。其次，收益管理和传统销售管理在销售中的逻辑和依据不同。传统的销售管理在酒店客房销售的过程中，通常遵循"先来后到"和与客户的关系；而在收益管理中，特别强调销售的时机，可能在某些时期会有意识地保留或者留存产品和服务。再次，收益管理特别重视市场需求的动态变化性，销售策略和价格政策的更新是一种常态。

总而言之，收益管理强调的是"将适合的'组合策略'运用于适合的客人"，也即"把合适的产品和服务组合，在适当的时间，通过适合的渠道，以适当的价格，出售给合适的客人"。

2. 缘起和发展

收益管理之所以首先在航空业兴起，并且也特别适合于酒店业，其主要原因在于这两个行业有以下几个共同特性：第一，酒店、航空所提供的服务产品不可储存，一旦闲置，其创造收益的机会就流失了；第二，酒店能够提供的生产和服务能力是相对固定的（如一家酒店不论是客房数量、还是会议室的面积都是固定的），不可能在短期内得到明显的提高；第三，酒店经营的成本结构比较特别，固定成本的比例很高，尤其是客房部分，酒店在达到了基本的业务量之后，增加的收入就可以大幅度地提高利润率；第四，顾客对产品的需求随着时间而动态变化。酒店业有明显的淡旺季，在旺季时，顾客愿意支付的价格较高，而淡季时则较低。而酒店可以通过预订系统在一定程度上获得未来的服务需求量，并对价格、销售进行调整。

酒店产品由不同性质的部分（如餐饮、娱乐、客房、商场等）组成，但其中客房产品最符合上述所说的4个方面的特征，因此最适合运用收益管理。

3. 收益管理的价值

1) 衡量收益管理的绩效指标

收益管理的效果可以体现在"横向比较"和"纵向比较"两个方面。纵向比较是指对酒店本身在不同年度的同一个时期的经营状况相比较；横向比较是将本酒店的经营情况与同类型同档次的竞争对手的经营情况进行对比。不管是纵向还是横向比较，收益管理价值的体现都需要运用到如下所列举基本的绩效指标。

（1）客房出租率（Occupancy Rate），即出租的房间数占所有可出租客房总数的百分比。所谓的可出租客房指的是设备完好，能够出租的房间数，不包括正在维修保养或在改造当中的客房。

$$客房出租率＝（出租的房间数/可供出租的房间总数）×100\%$$

（2）平均房价（Average Daily Rate，ADR），是被租用的客房的平均出租价格。

$$平均房价＝客房出租总收入/已经出租的房间总数$$

（3）可售房平均房价（Revenue Per Available Room，RevPAR），是指所有可供出租的房间的平均出租价格。与平均房价不同的是，可售房平均房价将所有可供出租的房间都纳入售价的考虑范围，实际上相当于平均房价与客房出租率的乘积，故而更加全面地反映了酒店经营及收益管理的效果。

$$可售房平均房价＝客房出租总收入/可出租的房间总数$$
$$＝平均房价×出租率$$

2）收益管理的价值展示

根据美国酒店业的统计，在其他条件不变的情况下（如不增加客房，不追加促销和广告费用），如果系统运用收益管理策略，酒店的收入能够增加5%～7%。同时，由于酒店客房的变动成本比例很小，即使收入小幅度增加，利润的增长也是非常显著的。收益管理为什么以及怎样给酒店带来效益的增长？下述案例简要地展示了运用收益管理前后酒店经营情况的变化。

案例分析

收益管理带来的价值

某酒店有200间客房（假设均为标准间），牌价为600元/间夜。酒店处于经营旺季，预订处接到客房预订的系列信息如下所示。

距离入住日时间	客源	需求房间数	愿意支付的价格
40天	无		
30～40天	旅行社	80间	320元/间夜
21～29天	会议团队	54间	360元/间夜
15～20天	度假散客	46间	350元/间夜
5～14天	入境客人	30间	460元/间夜
1～4天	商务散客	22间	550元/间夜

经理A运用传统销售策略，按照先到先得的原则，凭借较强的讨价还价能力，对部分团队和散客收取了高一些的价格，产生的销售结果如下所示。

距离入住日时间	30~40 天	21~29 天	15~20 天	5~14 天	1~4 天
接受订房数	80	54	46	20	0
销售价格	320	360	360	460	550
客房收入	70800 元				
可售房平均房价	354 元/间夜				

经理 B 运用收益管理。他分析了历年的经营数据，发现入住当天的需求一直都很旺盛，而临近的竞争对手正在进行酒店的装修改造，接待量受到限制，故而判断当天本酒店的客房应该会处于供不应求的状态。鉴于商务散客、入境客人等的房价接受能力要比团队客人高很多。所以在前期的团队预订中，他对订房的数量和规模进行了控制，为后面的散客预订预留客房。他产生的销售结果如下所示。

距离入住日时间	30~40 天	21~29 天	15~20 天	5~14 天	1~4 天
接受订房数	65	45	40	30	20
销售价格	320	360	350	460	550
客房收入	75800 元				
可售房平均房价	379 元/间夜				

对比上述两种销售的结果，运用收益管理方法所产生的客房收入增加了 5000 元，可售房平均房价提高了 25 元/间夜。

思考与讨论：收益管理在什么情况下，才能如案例所示的那样，提高酒店收入？在销售淡季时，收益管理能够发挥什么样的作用呢？

11.1.2 收益分析预测

1. 为什么要分析预测

收益管理过程中，涉及许多针对未来的决策，例如，未来的房价应该升高还是降低，网络的销售渠道是要开放还是停止；对于旅行社团队的预订是要大量接受还是控制在合理的范围等。这些决策成功与否，直接受制于分析预测的准确性。因此，分析预测在收益管理中是一个举足轻重的环节，也是首要的环节，如图 11.1 所示。

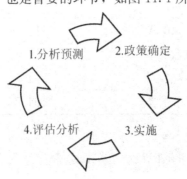

图 11.1 收益管理工作循环

2. 分析预测的主要内容

在收益管理中，需要进行分析预测的对象和内容主要分为 4 部分：需求预测、细分市场及购买模式、竞争对手分析预测和预订进度分析。

第一，需求预测。市场需求是分析预测中最重要的部分。在需求分析的过程中首先要全面了解本酒店的市场潜量，即市场当中酒店最大限度的情况下能够吸引到的有效需求量的多少。其次，研究酒店需求在一定时期内的季节变动趋势，即不同月份甚至星期的低谷、高峰、上升和下降区间等。再次，要重视行业整体的变动趋势和特征，研究行业历年的出租率、客房收入变化趋势和季节性特征。最后，重视对环境中可能引起需求变化的因素或者事件展开分析，如大型的展览或会议、文体活动和赛事、恶劣天气的可能性等。

第二，细分市场及购买模式。不同的细分市场在预订时间、入住时间、预订渠道、逗留时间等购买行为中存在差异，这为酒店实施不同细分市场的目标组合，以及制定不同的销售和价格策略提供了可能。例如，商务和会议客人入住时间大多在非周末和非节假日，并且通常提前 1 周至 1 个月预订；而休闲度假游客入住的时间较多分布在节假日和周末，通常提前 4 周至 3 个月展开预订。这两个细分市场的入住时间具有一定的互补性，可以作为酒店客源的"黄金搭档"。

因为不同酒店的客源构成不同，可以根据不同的标准对客源市场进行细分。酒店可以通过收益管理系统得到不同细分市场的预订模式图（预订数量的增长与距离入住时间的天数之间的关系图）。

案例分析

酒店对休闲度假散客的购买模式分析

下图是某酒店从收益管理系统中得到的某时期酒店休闲度假客人的预订模式图和顾客入住的时间模式图。

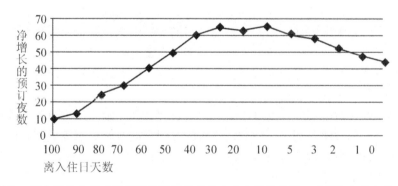

思考与讨论：图中可以分析出该酒店休闲度假市场有什么样的规律，对酒店出租有什么启迪？

第三，竞争对手分析预测。市场分析预测不仅要关注需求的变化，而且要关注供给的变化。竞争对手的动态信息，有利于对酒店行业的供求关系有更准确的把握。关注竞争对手的情况包括有无酒店新开业或关闭停业、有无酒店进行客房的装修改造、竞争对手的价格发生了怎样的变化、他们强化了哪些销售渠道或者进行了怎样的调整等。当竞争对手的供给能力受损或者下降时，对本酒店来说往往是一个好消息。

第四，预订进度分析。预订进度分析是对本酒店客房销售（预订）的情况、进展和异动进行分析，从而帮助收益人员把握市场需求的现实动态，以及本酒店对市场需求的吸引和接纳能力。通常需要分析的是两个方面：第一，酒店已经获得的客房销售数量或销售收入与本期预算（预期）完成的销售数量和收入的差异；第二，分析本期客房销售与历年同期的销售情况有无差别。如果发现预订的进度令人满意（即高于预算或去年同期的情况），那么，可以适当调高价格，设置较为严格的价格优惠条件。反之，则可以适当采取价格优惠，以吸引更多顾客。

3. 预测的主要方法

市场的分析和预测不能建立在猜测或主观直觉的基础上，通常要依靠一些科学的方法或工具来帮助提高预测的准确性，从而降低决策的风险。酒店收益管理中所运用的预测方法通常可分为定性预测和定量预测两类。

1）定性预测法

定性预测法主要依靠人的经验、知识、感觉进行预测，具有一定的主观性，并通常在缺乏充分的数据资料时来采用。为了提高定性预测的准确性，需要尽可能选择合理的意见征询对象，并通过综合多人的意见来减少个人意见的片面或偏颇。

酒店可以在市场中征询意见，即对目标顾客群体在不同条件下（通常是价格）、在不同购买时机和购买渠道中进行购买意愿征询。这就是市场调查法。

酒店可以在包括销售总监、财务总监、收益总监、餐饮总监和客房总监在内的经营部门的负责人中征询意见。而后将不同的意见汇总、讨论，而后形成较一致的预测结果。这种方法称为管理人员意见综合法。

由于销售人员与市场和客源的接触程度高，对于需求变化的敏感度较强，因此，在不同渠道的销售人员中展开对顾客购买量和需求量的动态变化和趋势分析，也是常见的定性调查方法，即销售人员意见综合法。

德尔菲法是定性预测方法中知名度较高，接受程度较高的一种。它通过向不同的专家发放调查问卷的形式来征求他们的意见，而后将初步结果进行综合整理，再反馈给各位专家，请他们重新思考和修正他们的判断，经过多轮反复之后，专家意见趋于一致，便可得出判断。这种方法所花费的时间和成本比较高，通常用于相对比较复杂的或中远期预测。

2）定量预测

定量预测是在大量现实数据的基础上，通过各种运算、推演或者模型来进行预测。

第一类定量预测方法是利用历史统计资料的时间序列及研究对象的变化情况来预测失误发展的趋势。这种方法需要找到事物变化的周期性和季节性规律，以次为基础进行推演。例如，根据历史数据，每年的3月和12月是出租率最低的时期，一般比1月份的出租率低15%。那么，在推断今年12月的出租率时，可以用今年1月份的出租率降低15%来作为预测数。当然，在时间序列的预测方法中，也分化出了简单平均、移动平均、指数平滑等不同的方法，在此不一一列举。要注意的是，时间序列预测法，应用在外部环境相对平稳、季节性变化规律大体不变的情况下。如有重大的事件或环境突变时，运用这种方法进行预测可能得到的结果与实际会有比较大的偏差。

第二类定量预测方法是假设变量是某些因素综合影响的结果,当我们找出这些因素和变量之间的因果关系时,我们就能根据这些因素的变化来推断可能的结果。常用的方法是回归分析法,下面展示了一个非常简单的线性回归的案例,以便了解回归分析的大体思路。但要知道,在现实中,可能情况要复杂得多。因为往往可能有多个不同的因素产生影响,它们的影响也并非都是线性的。

回归分析的简单示例

酒店自助早餐的备餐数量需要对自助早餐的人数进行准确的预测。根据经验,我们知道酒店自助早餐的用餐人数与住店客人的人数之间存在明显的相关性。因此,可以收集过去150天中早餐就餐人数和住店客人数量的两组数据。通过过去这两组数据间的回归分析得到方程:$y=k+ax$(y 是自助早餐就餐人数,x 是住店人数,k 是常数项,a 是系数)。这样一来,要判断第二天早餐的用餐人数,就可以根据当晚住店客人的数量和上述的公式来计算。

思考与讨论:请根据案例归纳回归分析的基本步骤。

11.1.3 酒店收益管理的实践技巧

除了上述基本的收益管理流程和预测方法外,酒店行业收益管理的推广和运用中发展了一些适合酒店收益管理的实用做法和技巧。本书选择了几种有代表性的方法介绍如下。

1. 容量控制

所谓容量控制,就是不以提前售完客房为目标,而是控制好售房的时机和节奏,把客房尽可能地卖给愿意出更高价格的客人,从而提高客房平均售价的做法。本章的第一个案例分析中,经理B在接受预订的过程中,就采用了容量控制的方法。要保证实施容量控制后的结果不会产生客房闲置,应该要准确判断应该预留的客房数量。

2. 消费控制

不同的客人对于产品消费和占用程度是不同的。在餐饮部,客人表现的是用餐时间的长短;在客房部,表现的是客人逗留的天数。所谓的消费控制,是通过一些限制手段或鼓励手段使得客人的消费能够达到我们所期望的程度。例如,餐饮部的豪华包厢,可能会设置最低消费门槛;在客房部,旺季时对某些房型的购买设置最低住宿天数的要求,或者在淡季住两晚赠送一晚的促销手段。这些都是为了鼓励优价的客人消费更多,并且尽可能地平衡淡旺季的需求。

3. 差别定价

考虑到不同顾客对于产品价值的认识和价格的接受程度有所差异,故而,寻找产品差异的同时对其制定不同的价格,可以增加客人的选择,并提高客房的总收入。例如,酒店根据客房位置的不同分为湖景房和非湖景房;或者将房间分成标准间和高级标间。可能这些客房在建造成本上是很相近的,但因为客人感觉到差异性,故而认为物有所值,就可能支付不同的价格。

4. 换档销售

换档销售是指将客人原本需要或者购买的产品进行升级或降级，从而与酒店的供给能力相匹配的销售技巧。简单说来，客人原本购买了普通套房，酒店将其升级为豪华套房，从而将普通套房出售给其他有需要的客人，这是升档。如果客人原本住在豪华套房，但是酒店请他转移到普通套房，减少支付的价格，然后将愿意支付更高价格的新客人安排到豪华套房，这是降档。一般来说，在升档销售时，酒店可能实现免费升级或者价格折扣，对于客人来说比较容易接受；而降档可能让消费者在心理上比较难以接受，要进行有效的沟通和部分的让利。

5. 组合销售

为了提高每位客人给整个酒店带来的收益，酒店可以通过组合的方式来进行产品销售。例如，一些度假酒店将住宿和正餐捆绑；或者与娱乐项目捆绑；一些酒店将自己的产品与附近的景区、公园等进行捆绑。

除了上述技巧外，在前面介绍的超额预订以及营销一章中提到的灵活的价格折扣体系等都有助于收益管理目标的达成。

11.2 内部控制系统

没有内部控制的酒店就像是一个布满洞眼的筛子，无法达到利润最大化的目标。酒店要实现内部控制的制度化，关键是确保预算系统、财务体系和日常经营统计分析的正常运转，通过各类数据的分析对比，及时总结经验，发现问题，修正经营和管理行为。

11.2.1 预算体系

1. 预算概述

预算着眼于未来，是通过对酒店内外部环境的分析和在科学的生产经营预测与决策基础上，反映酒店未来一定时期内的投资、生产经营及财务成果等的一系列的计划和规划。合理的预算在许多方面都有利于酒店的经营管理。

首先，预算有助于管理层对未来的经营环境做出预测和充分的准备，并为高层管理者未来的收益、利润、开支和费用等都有合理的规划。其次，通过预算这种方式能够将酒店的经营管理各类目标有效地传达给各个不同的部门。再次，预算的制定需要各部门的参与，故而促使各个部门管理者能够更充分地了解和掌握部门运营的情况，更多地思考部门的发展目标，熟练运用各类评估的工具和技术。

基于预算的管理过程包括预算编制、预算执行、预算调整、预算监督4个相互关联的环节。预算编制是确定并形成预算的活动；预算执行是根据编制好的预算开展经营管理，以确保预算目标达成的过程；如果在经营过程中，发生了一些比较特别的事件，影响了预算的准确性，可以通过追加预算等方式对预算加以调整；下一年度开始之前，对本年度的预算情况进行审计，是预算监督的重要方法。

2. 预算体系的构成

在酒店行业，预算体系由多种不同的预算来构成。

1) 按照时间不同来划分

预算根据时间的长短，可以分为长期预算、年度预算和月份预算。

(1) 长期预算通常涵盖了较长的时间，例如2~5年，甚至更长时间。长期预算的制定要求总经理和财务总监充分采集酒店各个部门的运作数据，而后制定各类预算。总经理主要负责确定未来环境变化条件下的开房率、ADR和RevPAR；财务经理则主要负责估算确定各类开支。当然，由于时间跨度较长，不排除在经营过程中可能会出现无法预测的情况和市场变化，但长期预算依然是必要的，它保证经营者有一个较为长远的思考和规划。

(2) 年度预算通常是预算系统的重点，要耗费财务总监和经理大量的时间。年度预算在大多数情况下比长期预算更加详尽，因为不可测的情况没有长期预算这么多。在大的酒店集团里，年度预算是由各个酒店自行制定，而后提交到总部中心办公室，并根据总体发展需要做出一些修正。

(3) 月份预算要基于年度预算。由于酒店经营的季节性特点，不同时期的销售经营情况，以及相应的开支会产生比较明显的差别。因此，即便有详细的年度预算，也要制定月份预算，以确保经营目标的完成和支出的准确控制。

2) 按照预算覆盖内容划分

从预算所涵盖的内容来看，主要分为经营预算、资本预算和财务预算。

(1) 经营预算又称业务预算，是指与酒店日常经营活动直接相关的各种预算，包括销售预算、生产预算、直接材料消耗及采购预算、直接工资、制造费用预算、产品生产成本预算、经营及管理费用预算等。

(2) 资本预算又称决策预算，最能直接体现决策结果。它是为规划投资所需资金并控制其支出而编制的预算，主要包括与投资相关的现金支付进度与数量计划，综合表现为各投资年度的现金收支预计表。

(3) 财务预算作为预算体系中的最后环节，可以总括地反映经营期资本预算与业务预算的结果，亦称为总预算，其余预算则相应称为辅助预算或分预算。财务预算在预算管理体系中占有举足轻重的地位，它主要包括现金预算、预计利润表、预计资产负债表。

11.2.2 财务体系

财务体系以酒店的各类财务报表为基础，反映酒店生产经营中的利弊得失，分析和评价酒店在过去、现在的经营成果，财务状况，现金流动和变化情况。最基本的几个财务报表如下所示。

1. 利润表

利润表也称收益表，它是反映酒店一定时期内经营成果的动态报表。一般包括营业收入、营业利润、利润总额、净利润和每股收益，有时还包括其他收益、综合收益和综合收益总额，见表11-1。利润表可以为酒店的管理者和投资者提供酒店活力能力、利润变化、甚至是发展趋势的一些信息参考。

表 11-1 利润表示例

利 润 表

编制单位：　　　　　　　　　　　年度　　　　　　　　　　　单位：元

项　　目	本月数	本年数
一、营业收入		
减：营业成本		
营业税金及附加		
销售费用		
管理费用		
财务费用		
资产减值损失		
加：公允价值变动收益（损失以"－"号填列）		
投资收益（损失以"－"号填列）		
其中：对联营企业和合营企业的投资收益		
二、营业利润（亏损以"－"号填列）	——	——
加：营业外收入		
减：营业外支出		
其中：非流动资产处置损失		
三、利润总额（亏损总额以"－"号填列）	——	——
减：所得税费用		
四、净利润（净亏损以"－"号填列）	——	——
五、每股收益：		
（一）基本每股收益		
（二）稀释每股收益		
六、其他综合收益		
七、综合收益总额	——	——

制表人：

2. 资产负债表

资产负债表（表 11-2）反映某一时间酒店财务状况的报表，主要提供的信息包括酒店掌握了哪些资产、负担多少债务、酒店所有者持有多少权益以及酒店拥有大多的偿债能力。资产负债表能够表明酒店拥有的经济资源的分布情况，是分析酒店经营能力的重要资料；资产负债表还可以反映某一时期负债的结构和总额，管理者可以通过流动负债与流动资产的比较，来检验酒店是否有足够的流动资本和偿债能力。

资产负债表的基本格式如下，但表格中具体的科目设计还可以根据酒店自身的经营情况来添加。

表 11-2 资产负债表

编制单位：　　　　　　　　　　年　月　日　　　　　　　　　　单位：元

资　　产	期末余额	年初余额	负债和所有者权益	期末余额	年初余额
流动资产：			**流动负债：**		
货币资金			短期借款		
交易性金融资产			交易性金融负债		
应收票据			应付票据		
应收账款			应付账款		
预付款项			预收款项		
应收利息			应付职工薪酬		
应收股利			应交税费		
其他应收款			应付利息		
存货			应付股利		
一年内到期的非流动资产			其他应付款		
其他流动资产			一年内到期的非流动负债		
流动资产合计			其他流动负债		
非流动资产：			流动负债合计		
可供出售金融资产			**非流动负债：**		
持有至到期投资			长期借款		
长期应收款			应付债券		
长期股权投资			长期应付款		
投资性房地产			专项应付款		
固定资产			预计负债		
在建工程			递延所得税负债		
工程物资			其他非流动负债		
固定资产清理			非流动负债合计		
生产性生物资产			负债合计		
油气资产			所有者权益（或股东权益）：		
无形资产			实收资本（或股本）		

续表

资　产	期末余额	年初余额	负债和所有者权益	期末余额	年初余额
开发支出			资本公积		
商誉			减：库存股		
长期待摊费用			盈余公积		
递延所得税资产			未分配利润		
其他非流动资产			所有者权益（或股东权益）合计		
非流动资产合计					
资产总计			负债和所有者权益（或股东权益）总计		

3. 现金流量表

现金流量表是动态地反映企业财务状况的会计报表，见表11-3。现金流量表中的现金包括现金及其等价物，如库存现金、银行存款、其他货币资金以及能够随时变现的短期有价证券等。现金流量表能够帮助企业了解一定时期内现金流入流出的信息，可以回答以下问题：会计期间内，酒店提供的现金有多少，酒店的资本开支水平如何？接下来的时间内，现金是否足够，是否需要筹措短期资金等。现金流量表与利润表结合在一起，可帮助酒店计算有关盈利能力、鼓励支付能力和营运能力的指标。

表11-3　现金流量表示例

编制单位：	年　月	单位：元
项　　目	行次	金额
一、经营活动产生的现金流量：		
销售商品、提供劳务收到的现金：		
收到的税费返还：		
收到的其他与经营活动有关的现金：		
现金流入小计		
购买商品接受劳务支付的现金		
支付给职工以及为职工支付的现金		
支付的各项税费		
支付的其他与经营活动有关的现金		
现金流出小计		
经营活动产生的现金流量净额		
二、投资活动产生的现金流量：		
收回投资所收到的现金		

续表

编制单位：	年　　月	单位：元
取得投资收益所收到的现金		
处置固定资产、无形资产和其他长期资产所收回的现金净额		
收到的其他与投资活动有关的现金		
现金流入小计		
购建固定资产、无形资产和其他长期资产所支付的现金		
投资所支付的现金		
支付的其他与投资活动有关的现金		
现金流出小计		
投资活动产生的现金流量净额		
三、筹资活动产生的现金流量：		
吸收投资所收到的现金		
取得借款所收到的现金		
收到的其他与筹资活动有关的现金		
现金流入小计		
偿还债务所支付的现金		
分配股利、利润和偿付利息所支付的现金		

11.2.3 日常经营统计分析

为有效管理酒店，总经理和高层管理者必须依赖日常经营统计系统来作出合理的决策。日常经营系统应该每天向高层管理者提供关于前一天的客房、餐饮以及其他部门的收入概况，这被称为日常销售报告。日常报告通常源自客房管理系统或者酒店销售管理系统每天所提供的数据。日常报告中通常包括表 11-4 中所列举信息和数据。

表 11-4　日常报告的主要信息内容

关于客房经营的数据	关于餐饮经营的情况	其他部门收入
（1）已经出售客房数 （2）已经预订的客房数量 （3）开房率 （4）ADR （5）RevPAR	（1）餐厅销售额 （2）宴会销售额 （3）酒吧销售额 （4）大堂吧销售额	（1）康乐部收入 （2）会议室收入 （3）电话收入 （4）洗衣房收入 （5）礼品店收入

如果高层管理者关注更多和更细致的经营情况，上述的日常报告就会变得更加详细，包含很多细分类市场的分析。例如，对于客房的经营情况，除了了解出售的客房的数量，可能还包括团队和散客的比例，或者是商务和度假客人的比例；除了总体平均房价，可能还需要了解团队的平均价格和散客的平均价格。这样的分析，对于管理者有针对性地开展市场开发、价格管理、促销活动等都有重要的参考价值。

11.3 物资管理和控制

11.3.1 酒店物资管理概述

1. 酒店物资及其分类

酒店物资是酒店在生产经营活动过程中必需的各种工具和消耗品的总和。这些物资是酒店管理控制的重要对象。酒店物资具有种类多、数量大的基本特点，需要分类进行管理。

（1）按照物资的自然属性来分，酒店的物资主要包括棉织品、装饰用品、清洁用品、服务用品、办公用品、客房耗用品、食品原料、餐具、维修用品等不同的类别。

（2）按照物资的使用范围和作用，主要分为客用物资、办公用品、后勤用品、安全用品、卫生用品、食品原料等。

（3）按照物资的价值可以分为大件物资、物料用品和低值易耗品。

（4）按照物资所处的不同的阶段，还可以分为在用物资、在库物资和在途物资。

上述不同的分类方法在物资管理过程中有不同的运用。例如，物品的储存，要较多地按照物资的自然属性；物品的领用，可能更多地根据使用范围；物品的财务控制可能更多地按照物资的价值来进行划分。

2. 酒店物资管理的目标

酒店物资是酒店运营成本费用中的重要组成部分，同时，物资的有效配备对于酒店服务质量也会产生重要影响。酒店物资管理最基本的目标是合理投入保证服务质量，物尽其用并合理周转，减少浪费降低成本。

（1）合理投入，是指酒店为了达到确定的服务质量目标，不盲目追求价格最低，而要保证采购的物资用品的可靠性和可信度。

（2）物尽其用并合理周转是合理地确定物资用品的数量，不过多存储，占用流动资金，保持合理的物品周转速度，不影响对客服务。

（3）减少浪费降低成本是要求力行节约，在物资使用的循环运动过程中，减少不必要的消耗，降低运营成本。

上述目标需要酒店展开严格的物资定额管理、科学化的采购和验收管理以及合理的库存和发放管理来实现。

11.3.2 物资的定额管理

酒店物资定额管理是指在通过科学的定量分析，确定合理的采购和储备数量，保证在满足顾客需求的同时降低酒店成本。定额管理的核心和关键是确定在一定的时期和接待规模下，能够满足顾客需求所需要消耗和储备的物资的数量和额度。

1. 物资消耗定额

1) 消耗定额的确定过程

物资消耗与部门的生产和服务接待工作有密切关系，故而消耗定额的确定必须要有生产运作部门的直接参与。一般来说，消耗定额的确定程序要遵循"自上而下，自下而上"的两个阶段。

(1) "自上而下"是酒店将确定物资消耗定额的任务下达到各个生产或服务部门，充分说明确定定额的意义，以及定额工作的确定标准。

(2) "自下而上"是各部门根据自己的运营特征详细制定单位产品或接待所需要的物资的配备(注意要区分一次性耗用品和多次耗用品，并采用不同的计算标准)；确定多次性消耗物品的使用周期和损耗率，确定需要更新的时间。上述内容确定好了后，提交由物料管理部门汇总，确定消耗定额。

2) 确定物资消耗定额的方法

常用于物资消耗定额的方法有以下3种。

(1) 经验估算。即以有关人员的经验和资料为依据来估计消耗定额，常用于确定受主管因素影响较大的物资消耗。这是最简单的方法。

(2) 统计分析。对一定时期内实际物资消耗的数据进行整理、分析，从而确定定额。常用于对客房的棉织品等多次性消耗的物资的定额。

(3) 实验法。按照酒店的客观条件，通过反复的时间操作、测定和计算，而后确定消耗定额。在酒店的燃料动力、清洁用具等的消耗上可以使用。

2. 储备定额

储备定额也叫仓储定额，是酒店规定各类物资所需要的合理的储备数量。储备定额与消耗定额不同之处在于，储备的量要保证酒店经营不中断、不延误，同时也要尽可能降低库存成本。因而，储备定额通常会分为保证日常业务的储备定额和降低库存成本的定额两类。

保证日常业务的储备定额，主要考虑发生运送受阻、交货延期、季节性脱销等事故发生的情况下，保证酒店物资的不间断供应。计算公式如下：

$$经常性储备定额 = 物资日消耗定额 \times 进货间隔天数$$
$$季节性储备定额 = 物资日消耗定额 \times 中断天数$$
$$保险储备定额 = 物资日消耗定额 \times 保险储备天数$$

采购物资过多，需要占用更多的仓储空间，同时物资仓储时间过长，有可能导致物资的损耗，从而带来过高的仓储成本。酒店可以通过订货点库存定额和最经济仓储定额两种方法来寻求采购和储存之间的动态平衡。

订货点库存定额是确定开始再次订货的物资储备临界点。最经济仓储定额是通过计算合理的订货批量,确定仓储成本最低的是仓储数量。

订货点储备定额＝物资日消耗定额×订货周期＋保险储备定额

经济订货批量 $=\sqrt{(2 \times 每次订货成本 \times 全年需要量)/单位物资平均年度储备成本}$

11.3.3 物资的采购和验收

1. 采购的基本流程

采购管理是为保证酒店正常运营,对酒店所需要的物资进行采购进货活动的管理。采购管理的几个基本的目标是适时适量供给,理想的质量保障,采购成本合理,并能够和合适的供应商形成长期稳定的合作管理。根据这样的目标要求,酒店的采购管理首先应该确定严格的采购流程,如图11.2所示。

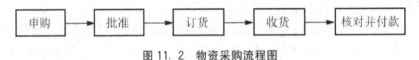

图11.2 物资采购流程图

请购是由物资使用部分根据经营和服务的需要提出物资购买的需要,必须要填写请购单,如图11.3所示。有时仓库在定期合算各类物资的库存后,发现有降至订货点的,也可以向采购部递送请购单,申请订购。

×××酒店				采购申请书 编号：3056 日期：2013.10.2
名称	质量等级	数量	预计费用	建议供应商
大班椅	A	10	4000～4200元	尼尔科
申请部门：	餐饮部	申请人：	赵晨光	
审批人：				

图11.3 采购申请书示例

采购部经理或采购部门评价采购申请的紧迫性和合理性,以及其他方面的因素,对采购申请给予批准或者部分批准。

订货环节的核心是选择供应商,并进行价格的谈判。订货过程中需要填写订货单一式三份,分别给采购部留存,并交验收部和财务部,以便收货和付款活动的开展。

供应商给仓库发货,并附上发货单后,仓库将物资进行检验,合格后开具检收单,并将单据转至采购部。

财务部收到采购部的各类采购原始单据后,先供货商付款。要小心防止重复付款或超额付款。

2. 采购监控要点

第一，采购流程的严格监控。酒店必须详细规定采购的详细流程，并以文件和制度的形式确认下来，不含糊其事。规定参与采购过程中不同环节的人员和数量，并确定无误地说明采购人员的权限。强调所有采购都要严格执行审批程序。

第二，供应商的评估和选择。重视供应商的管理和选择。对供应商要有严格的评价，采用科学的方法综合地评价供应商的产品质量、供货能力和速度、价格水平，以及信用程度。酒店可以根据交易的历史和经验，总结自己的"供应商名录"，对供应商合理排序。在大宗物料采购时，应该采取公开招标的方式，提高采购的透明度。要采取有效措施，防止采购过程中的各种舞弊和欺诈行为。

采购中的舞弊行为

20世纪90年代后期，喜来登酒店集团的两位高级采购人员被警方逮捕。警方指控他们从一些食品批发公司那里接受回扣。喜来登酒店集团采用计算机招标系统，符合质量要求且价格最低的竞标者将获得合同。两名涉案人员将有关最低标价的信息告诉其供应商同伙，使他们能以低于竞争对手的价格竞标成功。

他们两人的舞弊行为非常简单，但是波及的金额巨大，从供应商那里拿到的回扣大约为采购食品货款总额的3%。两名涉案人员面临的最高惩罚是5年监禁和25万美元的罚款。

（资料来源：［澳］凯文·贝克．酒店经营内部控制与欺诈防范［M］．程尽能，译．北京：旅游教育出版社，2006.89－90）

思考与讨论：案例中的这类采购舞弊行为，有哪些办法可以防范？

第三，强化凭证管理。凭证管理是对采购过程中相关的凭证进行归档和保管，以确保其完整性和安全性。需要保存的单据包括请购单、订货单、订购合同、费用单据、供货商的交货通知单、发票、运单等。要请专人妥善保管，并定期按照时间顺序装订成册。采购过程中如有异常，例如因供货质量差、分量差异等问题而拒付的理由书，或者像供货商提出索赔的书面异议书，要由采购经办人妥善保管，并与供货商协商解决。要防止各类凭证的丢失。

第四，采购谈判。要有效地降低采购成本，采购谈判必不可少。酒店有时会通过专业的律师介入谈判，以协助对供货商的资质进行审核，对供货合同条款进行审核，以免产生漏洞。此外，酒店的联合或者集中采购，可以大大提高酒店与供应商的谈判能力，取得更优惠的价格或者交易条件。

3. 验收

物资采购任务完成后，专门的验收员应该根据订货单和批准的请购单，检查所购买的物资的质、量、价、时是否准确，记录检验结果，对合格物品准予入库或使用部门，不合格物资则拒绝接收。验收时查验的主要内容包括以下部分。

（1）凭证检验。重点是仔细核对物资的品种、规格、数量、等级和价格。如果发现交货通知单与订货单与到货的情况不一致，就要及时通知相关的采购人员和供货商，以查证差异产生的原因，不可随意处理。

（2）时间检验。对交货时间进行核对，检查交货期与订单上的日期是否一致。

（3）数量核实。对订单数量、送货通知单的数量以及实际到货的数量进行两两交叉检查，确认三者是否保持一致。称重的货物要逐个验证重量，核对袋装物品的重量是否与印刷的一致，防止名实不符。在验收时，要利用验收员的专用印章（或者验收戳），对点过数的加盖印记，防止重复或漏点。

（4）质量核查。质量核查是验收中的重点内容，也是难点内容。酒店物资类型繁多，衡量质量高低的标准也非常多样，需要拥有各类专业知识。验收员要按照采购规格书中所确定的质量标准，来全面地检查外观、内在是否合乎要求。某些商品还要进行测试。如果发现问题，要当面提出交涉。

经过上述各方面核查，确认无误且不存在问题的合格物资，要以书面的验收单据来确定验收的结果，并填写验收报告和进货日报表。

当验收过程中发现与有关标准有明显或者严重出入的情况时，应该拒绝物资入库。这是维护酒店购买方权益的合法手段。在拒收时，应该填写拒收通知单，并写明拒收理由，由送货方和验收方共同签字确认，而后将拒收通知单、物资以相关凭证一并退回。同时，也要保留好原始凭证。

11.3.4 物资的仓储和发放

在酒店的各类物资中，鲜活类物资、无法准确估计用量的新鲜食品和进行试销的新品等，往往不需要进行储存，而是直接发送到使用部门，以保持新鲜度。其他的大量物资在采购完库后就成为了仓储管理的对象。

1. 仓储管理

仓储管理要求将各类物资合理储藏，保障物资数量上的安全和质量上的稳定。这一目标主要通过仓储场所的选择、入库存储和堆放、物资的妥善保存三方面的工作来达成。

不同的仓库有不同的空间格局、设施条件和设备配置。物料用品入库首先要根据物资本身的基本属性来确定进入哪个仓库，一般来说，同类物资要进行集中存储，以提高仓储管理效果。此外，考虑到领用和使用的便利性，节约物料用品在分配过程中的运输时间，物料用品还要考虑就近存放。

物资入库后，要进行合理地堆放，以便节约仓储空间，降低仓储，保证物资得到妥善保管，并便于物资的取用。从技术角度来看，在堆放时要根据物资的性质、形状、包装、轻重等因素，确定合理的存放形式，如货垛、悬挂、封存等。为了便于计数，常用"五五制"的方式来堆放，即以五的倍数在固定区域内横竖对齐，上下垂直地堆放。

物资保管是要保证物资在仓储期间不发生减量、坏损和缺失。坚持用先进先出原则，发放最早入库的物料；保持良好的仓储环境，防止变质；做好仓储物质的养护工作，防止物资质量下降；根据物资的特点、气候的变化等确定定期和不定期的物资检查制度。

此外，做好库存的盘点工作，即对库存物资仔细点数清查，将实际库存与账面相核对，保证库存物资不缺损。通常，库存盘点的方式包括日常盘点（即每日盘存）、定期盘点（周期性盘点）和遇到特殊情况时的临时盘点。

资料链接

食品储藏库的要求

几乎所有食品饮料对温度、湿度和光线的变化都十分敏感。不同的食品饮料在同一种温度、湿度、光线条件之下的敏感程度又不一样。因此,不同的食品饮料应存放于不同的贮藏库之内,使食品、饮料始终处于最佳待食用状态。

1. 温度要求

(1) 干藏库。最好控制在10℃左右,当然15~22℃也是普遍被接受的温度。

(2) 冷藏库。冷藏的主要作用是防止细菌生长。所有冷藏食品都必须保存在10℃以下的冷藏间里。肉类和乳制品的冷藏温度应为0~2℃;水果和蔬菜冷藏温度应为2~4℃;鱼的最佳冷藏温度应在0℃左右。存放多种食品的冷藏库一般将温度平均调节为2~4℃。

(3) 冷冻库。冷冻库的温度一般须保持为-18~24℃。

2. 湿度要求

(1) 干藏库。干藏食品库的相对湿度应控制在50%~60%;如果是贮藏米面等食品的仓库,其相对湿度应该再低一些。

(2) 冷藏库。水果和蔬菜冷藏库的湿度应在85%~95%;肉类、乳制品及混合冷藏库的湿度应保持在75%~85%。相对湿度过高,食品会变得黏滑,助长细菌生长,加速食品变质。

(3) 冷冻库。冷冻库应保持高湿度,否则干冷空气会从食品吸收成分。冷冻食品应用防潮湿或防蒸发材料包好,防止失去水分及脂肪变质发臭。

3. 光线要求

所有食品仓库均应避免阳光的直射。在选用人工照明时,应尽可能挑选冷光灯,以免由于电灯光热,使仓库的室内温度升高。此外,贮藏仓库应保持空气流通。干藏室最好每小时换4次空气。冷藏间和冷冻室的食品不要靠墙存放,也不要直接放在地板上或堆放到天棚,以利于空气流通。

2. 物资发放

物资发放必须确保过程的严谨,严格控制,以保证准确、及时安全发放的基本要求。在发放各类物资时,基本环节如下。

1) 点交

点交即点数和交接物资。点交过程中,务必以请领单为凭据,认真检查所列物资的名称、规格和等级与库存是否吻合,凭证上的字迹是否清晰并没有涂改,印章是否齐全,领料日期是否准确。审查无误后,将物资发放给请领部门,并填写发放的单据。

2) 清理

每次物资点交完成后,仓储管理人员要对账面上进行清理,做好相关的文字记录和数据统计。同时,对库房的地面和开箱的物资进行清洁和整理,保证库内环境以及物资的安全。

3) 复核

物资复核是物资发放管理的重要环节,目的是为了防止发放过程中的差错。仓库发货员针对发放过程的每个环节进行自查和复查。发货人员主要核对发货单与实发物资是否符合，核查货位结存量是否正确。在搬运过程中，还可以由复核员进行符合。

4）原料计价

原料计价主要为后续的成本核算做准备。仓库在发放完各类物资时，应该在物资的请领单上填写各类物资的购入价格，计算领用物资的总价。

选择题

1. 收益管理与传统的销售管理的显著区别在于（　　）。
   A. 收益管理比起销量，更重视收益
   B. 收益管理特别强调销售的时机，而非先后顺序
   C. 收益管理重视销售政策的动态变化
   D. 收益管理不仅控制销售价格，也控制销售对象
2. 酒店规定各类物资所需要的合理的储备数量称为（　　）。
   A. 消耗定额　　　B. 库存定额　　　C. 储备定额　　　D. 订货量定额
3. 酒店物资采购完成后，需要验收的主要内容有（　　）。
   A. 数量验收　　　B. 质量验收　　　C. 时间验收　　　D. 凭证验收
4. 反映某一时间酒店财务状况的报表，提供酒店掌握了哪些资产、负担多少债务、酒店所有者持有多少权益以及酒店拥有大多的偿债能力等信息的报表称为（　　）。
   A. 损益表　　　B. 利润表　　　C. 现金流量表　　　D. 资产负债表

判断题

1. 酒店物质的消耗定额确定程序要严格遵循"自上而下"的过程。　　　　（　　）
2. 利润表也称收益表，它是反映酒店一定时期内经营成果的静态报表。（　　）
3. 点交即点数和交接物资，点交必须以采购单为凭据，认真检查所列物资的名称、规格和等级与库存是否吻合。　　　　　　　　　　　　　　　　　　　（　　）
4. 采购的物资在入库时，一律采用"就近原则"，即存入最近的仓库。　（　　）

问答题

1. 收益管理的基本思想是什么？
2. 预测分析的主要内容是什么？
3. 酒店中常用的收益管理技巧有哪些？
4. 酒店的日常经营体系由哪些部分构成？
5. 怎样控制和管理好酒店的应收账款？
6. 酒店的物资控制主要做哪几方面的工作？

案例分析

如家的节约圣经

如家不是国内最早做经济型酒店的，却是把这个概念做成功和普及的第一家经济型酒店企业。对于服务于价格敏感性顾客，且房价经济的酒店来说，资源节约的经营模式和精密的成本控制，是成败的关键因素。

从经营的基础投资来看，如家往往租用厂房或普通房屋改造成为酒店，避免过大的固定资产投入；舍弃酒店大堂和投资巨大、面积利用率低的康乐、餐厅设置，只建立占地50~100平方米的附属小餐厅，把更多的空间变成客房；舍弃多余的服务设施和管理人员，客房、员工比例达1∶0.3~1∶0.35，人力资源成本降到最低，每100间客房设30~35名员工。有800多家酒店是通过老房子改造来开发利用的，这样既可以服务客户，又不浪费社会资源。

从操作的层面上看，如家有所为有所不为，其实更多是有所不为。中央空调改成单体空调，把整个设备用得更加节约，更加符合运营模式，其实也是比较好的资源节约模式。再说到内部管理系统，如家对客房用品的节约，包括肥皂等，越算越细，你也可以从抠门角度去看，但其实这就是在减少浪费。客房里的每块肥皂洗一点点就扔掉，多了也不能用，酒店完全可以把肥皂做得很薄。

店里所有的灯，什么时候能开都是有规范的。早上8点是最忙的时候，所有的灯都打开，9点到11点是一个跳一个开，这是工作标准。你也可以说是如家要节约成本，但节约成本对社会来说就是节约资源，从商业模式到整个商业资源的利用，到建造成本和经营成本的控制，都是在减少浪费，最大程度利用资源。

从2010年5月1日起，如家酒店集团全国700家酒店客房将不放置一次性洗漱用品。客人入住如家时，可在酒店前台领取"如家绿色洗漱套装"。若选择自带洗漱用品的客人，将获得50会员积分，作为如家对客人为环保做贡献的奖励。

在如家，上述细节要求都是有据可查的。它们统统写在十多本厚厚的如家"运营文件汇编"里，其内容囊括了从服务、管理、硬件到客房等几乎能想到的一切关于酒店运营的细节标准，从台风应急预案到台面胡椒瓶如何摆放的大小事情都有规定。这些运营细节标准，如家的雇员人人必看，力求做到有关规定烂熟于胸，而且还要每月进行考试。

思考与讨论：根据如家的案例，酒店成本控制可以从哪些方面着手才能做得更好？

实践训练

1. 选择一家酒店的网络销售平台，对其同一类型的客房售价进行1个月的跟踪，绘制价格的动态变化图，分析这种动态变化主要的影响因素是什么？

2. 对上市公司"金陵酒店"的财务分析进行1周的跟踪研读，分析该酒店集团公司的主要业务经营情况（http://quotes.money.163.com/f10/lrb_601007.html）。

第12章 酒店设备管理

导言

虽然酒店的服务是无形的，但是所有的服务要依托酒店的设施设备来开展。在科学和信息技术发展的背景下，顾客对于酒店的智能化和绿色化的要求也日益提高，这种需要的满足，也与酒店设备管理密不可分。本章将帮助学生了解现代酒店设备管理的内涵和任务，分清设备的类型，掌握设备保养的原则和方法，并且明确阐释酒店设备节能的目的和意义，介绍最新的节能方法。

关键术语

设备管理、设备折旧、低碳、节能、设备维修、设备寿命、设备报废、节能减排

引导案例

地球上最环保的酒店

加利福尼亚旅游胜地纳帕山谷的 Gaia 酒店是全美国最"绿"的酒店。经美国绿色建筑委员会（USGBC）初步评估，Gaia 酒店在能源和世界上影响最广、最权威的绿色建筑评估体系（LEED）中达到黄金级别，如图 12.1 所示。

图 12.1　Gaia 酒店

Gaia 环保酒店开发商兼老板、Altman 集团总裁张文毅以"Gaia"为这座位于加州纳帕山谷的环保绿色酒店命名，借用了 Gaia 在古希腊神话中代表"大地之母"的寓意。占地超过 8 万平方英尺的 Gaia 酒店包括四栋双层建筑，总共 133 间客房，外观朴实而内藏玄机。

从旅客踏入酒店的第一步开始，就踏上了"环保探险"的旅程。酒店大门口外，特殊踏板装置可以将灰尘"留"在门外，保持酒店的整洁；经过特殊设计的天花板采用的节能日光管"Tubular Skylights"设计能保证大堂最大程度地利用自然光线，白天Gaia酒店的大堂从来不开灯，从而减少了三分之二的二氧化碳排放；最新节能冷热空调系统可以自动调节室内温差，最大程度地节约电力；厕所内超强冲力的马桶为酒店节约45%的用水。更神奇的是男小便池则依靠新的地心引力技术，不需要冲水；此外，酒店内所有笔都是采用生物可降解材料制作，而所有用纸都使用可再生纸浆。

酒店自2005年初破土动工以来就严格遵守种种绿色标准进行建造，经过官方认证的原木、天然纤维、低排放型油漆、用绞碎的牛仔裤做的绝缘等举动，使得酒店获得（USG-BC）初步评估。在美国，几乎大小酒店旅馆都会在每间客房摆放《圣经》，而Gaia酒店却选择在每个客房都摆上了美国前副总统戈尔的环保新书《一个难以忽视的事实》。此外，Gaia酒店每周两个早晨对当地学生开放，小朋友可以在Gaia随意参观。

思考：Gaia的"绿"是通过哪些酒店设备系统来实现的？

12.1 酒店设备管理概述

酒店之所以能在住、食、行、乐、购、游诸方面为旅游者提供优质的服务，为人们旅游度假提供舒适愉快的居住和活动场所，很重要的原因之一就是采用了直接应用于现代生活之中的现代化生活设备和设施。酒店所有的服务以及产品的提供都需要借助设施设备来完成，可以说设施设备是酒店运行的物质基础。

12.1.1 酒店设备的内涵及发展趋势

1. 酒店设备的内涵

酒店设备是酒店各部门所使用的机器、机具、仪器、仪表等物质技术装备的总称，具有长期性、重复使用性，是企业的固定资产。

酒店设备管理是对设备采取一系列技术的、经济的、组织的措施，对设备的投资决策、采购、验收、安装、调试、运行、维护、检修、改造直至报废的全过程进行综合管理，最大限度地发挥设备的综合效能的管理活动。

2. 酒店设备的特点

1) 种类多、分布广

酒店所有的固定资产都可以称为设备。有电力系统设备、热力系统设备、空调系统设备、给排水系统设备等，每一个系列中又有多种设备。从部门来看，每一个部门都有上百种设备的清单和目录，种类繁多，分布十分广泛。

2) 安装隐蔽、技术先进

设备的安装多数是在酒店建造时隐秘性安装的，在进行墙面装修之前已完成，而一旦安装成功，改动或更换就不是件容易的事情。酒店设备一般都采用当时最先进的技术和设备，为的就是在安装使用后，保证酒店在一定的时间内，不会因为设备落伍或者损坏而经常进行重新装修,从而影响酒店的正常经营。

3) 投资额大,维护费用高

酒店设备是服务硬件的重要组成部分。酒店行业中,有这样一个不争的事实,通常酒店的工程设备设施投资额约占酒店建设总投资额的三分之一以上,目前酒店的建设动辄数十亿,酒店设备的投资当然也非常惊人,而要使这些系统正常运行,每年的维护保养费要占酒店总营业额的15%左右,甚至高出许多酒店的利润率水平。

3. 酒店设备的发展趋势

酒店设备随着社会以及经济技术的发展、人们需求的不断变化而变化。从设施简陋的早期的客栈到现在令人叹为观止的奢华酒店的出现,无数体现当时技术领先水平的设施设备在酒店里各领风骚,粉墨登场。今后酒店业的发展依然离不开设备设施的现代化。酒店设备的发展趋势主要体现在以下 5 个方面。

1) 智能化

酒店业务相对于其他工业企业来说,信息渠道多,信息量大。用计算机作为酒店实现现代化管理的主要工具,不但前台各部门在预订、登记问讯、收银、结账等方面有不同程度的使用,在后台的房态管理、信息处理、财务管理、物资管理、日常行政事务管理等方面也得到了广泛的应用。计算机的使用使得酒店设备的环境状态监测以及集中控制应用越来越广泛。酒店的设备运行,可以通过计算机对客流量、气候条件、环境条件等参数的测试、计算和分析来进行控制,以达到合理使用资源,有效控制成本。图 12.2 所示为天华酒店智能管理系统。

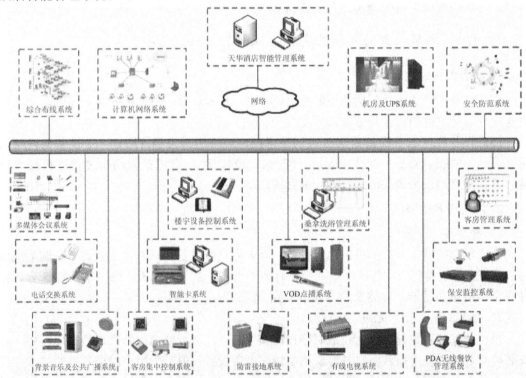

图 12.2 天华酒店智能管理系统

资料链接

德国酒吧智能机器人招待：看眼神上酒水

昏暗的灯光、嘈杂的讲话声和振聋发聩的音乐，酒吧招待这一工作可否由机器人来完成呢？近日，德国科研人员推出一款人工智能机器人，尝试完成这项任务。

德国比勒费尔德大学的研究人员日前在美国《心理学前沿》在线杂志上发表了这一研究报告。他们的机器人名为"詹姆斯"，它的"脑袋"是一台大大的平板电脑，上面显示着一双卡通式的大眼睛，可以与顾客面对面地眼神交流。目前，它必须固定在吧台后面，仅有一条金属臂膀。但它能接受客人的眼神和肢体信息，并用金属臂膀和有4个指头的手掌为客人取饮料。

机器人不能从听觉中获得信息，而是学会理解人类的肢体语言。研究人员发现，在15名翻钱包的客人中仅有1人会表示有意点饮料，朝吧台招手示意的25人中仅有1人是想点饮料。事实上，超过90%的客人在需要点饮料时，会径直坐到吧台前直面服务员，这是最有效且最常见的肢体语言。研究人员将这些写入系统，只有当软件系统确认客人想要点饮料时，"詹姆斯"才会有礼貌地询问："您要点什么？"当然，插队加塞在"詹姆斯"这里是行不通的，因为它会记住每位顾客进入其"视线"的先后顺序。

2）人性化

设施设备在设计建造时，更多地考虑了人的需求，更加符合人的生理需求。如对睡眠环境起决定作用的床垫产品，设计精良的床垫自然成为衡量酒店舒适度的重要标准，同时也就成为酒店采购工作的重要环节，部分融入高科技的床垫产品逐渐成为酒店采购总监青睐的对象。

资料链接

酒店入住登记自助系统

酒店入住登记自助服务系统（图12.3）早在10多年前就已经产生了，具有自助登记（图12.4）、

图12.3　酒店入住登记自助系统页面

消费功能的酒店在国外等发达国家相当流行,如邻国日本,但它的使用还没有在我国酒店业中展开,这种服务系统最终可能对不愿在总服务台前排队去填写入住登记表和领取房间钥匙的客人的行为产生一种具有吸引力的改变。

图 12.4　酒店入住登记自助机

住宿旅客进入酒店,选择登记提供身份证等有效证件,经过系统核实后,进入房间自选模块,选定房间后,系统提示顾客缴纳押金。押金缴纳完毕,系统自动吐出房卡。退房时,工作人员确认无误后,系统给予退房权限,顾客交房卡,系统进行结算。顾客可选择打印发票或账单。

酒店业界对自助服务系统非常感兴趣,认为它推广使用的时代已经到来。

3)艺术化

现代酒店向顾客提供各种各样的服务项目,已经不是简单地停留在提供住宿和餐饮的服务层面,宾客日益扩大的审美需求,也刺激着酒店关注酒店内部的艺术化气息。酒店内部氛围的营造离不开设施设备作为基础。酒店设备不仅是设备,还是能够带给宾客美的体验的艺术品。例如,通过智能灯光系统营造出独特的光艺术氛围,如图 12.5 所示。

图 12.5　重庆万达艾美酒店的灯光艺术

4）环保化

讲求环保不仅是现代社会的一项重要任务，也是目前的一种时尚。为保护环境、节约能源、降低消耗，今后设备的发展趋势之一就是符合环保要求的设备。例如，变频调速器、无氟冰箱、低噪音风机、模块式制冷机组等，这些设备将不断在新的领域体现环保意识。

在星评标准中，对酒店设备节能环保提出了更高的要求。这将引导酒店业更加重视节能和环保。

4. 酒店设备管理的特点

1）技术要求高

由于酒店设备最能体现现代最新科技成果，所以酒店的一些设备越来越先进，结构也越来越复杂，对设备的运行操作人员和维修人员的要求也越来越高。这就要求酒店设备管理者要不断地更新观念，加强对员工的培训，使其适应不断发展变化的市场需要，保证酒店设备的正常运转。

2）综合能力要求高

酒店设备的现代化，使得设备投资额增大，维护费用增加，设备管理的协调能力增强。譬如，购置设备前所进行的可行性论证，计划的编制，劳动力的组织与安排的好坏，与酒店现代化经济效益的关系越来越密切，这就要求设备管理者的管理能力要逐步增强。而目前设备已不局限于维修保养的纯技术方面，还要涉及经济分析和大量的组织工作和与各部门的协调，设备管理的考核、检查、评比以及有关对外联络等。因此，酒店设备的现代化管理，可以说是整个企业管理的缩影，要求设备管理者必须有较强的综合管理能力，这样才能适应酒店不断发展的需要。

3）管理效率要求高

大量的酒店设备设施供客人直接使用，这就要求这些设备设施不允许出现故障和缺陷，一旦发现，必须立即修复，对设备设施的维修工作都有具体的时间限制。所以，设备管理工作，特别是维修工作必须高效率、高质量，以达到客人的满意。

4）人员素质要求高

酒店对人力资源的控制极其严格，而设备管理以及维修工作量又很大，劳动形式大部分是分散的，很多是以个人为单位的单项劳动，这就要求工程技术人员责任心要强、素质要好、维修能力要强、要一专多能。

12.1.2 酒店设备管理的经营贡献

1. 设备是酒店运行的物质基础

现代酒店为了适应客人的需求，提供了大量的除餐饮和住宿以外的多项功能，从视听娱乐到健身运动，从商务办公到购物洗衣应有尽有，这些功能的提供依赖于相关的设施设备。酒店是以设施设备为依托，向客人提供各种服务而取得收入的企业。如果离开了必要的设备，服务就成了无源之水，无本之木。可以说，设施设备是酒店运行的物质基础，是酒店经营取得成功的关键因素之一。

2. 设施设备是销售价格的基石

合理的销售价格是酒店提高绩效的关键之一。酒店是以设施设备为基础，向客人提供各种服务而取得收入的企业。如果离开了必要的设备，服务就成了空中楼阁，只有和有形的良好的设备完美匹配，才能使得顾客感觉"物有所值"，甚至是"物超所值"。

3. 设施设备影响酒店利润

设施设备的采购、运行过程中的维护，以及能源费用在酒店开支中占较大比重。设施设备的采购一旦完成，酒店建成后，设施设备将很难更换，科学采购、超前采购能够为酒店节约资金，通常酒店的工程设施设备投资额约占酒店建设总投资的三分之一以上。而设备运行过程中的保养和能源使用的控制又可以为酒店在日常开支中节约可观的费用，通常设施设备每年的维护保养费要占酒店总营业额的15％左右，这对酒店来说是相当可观的一笔费用。如果管理得当，能节省其中的15~30％，从而大大增加酒店的利润。因此，抓好酒店设备的科学配置、利用与管理，直接关系到酒店的服务质量和经济效益。

4. 设施设备影响酒店声誉

酒店设备运行的好坏，直接关系到酒店的服务质量，进而影响酒店的声誉。酒店的正常运转需要各种设备和能量以及其他旅居条件的供应，一旦设备或能源供应出现问题，酒店就会陷入困境。例如，高层酒店电梯不通、浴室断水、空调不制冷、马桶堵塞等情况，任何一次都会导致客人的不满，影响了酒店的声誉。培养一个忠诚宾客很难，但是给宾客制造一次不满意经历却是如此简单。那些不满意的宾客还可能继续以各种途径向他人诉说他的不满经历，从而影响到酒店的声誉。因此，酒店设施设备是否完好，运转是否正常，将直接关系到整个酒店的声誉。图12.6所示为杭州市2011年第四季度旅游投诉问题统计。

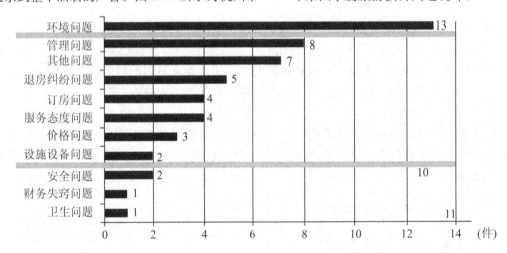

图12.6　2013年杭州市宾馆饭店投诉问题统计

5. 加强设备管理是提高酒店等级的基本前提

我国酒店的等级是用星级来评定的，酒店的设备必须达到一定的条件，才可以评定星级。国务院批准颁布的《旅游涉外酒店评星定级的规定与标准》中，评分的6个项目，其中4个项目如酒店的设施设备、后台供应、维护保养都有明确的规定。由此可见，酒店在对外经营的同时，也要加强对设备的管理，一味讲求对外经营是不可取的。

12.1.3 酒店设备的类型

酒店设备的分类可以从不同的角度进行，可以按照设备的系统分类，也可以按照设备的功能分类。

1. 按照系统分类

1）供电系统

供电是酒店的原动力。一个可靠的电力系统是最重要的，没有它，酒店就无法正常运行。酒店的用电负荷主要有照明和动力两大类。照明包括生活照明、工作照明、广告及其他家用电器的使用。动力包括有中央空调系统、生活水泵、消防泵、电梯以及其他大型用电设备。

供电系统的构成主要有三大部分：配电设备、输电设备、用电设备。

2）给水、排水系统

酒店的供水系统包括整个酒店的冷水、热水和废水排泄系统，负责整个酒店引用冷热水的供应、卫生间冷热水的供给、采暖区的循环管网、局部降温和空调的冷冻水管道、厨房、洗衣房的冷热水供给、游泳池和美化环境用水、消防用水的保证等。酒店宾客的用水量平均为250～350升/人·天，餐厅用水量15～30升/人·天，员工用水量100～150升/人·天，洗衣房用水量40～50升/千克，此外，空调冷却补给、锅炉补给等都要计算在酒店的用水量之内。

酒店经营对给水系统的要求是水量供应充足、水压要求适中、水质满足要求。

3）供热系统

酒店供热系统一般是以蒸汽锅炉作为热源的。锅炉供热系统分成3个部分，锅炉给水系统、锅炉蒸汽系统和锅炉用气设备。锅炉用气设备主要包括在厨房和洗衣房。

4）中央空调系统

空调是20世纪最伟大的发明之一。它通过物理原理将空气处理后，成为满足人们所需要的温度、相对湿度、空气流动速度和空气清洁度的空气，使人们在室内处于舒适状态，使人体维持正常的散热量和散湿量。

5）消防系统

酒店的建筑标准高，装饰性材料多，易燃材料多，并设有空调系统，酒店人群密集，一旦发生火灾，疏散工作非常重要，因此对消防系统的要求也更高。酒店内常见的消防设备有客房、机房内随处可见的烟感探测器和温感探测器，相配套的自动喷淋系统和各种消防灭火器材。

6）运送系统

电梯示范点的垂直运输设备，在高层酒店中尤为重要。酒店内电梯的数量与酒店的等级、客房的数量、电梯的时速和载客能力有关。普遍采用的测算方法：电梯数量＝2＋客房数/100。

资料链接

柯特大酒店的观光电梯

柯特大酒店是美国加州圣地亚哥市的一家老牌酒店,由于原先配套设计的电梯过于狭小老旧,已无法适应越来越多的客流。于是,酒店老板准备改建一个新式电梯。他重金请来全国一流的建筑师和工程师,请他们一起商讨,该如何进行改建。

经验丰富的建筑师和工程师讨论的结果是:酒店必须换一台大电梯。为了安装好新电梯,酒店必须停止营业半年时间。

"除了关闭酒店半年就没有别的办法了吗?"老板眉头皱得很紧,"要知道,那样会造成很大的经济损失……"

就在这时候,酒店里的清洁工刚好在附近拖地,听到了他们的谈话。他马上直起腰,停止了工作。他望望忧心忡忡、神色犹豫的老板和那两位一脸自信的专家,突然开口说:"如果换成我,你们知道我会怎么来装这个电梯吗?"

工程师瞟了他一眼,不屑地说:"你能怎么做?"

"我会直接在屋子外面装上电梯。"

工程师和建筑师听了,顿时诧异得说不出话来。

很快,这家酒店就在屋外装设了一部新电梯。在建筑史上,这是第一次把电梯安装在室外。

(资料来源:《酒店世界》2006 第 1 期)

7) 音像系统

酒店音像系统包括音响系统和电视系统两大类。音响系统包括背景音乐、紧急广播、房内广播等。

2. 按功能分类

按照设备功能可以分为如下几种。

(1) 生活服务设备,包括照明、空调、给排水、制冷、厨房、美容、洗衣设备、清洁设备等。

(2) 信息功能设备,包括通信设备、办公设备。

(3) 能源设备,包括锅炉设备、供电设备、应急发电设备等。

(4) 娱乐健身设备,包括健身房、运动设备、娱乐设备、电视音响等。

(5) 美化环境设备,喷泉和园林灌溉设备、霓虹灯、日光灯、广告灯等。

(6) 消防保安设备,包括消防设备、烟火监测报警设备、防盗设备等。

(7) 交通设备,扶梯、轿梯、观光梯、车辆等。

12.2 酒店设备前期管理

工程部从事的设备管理工作是一个全过程的管理活动,一共可以分为 3 个阶段,简单来说就是前期管理、中期管理和后期管理,也就是酒店设备的投资期管理,设备的使用期管理以及设备的报废期管理3个阶段。

酒店设备的前期管理，是设备全过程管理最重要的部分，它是指从制定规划方案起，经过选型、定购、安装到完全投入运行为止的全部管理工作。占酒店投资三分之一的设备将在这个阶段经过规划、订购和安装尘埃落定。这个阶段决定了90%的设备寿命周期费用，决定了酒店设备装备的技术水平和系统功能，决定了设备装备的实用性、可靠性和日后的维修量。因此，在设备的投资期管理中，若规划阶段出现失误，那将会给酒店的经济效益带来巨大的损失，给日后的使用和维修带来巨大的困难。

具体来说酒店设备前期管理的内容包括新增设备规划方案的制定、论证和决策，设备市场调查和信息收集分析，对所选设备进行技术上与经济上的分析、评价，设备采购；订货、合同管理，设备进店后的开箱验收、安装和调试，以及设备使用初期的管理等。

1. 设备的选配

酒店设备的选配决策阶段，是酒店设备前期管理的首要工作。这个阶段的结果将设备的基础要求与安装要求将影响酒店装备效率的发挥和利用率，影响酒店日后的运行成本，设备的使用性将影响酒店的生产效率和产品质量。因此，要按科学严谨的程序对设备进行选购方案的制订，主要包括需求方案拟订、市场调研、项目论证、审批以及决策和设备计划编制等5个环节，如图12.7所示。

图12.7　设备选购方案制定流程

2. 设备的购置

购置设施设备要遵循"经济上合理、技术上先进、经营上适用、运行上可靠且便于维修"的原则。设备设置方案提出后，为了取得最佳经济效果，对建设项目的技术先进性和经济合理性，要进行全面系统的分析和科学论证。论证以可行性研究报告的形式出现，内容包含与方案有关的市场状况和前景预测，设备与所需能源、原料的关系，设备的环境条件，技术方案，环境保护，对运行操作人员和管理人员的要求，设备投资方案的经济评价，不确定性分析，方案的实施，可行性研究结论等几个方面。设备购置时不可盲目攀比，要适合我国国情和本酒店的经济实力，同时在经济允许的情况下，尽可能选用技术先进的设备以应对技术变革带来的设备"老化"，延长设备淘汰的周期；还要结合酒店的经营风格和特点，结合当地的气候条件；在选择设备时还要注意选择可靠的供应商，保证设备的运行以及售后的维修。

酒店在进行设备采购时应设立专门的班子，由分管设备工作的副经理或工程总监领导，工程技术部、财务部、物资供应部门共同参与，共同商讨确定设备购置问题。统一由工程部完成，工程部需要建立供应商数据库，筛选合格供应商，逐步完善设备的采购标准，制定采购合同，明确设备具体规格、技术性能及专门要求、设备附件的要求、设备用途和加工范围的要求、操作性能、结构合理性要求、安全防护装置的要求、付款方式的要求、技术培训与服务，包括备件、图纸资料、维修作业指导书等。

3. 设备验收

设备购置合同签订后，酒店要做好设备到店前的准备工作。设备抵店后，由工程部经理组织财务部、采购部、设备备品仓库、档案室以及使用部门的有关人员进行开箱验收，分别对设备的价格、单据、合同、质量、技术、备品备件、技术资料及时进行核对，使验收工作充分有效。如果是进口设备则必须由海关开箱，按合同、报关单、品名、规格、数量进行检查，还应该由商检局依法检查设备质量，并出具检验报告。

设备开箱检查前，要注意是否有机械性破损，是否有受潮痕迹，是否有重新钉制的情况，为索赔提供依据。开箱后，检查内包装，核对货物交付的数量，货物的外观检查，货物的内在质量检查。如发现有质量问题、交货拖延造成酒店损失的均可进行索赔。

4. 设备的安装、调试

设备安装工作就是按照设备工艺平面布置图及有关安装技术要求，将已到货并经开箱检查的设备安装在规定的基础上，达到安装规范的技术要求，并通过调试、运转，使之满足生产工艺的要求。任何设备在安装完成后，都必须进行调试，以确保能正常运行。调试工作包括设备的全面清洗和检查，零、部件间隙的调整、润滑，试运行。设备的试运行也是对设备安装质量的检查。

12.3 酒店设备的运行期管理

从酒店设备投入运行开始，直到设备因为各种原因进行改造位置，整个时期是酒店设备发挥作用为酒店效力的时期，在设备管理中，这一时期被称为设备运行期，也可以被称为设备服务期。对运行期的管理可以使已经买到的设备以最少的成本投入，产出最多的效能的关键时期。运行期的长短关系到酒店的运行成本。

在运行期，要管好酒店设备，不仅需要专业技术，还必须有一套严格的管理制度。设施设备的正确使用和维修保养，是保证设备完好的两个重要环节。使用和维修保养的前提是了解设备的寿命。

12.3.1 酒店设备的寿命

在实际的使用环节中，如果使用不当，也会加快设备的报废。因此，酒店设备的管理要从决策开始，控制好每一个环节，对设备的一生进行管理。酒店设备的一生是指从设备移交生产、正式使用、维护保养、修理改造到报废更新为止的全部时间，这一时间也是设备的寿命。根据管理的需要，我们可以从不同的角度对设备寿命进行分类，主要有以下4种。

（1）物质寿命。又称自然寿命或物理寿命。它是指设备从全新状态开始，由于物质磨损而逐渐丧失工作性能，直到不能使用而报废为止的时间。设备的物质磨损可以通过维修、更新得到一定程度的补偿，从而在一定程度上延长设备的寿命。初期的维修维护费用较低，但随着设备的不断使用，设备的维修维护费用不断增加，即便如此，也无法改变设备使用状态日益恶化的局面。所以，从经济、技术的角度考虑，过分延长设备的物质寿命并不合理。

（2）技术寿命。设备的技术寿命是指设备从研制成功开始，到因技术落后而被淘汰为止的全部时间。由于科学技术的迅速发展，产品更新换代速度加快，设备的技术寿命急剧缩短。酒店向来是体现当时高科技技术的先进领域，聚集了各种高新技术产品。技术的变革，使得设备的先进性优势在较短的时间内就消失了，为了体现酒店的档次，酒店就需要频繁更换设备，技术寿命的缩短必然会导致酒店经营成本的增加。无疑，在对设备进行决策时，要求酒店经营者必须把设备的经济寿命作为一个重要的因素来考虑。

(3) 经济寿命。设备的经济寿命又称价值寿命，是指设备从运行开始到由于磨损而需要维修，在经济上已经不合算为止的时间，也就是设备的最佳使用年限。酒店设备经济寿命的长短将直接关系到酒店经营成本的大小。设备的经济寿命越长，酒店的经营成本就会越低。假如设备设施在提前完成折旧以后还可以正常地运行，这时酒店的经营成本将降低到最低点。

(4) 折旧寿命。设备的折旧寿命是指设备根据规定的折旧率和折旧方法进行折旧，直到设备的净现值为零的全部时间。与物质寿命不同，设备的折旧寿命是设备在酒店的固定资产账面上的净值可能已经为零，但它的物质寿命依然存在；也有可能出现这样的状况，即规定的折旧寿命还未到，而设备的物质寿命已经完结。我国已经规定了各类设备的折旧年限范围，酒店必须依据自身的实际情况，为各类设备确定一个合理的折旧寿命。

12.3.2 酒店设备的使用

设备在额定的负荷下运行并发挥其规定功能的过程，就是使用过程。设备在使用过程中，由于受到各种外力的作用和环境条件、使用方法、工作规范、工作时间等影响，工作能力随技术状态的不断恶化而逐渐降低。正常合理使用酒店设备，能减轻设备的磨损，使设备保持良好的工作状态，更好地发挥设备效能，延长设备的使用寿命。合理使用设备就要延缓设备工作能力下降的进程，除了应该创造适合设备工作环境的条件外，还要有正确的使用方法、合理的工作规范、设备维护的具体要求。具体说来有以下几点。

第一，要建立完善的设备使用制度。酒店实行设备规范化管理的前提就是有切实可行的制度，因此，酒店必须制定各项设备的使用制度，包括设备运行规程、维护规程、操作人员岗位责任制、巡检制度和交接班制度等，责任切实落实到班组和个人，使酒店全体员工在规章制度的约束下，按规程管好、用好、养好酒店设备。

第二，提高员工使用设备的技能。要合理使用设备，就要求酒店的员工熟知设备的性能、操作和使用程序。这就要求酒店必须不断地对员工进行培训，不断提高员工的操作水平，使员工达到"四会"。即做到会使用、会维护、会检查、会排除一般故障。

第三，重要操作人员重点要求。特殊岗位的员工一定要持证上岗，这些员工要严格遵守安全技术操作规程，实行定人定机，凭证操作制度；经常保持设备清洁，按规定对设备进行保养和维护；管理好保养、维护和检修设备的工具，做到不遗失不损坏；不擅自离开岗位，发现异常的声音或故障时应及时停车检查，如果设备故障不能处理的，要及时通知维修工人检修。

第四，合理安排设备的工作量保持设备的工作状态。酒店设备是根据一定的工作原理设计的，要保持设备的良好状态就必须给设备安排合理的工作负荷量，严禁设备超负荷工作。

12.3.3 酒店设备维护保养

酒店设备要经常处于良好状态，除了正确使用设备之外，还要做好维护和保养工作。

设备的维护保养是为了保持设备正常技术状态、延长使用寿命所必须进行的日常工作，设备的维护保养是设备管理中的重要内容。设备维护工作可以减少设备故障，从而节约维修费用、降低成本、保证服务质量、提高酒店声誉。对于设备的维护保养，工程部要制定维护保养制度，定期进行保养，并填写保养记录。

1. 酒店设备维护保养的基本内容

酒店设备种类繁多，因结构、性能和使用方法不同，酒店设备维护保养工作的具体内容也不完全相同，但设备维护保养的基本内容是一致的，即清洁、安全、整齐、润滑、防腐。

（1）清洁是指各种设备要清洁。尤其是客房设备内外要清洁，做到无灰、无尘、无虫害，为设备的正常运行创造一个良好的环境，以减少设备的磨损。

（2）安全是指设备外表清洁、无锈、无油污，各部位无"跑、冒、滴、漏"现象，在操作方面遵守设备的操作规程和安全技术规程，防止人身和设备事故。同时要求设备的各种保护装置要齐全，各种安全防护装置要定期进行检查。

（3）整齐是指各种工具、工件和附件放置要整齐，线路管道要完整，各种标志醒目美观。

（4）润滑是指有些设备主要是后台设备，必须定时、定点、定量加油。保证润滑面活络润滑，保证运行运转顺畅，确保设备摩擦部件正常运行，防止磨损的重要措施。

（5）防腐指酒店的设备、酒店的前台设备不但要防腐，还要保新，从外观和性能上体现酒店等级。

2. 酒店设备三级保养制度

设备的维护保养方法很多，无论采用什么方法目的都是为了使设备保持良好的性能，提高设备效率，降低酒店运行成本，更好地为酒店经营服务。通常设备的保养可以分为日常维护保养、一级保养和二级保养3种类型。

酒店设备的日常维护是全部维护工作的基础。它的特点是经常化、制度化，一般由设备使用人员进行。这类保养由操作者负责，每日班后小维护，每周班后大维护，主要内容有认真检查设备使用和运转情况，填写好交接班记录，对设备各部件擦洗清洁，定时加油润滑；随时注意紧固松脱的零件，调整消除设备小缺陷；检查设备零部件是否完整，工件、附件是否放置整齐等。

 案例分析

清晨的摔门声

一个冬天的清晨，天刚蒙蒙亮，当很多人还沉浸在暖暖的被窝和美梦中时，几声沉重的摔门声把宁波某酒店16楼的几位客人吵醒了。客人们满腹牢骚，打电话向前台投诉。经过核实，发现是酒店早班服务员打扫旁边房间卫生时，因为门吸松动，门无法固定，服务员几次常规操作都不奏效，于是怒火燃烧，赌气狠狠地将门重重地摔了几下。

点评：设备应该温柔地对待，否则它就更容易出问题。设备出现故障要及时报修。

设备的一级保养简称"一保"，是指要使设备达到整齐、清洁、润滑和安全的要求，即设备在日常保养外，需要进行设备的内部清洗，油路清通，紧固有关部位及对有关部位进行必要的检查。一级保养是指设备运行500小时或一个月（两班制）后，以操作者为主，维修工人配合进行保养。其内容是"脱黄袍"、"清内脏"。其主要工作内容是检查、清扫、调整电器控制部位；彻底清洗、擦拭设备外表，检查设备内部；检查、调整各操作、传动机构的零部件；检查油泵、疏通油路，检查油箱油质、油量；清洗或更换渍毡、油线，清除各活动面毛刺；检查、调节各指示仪表与安全防护装置；发现故障隐患和异常，要予以排除，并排除泄漏现象等。设备经一级保养后要求达到外观清洁、明亮；油路畅通、油窗明亮；操作灵活，运转正常；安全防护、指示仪表齐全、可靠。保养人员应将保养的主要内容、保养过程中发现和排除的隐患、异常、试运转结果、试生产件精度、运行性能等，以及存在的问题做好记录。一级保养以操作工为主，专业维修人员配合并指导。

每次保养之后，要填写保养记录卡，谁保养，谁记录，并将其装入设备档案，一级保养记录卡见表12-1。

表12-1 空调设备一级保养记录卡

管理处： 单位： 保养责任人： 日期： 审核人：

设备名称	保养项目及内容	保养情况及处理结果	保养情况检查
冷水机组	检查是否有松动、震动及噪音		
	检查机组是够漏氟		
	检查冷媒（雪种量）是否合适		
	检查油位是否适中		
	检查各种参数及电脑工作程序		
	检查油压是否工作正常		
	检查蒸发器及冷凝器换热效果		
	检查保养制冷循环系统		
	保养启动电控柜		
设备编号			
空气处理机、新风机	机组外表面除尘除锈，清洗过滤网		
	检查接水盘是否积水并清洗污物		
	检查是否有松动、震动及噪音		
	检查保温棉，并做适当整理修补		
	检查电气线路并整理保养		
	检查电机运行情况		
	检查轴承运行情况并润滑加油		
	检查出风量及风压是否正常		
	保养启动电控柜		

续表

设备名称	保养项目及内容	保养情况及处理结果	保养情况检查
设备编号			
冷却塔	联接螺栓有误松动锈蚀		
	清洗集水池内的污物		
	检查系统有无损伤和漏水现象		
	保持喷淋清洁		
	检查齿轮传动装置并加润滑油		
	检查电机运行轴承磨损情况		
	保养电机电气线路		
	检修浮球阀和自动补水装置		
设备编号			
空调水泵	润滑油质油量的检查并加油		
	盘根松紧程度的检查		
	轴承磨损程度检查		
	泵与电机轴同心程度的检查		
	检查电机有无震动及异常杂音		
	阀门检查和保养		
	检查压力表读数是否准确		
设备编号			
管路系统	检查管道有无凝结水		
	更换或修补破损、潮湿保温棉		
	对漏水阀门进行紧固或更换盘根		
	调整阀门开度、润滑阀门活动件		
	检查电动阀是否动作,限位准确		
	检查电磁阀是否工作正常		
设备编号			

设备二级保养是以维持设备的技术状况为主的检修形式,主要目的是延长设备的大修周期和使用年限,使操作者进一步熟悉设备的结构和性能,使设备达到完好标准,提高及保持设备的完好率。二级保养的工作量介于中修理和小修理之间,既要完成小修理的部分工作,又要完成中修理的部分工作,主要针对设备易损零部件的磨损与损坏进行修复或更换。二级保养要完成一级保养的全部工作,还要求润滑部位全部清洗,结合换油周期检查润滑油质,进行清洗换油。检查设备的动态技术状况与主要精度(噪音、震动、温升、油

压、波纹、表面粗糙度等），调整安装水平，更换或修复零部件，刮研磨损的活动导轨面，修复调整精度已劣化部位，校验机装仪表，修复安全装置，清洗或更换电机轴承，测量绝缘电阻等。经二级保养后要求精度和性能达到工艺要求，无漏油、漏水、漏气、漏电现象，声响、震动、压力、温升等符合标准。二级保养前后应对设备进行动、静技术状况测定，并认真做好保养记录。二级保养以专业维修人员为主，操作工为辅。

二级保养时间一般按一班制考虑，一年进行一次或设备累计运行运转2500小时后进行，二级保养也叫年保。保养后同样要填写保养记录卡。

3. 酒店设备的点检制度

酒店设备的点检是一种现代先进的设备维护管理方法，是对影响设备正常运行的一些关键部位进行经常性的检查和重点控制的方法。

1）设备点检的含义

设备点检是为了提高、维持生产设备的原有性能，通过人的五感（视、听、嗅、味、触）或者借助工具、仪器，按照预先设定的周期和方法，对设备上预先设定的关键部位或薄弱环节的规定部位（点）进行有无异常的预防性周密检查的过程，以使设备的隐患和缺陷能够得到早期发现、早期预防、早期处理，这样的设备检查称为点检。

点检是设备管理的一项基本制度，目的是通过点检准确掌握设备技术状况，维持和改善设备工作性能，预防事故发生，减少停机时间，延长设备寿命，降低维修费用，保证正常生产。

2）点检的意义

进行设备点检能够减少设备维修工作时的盲目性和被动性，掌握主动权，有利于维修人员及时掌握故障隐患的情况并予以消除。总的来说，点检制度提高了设备的完好率和利用率，提高了设备的维修质量，并节约了各种费用，从而减少酒店的费用支出，提高了酒店的总体经济效益。

3）设备点检的类别

酒店设备各种各样，功能、性能、运行规律各不相同，因此酒店应该根据设备各自性能不同，运行规律不同，将设备的点检分为日常点检、定期点检和专项点检。

（1）日常点检。日常点检是指每天通过维修人员的感观来检查设备运行中的关键部位的声响、震动、温度、油压等状况，并将检查的结果记录在点检卡中。

（2）定期点检。定期点检通常由维修人员（或专职点检员）凭感官和专用检测工具，定期对设备的技术状态和安全状况进行全面检查和测定，除包括日常点检的工作内容外，定期点检主要是测定设备的劣化程度、精度和设备的性能，查明设备不能正常工作的原因，确定下次检修应消除的缺陷。主要目的是查明设备的缺陷和隐患，确定修理方案和时间，保证设备维持规定的性能。定期点检的对象主要是重点生产设备，非重点设备进行抽查。定期点检内容比较复杂，一般需要停机进行，作业占时也较长，因此点检计划应与生产计划相协调。定期点检周期的长短按设备的具体情况划分，有一周、半月、一个月、数月不等。

（3）专项点检。专项点检一般由专职维修人员（包括技术人员）对某些特定的项目，如设备精度，某项或某功能参数等进行定期或不定期的检查测定。目的是为了了解设备的技术和安全性能。该检查专业性强，通常使用专用工具和专业仪器设备。

专项检查中的精密检查，是对设备的几何精度和加工精度有计划地定期进行检测，精度检查的目的是为设备的调整、修理、验收和报废更新提供依据。

设备或部件安全性能检验、测定（如钢绳、受压容器检验等）也是专项点检的内容，采用专门的测定仪器进行，目的是确定受点检设备或部件的安全性能是否满足安全运行的要求，以便及时报废、更换。

4) 对设备的"效益点检"

"设备效益点检"就是以设备效益为中心，在对设备安全运行点检的基础上，增加对设备运行效率和投入产出效益的点检。"设备效益点检"不但注重在点检中发现设备安全运转问题，更注重点检设备的运行效率和投入产出效益，并通过点检分析设备运行效率、运行收入、运行成本、对设备进行投入产出经济核算等，来判断设备运行效益情况。

设备效益点检制度将酒店设备管理由"技术型管理"上升到"技术效益型管理"。通过生产运行人员、维修人员、专业点检人员对设备的小时点检、日检、周检、月检、年检，形成一个体系，做到每时每刻都有人对设备安全运行、经济运行进行有力的检查和监督。酒店实行设备效益点检有利于进一步确保酒店设备安全运转，进一步降低设备的能耗、物耗，以及生产的经营成本。

要做好设备效益点检，首先就要转变观念，即做到由"技术型"向"技术效益型"转变。其次就是要将设备运行成本、收入等固定费用、可变费用进行分解落实到每台，确定每台设备的目标固定成本、可变成本、目标收入、目标利润等，并进行投入产出经济核算到每台设备。每日由班组岗位报车间，车间每周汇总分析报厂，厂每月汇总分析报部门和主管领导。各级管理人员能及时发现设备运行中的有关问题，及时采取措施加以改进。

12.3.4 设备维修

设备维修是指设备技术状态劣化或发生故障后，为恢复其功能而进行的技术活动，包括各类计划修理和计划外的故障修理及事故修理，又称设备修理。

1. 设备的磨损

设备在寿命期内，无论是在使用还是闲置，经过一段时间的使用后，会不同程度地产生磨损。设备的磨损一般有两种。一种是有形磨损，是指由于设备的使用或自然力的作用而发生的磨损；另一种是无形磨损，是指由于科技进步，而引起原有设备的贬值。设备的正常使用和有计划的保养会在一定程度上减轻设备的磨损，但磨损是不可避免的。在磨损积累到一定程度时，就需要对设备进行局部修理或完全的改造更新。

有形磨损根据产生的原因可分为使用磨损和自然磨损两种。使用磨损是指设备在使用中，由于输入能量而运转，产生摩擦、振动、疲劳，致使相对运动的零部件实体产生的磨损。影响使用磨损发展程度的主要因素有设备的质量，设备工作负荷的程度，操作工人的技术水平，维护修理质量与周期等；自然磨损是指在设备寿命期内，由于自然力量的作用或者由于保管不善而造成的锈蚀、老化，而引起工作精度和工作能力的丧失。这种磨损无论在设备的使用过程中还是闲置的过程都会发生。因设备闲置中较容易失去正常的维护，因而设备闲置中的自然磨损会比使用中更明显。

无形磨损是设备在非使用和非自然力作用下所引起的设备价值上的损失,无形磨损又称为精神磨损。无形磨损分为经济性磨损和技术性磨损两类。经济性磨损是由于设备制造部门技术的进步,新工艺的使用,管理水平的不断提高,劳动生产率的不断提高,使设备的价值贬值,这种贬值就是设备的经济性磨损。技术性磨损是由于科技的不断进步,使新制造出来的设备技术指标越来越高,酒店原有的设备在还未到达自然寿命之前就显得陈旧落后,这种损失就是技术性磨损。

2. 设备维修方式

酒店设备的维修主要有事后维修、预防维修、改善维修计划3种,并且要突出以预防性维修为主的计划内维修思想。

1)事后维修

设备发生故障后或性能、精度降低到合格水平以下时所进行的修理称为事后维修。此时,设备已坏,损失已经发生。适用于利用率低、维修技术简单、能及时提供用机、实行预防性维修不合算的设备。

2)预防维修

预防为主是酒店设备维修管理工作的重要方针。预防维修有如下两种方法。

(1)定期维修。定期维修是按事先规定的计划和相应的技术要求所进行的维修活动,是一种以时间为基础的预防性维修方法。适用于已经掌握了磨损规律的设备。特点是事先确定修理的类别、修理的周期结构、制定修理的工艺、确定工作量,提出维修所需要的备件、材料计划。

(2)预知性维修。预知性维修是一种以设备技术状态为基础的预防性维修方法,它系统地分析设备的劣化程度,并在故障发生前有计划地进行针对性的维修,既能保证设备经常处于完好状态,又能充分利用零件的寿命,所以比定期维修更为合理。

3)改善维修

为改善和提高设备的功能,在条件许可的情况下,对设备进行改善性维修,可以提高设备的可靠性。

3. 设备的维修类别

1)小修

设备小修是工作量最小的一种修理,对于实行定期维修的设备,小修主要是更换或修复在期间内失效或即将失效的零部件,并进行调整,以保证设备的正常工作能力。对于实行预知性维修的设备,小修的工作内容主要是针对日常点检和定期检查中发现的问题,拆卸、检查、更换或修复失效的零部件,以恢复设备的正常功能。

2)项修

项修是根据酒店设备的实际情况,对状态劣化已经达不到生产要求的项目,按实际需要进行针对性的修理。项修时,一般要进行部分的拆卸、检查、更换或修复失效的零部件,从而恢复所修部分的性能和精度。

3)大修

大修是对酒店设备进行维修工作量最大的一种计划维修。大修时要对设备全部解体,修整所有基准件,修复或更换磨损、腐蚀、老化及丧失精度的零部件,使之达到规定的技术要求。大修的费用较高,且性能难以达到出厂时的技术标准,所以,大修要事先进行可行性分析,并提出申请(表 12-2)。大修完成后,必须要进行竣工验收,并填写竣工验收单(表 12-3)。

表 12-2 设备大修项目申请表

设备编号				设备名称		型号规格	
使用年限				上次修理日期		申请部门	
复杂系数	机	热	电	原值		申请大修费用	
申请理由及存在问题							
				部门经理	设备员		日期
主要技术指标及复查意见							
					技术主管		日期
工程部意见				总经理审批			
			日期				日期

表 12-3 设备大修竣工验收单

工程编号	设备编号	设备名称	规模型号	复杂系数	使用部门
修理部门	开工日期	完工日期	验收日期	计划	实际
				天	天
项目	内容		允差(标准)	实测	备注
验收意见					
使用部门	技术主管	质检员	修理单位	工程部	其他部门

4. 设备的维修形式

（1）委托修理。酒店所有的重要设备是酒店设备管理的重点，委托修理是指酒店把酒店设备的修理工作委托给生产厂家或专业维修公司。这样，可以减少酒店的开支，且使设备得到专业的维修，所以，委托修理是酒店设备维修的重要方式。

（2）自行修理。较多酒店采用此种方式，在这种方式中最有特点的是万能维修制。酒店设置万能工，任务就是对酒店所有设备进行有计划的循环检查维修，对万能工的要求较高，万能工还要承担酒店的应急维修工作。

12.4 酒店设备后期管理

设备在运行和服务一段时间后，会出现由于磨损而无法正常工作的状态，或者技术落后严重影响酒店工作效率和声誉时，酒店要进行必要的改造或设备报废。

12.4.1 报废的条件

酒店使用的设备在满足上述 4 项条件任何一项时可申请报废。

第一，技术性能落后，主要是指该设备的技术性能已经远远落后当今技术发展所要求的性能或已被新技术所取代完全无法再使用的设备。

第二，超过使用年限，是指该设备已经超过了有关部门颁布的规定使用年限，无法继续使用的。常见设备的使用年限如下。

（1）电子计算机：5 年
（2）通用测试仪器及仪器仪表类设备：10 年
（3）电子测量仪器、通信仪器设备类：15 年
（4）机电设备：20 年

第三，无修复使用价值，即设备损坏后无法修复或修复成本很高无修复价值。

第四，设备耗能过大，或者污染环境，国家规定予以淘汰的设备。

12.4.2 报废手续的办理程序

设备的报废要经过报废申请—技术鉴定—审批—设备回收四步。

报废申请是到酒店设备处领取《设备报废申请表》并按要求填写；技术鉴定是按仪器价格组织相关人员进行设备报废技术鉴定，并在申请表中签署鉴定意见，接下来的审批由酒店清产核资工作小组组织专家审核，报酒店清产核资领导小组审批，最后是设备回收，将已报废的设备送到指定地点回收。

12.4.3 设备的改造和更新

1. 设备改造和更新的作用

随着设备使用年限的增加，设备的有形磨损和无形磨损日益加剧，可靠性相对降低，导致费用上升。通过设备的改造和更新是对设备磨损的补偿。

酒店设备具有较大比重的享受因素，经过一定时间，虽然还具有使用价值，但已经陈旧过时，会造成客人精神上的不愉快，影响酒店的等级和声誉，不利于设备使用的经济性。

2. 设备改造和更新的原则

设备技术改造要遵循针对性、适应性、可能性、经济性的原则，对于多次大修，技术性能达不到要求，无法保证酒店服务质量；技术性落后，经济效果很差；通过修理、改造虽能恢复性能但不经济；耗能大或污染环境严重，进行改造又不经济；不能满足酒店经济需要的则需要进行更新。

12.5 酒店设备能源管理

住宿、餐饮消费占旅游消费中的大部分资源，是旅游业绿色低碳发展的重要节能减排环节。酒店恰好是同时拥有住宿和餐饮两种功能的企业，节能减排不仅对旅游业低碳发展有利，同时也能为企业节约成本。

12.5.1 酒店能源管理的重要性

1. 响应政府号召

低碳经济时代的来临，酒店业发展也将被烙上时代的印迹，走"低碳化"发展的道路。酒店业一直是走在各种时尚的前沿，近十年来，酒店业比较注重节能环保和绿色，走在了低碳经济时代的前列。新的《星评标准》也强化了酒店节能和环保的要求，《绿色旅游酒店评定》对引导全国酒店业关注节能环保起到极大的促进作用。《国务院关于加快发展旅游业的意见》中明确提出了，推进节能环保、实施旅游节能节水减排工程，倡导低碳旅游方式。国家旅游局2010年全国工作会议也明确提出了制定旅游酒店和景区节能减排工作指南，大力推进旅游节能减排工作。各个地方政府在国家、省号召绿色环保节能的背景下也纷纷出台各种支持和奖励政策，鼓励企业开展各项节能环保活动。在酒店业中，使用新能源材料，中水利用，合同能源管理等举措都是应用比较广泛的举措。

2. 主动承担社会责任

节能减排、控制全球变暖成为全世界共同关注的热点问题。节能减排关系到整个地球的生态环境，要靠全世界人们的努力。酒店作为企业的一员，虽然比工业企业的能源消耗小，但在旅游行业中仍属高能耗单位，理应承担起这样的社会责任。

3. 实现自身经济利益

酒店业是旅游业中能源消耗较多的企业，自1973年石油危机以来，全世界酒店业的能源消耗费用一直呈上升趋势，原因主要有两个：一是能源价格的急剧上升；二是酒店用能设备的大量增加。调查显示，我国酒店平均能源(电、煤、油、气、水等)费用已占总收入的20%左右，大大超过目前酒店建设可行性研究能源消耗费用按营业收入6%～8%预测的标准，是国际星级酒店平均能耗占营业收入的5.5%～6.6%的两倍。这说明，我国酒店业能源管理的水平还很低、节能降耗大有潜力可挖。节能环保不仅是承担社会责任的一种体现，同时对酒店自身也有节约成本，增加利润的好处。

> **资料链接**
>
> ## 年省 12 万美元的照明改造
>
> 万豪集团在美国马里兰州的贝塞斯达总部安装了全新的 LED 照明系统，旨在改进照明质量，加强员工安全，提高能源效率。这项整体照明的升级改造项目每年节约电能 86 万千瓦时，削减电费和维护成本超过 12 万美元。
>
> （资料来源：《酒店世界》2012 第 5 期）

12.5.2 酒店能源的主要类型

能源是能够产生能量的物质。能源可以分为一次能源和二次能源。一次能源是指直接来自于自然界，无需加工便可直接被利用的能源。二次能源是指由一次能源加工转换而得到的能源。酒店能源是指能够供给酒店设备正常运行和酒店从事接待营业所需的能源，比如煤气、水、电等。缺少能源，酒店将无法运转。

12.5.3 酒店能源管理的方法

酒店的实践证明有效的酒店能源管理主要通过以下两个方面来实现。

1. 制定能源管理计划

酒店各个部门的正常工作都需要一定的能源支持，在制定能源计划之前要对各个部门、各班组、各个系统的设备消耗的能量数量测定出来，才能有的放矢的制定能耗的定额和能源管理计划。

酒店的各种能源中，电的消耗量最大，几乎可以占总能耗费用的 50%。据有关部门对酒店进行能耗测试得出的结论，酒店每平方米的年耗电量为 163 千瓦时，这个数字比日本高层建筑的能耗水平高出约 25%。因此，要从日常的监测中发现问题，发现消耗量突然上升就要马上找到原因，进行排查。

其次就是要制定能耗的定额，规定上限。在规定能耗定额时，必须保证酒店各个部门的正常运作，在不影响客人感受的情况下，制定能耗的定额，促使员工主动关注设备能耗，从点滴做起节能能源。

最后就是编制能源管理计划。先收集有关计划的营业计划，根据营业计划制定能源消耗的定额，然后对资料进行分析，预测能源价格的变化、客源变化等，然后根据对设备的能耗测量结果制定能源计划的各个指标。

2. 提高能源管理意识

1）市场意识

我国酒店发展多年来一直存在着一股追求"高"、"大"、"全"的思想，追求高档次、高星级、高层建筑，大空间，设施、设备齐全。事实上，"高"、"大"、"全"同时也意味着高成本、高能耗。如果需求不足，势必导致能源的浪费、经济效益下降。中、低档酒店在新建、改建、扩建过程中有的不是以市场需求，而是以星级酒店评定标准为导向进行设施、设备配置规划，也有的以所谓满足顾客需求、创造优质服务或特色服务为出发点，盲目规划设施或超标准建设某些设施、配置某些设备。这两种倾向都造成了酒店部分设施使用率低下，而又要维持其正常运转，能源相对消耗甚大。实践经验告诉我们，在酒店建设时就一定要树立能源管理的市场意识。

2）建筑节能意识

建筑节能有十分悠久的历史，人们具有坐北朝南，依山傍水可以尽可能多地享受到以阳光为主的大自然赋予人类的能量，同时又抵御大自然对建筑物的能量损耗等朴素的节能知识已有上千年了。但在相当长的时间里，建筑节能理论与实践的发展都非常缓慢，全面地、系统地研究建筑节能还是近几十年的事。目前，热物理学、建筑学、新型建筑材料科学都将建筑节能作为一个重要的研究方向，并取得了丰硕成果，在此基础上发展了一系列建筑结构、空间结构、建筑材料、建筑空调系统等方面行之有效的节能技术。酒店所有者和经营者一定要具备建筑节能意识，并努力去学习掌握尽可能多的基本知识，了解已普遍推广并行之有效的技术和措施，从而去指导、监督、审查、检验酒店建筑各方面的规划和建设。

3）设备节能意识

相对于建筑节能而言，酒店管理人员一般对设备节能有更强的意识，但往往只局限于对特定设备类型。例如，对制冷设备的选择，是选择活塞式、离心式、螺杆式还是吸收式；是买一台大型制冷机组，足以保证制冷高峰期的需要，还是买一台中型机组加一台小型机组。然而与此同时，不可忽视对能耗小的吸尘器、碎纸机、电熨斗、计算机等运营设备和办公设备的慎重选择，将能源消耗作为选择指标之一，增强规划建设阶段设备节能意识。

4）发展意识

能源管理的发展意识要求我们不能简单地从酒店管理几年或十几年的运营需要出发制定规划建设阶段的能源管理决策，而要求我们从酒店整个寿命周期通盘考虑作出能源管理决策。因此，应该对宏观环境、微观环境和市场需求变化趋势和能源科学研究的发展趋势作出详细分析，对经营期间的建筑、设备、网络更新换代及技术改造作出详细分析。以发展的眼光、以寿命周期理论等进行能源管理规划。如对酒店将来用能设备的增加，预先设计选用较粗的电缆；先选用小型设备，但预留较大的安装空间，以备将来酒店发展后购置安装大型设备等。发展意识的树立可以使我们超前思考，超前决策，尽量减少巨大的配套工程浪费。

选择题

1. 酒店设备的无形磨损是设备在非使用和非自然力作用下所引起的设备价值上的损失，可以分为（　　）两种。

  A. 经济性磨损　　　　　　　　　　B. 技术性磨损两类

  C. 使用磨损　　　　　　　　　　　D. 自然磨损

2. 酒店的供电系统主要由以下（　　）部分构成。

A. 发电设备　　　　B. 配电设备　　　　C. 输电设备　　　　D. 用电设备

3. 设备维护保养的基本内容除了清洁、安全之外还包括（　　）。

A. 整齐　　　　　　B. 润滑　　　　　　C. 防腐　　　　　　D. 防损坏

4. 在实行设备自行维修的酒店中，典型的维修制度是（　　）。

A. 专业维修工制度　　　　　　　　　B. 万能维修工制度

C. 维修外包制度　　　　　　　　　　D. 委托维修制度

判断题

1. 酒店设备的三级保养是指一级保养、二级保养和三级保养。（　　）

2. 酒店设备的点检是在日常维护保养中对影响设备正常运行的一些关键部位进行经常性的检查和重点控制的方法。（　　）

3. 酒店设备只有在超过了使用年限，或者失去账面价值时才能申请报废。（　　）

4. 酒店在购置设备设施时必须要遵循"经济上最优、技术上先进、经营上适用"的原则。（　　）

问答题

1. 设备的寿命越长是否对酒店越有利？
2. 设备的保养都在何时做？
3. 怎么开展酒店设备的维修？
4. 酒店的节能与设备管理存在怎样的关系？

案例分析

电梯的意外

杭州某酒店，一位客人匆匆地乘上酒店的2号客梯回房。他按了标有26层的键，当电梯运行到14层时，意外发生了，电梯不动了。起初，客人只得按警铃求援。漫长的10分钟过去了，电梯仍然一动不动。客人再按警铃，仍没得到任何回答，这时客人已经从不耐烦转为愤怒和焦躁不安了。大概又过了10多分钟，电梯动了一下，门在15层打开了，客人走了出来。在被关了20多分钟后，他没有得到店方的任何解释和安慰，客人直奔大堂，在大堂副经理处投诉。

其实，当电梯发生故障后，酒店很快就采取了抢修措施。电梯值班工得知客人被"关"后，马上赶到楼顶电梯机房排除故障，通过手动控制使得自动控制闸已经损坏的电梯迫降到位。从发生故障到客人走出电梯的时间里，电梯工已经是竭尽全力在最短的时间内排除故障，但是对于客人来说，等待的时间太漫长了。

思考与讨论：案例中的设备问题怎样防止？当设备故障时，怎样通过服务来弥补？

实践训练

1. 参观附近一家酒店的大堂，看看能够接触到几个不同的设备系统，这些设备的运行情况如何？

2. 在网络上收集酒店节能的"最佳实践"，并归纳和概括主要的节能方法有哪些？

第 13 章　酒店营销与品牌管理

导　言

从众多的市场和企业运营经验来看，越是激烈竞争的市场，企业的成功越是有赖于卓越的营销活动，管理大师彼得·杜拉克说过，"市场营销不是企业的一个职能部门，而是从客户的角度来看的整个的企业。"在高度竞争的酒店行业中，真正能够获得成功的，同样是那些具有营销导向，并有效开展营销的酒店。那么在酒店这种出售"服务和体验"的特殊行业中，营销意味着什么，营销活动面临哪些特别的挑战，怎样系统地开展营销活动，酒店营销怎样合理地运用各种营销要素实现营销的目的，怎样塑造和发展酒店的品牌为酒店创造更多的无形资产？围绕上述问题，本章介绍了酒店营销的基本概念、内涵、目标任务；并从战略层面讲述如何开展目标市场的选择和市场定位；从战术层面上阐述了营销组合的设计和酒店品牌营销。

关键术语

营销、顾客导向、市场细分、酒店定位、营销组合、产品生命周期、价格体系、营销沟通、公共关系、销售促进、渠道管理、品牌、品牌要素

引导案例

桔子酒店的营销方略

在连锁经济型酒店一片激战的 21 世纪，桔子酒店作为后来者在 2006 年杀入中国市场，2008 年桔子酒店被《第一财经周刊》提名为 2008 年度"炫服务"品牌；被《财富》杂志中文版列为 2008 年度最热门的创业公司之一。多年下来，虽店面的数量远不及如家、汉庭那般无孔不入，但经营相当不错，从其品牌影响力角度上看，桔子酒店也为越来越多的人知晓。有效的营销是桔子酒店发展的一大助力。

"让广告互动起来，让营销精准起来"是桔子酒店营销理念中的重要部分。怎样让消费者和企业之间找到共同利益点和巧妙的沟通方法及时机是他们不断探索的部分。《桔子水晶酒店之 12 星座》系列微电影就是他们探索的另类营销的典型案例。从 2011 年 5 月 30 日到 8 月 8 日，桔子水晶酒店每隔一周都会播出一部以星座为主题的微电影，主要展现各个星座男生的爱情特质。此星座微电影一出便在微博上赚足了人气。结合时下最流行的微博、视频及社交网络进行全方位的立体传播。从社会化媒体的应用，到视频营销及整合营销，展现了桔子水晶创意团队在网络营销领域杰出的整合能力和创新精神。"桔子水晶酒店星座微电影"无论是在内容还是在传播上，都受到了消费者的赞许，引发网友的广泛关注。"桔子水晶酒店星座微电影"案例获得"2011 年度最佳创新营销大奖"。

思考：桔子酒店的营销为何成功？这种成功经验可以复制吗？

图 13.1　杭州桔子酒店

13.1　酒店营销概述

对于早期的酒店经营者和大多数的普通消费者来说，营销通常与销售和广告联系在一起。当然，这两者都是营销活动，并且是早期传统的酒店营销中最重要的两个任务，但酒店营销所要做的工作远胜于此。

13.1.1　什么是酒店营销

现代营销之父菲利普·科特勒对于营销的观点是，"营销是个人或集体通过创造产品或价值，并与他人交换，从而获得其所需所欲之物的社会和管理过程。"

根据上述科特勒的观点，任何人或组织都可以，并且经常从事着营销活动，并且营销的内涵在于以下三个方面。首先，营销活动的核心在于"交换"，交换是整个营销活动过程最重要以及成功与否的关键。其二，营销的活动并不仅限于交换或交易的完成，它始于产品和价值的创造。对于酒店而言，也就是说产品和价值的创造早在酒店的选址、建设、设计装修时就已经开始了。第三，营销活动有明确的目标，要通过交换，"获取其所需所欲之物"。不同的企业，其所需之物不同；企业在不同的阶段，其所需之物也不同。对于酒店而言，其所需的也许是投资的回收、利润、品牌的影响力、市场份额等。故而，营销是一个动态变化的过程，营销活动会随着营销目标的变化而改变。然而，不管何种目标，在我们所处的"顾客时代"下，没有顾客就没有生存、没有利润、没有发展。正如杜拉克所言，"企业目标的唯一合理界定就是创造顾客"。

13.1.2　酒店营销理念

1. 顾客导向的营销观念

企业应该怎样开展营销活动，不同企业的做法体现了不同的营销理念。一些企业认为扩大生产规模、降低成本是赢取市场和利润的关键；一些企业奉行品质优先，认为只要产品质量好，就能获取顾客青睐；还有一些企业，认为推销才是完成交换的不二法门。上述想法和做法在残酷竞争的现实中不断碰壁。事实证明，重要的不是企业想要生产怎样的产品，而是顾客需要怎样的产品；重要的不是我们想要获得多少的利润，而是顾客愿意支付多少价格；重要的不是我们怎么卖出我们的产品，而是顾客想要通过什么样的方式购买。总而言之，正确的营销理念应该是以顾客为核心的，按照顾客需求驱动的。也就是说，营销实际上是"以顾客愿意接受并能够支付的价格，在他们所需要的时间、地点提供他们所需要的产品和服务的过程"。

对于酒店经营者而言，在考虑一个酒店建设设计之初时，应该首先问"这个酒店是设计给谁住的"；设计客房时，要问"我们的客人会怎么使用客房"，"客人会喜欢这种颜色的灯光吗"；在确定菜单时要考虑"客人对菜肴会有什么偏好"；在确定广告发布时要问"我的顾客会在这些媒体上查找信息和资料吗"，"我们的这种逻辑符合客人的思维模式吗"。也就是说，在营销活动的每个环节，充分考虑你的顾客，使得所有活动都有利于创造顾客、吸引顾客。这是酒店营销始终如一的目标。

2. 立足"关系"的营销理念

在酒店营销的过程中，与顾客导向和创造顾客同等重要的理念是"关系理念"。也就是"保留顾客"，与顾客建立长期的合作关系是酒店营销过程中应该树立的目标和追求。

通常而言，酒店获取顾客的途径有吸引新的顾客、从竞争对手那里夺取顾客以及维持和拥有自己的忠实顾客三种。从酒店的角度而言，吸引尚未购买和使用酒店产品的潜在顾客来购买，需要投入大量的广告、销售和促销，甚至需要更新和改进产品，其成本较高。而如果能将这些客户变为长期客户，其维护的费用相对比较低。不仅如此，在宏观环境发生变化，例如欧债危机、经济环境不景气的情况下，受冲击较小或抗风险能力较小的，通常是那些拥有较多忠诚顾客或长期协议客户的酒店。

要建立长期的客户关系，关系营销的关键要点在顾客与酒店相互交往的过程中，不仅关注企业自身利润的获取，更要关注业务给顾客带来的利益以及注重双方的情感联系，切实关注顾客的独特的需求，满足和超越顾客的期望，提供给客人在其他酒店所难以获得的价值和利益。酒店关系营销的实践通常表现在以下几个密切相关的方面：第一，充分建立顾客的数据库，了解客人真实和独特的需求和期望；第二，为客人提供定制化的服务和产品；第三，实施会员制，通过常客奖励计划提高客户的财务利益，筑高转移成本，同时与客人保持高度的接触和联系（见资料链接）；第四，重视客人的投诉和建议，不要让偶尔的失误导致客人的丢失。

资料链接

酒店集团的"常客奖励计划"

当前，各大酒店管理集团在中国市场上的竞争越来越激烈，纷纷出招招揽新顾客和挽留老顾客，因此在国外已实施多时的"常旅客积分计划"也纷纷为中国内地旅客所知道。每个酒店集团的"常旅客积分计划"叫法各不相同，并各自推出了中文的官方网站，可以通过网站了解最新的优惠措施。不同集团为其奖励计划确定了不同的名字，喜达屋集团称为"SPG俱乐部"，洲际酒店集团称为"优悦会奖励计划",希尔顿酒店集团称为"荣誉客会",香格里拉酒店集团称为"贵宾金环会",万豪酒店集团称为"万豪礼赏",凯悦酒店称为凯悦"金护照"。奖励计划的内容存在较多共性,会员可享受的优惠通常包括免费早餐、积分兑换度假套餐、游轮体验、汽车租赁、娱乐、购物等。

《美国新闻与世界报道》根据多项标准来评家常客奖励计划,包括参与计划的酒店数目、赚取和兑换奖励积分的容易程度,以及整个奖励计划的灵活性。根据《美国新闻与世界报道》2013年公布其对众多酒店及航空业常客奖励计划的调研结果,万豪国际集团的"万豪礼赏"评价为"最佳酒店忠诚度奖励计划",因为该计划的奖励住宿兑换日期不受限制,而且会员可以选择入住全球3700多家参与计划的14个品牌的万豪旗下酒店。这项调研评估了16个酒店常客奖励计划,万豪礼赏的评分独占鳌头。

而国内在飞客茶馆旅行网举办的"第一届酒店常旅客评选活动"中,喜达屋酒店集团的SPG俱乐部荣获最受欢迎酒店常旅客计划。喜达屋集团的SPG俱乐部在"最喜欢的常客计划"投票中获得83%的支持率。洲际集团常客计划优悦会以77%的支持率屈居第二。通过调查,常旅客会员对于酒店常客计划的以下会员优惠比较在意:提供Cash+Point兑换,行政待遇升级,奖励住宿仍然保证会员待遇。

(资料来源:中国广播网 http://www.cnr.cn/biz/sytj/201305/t20130529_512700017.shtml
慧聪酒店网 http://info.hotel.hc360.com/2013/08/081045507257.shtml)

13.1.3 酒店营销管理循环

酒店营销是围绕"创造和保持客户"这个任务和目标展开的一系列管理活动。虽然目标与其他的管理活动有所不同,但是营销管理同样遵循着管理的一般规律和流程,即活动的整个过程中体现着计划、执行、控制、反馈和调整这样几个基本的环节来展开。图13.2所示为酒店营销管理的基本流程。

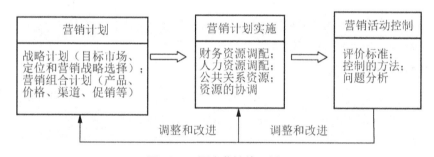

图 13.2　酒店营销管理循环

(1)营销管理活动始于计划。酒店企业在充分地分析内外部环境、行业竞争情况和企业自身的资源优势的基础上,选择一个或若干个目标市场,并确定怎样赢取这个目标市场并获得发展,形成了对酒店的营销战略思路。在此之后,酒店需要进一步设计更为具体的营销组合计划,以便达到战略计划的要求。例如,具体的产品和服务要如何设计、通过什么方式打入市场;采用更吸引目标市场的价格和优惠价格体系等。

(2)营销计划实施则是根据营销计划中的目标和实现目标的途径,合理调配和运用各种资源(包括人力资源、资金、公共关系资源等),保证各种计划的推进。在此过程中,需要充分发挥组织和协调的两种职能。

(3) 由于要素众多和环境多变,在营销计划实施的过程中,必须要对计划的执行情况进行必要的监督和检查,根据事先建立的衡量标准(例如客房出租率、市场占有率、销售量、利润率等),及时发现计划实施过程中的失误,分析其原因,并提出纠正和改进的方法。

13.2 酒店目标市场选择和定位

旅游市场是如此巨大规模和复杂多变,成功的营销必须深刻地认识到满足所有顾客的需求几乎是不可能的任务。怎样将不同的群体区分开来,并选择对本酒店(或集团)最有利的部分作为目标市场,并设法在顾客心目中和市场中站稳脚跟,这是营销战略中要解决的核心问题,菲利普·科特勒将其称之为"STP",即市场细分(Segmentation)、目标市场选择(Targeting)和市场定位(Positioning)。

13.2.1 酒店顾客群体的细分

1. 市场细分的基本概念

市场细分概念由美国学者温德尔·史密斯(Wendell Smith)在1956年提出,它被认为是现代营销学对企业经营最大的贡献之一,也是战略营销的基石。市场细分的前提假设是整个市场是有许多不同的需求和需要的顾客构成的。这一假设毫无疑问正确地描述了酒店顾客市场构成的特点,不同的旅行者对酒店所处的位置、建筑的特点、环境氛围、客房服务、餐饮要求等都存在明显的差异。

所谓市场细分,是指企业根据消费者的需求特征和消费特征方面的差异,将整体市场划分为若干个具有类似需求特征的消费群体(或子市场)。经过市场细分之后所形成子市场,也即细分市场的内部具有更加明显的需求的一致性。这有助于我们针对性地开发和设计酒店的产品,提高顾客的满意度水平。

2. 酒店市场细分的主要变量

市场细分有许多不同的方法和角度,难以逐一列举。以下4种类型的变量经常在酒店市场的细分过程中得到运用。

1) 地理变量细分

地理位置也许是使用最早的细分变量之一。宁波一家五星级酒店可以把客源分成国内客人和国外客人,并进一步地选择日韩客人作为自己主要的入境客;南京的一家三星级旅游酒店则可能立足于长三角的客人。酒店在分析自己客源市场时,也经常按照客源来自于何地来进行结构分析。

由于酒店产品不具有可移动性的特征,地理细分要素实际上在酒店选址的过程中就已经加以运用。经济型连锁酒店在案例分店布局的过程中,通常也是有重点地分区域推进。例如,先进入一线城市、再向二三线城市推进。

地理变量之所以运用广泛，在于地理范围非常容易被识别，根据地理要素细分的市场规模往往能够通过二手资料来获取。并且，在地理变量确定之后，酒店的广告投放、销售渠道的布局等都比较容易确定。

2) 人口统计变量细分

人口统计变量几乎在所有的行业得到运用，因为它同样容易测量和分类。常见的人口变量因素包括种族、年龄、国籍、性别、教育水平、职业、家庭生命周期等。在酒店行业中，较少地单独运用年龄、性别、教育水平的要素来进行细分。但在产品设计时，经常会考虑到这些因素。例如，酒店是否需要设计商务、行政楼层，是否需要单独设置女性客房等。职业、家庭生命周期的运用对酒店而言相当重要。万豪集团最早通过职业的细分来确定旗下品牌的目标市场。集团最初的4个品牌是公平、庭院、万豪和万豪伯爵，分别针对按照职业进行细分的4个不同群体。Fairfield(公平)是服务于销售人员的，Courtyard(庭院)是服务于销售经理的，Marriott(万豪)是为业务经理准备的，Marriott Marquis(万豪伯爵)则是为公司高级经理人员提供的。

生命周期变量的划分对于酒店有非常重要的意义。家庭生命周期的每一个阶段都有自己特别的可自由支配收入水平、支出模式、自有时间和特殊的度假休闲需求。地中海俱乐部根据家庭拥有孩子的情况和孩子的年龄阶段，针对性地开发不同家庭的度假产品套餐，形成非常成功的战略布局。

3) 心理变量的细分

心理细分是指运用包括消费者的动机、态度、个性和生活方式等在内的心理因素对市场进行细分。由于其潜在和隐含的特征，心理细分通常认为不容易操作，且不具有稳定性。但其的确在一定程度上得到了应用。

运用动机进行的市场细分在旅游市场中非常常见，且不同的旅游动机对于住宿设施的选择存在一定的影响。文化动机的旅游者也许对于民宿、主题酒店更加感兴趣；声望动机的旅游者对于高品牌知名度的酒店更为青睐。

个性和生活方式决定了顾客怎样分配自己的时间、喜欢参与怎样的活动以及在生活中什么是最重要的。诸如汽车这样的行业较早开始采用这种细分方式，针对成功者、冒险者、实施者。在休闲行业中，诸如传统主义、时髦人士、保守的人、科技先锋等分类方法也能有效地指导企业开展酒店风格设计和广告宣传。

4) 行为变量

行为变量涵盖了"顾客如何进行消费"的一系列问题的答案，例如，消费的目的、消费的频率、购买的时间、数量、地点、性质等。这类变量对于酒店细分非常适合。最常见的分类是根据旅游目的来分类，商务、会议、奖励旅游、休闲度假可能对应着不同的酒店类型，如商务酒店、会议酒店、度假酒店等。另一个非常受到关注的是使用频率的问题，因为根据古老的二八定律，80%的购买行为可能只是由20%的人做出。因此，酒店需要充分分析哪些是酒店的"重度"消费者，哪些是"轻度"消费者。当然，在酒店市场中更为通俗的分类方法可以按照客人的支付能力和意愿进行划分，分化成经济型、舒适型和奢华型客人，这种划分方式与酒店的价格定位直接对应，也被称为"价格细分"。

不难看出，上述各种细分方式都有其合理之处，在实践中也都得到了一定程度的运用。但是,在竞争日趋激烈的环境中,市场细分程度在不断地提高,许多酒店都会运用多重细分的方法来更精准地找到市场机会,并且随着市场的变动,细分的方法和角度也可以进行调整。请阅读并思考下面的案例分析,体会酒店如何交叉运用不同的细分变量。

案例分析

华住酒店集团的市场细分和多品牌

华住酒店集团是国内第一家多品牌的连锁酒店管理集团。自2005年创立以来(原名为汉庭酒店集团),华住在短短数年间已经完成全国主要城市的战略布局,旗下拥有的多个品牌:廉价酒店品牌汉庭海友客栈、经济型酒店品牌汉庭快捷连锁酒店、中档酒店品牌全季酒店及星程酒店和高端酒店禧玥,如图13.3所示。

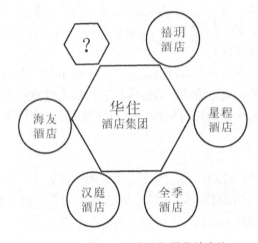

图 13.3　华住集团品牌家族

汉庭作为国内首家多品牌的经济型酒店连锁,最早着力于经济型酒店市场的细分推出汉庭全季酒店、汉庭快捷和汉庭海友客栈3个不同的酒店品牌。汉庭全季酒店客户群体定位为商务或休闲旅行者,以经常出差、奔走在各城市之间的商旅客人为主,产品更注重体现出全季酒店所倡导的"爱自己,住全季"的生活态度。酒店以地段好、酒店风格优雅为特点,被客人称为"迷你四星"。

汉庭快捷主要服务于经济型的商务人士,定位在舒适、便捷,以高性价比在同类产品中取胜。一个商务人士入住后,他可以在酒店的大堂免费打印20张A4纸的内容;大堂有两台电脑供人使用,凭房卡免费使用1小时;每个房间的书桌和床头都设有网线插口,这样与同事同住也不会抢网线等。

汉庭海友客栈,更加明确了它服务于"年轻白领"的定位。在房型和价格上,更是考虑了年轻白领既要求品质又要控制预算的主要特征,海友客栈的价格,从最低每间79元,一直延伸到159元。酒店非常强调在"上网"和"娱乐"两方面的配置。除了一楼安置了两个免费的上网区外,整个酒店均覆盖无线,住店客人在任何角落都能方便的上网。娱乐共享区更是堪称游戏者的天堂,桌球、桌面足球、影视厅、游戏室WII、X-BOX等等年轻人喜欢的装备一应俱全、休息室、时尚餐厅、自助购物、洗衣房等与住宿配套设置尽善尽美,充分迎合了年轻白领的住宿和消费需求。

新增禧玥酒店品牌则为了高端市场而准备,定位于"精致五星",是在高端市场的新尝试。

思考与讨论:华住酒店是运用了哪些变量进行了市场细分?

3. 组织市场

上述提及的顾客群体及细分,主要针对家庭和个体的旅行者。值得注意的是,与这类购买者相区别的还有一类顾客,构成了组织市场。组织市场是指为了共同的目的以组织为单位进行购买的顾客。与家庭和个体旅行者不同的是,组织市场的顾客在购买酒店产品时,并不是为了自己进行消费,而是为了盈利、奖励员工、展销、宣传、培训等不同的组织目的。

对酒店而言,组织市场常见的有以下一些类型:①一般组织型市场,包括会议策划者、旅行经历、公司旅游市场;②会议奖励旅游市场,包括公司会议、奖励旅游、协会会议、年会、展销会、会议中心等;③航空公司市场和团队旅游市场;④SMERF(Social,Military,Education,Religious and Fraternal)和政府市场。对于许多酒店而言,组织市场的重要性都是不可忽视的。一些旅游城市的酒店,重点接待旅行团;一些会议型酒店,很大程度上依赖于公司培训、展销会和政府会议。

13.2.2 合理选择目标市场

目标市场,是企业决定要进入的并为之提供产品和服务的那部分顾客群体或细分市场。由于市场营销后续所有的活动都要围绕目标顾客而展开,因此,目标市场的选择对于企业而言有着战略性的意义。

1. 细分市场评估

细分市场评估是在市场细分的基础上,进一步分析各细分市场对企业而言机会的大小。准确的细分市场评估是企业进行合理的目标市场选择的基础。一般来说,企业可从市场细分的规模、成长性、细分市场的竞争强度,以及与企业战略和资源的吻合度几个方面来进行。具体而言,就是要回答表13-1中的系列问题。

表13-1 细分市场评估的系列问题

细分市场特征	具体问题表述
细分市场规模	1. 这部分人群数量有多大 2. 这部分人群中有多少有支付能力和购买意愿 3. 这部分人群的购买频率一般是多高
细分市场成长性	1. 这部分市场的支付能力是否会发生变化 2. 是否有潜在的人群随着购买力的提升加入到该群体 3. 是否会有更多的人产生支付意愿
细分市场竞争强度	1. 有多少竞争品牌服务于这个市场 2. 这些品牌提供的具体服务和产品如何 3. 细分市场对这些品牌的满意程度如何
战略和资源的匹配度	1. 细分市场与企业的战略目标相容吗 2. 这些市场适合企业的资源吗 3. 他们是否适合企业的价值和品位 4. 开发这个市场的可行性如何

一般而言,当细分市场具有一定的规模(这个规模的适宜性与企业本身的规模也有关系)和较强的成长性时,对企业的吸引力较大。如果同时目前该细分市场的竞争者不多,

或者缺乏强有力的竞争者,则让企业进入的胜算更大。当然,企业还要考虑自己的宗旨、战略目标、价值观和现有的经营情况等,才能判断细分市场对于企业的适合性和吸引力的大小。

以上列举的是细分市场评估的基本方面。但是由于旅游业的经营与环境之间的关系及其密切,因此还需要分析特定细分市场是否具有来自于政府部分、法律法规、道德伦理等的相关限制条件。例如,澳门的博彩业巨头可能发现中国内地市场是一个很巨大的博彩业市场,但是,由于中国相关法律的限制,他不可能到内地来投资建设赌场来占领这块市场。

2. 目标市场选择策略

目标市场的选择有3种基本的战略,无差异目标市场战略、差异化目标市场战略和集中化目标市场战略。

1) 无差异目标市场战略

无差异目标市场战略是假设某个市场之内所有的顾客具有相同或者说非常相似的需要,故而,酒店推出统一的产品和服务去满足这个市场的需要。在经营有形消费品的市场中,有不少企业都可以遵循这样的战略,例如可口可乐、矿泉水等。在酒店业中,也有一些酒店并不特别指明自己为哪些客人提供服务,奉行"来者都是客"的原则。但更多的是运用下面两种策略。

2) 差异化目标市场战略

差异化目标市场战略是认同市场中不同部分顾客的需求有所差异或有显著差异,因此,酒店为这些不同需求的人群提供各不相同的产品和服务,并保证这些群体之间、产品之间互不冲突。许多大型的国际酒店集团,就是典型的差异化目标市场战略的执行者。万豪集团、洲际集团、温德姆酒店集团等都是用不同的品牌、不同的酒店产品来满足不同层次和不同特点的顾客。许多高档酒店在客房区域里面引进了行政楼层、女性楼层、无烟楼层等做法,实际上也是差异化的一种体现。

3) 集中化目标市场战略

集中化目标市场战略的实施者通常只瞄准一个或者若干个独特的细分市场,在这些细分市场上提供特别的利益、特别的定位、进行特别的沟通。例如,悦榕庄酒店和度假村(Banyan Tree Hotel & Resorts)专注于高端度假市场,在全球最负盛名的度假胜地拥有20座顶级精品度假酒店。集中市场营销因为服务对象比较专一,企业对其特定的目标市场有较深刻的了解,可以深入地发掘消费者的潜在需要;企业将其资源集中于较小的范围,进行"精耕细作",有利于形成积聚力量,建立竞争优势。

13.2.3 确定酒店定位

1. 定位的基本思想

在酒店业规模越来越大,同类型酒店越来越多的情况下,不少酒店面临这一困境,那就是顾客进到酒店里面,可能"忘记了自己身在哪里",也就是酒店过于标准和同质。打破这个僵局的营销思想是"定位"。

定位是20世纪70年代由美国营销学家艾·里斯和杰克·特劳特提出的创新性的营销理念。简单来说,定位就是为本企业产品塑造与众不同的鲜明的形象,并将这种形象生动地传递给顾客,从而使该产品或品牌在消费者心目中占有特定的位置,从而赢得市场。定位的基础是"差异化"或者"特色",也就是酒店本身有别于其他酒店的地方。因而,酒店定位这一战略活动围绕"差异"而展开,即寻找和创造差异、传递和沟通差异。

酒店可产生差异的方面很多,其独特性可以表现在酒店独特的历史、酒店特有的地理位置、酒店特殊的建筑形态、酒店特有的服务项目、酒店独特的经营理念、酒店独特的销售方式和独特的广告和形象代表。但在选择差异的时候应该注意保证:第一,这种差异和特色不容易被模仿和复制;第二,这些差异对于目标顾客来说是能够产生价值,或者能够满足独特需要的;第三,这种差异有助于酒店的形象塑造和传播。

2. 酒店定位的策略

酒店定位可以分别从酒店、消费者和竞争对手3个角度来进行设计和传播。

(1) 从酒店自身角度出发,强调酒店独特的经营目的和理念、生产的产品类型以及希望在市场中占据的位置等,让消费者理解酒店在做什么与其他酒店不同的事,是一种常见的定位策略。例如,Wingate旅馆提出"我们为商人而建,你所在的任何地方都舒适和自由";喜达屋集团(Starwood)将旗下的"W"酒店称自己要做"时尚的酒店"来吸引寻求变化的新生代客人。

(2) 酒店也可以站在消费者的角度上,针对消费者的需求和动机,选择能打动消费者的特别的利益、情感或文化来进行定位。纽约本杰明酒店定位于"睡眠酒店",强调解决客人的睡眠问题;雅鲁藏布大酒店是以藏文化为主题的博物馆酒店;泰国北部道家养生花园则是以道教养生文化为主题定位的。

(3) 有时企业在定位时主要考虑与竞争对手之间的实力对比,显示自己在市场中的独特地位。也可以借竞争对手之势,快速占据市场中的有利位置。如四季酒店就明确提出其所有的分支酒店都要是最好的城市酒店或度假酒店。

当然,酒店在明确其定位之后,必须在产品设计、服务提供、广告宣传、公关活动等方面与定位保持一致,否则就有可能形成定位模糊和定位失败。

 案例分析

Z hotels 的目标市场及其特殊定位

2013年7月,杭州本土酒店管理集团住友(布丁母公司),在杭州推出了一个新的连锁品牌Z hotels。在烽烟四起、品牌林立的经济型酒店领域中,初来乍到的Z hotels要通过什么来吸引市场的目光,赢得顾客的好感呢?据了解,"Z hotels是一个时尚、健康、智能化的酒店。"Z hotels的口号是"国内首家全智能客房酒店"。

布丁酒店市场部兼国际事业部高级总监章蔚说,"发展5年多,布丁的客户群也在不断成长,他们对住宿有更高的需求。"而这催生了住友酒店集团旗下又一时尚新概念酒店品牌Z hotels。它的定位比布丁高端,是一个中档酒店,消费群体是28~45岁,而价格则在201~408元。

Z hotels沿袭了布丁酒店的小而精致。在13平方米的空间里,Z hotels塞进了独立卫浴间、2米宽大床、牛皮靠背椅、一张桌台,还有一个小型的休闲阳台,类似电饭煲的电水壶、床头360°旋转舒适阅读

灯、USB接口电源……都无一不显示了Z hotels 的时尚精致。不同于布丁酒店，商务型酒店应有的，比如洗漱6件套，Z hotels 都准备。而且Z hotels 的2米×2米的超宽床，也与一般的酒店不同。床垫是根据五星级酒店的标准特别定制的纯天然乳胶床垫，睡在上面就如同睡在水面上一样舒服。据悉，纯天然乳胶床垫可以让疲倦的身体在瞬间彻底放松，从而进入健康的深度睡眠。

在床头柜上有一张卡片，仔细一看，原来是智能控制应用下载说明。用手机扫描卡片上的二维码，下载Z hotels 酒店手机应用 Zontrol，手机立马变身成了一个"智控终端"，不管在房间的哪个位置，只要点一点手机屏幕，就可以控制空调、电视、窗帘、灯光……甚至可以将猫眼外的情景投影到电视上，人躺在床上也能知道外面是谁。有趣的是，浴室里 LED 灯光也可以通过手机智能控制，可调节情绪模式灯光，调整灯光如浪漫、温馨等，在水流的映衬下有种特别奇幻的效果。

图 13.4　Z hotels 智能客房

思考与讨论：1. Z hotels 的上述特点是否能使其有效区别于其他竞争对手？
2. Z hotels 对自身的定位与其目标市场之间是否匹配？
3. Z hotels 采用的是什么样的定位策略？

13.3　酒店营销组合设计

营销组合是针对目标市场所开发和运用的营销活动各种要素的组合。对于酒店来说，营销组合通常包括产品服务、价格体系、营销沟通或促销组合以及分销渠道。

13.3.1　酒店产品和服务组合

1. 酒店产品组合的基本概念

产品是企业提供给顾客，帮助顾客解决特定问题的一个整体方案。在产品设计时，充分考虑顾客的需求，了解他们的问题是很重要的。购买音乐的人，需要的是好的音质和放松的心情；购买轮胎的人需要的是安全和耐磨；到法式餐厅就餐的人，可能是需要地位和声望。购买酒店产品的人需要是很复杂的，他们需要安全和舒适的一夜睡眠，需要在员工那里获得被尊重和重视的感觉，需要放松和温馨的环境氛围。因此，酒店所提供的产品有别于一些典型的有形产品，而是一个有形和无形产品的组合。

酒店产品组合中不仅包括企业付出成本和努力，并要求客人付费的部分，还包括给予客人的一些免费的附加产品。有人说，酒店的度假产品甚至还包括了月亮和星星。因为在度假村的顾客，在夜晚如果能看到明亮的夜空，变得心情愉快，也会提高对于酒店的满意度。因此，附加产品是酒店在经营管理过程中应该重视的部分。

2. 酒店产品设计：标准化、差异化和定制化

现在的酒店客人比从前更富于经验，他们对更多的酒店服务和设施认为是理所当然的，如便利的交通位置、客房洁净、前台服务高效。然而与此同时，顾客也在寻求一些独特的利益和价值，以丰富他们的体验。因而，酒店产品在设计时，要在标准化、差异化和定制化3个方面寻求平衡。

（1）标准化的产品的优点在于成本降低、便于推广和客人使用时因熟悉而减少不便。酒店最早的标准化产品设计源于斯塔特乐在酒店里引进了带有浴室的标准间。现在连锁酒店集团，尤其是经济型连锁酒店常常在前台的格局、客房的设计、酒店标识等方面做到标准统一。在许多共有的服务流程（如前台登记、结账等）也尽可能采用标准化。

（2）差异化的产品是在标准产品或服务的基础上，通过独特的设计（如本土化的建筑风格、家具装饰、特色的服务着装、不同的服务项目设置等）来体现出与其他酒店的不同。例如，华侨城旗下的城市酒店连锁，尽管在选址、客房的配套设施和服务上统一起来，但各分店主打"城市文化"，推出"艺客房"，使酒店成为品鉴城市文化的驿站，是典型的差异化的产品设计。高端度假酒店品牌悦榕庄，每一家分号，都有典型的当地特色，有三亚的浪漫海滨风情，有丽江式的开阔大院，有重庆山城文化的特色布局，上海外滩的悦榕庄则以竹韵营造都市森林中的桃源气息，如图13.6所示。

图 13.5　丽江悦榕庄

图 13.6　三亚悦榕庄

（3）定制化产品是以适合特定目标市场或者是个人需要而设计的产品。例如，芝加哥的里兹·卡尔顿酒店曾经推出过"抗过敏"客房，客房采用抗过敏的床垫、床上用品和特殊性能的吸尘器。高端奢华酒店通过贴身管家或金钥匙服务，来满足个人独特的需要。这些都是定制化产品的体现。

酒店产品的标准化、差异化和定制化的程度，取决于目标市场的选择，酒店要从目标市场的角度来分析：产品组合解决了客户的哪些问题，提供了哪些利益，客户怎么来使用这种产品，使用后感觉怎样，客户是否觉得恰到好处……

3．产品生命周期

产品生命周期假设产品会经历萌芽、成长、成熟和衰退的不同时期。这种假设符合我们对于许多产品和行业的观察结果。一些产品的生命周期很短，也有些产品的生命周期是百年大计。对于酒店来说，在合理经营和有效管理的情况下，可能成熟期很长，比如说一个多世纪的蒙特卡洛巴黎大酒店，160多年历史的上海浦江酒店依然对客人有着吸引力。

酒店导入期是指酒店刚进入市场，或者说酒店从建成、试营业、到被市场所知的这段时间，根据业内的经验，一般酒店的导入期需要2～3年。近几年来，国内酒店投资，尤其是高端酒店投资处于热潮中，每年都有许多新增的酒店进入导入期。酒店可能在正式开业之前，邀请一些重要的人物、业内人士、熟悉的客户，或者一些小团体来对酒店的设施、设备和服务进行"检验"，在经过了检验和修正之后，才有可能实现流畅的运营。导入期的主要营销任务在于培育对于产品的认知、引导顾客对于产品的使用，树立好的口碑。在这个阶段，通常是高成本、低利润、不惜一切赢得顾客的阶段。在这个阶段，内部和外部关系营销都很重要。

有一些酒店在导入期时经营不善，但是鉴于酒店资产退出比较困难，通常会寻求出售或者采用联合经营的方法来赢得新的生机。而从导入期中幸存下来的酒店，开始收获前期营销投入的利益，赢得一些回头的客户，以及口碑吸引来的新客户，酒店的销售量上升、获利水平也在提高。然而，需要注意的是，成长期仍然是产品的改进期，也是赢取顾客高度忠诚的重要阶段。在这个阶段，酒店仍需对客人的反馈和投诉有高度的敏感性，并及时地做出调整和改进。切忌因为当前的繁荣，而忽略了顾客的感受。

进入成熟期的酒店可以持续很长时间。这个阶段的特点是销售稳定，有比较高比率的回头客，营销活动在这个阶段显得比前面两个阶段更加轻松。但这时，产品可能开始出现一些"磨损"，家具、窗帘、地毯，可能还包括创始阶段所坚持的高品质和顾客服务的理念。在国内，通常酒店在经营7～10年后，就会进行翻修、或者改造，让酒店的硬件能跟上科技和顾客需求的变化。但同样需要更新的是经营的思想和理念。保持和顾客的亲密接触和持续的创新，是酒店产品延长成熟的重要保证。

某些类型的酒店产品或酒店中的某部分，不可避免地将要面临需求减少、市场缩小、利润下降的情况，也就是衰退期的来临。而在面临收入下降时，不少管理者认为最简单的方法就是减少开支，减少员工，这可能会进入到一个"收入下降—减少员工—服务水平降低—顾客不满—顾客减少—收入进一步下降"的"死循环"中。不少精明的酒店领导者在酒店还处于成熟期时，就开始计划做些什么来防止或应对衰退期的到来。他们可能尽快地实现产品的转型，用新产品来替代，或为酒店资产寻找新的用途。换言之，酒店产品的生命周期管理应该与酒店新产品的开发以一个合理的步调密切地配合在一起。

13.3.2 价格和价格体系

1. 理解价格和价格体系

价格是顾客获取酒店提供的价值所需要支付的成本。由于酒店的产品组合是多种多样的，故而酒店内的价格也是复杂多样的，客房有价格，餐饮有价格，娱乐有价格，它们相互之间的不同组合也有价格。不仅如此，酒店还将根据不同的顾客群体和他们使用和购买酒店情况的差异来确定差异化的价格和各种不同的价格优惠。上述这些构成了一个复杂的酒店价格体系。

价格是营销组合中唯一能够直接创造收入的部分，直接影响酒店利润目标的实现，它是吸引顾客注意力和增加销售的重要元素，也是酒店定位传递和酒店形象树立的重要手段，还是建立顾客忠诚的重要手段。马丁·贝尔对价格的重要性描述成"价格是一个具有危险性和包扎性的营销武器，必须对它谨慎使用。不合理定价会使一个精心准备的营销战略的其他部分的有效性彻底丧失"。因此，价格和价格体系都应该有一个系统的考虑和科学的设计过程。正如麦肯锡公司的埃立特罗斯所说，"合理的定价是建立在了解行业如何定价和顾客如何接受价格的基础上,此外还必须了解市场信息和顾客特征,竞争者的实力和行动,自身的优势和成本",而不是"凭直觉判断市场能接受的价格。"

2. 定价目标

定价目标确定了我们的价格应该帮助酒店走向何方,达到什么目的。定价目标通常可以分为三类:财务目标、市场目标和顾客目标。

财务目标可能是酒店中使用最广泛,使用时间最长,也最具决定性作用的目标。财务目标中有许多具体的指标,其中最显而易见的是利润。酒店经营者通常都非常关心毛利率或净利率。利率取决于成本、价格之间的关系。在正常情况下,如果成本不变,那么价格越高,利润率就越高。然而,在酒店行业里,一般来说,高价格导致销售量的下降。而在固定成本占很大比重的酒店业,销售量的下降可能减缓固定成本回收的速度。酒店的其他财务目标包括投资回报率(ROI)、边际利润或现金流等。

市场目标是描述酒店对市场占领程度的一些指标,包括销售量(客房出租率、餐位周转率)、销售增长率、酒店的市场份额等。由于酒店行业固定成本高,每个新增的产品销售,都会对固定成本的回收产生贡献。故而,酒店业对于市场目标也是高度敏感的。市场目标与财务目标毫无疑问是相关联的。但是,市场目标也许更具有长效性。

顾客目标是指酒店通过定价对顾客产生积极的影响。由于价格是营销组合中显而易见的要素,酒店有多种方法通过价格来传递信息。首先,酒店可以通过稳定的价格体系,获取客户的信赖感。其次,通过有诱惑力的渗透价格,来"诱导顾客尝试",产生初次购买行为,为接触顾客提供机会。例如,很多酒店会以公开的方式提供"有限特价房"。再次,酒店还可以通过声望定价法,来凸显酒店高贵的形象等。最后,价格也是显示产品差异的好方法,通过价格的不同,使顾客明显感觉到获得产品的不同。

3. 定价方法

成本定价法是以酒店经营成本为基础的定价方法,具体分为成本加成定价法、目标收益定价法、损益平衡定价法、千分之一法等。成本加成定价是以产品总成本加上一定预期比例的利润来确定产品价格,在为餐饮定价时,是常用的方法。损益平衡定价法用于确定收入恰好等于成本时的销售量和价格。千分之一定价法是用于确定客房首家的一种比较独特的方法,它以每间客房建筑成本的千分之一作为客房售价。总体来说,成本定价法比较多地考虑成本,具有一定的刚性,没有考虑到价格对于销售量产生的影响会反过来影响成本,也没有考虑到市场对于价格的接受程度。

顾客定价是将顾客对于价值的感知和期望作为确定价格的主要依据。第一种考虑是确定顾客对于产品价值的感知,而后确定适当的"价格/价值",让客人获取较高的性价比。当然,不同的顾客对于价格的权衡方法不同,有人看重地理位置、有人看重服务、也有人更看重设施设备。所以,在定价之前需要了解顾客如何理解价值。第二种是保证价格符合顾客对于价格的预期或期望,因为出乎意料的价格往往让客人觉得恼怒。第三种情况,当"凡勃伦效应"(即炫耀性消费心理)存在时,高价格也会产生良好的效果。

决定价格的最直接、最简洁的方法是根据竞争对手的价格来确定价格,俗称"随行就市"。在大多数情况下,如果没有价值上的独特性,要提升价格是很困难的,而降低价格又可能导致竞争对手的打击，故而，选择与同类型同档次的酒店竞争者站在同一个价格线上是比较稳妥的选择。以竞争对手的价格为基准，在根据顾客感知到的价格差异进行调整是一个不错的方法。

在大多数情况下，酒店对于其不同部分的产品可以采用不同的定价方法。并且，不论采用哪种方法都应该尽可能地考虑到顾客和竞争对手的因素，方能达到预期的定价目标。

13.3.3 营销沟通

营销沟通是酒店通过与顾客之间的信息沟通来达到促使顾客了解、感兴趣、并最终购买行为产品和服务目的的系列活动。营销沟通是双向并且持续推进的过程，也是酒店营销定位传递的过程。一般而言，营销沟通组合中包括广告、促销、公共关系、人员推销等传统的手段，也涵盖了微博、微信、微电影等新技术手段下的沟通要素。

1. 广告

广告是一种付费的大众传播，有着广泛的接触范围，也是营销沟通中花费很高的部分。酒店的广告通常出现在报纸、杂志、电视、电台广播、互联网、户外广告牌和灯箱广告，当然也包括酒店的店刊、手册、传单和直邮。

图 13.7　酒店开业前广告

酒店广告有多重不同的目的，因此广告的内容和形式多种多样。图 13.7 所示的是酒店开业之前的广告，其主要作用是传递信息、广而告之。图 13.8 所示为网页上的促销信息广告，它与大堂的海报、展示架等功能一样，用于展示酒店的促销信息，是信息传递，也是说服的作用。图 13.9 所示是文化东方酒店的形象广告，用于树立品牌形象、维持公众和顾客对酒店的接触和认识。

图 13.8　南苑环球酒店促销广告

图 13.9　文化东方酒店形象广告

2. 公共关系

公共关系简称为"公关"，是酒店企业为了取得广大顾客的信任和公众的支持，为自身发展创造最佳的社会关系环境的管理活动。从营销的角度而言，公关是一种对象更加广泛，形式更加多样化的沟通活动。一般而言，公关活动较少直接以销售为目的，更多的是以树立企业形象、赢得公众信任为目标。相较于广告而言，公关活动一般不直接向媒体付费，而是通过活动的新闻价值来赢得媒体的关注，从而被称为软性广告。

常见的公关活动形式包括组织、主办或协办、赞助大型活动和大型会议，例如当地的旅游节、旅游展销会、休闲旅游节等；赞助其他类型的社会和公益活动，例如赞助体育赛事、赞助旅游知识竞赛、大型摄影比赛、赞助和支持大学生活动、赞助某些书籍的出版等；另外一种重要的公关活动是慈善和捐赠，例如给地震灾区捐赠、捐助失学儿童等。不管选择哪种形式的公关活动，酒店都需要因势利导、精心策划，以求能够进入目标受众的视野，才能达到传递信息和树立形象的效果。

3. 人员推销

人员推销是一种传统的沟通和促销的手段。由于人员推销是一种面对面的交流和沟通，它能够提供迅速的反馈，并且随时调整沟通策略以满足顾客需求，提高客户满意度，因此拥有很大灵活性的沟通和促销手段。一般来说，对于组织型市场顾客来说，亲自体验、考察、获取高度认知和认同感，以及对价格的商榷需求，使得很多酒店愿意在"人员销售"上投入更多的精力和资源。

人员推销的过程主要是寻找和发现顾客（群），例如，通过电话、QQ、email等方式对拟吸引的客户进行沟通；确认潜在顾客（是否有支付能力，是否有本地业务，是否有决定权等）；确定销售策略（充分了解顾客需要什么，保持持续的联系，实现承诺）；确定销售什么，确定顾客需要的利益和特征，以及如何去加以满足；对顾客现有的态度进行了解；达成交易；进行跟踪。好的人员销售实际上是融咨询、问题解决、关系建立为一体的。

图13.10展示的是作为一个优秀的酒店销售人员所应该具有的共同特性。通常，他们能够自我激励，并充满了热情，有很强的竞争力；他们善于倾听，帮助他们发现顾客的需求，并有很强的适应力，及时调整沟通的策略，从而体现出以客户为本；他们做事有明确的目标、很有条理，并且喜欢学习新东西、学习能力很强。上述这些素质帮助一个人摆脱平庸，成为优秀的销售人员。

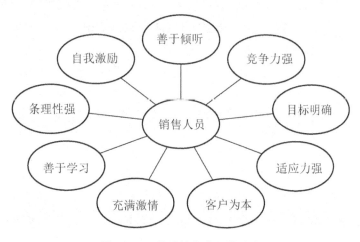

图13.10　优秀销售人员的特点

4. 销售促进活动

销售促进是酒店在某一特定时期和地理范围内，通过某种刺激和鼓励，促使各种类型的顾客尽快购买或大量购买酒店产品及服务，有时也称营业推广。由于销售促进提供了某些特定的诱因，故而能够引起市场较快的反应，对销售的提升有明显的效果。此外，销售促进可以针对特定的人群、特定的购买行为展开，因此也具有相当的目的多样性和形式的多变性。

销售促进的主要形式有折价促销、馈赠促销、有奖促销、联合促销等。折价促销是最直接的促销手段，直接通过价格的优惠来吸引顾客，常用于开业、销售淡季或针对老顾客和批量购买时。馈赠促销通常是在同样的价格水平上，提供更多额外的附加服务和价值。

华侨豪生会员预订入住优惠

通过华侨豪生官方网站/官网会员通道或@宁波华侨豪生大酒店（新浪官方微博）预订客房，可以获得如下优惠。

图 13.11 华侨豪生官网预订页面宣传

（1）免费获赠"幸福礼包"：入住首日赠送特制安神补脑汤（配 Cookies）；每晚甜美梦幻、养生莲子粥、鲍鱼粥或热牛奶三选二；退房时赠送房费 5% 的返利，可用于酒店经营场所即时消费（代销商品或桑拿、KTV、SPA 等外包场所除外）；免费使用健身房及游泳池；房间免费宽带及无线覆盖；免费提供机场穿梭巴士（需提前电话预订）；地下车库免费停车；13 种功能枕头任意选用。

（2）获得房型的免费升级（视酒店房量预订情况而定）。

（3）免费延迟至 14：00 退房（视酒店房量预订情况而定）。

思考与讨论：1. 华侨豪生的馈赠有哪几种类型？

2. 怎样在提升顾客获得价值的同时，控制好馈赠的成本？

有奖促销是通过可能获得的奖品、奖金来吸引顾客的购买，包括顾客抽奖、特定时段抽奖、答题抽奖、游戏抽奖等。常见的奖品可能是免费客房、消费券、旅游大奖等。联合促销是酒店与其他酒店或航空公司、银行、景区、旅行社等其他企业进行合作，共同展开销售促进，以期获得双赢。雅高集团曾经联合法国航空公司展开"浪漫法兰西"的促销活动；2012年，香格里拉酒店与中行联合推广活动"百年中行、精彩分享"等。当然，大多数酒店集团都会采用多种不同销售促进手段打"组合促销拳"。例如，香格里拉酒店集团为顾客提供了上百种不同的"优惠"，每类优惠的对象、活动方式、优惠服务和时段都各不相同。图13.12是集团优惠的页面。

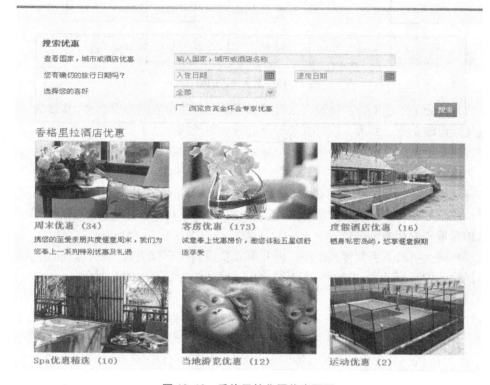

图 13.12　香格里拉集团优惠页面

13.3.4　酒店销售渠道

1. 含义和渠道模式

销售或分销渠道是连接企业和他们顾客的路径。酒店分销渠道就是把酒店的服务产品交付到顾客的过程中所经历的所有个人和组织所构成的链条或网络。

在销售渠道中，产品和服务每转移一次所有权（使用权）就是经过了一个层级。根据渠道中层级的多少，渠道模式可以分成两种类型：直接渠道和间接渠道，如图13.13所示。直接渠道是没有经过任何中间层级，酒店直接向顾客销售和交付产品和服务的模式。而间接渠道则是经历了中间商而向顾客出售和交付。间接渠道根据中间商层级的多少，又可分为一阶、二阶、三阶渠道等不同的形态。

2. 中间商类型

1）批发商和零售商

批发商不直接向最终用户销售酒店产品，而是从事批发业务的旅行社或旅游公司。按

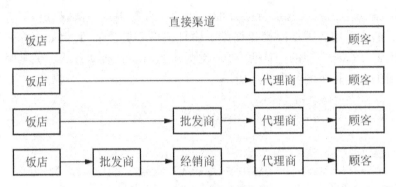

图 13.13　销售渠道的模式

照国际旅行社分工体系来看，批发商旅行社从事地面各项服务的整合活动，因此往往大量地订购交通运输企业、酒店、旅游景点等企业的单项产品，是主要的批发商类型。

零售商是直接向最终用户销售酒店产品的公司或企业，包括旅行社、航空公司、会展公司、会议公司、旅游超市等不同的形态。

2）经销商和代理商

经销商是那些在获得产品的所有权（或使用权）之后，再转移给顾客的中间商类型。他们要承担存货和库存的风险。

代理商则是协助酒店销售其产品，但并事先获得其所有权或使用权，故而是不需要承担存货风险的中间商形式。与经销商不同的是，代理商主要获取的是佣金。

3）在线代理商 OTA

在线代理商是在互联网日渐发达、电子商务活动日益频繁的背景下发展起来的网络代理商。国内著名的在线代理商有携程网、艺龙网、同程网等，国外的诸如尤特尔国际有限公司（Utell International LTD）等，他们在国内酒店分销渠道中的地位越来越举足轻重。

3. 酒店销售渠道的组合方式

绝大多数的酒店在销售渠道上采用多元化的组合方式。一方面，依靠自己的销售部、预订部、订房热线和酒店自身的销售网站来直接售卖产品和服务。另一方面，借助旅行社、在线代理商、订房网、全球预订系统等不同的中介来实现间接的产品销售。

当然，不同类型的酒店因为面对的顾客群体不同、购买的行为习惯有所差异，因此采用的销售渠道组合会有所差异，对渠道组合内不同类型的中间商的倚重程度也有所不同。下述资料链接中的数据调查结果，能帮助我们更好地了解不同酒店的销售渠道的偏重程度。

国内各类酒店的渠道侧重

2012年，全国酒店客房销售渠道中，按酒店类型分析，国际酒店集团、国内经济型连锁渠道结构均衡；其他国内各类酒店均存在不同程度的渠道侧重。OTA占分销渠道绝大份额，对酒店意义仍然重大。图13.14展示了不同类型酒店中9种不同渠道方式对销售量贡献的大小。

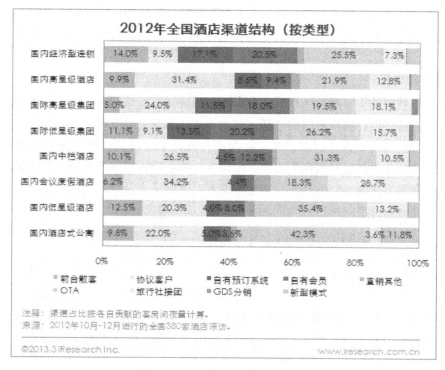

图 13.14　国内酒店销售渠道构成

（资料来源：艾瑞网，http://ec.iresearch.cn/reservation/20130402/196367.shtml(有整理和删减)）

13.4　酒店品牌营销

越来越多的酒店消费者在选择酒店时，将品牌作为一个重要的考察依据。不少成熟的酒店顾客，会重复地购买他比较信任和认可的酒店品牌产品。正因如此，品牌管理和品牌营销日益成为酒店营销中的重要内容。

13.4.1　酒店品牌的内涵

1. 酒店品牌和酒店品牌要素

美国市场营销协会(AMA)将品牌定义成"名称、专用名词、标记、标识，或者设计，或是上述的综合，用于识别一个销售商或销售商群体的商品与服务，并且使它们与其竞争者的商品与服务区分开来"。

通常支撑一个酒店品牌的要素是那些与旅游者关注点和顾客所获得的利益密切相关的酒店特质和属性。首先，酒店的地理区位特征，它与顾客可获得的便利性或者自然环境的宜人性直接关联。其次，酒店的建筑设施设备配备，或者说硬件特征，直接影响到酒店产品的功能体验。再次，酒店的服务水平和特性，诸如服务的效率、员工与客户互动的灵活有效性、特色的服务项目等，代表的是软件质量。第四，酒店的个性文化特征，包括酒店的主题、酒店的发展历史、酒店的价值理念等。第五，酒店的目标群体特征，即酒店的消费群体主要是哪些,有什么共性,这与消费者自我概念的传递、社交需要有密切关系。此外,酒店的价格特征,如价格档次、价格的稳定性和灵活性等也是传递酒店品牌信息的重要因素。

2. 品牌的作用

品牌对于营销的重要意义已经被许多实践者和研究者所认同。对于消费者而言,酒店品牌可以提高辨识度,便于酒店的选择;高档奢华品牌带来的身份认同或地位象征,可以帮助消费者传递自我概念,树立形象;品牌的存在,更容易获得产品和服务质量的追溯权,利于权益的保护。对于酒店而言,品牌是无形服务品质的有形线索,是在消费者心目中竖立形象和差异化的必经途径,是构建消费者对本酒店产品忠诚度的基础,也是酒店竞争力的重要体现,并能够形成巨大的无形资产。

13.4.2 酒店品牌的培育和塑造

品牌并不简单地等同于一个便于识别的标志和名称,而是这个品牌能够给消费者带来好的联想,并且形成信任、欣赏、喜爱等正面的情感反应。因此,酒店品牌的形成并非一蹴而就,通常有一个长期的培育和塑造过程。品牌塑造的过程可以大体上划分为品牌定位、品牌形象设计和品牌传播沟通3个步骤,这3个步骤的实施与酒店的建设、运营不可分割。

酒店品牌的定位必须要建立在上文所提及的6个方面品牌要素的特性和差异性的基础之上。酒店在可行性研究时,就充分地考虑酒店品牌的定位问题,并将其融入到酒店的选址、设计和建设中是很好的品牌塑造的开端。20世纪80年代,万豪根据市场的发展和特定需求,创立了万怡(Courtyard)酒店。酒店在设计和开业前广泛听取商务客人的意见,经过精心设计而推出的中等价位客房和高水准服务的酒店,很快便成为万豪旗下又一著名品牌。

酒店品牌形象设计是在酒店品牌定位的基础上对沟通符号的设计,其目的是通过沟通符号帮助顾客更好地体验和加深对酒店的记忆。品牌形象设计包括对于服务理念的设计、LOGO等视觉符号的设计和行为系统的设计。品牌形象设计必须要注意与定位的一致和各种形象要素之间的相互协调统一。

品牌塑造的核心有三度:知名度、美誉度和忠诚度。这三度很大程度上要通过品牌传播沟通来创造。所谓品牌传播和沟通是品牌与目标顾客群体之间进行的互动和交流。与营销传播一样,品牌传播要将品牌的价值观念、品牌的定位、品牌的形象借助广告、公关、人员推销、三微(微博、微信、微电影)等手段来传递给顾客群体。品牌传播的内容和形式也依然强调要与品牌的定位和特性保持一致。

13.4.3 酒店品牌发展

在品牌形成了一定的影响力和市场号召力之后,酒店也许根据酒店经营环境的动态变化来思考和筹划品牌如何进一步发展。对于酒店集团来说,如何谋划整个集团下面的酒店品牌,这都属于品牌发展战略的范畴。

1. 单一品牌的发展策略

对于单体酒店来说，品牌塑造起来之后，品牌发展的考虑通常是如何进一步提升品牌在市场当中的号召力，如何成为领导品牌。在酒店经营比较稳定，或者处于上升势头时，酒店可以进一步稳定和提升品质、促进产品的创新，积极增强企业的竞争优势，同时辅之以强大的广告攻势或公关活动，力争确立品牌的强势形象。当酒店品牌形象与目标顾客群体的需求变化不相符合时，需要通过品牌定位的调整、传播符号的改变等方法，对品牌进行调整。

在制造业中，一些成功的品牌会向新的产品线延伸，以利用品牌的影响力帮助新产品推广上市，同时使得品牌的内涵更加丰富。在酒店行业，常见的一个强势的品牌建立起来，或者一个旗舰店成功经营之后，通常可以通过特许经营的方式，将品牌推广到新的地域，从而提升品牌的影响范围。

2. 多品牌的发展策略

多品牌战略是指一个企业发展到一定程度后，利用自己创建起来的一个知名品牌延伸和发展出多个知名品牌的战略计划，并且多个品牌可能既关联，又相互独立。在酒店行业里，酒店集团更多地采用多品牌战略来获得发展。雅高、洲际、万豪、温德姆等酒店集团都是非常典型的多品牌策略的成功运用者。这一现象的主要原因是酒店市场内部存在许多不同的群体，他们的需求差异非常明显，对于酒店和品牌属性的需求也各不相同。因此，多品牌战略通常是在酒店市场进一步细分的基础上进行的。

多品牌策略有不同的操作方法。一种是在"家族的名称＋个体名称"的多品牌模式，例如，万豪集团里面有JW万豪、万豪酒店和万豪行政公寓，它们都冠有家族的名称"万豪"，但是又有特别的个体名称对其各自的特色加以区分。另一种是完全独立的品类名称，不冠以家族名称。例如，雅高集团旗下的酒店品牌有 Ibis（宜必思），Mercure（美居），Novotel（诺富特），Sofitel（索菲特）等。

选择题

1. 某酒店在开业 5 年后获得了良好的口碑，平均出租率稳定在 70% 左右，利润率也保持相对平稳的状态，可以判断该酒店进入了（　　）。

　　A. 投入期　　　　B. 成长期　　　　C. 成熟期　　　　D. 衰退期

2. 一家特别的酒店专为携带宠物一起出游的游客提供特别的住宿体验，这家酒店采用的目标市场策略是（　　）。

　　A. 差异化市场策略　　　　　　　　B. 无差异市场策略
　　C. 集中化市场策略　　　　　　　　D. 低成本市场策略

3. 许多酒店都通过携程网来出售客房，而携程网通过销售客房来获得佣金，携程网对于这些酒店而言属于（　　）。

　　A. 批发商　　　　B. 零售商　　　　C. 代理商　　　　D. 经销商

判断题

1. 酒店营销就是酒店销售，即销售客房和餐饮产品。　　　　　　　　　　　（　　）
2. 香格里拉酒店集团采用了单一品牌战略。　　　　　　　　　　　　　　　（　　）

3. 大多数的酒店都采用了单一并且扁平化的分销渠道。（　　）

4. 酒店主要依靠广告、人员推销和销售促进活动来进行促销，公关活动对于酒店没有什么作用。（　　）

问答题

1. 酒店营销和酒店销售有什么区别？
2. 国内酒店的市场可以通过哪些方法进行细分？
3. 举例说明国内酒店品牌的目标市场和不同定位。
4. 常见的酒店广告有哪些不同的形式？
5. 比较单体酒店和连锁酒店在销售渠道上存在怎样的差异？
6. 怎样有效地塑造酒店品牌？

案例分析

喜来登酒店香味营销

喜来登酒店的公关协调员张妍露向媒体透露，酒店最近确实换上了全新的香氛系统。"以往，客人一走进酒店，闻到的是一种苹果派的味道。苹果派是欧美国家一道家常的饭后甜点，能让人感受到妈妈的味道。不过最近，集团进行了一次大型的问卷调查了解到，客人更喜欢雨后清新自然的味道，于是，酒店决心对气味进行一些改变。"

喜来登酒店集团一共管理着142家福朋喜来登品牌的酒店，这些酒店分布在全球24个国家。这么多福朋喜来登酒店在同一时间内换上了这种新气味。这种新气味由一家叫Scent Air的科技公司专为福朋喜来登酒店量身定做，这家位于美国北卡罗来纳州的公司是一家全球知名的香氛递送解决方案供应商，专业为酒店、购物中心等商业机构"制香"。

福朋喜来登的这款香味有个挺好听的名字"Pinwheels in the Breeze"，中文翻译为"风车味"，"那种感觉就如同春日里清新舒爽的户外气息"。福朋喜来登酒店的客户群体定位在30~40岁的商务客人，他们年轻、自然、崇尚简约、喜欢自由，这款清新自然的"风车味"正合他们意。

图 13.15　福朋喜来登

喜来登酒店旗下另外一个高端品牌威斯汀则采用了一款不同的香味。在威斯汀酒店的大堂和公共区域，到处弥漫着一股白茶芳香。威斯汀酒店定位于高端商务客，这些商务客人工作紧张、压力非常大，白茶芳香能够帮助他们舒缓压力、放松心情。这种芳香的选择和威斯汀品牌"个性化、直觉灵动、焕发活力"的核心价值观相适应，体现了酒店所崇尚的健康、积极向上的生活方式。

和名称、logo一样，与众不同的气味正在成为酒店的新标识。喜达屋酒店集团旗下有瑞吉、豪华精选、W酒店、威斯汀、艾美国际、喜来登、福朋喜来登等多个品牌，每个酒店都有自己特有的味道，根据酒店的风格、定位专属定制。

思考与讨论：根据案例谈谈，嗅觉或者说气味，为什么会成为酒店产品的一部分？又如何影响酒店的品牌形象？

实践训练

1. 在网络上收集万豪集团的JW万豪和万豪两个品牌酒店的资料，对比分析两个品牌在目标市场、形象定位、产品和服务、价格水平的差异，并列出对比表格。

2. 从携程、艺龙以及酒店自由销售平台收集信息，比较统一品牌（例如，如家、汉庭等）连锁酒店在全国不同城市的价格上的差异，讨论为什么出现这样的差异。

3. 选择一家你周边的酒店，为其设计一个促销方案，以提高顾客的重购率。

附录 酒店专业词汇表：中英文对照

PART 1 部门及岗位名称

董事长 Board Chairman (Director)
董事总经理 Managing Director
总经理 General Manager
副总经理 Deputy General Manager
总经理行政助理 Executive Assistant Manager
总经理秘书 Executive Secretary
总经理室 Executive Office (G. M office)
驻店经理 Resident Manager
人力资源部 Human Resources Division
人事部 Personnel Department
培训部 Training Department
员工关系部 Staffing Relationship Department
人力资源开发总监 Director of Human Resources
质检部 Quality Inspection Department
培训主任 Training Officer
行政部主任 Executive Officer
员工宿舍管理员 Dormitory Keeper
财务部 Finance and Accounting Division
成本部 Cost-control Department
采购部 Purchasing Department
审计部 Auditor Department
总出纳 Chief Cashier
首席会计师 Chief Accountant
夜审计员 Night Auditor
采购员 Purchasing Clerk
保管员 Store-room Keep
餐厅收款员 F&B Cashier
总台收款员 F/O Cashier
市场营销部 Sales & Marketing Division
销售部 Sales Department
公关部 Public Relation Department

市场营销总监 Director of Sales and Marketing
销售经理 Sales Manager
销售主任 Sales Officer
高级销售代表 Senior Sales Executive
销售代表 Sales Executive
高级客户经理 Senior Account Manager

房务部 Rooms Division
客房总监 Director of Rooms Division
前厅部 Front Office Department
客房部（管家部）Housekeeping Department
预订部 Reservation Department
宾客关系部 Guest Relation Department
礼宾部经理（首席礼宾司）Chief Concierge
大堂副理 Assistant Manager
总台 Front Desk
行李员 Bellboy
门童 Door Man
接待员 Receptionist

行政管家 Executive Housekeeper
楼层主管 Floor supervisor
楼层领班 Floor Captain
客房服务员 Room Attendant
洗衣房 Laundry
布草主管 Uniforms Supervisor
水洗领班 Laundry Captain
干洗领班 Dry Clean Captain
布草领班 Uniforms Captain
缝纫工 Seamstress
熨烫工 Presser
洗涤工 Washer
公共卫生主管 PA Supervisor

餐饮部 Food & Beverage Division
餐饮总监 F&B Director
中餐部 Chinese Restaurant Department
西餐部 Western Restaurant Department
厨房部 Kitchen Department
宴会部 Banquet Department
行政总厨 Executive Chef

中厨师长 Sous Chef（Chinese Kitchen）
西厨师长 Sous Chef（Western Kitchen）
酒水部经理 Beverage Manager
西饼主管 Chief Baker
迎宾员 Hostess
服务员 Waiter，Waitress
传菜 Bus Boy，Bus Girl
酒吧侍者 Bartender
康乐部 Recreation and Entertainment Department
娱乐经理 Recreation Manager
康体经理 Health Manager
桑拿 Sauna
棋牌 Chess & Cards
网球 Tennis
台球 Billiards
美容中心 Beauty salon
健身房 Gymnasium
温泉疗养 SPA
工程部 Engineering Department
工程总监 Chief Engineer
消防主管 Fire Control Supervisor
空调工 Air-conditioning Attendant
锅炉工 Boiler
配电工 Electrician
机修工 Mechanician
万能工 Fitting-up Worker
保安部 Security Department
保安部经理 Security Manager
保安部副经理 Asst. Security Manager
保安部主任 Security Manager
门卫 Entrance Guard

PART 2　房间类型及房态

单人间 Single Room
双人间 Double Room
双床间 Twin Bed Room
标准间 Standard Room

豪华标准间 Deluxe Standard Room
家庭套间 Family Suite
行政套间 Executive Suite
豪华套间 Deluxe Suite
总统套间 Presidential Suite
湖景房 Lake-view Room
山景房 Mountain-view Room
海景房 Sea View room
无烟房 No Smoking Room
住客房 Occupied Room
走客房 Check-out Room
空房（脏/净）Vacant Room (Dirty / Clean)
保留房 Blocked Room
维修房 Out-of-order
免打扰房 DND (Do Not Disturb)
双锁房 Double Locked
外宿房 Sleep-out Room
预期离店房 Expected Check-out

参 考 文 献

[1] 戴斌. 论当代中国饭店管理理念与实践中的人文导向[J]. 南开管理评论, 2002(4): 60-64.
[2] [美]戴维·K·海斯, 杰克·D·奈米尔. 饭店经营管理[M]. 2版. 彭青, 曾国军, 译. 北京: 中国人民大学出版社, 2013.
[3] [美]丹尼·G·拉瑟福德. 饭店管理与经营[M]. 苏宝仁, 张延, 张迅, 译. 大连: 东北财经大学出版社, 2006.
[4] 段青民. 酒店前厅服务细节与作业流程手册[M]. 北京: 人民邮电出版社, 2013.
[5] 郭京生, 杨飞, 熊敏鹏, 等. 绩效管理案例与案例分析[M]. 北京: 中国劳动社会保障出版社, 2012.
[6] 郭敏文, 樊平. 餐饮服务与管理[M]. 2版. 北京: 高等教育出版社, 2006.
[7] 胡质健. 收益管理: 有效实现饭店收入的最大化[M]. 北京: 旅游教育出版社, 2009.
[8] 黄瑜. 人力资源管理实务精要[M]. 北京: 中华工商联合出版社, 2007.
[9] 蒋丁新. 饭店管理[M]. 2版. 北京: 高等教育出版社, 2010.
[10] [澳]凯文·贝克. 饭店经营内部监控与欺诈防范[M]. 北京: 旅游教育出版社, 2006.
[11] [英]康斯坦丁·诺斯, S·弗吉尼斯, 罗伊·伍德等. 住宿管理: 国际酒店业透视[M]. 冯军, 译. 北京: 高等教育出版社, 2004.
[12] [美]科特, 赫斯克特. 企业文化与经营业绩[M]. 李晓涛, 译. 北京: 中国人民大学出版社, 2004.
[13] 李国茹, 杨春梅. 餐饮服务与管理[M]. 北京: 中国人民大学出版社, 2007.
[14] 李若凝. 饭店管理[M]. 北京: 机械工业出版社, 2012.
[15] 李若凝, 石培华, 冯凌, 等. 旅游业节能减排与低碳发展——政策技术体系与实践工作指南[M]. 北京: 中国旅游出版社. 2010.
[16] 李韬. 餐饮全面服务管理: 抓牢顾客的心[M]. 北京: 旅游教育出版社, 2009.
[17] 李勇平. 餐饮服务与管理[M]. 4版. 大连: 东北财经大学出版社, 2010.
[18] 林巧, 王元浩. 旅游市场营销原理与实践[M]. 杭州: 浙江大学出版社, 2010.
[19] 刘伟, 前厅与客房管理[M]. 3版. 北京: 高等教育出版社, 2012年.
[20] [加拿大]罗伯特·C·刘易斯, 理查德·E·钱伯斯. 饭店业营销领导: 原理与实践[M]. 徐虹, 译. 大连: 东北财经大学出版社, 2005.
[21] 冉斌. 薪酬设计与管理[M]. 深圳: 海天出版社, 2002.5.
[22] 任保英. 酒店设备运行与管理[M]. 大连: 东北财经大学出版社, 2004.
[23] 孙建. 人本管理研究[D]. 上海: 复旦大学, 2003.
[24] 孙丽坤. 餐饮经营管理[M]. 北京: 中国林业出版社, 北京大学出版社, 2010.
[25] 唐闪光. 餐饮管理[M]. 青岛: 中国海洋大学出版社, 2011.
[26] 王培来. 酒店前厅运行管理实务[M]. 北京: 中国旅游出版社, 2013.
[27] 王天佑. 饭店餐饮管理[M]. 北京: 清华大学出版社, 北京交通大学出版社, 2007.
[28] 魏卫. 现代酒店经营管理[M]. 2版. 广州: 中山大学出版社, 2009.
[29] 叶昌建, 李民田. 饭店管理概论[M]. 北京: 北京理工大学出版社, 2010.
[30] 尹华光. 现代饭店管理[M]. 北京: 中国林业出版社, 北京大学出版社, 2008.
[31] 袁富山. 饭店设备管理[M]. 天津: 南开大学出版社, 2000.
[32] 袁照烈. 酒店保安员精细化操作手册[M]. 北京: 人民邮电出版社, 2013.

［33］张利民，王素珍．饭店管理概论［M］．北京：中国林业出版社，北京大学出版社，2008．
［34］张颖，王黎黎．餐饮服务与管理［M］．北京：经济科学出版社，2012．
［35］张志军．饭店安全管理实务［M］．北京：旅游教育出版社，2008．
［36］周志宏、陈晓磬．酒店餐饮服务与管理［M］．长沙：湖南大学出版社，2010．
［37］祝善忠．旅游饭店安全管理实务［M］．北京：中国旅游出版社，2012．
［38］［美］GARY K. VALLEN，JEROME J. VALLEN．现代饭店管理技巧——从入住到结账［M］．6版．潘慧霞，译．北京：旅游教育出版社，2003．
［39］［美］Judy A. Siguaw，David C. Bojanic．饭店销售［M］．刘阿英，译．北京：旅游教育出版社，2006．
［40］Michael L. Kasavana，Richard M. Brooks，Managing Front Office Operations（7th）［M］．Educational Institute American Hotel & Lodging Association，2005．

北京大学出版社本科旅游管理系列规划教材

序号	书 名	标准书号	主编	定价	出版时间	配套情况
1	旅行社经营管理	7-301-25011-2	佘志勇	35	2014	课件
2	现代酒店管理实用教程	7-301-24938-3	林 巧 张雪晶	38	2014	课件
3	旅游学概论	7-301-23875-2	朱 华	44	2014	课件
4	旅游心理学	7-301-23475-4	杨 娇	41	2014	课件
5	旅游法律法规教程	7-301-24850-8	魏 鹏	45	2014	课件
6	旅游政策与法律法规	7-301-23697-0	李文汇 朱 华	43	2014	课件
7	旅游英语	7-301-23087-9	朱 华	48	2014	课件、光盘、视频
8	旅游企业战略管理	7-301-23604-8	王 慧	38	2014	课件
9	旅游文化学概论	7-301-23738-0	闫红霞 李玉华	37	2014	课件
10	西部民族民俗旅游	7-301-24383-1	欧阳正宇	54	2014	课件
11	休闲度假村经营与管理	7-301-24317-6	周绍健	40	2014	课件
12	会展业概论	7-301-23621-5	陈 楠	30	2014	课件
13	旅游学	7-301-22518-9	李 瑞	30	2013	课件
14	旅游学概论	7-301-21610-1	李玉华	42	2013	课件
15	旅游策划理论与实务	7-301-22630-8	李 锋 李 萌	43	2013	课件
16	景区经营与管理	7-301-23364-1	陈玉英	48	2013	课件
17	旅游资源开发与规划	7-301-22451-9	孟爱云	32	2013	课件
18	旅游地图编制与应用	7-301-23104-3	凌善金	38	2013	课件
19	旅游英语教程	7-301-22042-9	于立新	38	2013	课件
20	英语导游实务	7-301-22986-6	唐 勇	33	2013	课件
21	导游实务	7-301-22045-0	易婷婷	29	2013	课件
22	导游实务	7-301-21638-5	朱 斌	32	2013	课件
23	旅游服务礼仪	7-301-22940-8	徐兆寿	29	2013	课件
24	休闲学导论	7-301-22654-4	李经龙	30	2013	课件
25	休闲学导论	7-301-21655-2	吴文新	49	2013	课件
26	休闲活动策划与服务	7-301-22113-6	杨 梅	32	2013	课件
27	前厅客房服务与管理	7-301-22547-9	张青云	42	2013	课件
28	旅游学导论	7-301-21325-4	张金霞	36	2012	课件
29	旅游规划原理与实务	7-301-21221-9	郭 伟	35	2012	课件
30	旅游地形象设计学	7-301-20946-2	凌善金	30	2012	课件
31	旅游文化与传播	7-301-19349-5	潘文焰	38	2012	课件
32	旅游财务会计	7-301-20101-5	金莉芝	40	2012	课件
33	现代酒店管理与服务案例	7-301-17449-4	邢天敏	29	2012	课件
34	餐饮运行与管理	7-301-21049-9	单铭磊	39	2012	课件
35	会展概论	7-301-21091-8	来逢波	33	2012	课件
36	旅行社门市管理实务	7-301-19339-6	梁雪松	39	2011	课件
37	餐饮经营管理	7-5038-5792-8	孙丽坤	30	2010	课件
38	现代旅行社管理	7-5038-5458-3	蒋长春	34	2010	课件
39	旅游学基础教程	7-5038-5363-0	王明星	43	2009	课件
40	民俗旅游学概论	7-5038-5373-9	梁福兴	34	2009	课件
41	旅游资源学	7-5038-5375-3	郑耀星	28	2009	课件
42	旅游信息系统	7-5038-5344-9	夏琛珍	18	2009	课件
43	旅游景观美学	7-5038-5345-6	祁 颖	22	2009	课件
44	前厅客房服务与管理	7-5038-5374-6	王 华	34	2009	课件
45	旅游市场营销学	7-5038-5443-9	程道品	30	2009	课件
46	中国人文旅游资源概论	7-5038-5601-3	朱桂凤	26	2009	课件
47	观光农业概论	7-5038-5661-7	潘贤丽	22	2009	课件
48	饭店管理概论	7-5038-4996-1	张利民	35	2008	课件
49	现代饭店管理	7-5038-5283-1	尹华光	36	2008	课件
50	旅游策划理论与实务	7-5038-5000-4	王衍用	20	2008	课件
51	中国旅游地理	7-5038-5006-6	周凤杰	28	2008	
52	旅游摄影	7-5038-5047-9	夏 峰	36	2008	
53	酒店人力资源管理	7-5038-5030-1	张玉改	28	2008	课件
54	旅游服务礼仪	7-5038-5040-0	胡碧芳	23	2008	课件
55	旅游经济学	7-5038-5036-3	王 梓	28	2008	课件
56	旅游文化学概论	7-5038-5008-0	曹诗图	23	2008	课件
57	旅游企业财务管理	7-5038-5302-9	周桂芳	32	2008	课件
58	旅游心理学	7-5038-5293-0	邹本涛	32	2008	课件
59	旅游政策与法规	7-5038-5306-7	袁正新	37	2008	课件
60	野外旅游探险考察教程	7-5038-5384-5	崔铁成	31	2008	课件

相关教学资源如电子课件、电子教材、习题答案等可以登录 www.pup6.cn 下载或在线阅读。

扑六知识网(www.pup6.com)有海量的相关教学资源和电子教材供阅读及下载(包括北京大学出版社第六事业部的相关资源)，同时欢迎您将教学课件、视频、教案、素材、习题、试卷、辅导材料、课改成果、设计作品、论文等教学资源上传到 pup6.com，与全国高校师生分享您的教学成就与经验，知识也能创造财富。具体情况请登录网站查询。

如您需要免费纸质样书用于教学，欢迎登录第六事业部门户网(www.pup6.com.cn)填表申请，并欢迎在线登记选题以到北京大学出版社来出版您的大作，也可下载相关表格填写后发到我们的邮箱，我们将及时与您取得联系并做好全方位的服务。

扑六知识网将打造成全国最大的教育资源共享平台，欢迎您的加入——让知识有价值，让教学无界限，让学习更轻松。

联系方式：010-62750667，liuhe_cn@163.com，moyu333333@163.com，lihu80@163.com，欢迎来电来信。